ソ 過去問

社会福祉士国家試験
精神保健福祉士国家試験

一般社団法人日本ソーシャルワーク教育学校連盟［監修］

一問一答＋α

共通科目

2025

中央法規

監修のことば

　社会福祉士国家試験は，2024年（令和6年）までに36回，また精神保健福祉士国家試験は，26回実施されています。ソーシャルワーカーへの時代の要請も高まり，資格取得への熱意をもつ多くの方々が，国家試験に挑まれています。

　そうしたなか，一般社団法人日本ソーシャルワーク教育学校連盟では，試験問題が公表された1991年（平成3年）の第3回社会福祉士国家試験から，各養成校の先生方にご尽力いただき『社会福祉士国家試験解説集』を刊行して以来，受験生の皆様のお役に立つべくさまざまな書籍を刊行してきました。

　2024年（令和6年）の5月には『社会福祉士国家試験過去問解説集　2025』および『精神保健福祉士国家試験過去問解説集　2025』を刊行しました。これらの書籍は，問題から解答にいたるまでの考え方の道筋を丁寧に学び学習を深められるため，数ある類書のなかでも多くの受験生から高い評価を得ています。

　この実績を踏まえ，受験生のさらなる効率的・効果的な学習に寄与するため，本書『2025社会福祉士・精神保健福祉士国家試験過去問　一問一答＋α　共通科目』は，過去10年分の国家試験の出題から厳選した問題を一問一答形式に編集しました。さらに次のような工夫により，効率的・効果的な学習，さらには学習の達成度の把握ができるように配慮しています。

① 　第27回から第36回まで過去10年分の国家試験問題を選択肢ごとに一問一答形式にし，「社会福祉士国家試験出題基準および精神保健福祉士国家試験出題基準」を参考にして並べ替えています。
② 　即答力アップにつながるように，解説は簡潔にまとめています。
③ 　法令の改正や統計の更新等，最新の内容を盛り込むよう努めています。
④ 　知識の確認・再確認ができるように，キーワードや「整理しておこう！」などを充実させています。

　限られた時間のなかで広範な出題範囲を学ぶことは容易ではありませんが，本書が採用した編集方式と解説が，両国家試験に臨む方々にとって有用な参考書となり，資格取得の一助になることを願っています。

　2024年7月
　　　　　　　　一般社団法人日本ソーシャルワーク教育学校連盟会長
　　　　　　　　　　　　　中村　和彦

目 次

2025 社会福祉士・精神保健福祉士国家試験過去問 一問一答+α 〔共通科目〕

監修のことば

本書の特徴

● 医学概論 ……………………………………………………………… 001

● 心理学と心理的支援 …………………………………………………… 043

● 社会学と社会システム ………………………………………………… 091

● 社会福祉の原理と政策 ………………………………………………… 127

● 社会保障 ………………………………………………………………… 189

● 権利擁護を支える法制度 ……………………………………………… 227

● 地域福祉と包括的支援体制 …………………………………………… 267

● 障害者福祉 ……………………………………………………………… 335

● 刑事司法と福祉 ………………………………………………………… 373

● ソーシャルワークの基盤と専門職 …………………………………… 403

● ソーシャルワークの理論と方法 ……………………………………… 435

● 社会福祉調査の基礎 …………………………………………………… 491

2025社会福祉士国家試験過去問 一問一答+α 〔専門科目〕

● 高齢者福祉　　　　　　　● ソーシャルワークの基盤と専門職（専門）
● 児童・家庭福祉　　　　　● ソーシャルワークの理論と方法（専門）
● 貧困に対する支援　　　　● 福祉サービスの組織と経営
● 保健医療と福祉

本書の特徴

本書のつくり

　本書は，第27回から第36回の社会福祉士国家試験（過去10年分）の出題から問題を厳選して選択肢ごとに一問一答形式にし，第37回からの新しい「社会福祉士国家試験出題基準」に合わせて並べ替えて編集した問題集です。左のページに問題を，右のページに解答・解説を掲載し，見開きで展開しています。

　第22回の試験より「誤っているもの（適切でないもの）」を選ぶという出題はなくなり，5つの選択肢のなかから「正しいもの（適切なもの）」を1つ選ぶという出題となりました（第25回からは2つ選ぶという出題もみられます）。本書では，正しい（適切な）選択肢の数を増やすために，一定数の誤っている（適切でない）選択肢について，正しい（適切な）ものとなるように修正を加えています。

　また，事例問題に関しては，一問一答形式にそぐわないため，収載しておりません。

過去問の出題傾向・頻度を把握

　問題は，できる限り国家試験の過去問を忠実に収載しています。国家試験では「何について」「どのように」問われることが多いか，その傾向や頻度を把握することができます。

　ただし，問題によっては，次回の国家試験に対応するために必要だと思われる，法令の改正や統計の更新などを踏まえた最小限の変更を加えています。

試験の即答力を養う

　解説は，○×を導くポイントを簡潔明瞭にまとめています。国家試験では，選択肢の内容を読み取る「読解力」に加え，1つの選択肢を20秒ほどで判断していく「即答力」が求められています。過去問の問題と簡潔明瞭な解説からなる一問一答形式だからこそ，その「即答力」を養うことができます。

＋α で知識の蓄積と確認
（プラスアルファ）

　確認しておきたい重要語句の定義や周辺知識の情報を，欄外の「キーワード」「整理しておこう！」でわかりやすくまとめています。頻出問題や重要だと思われる問題は一目でわかるようにしています。さまざまな"＋α"が知識の蓄積と確認をサポートします。

基礎学習から直前対策まで

　繰り返し解くことによって，苦手な分野の克服にもつながります。基礎学習から試験直前まで，広くご活用ください。

人の心の発達過程

生涯概念

□ □ **84**
34回10
ピアジェ（Piaget, J.）の発達理論では，感覚運動期には，「ごっこ遊び」のようなシンボル機能が生じる。

□ □ **85**
34回10
ピアジェ（Piaget, J.）の発達理論では，形式的操作期には，思考の自己中心性が強くみられる。

□ □ **86**
34回10
ピアジェ（Piaget, J.）の発達理論では，前操作期には，元に戻せば最初の状態になることが理解され，可逆的操作が可能になる。

整理しておこう！

適応機制（防衛機制）

適応機制とは，人が欲求不満の状態になったとき，本来の欲求や目標を放棄したり置き換えるなどの操作をして，不快な緊張感を解消しようと努力する心のからくりをいう。この際，人は無意識的，非合理的に解決方法を探っている。

適応機制には，成熟（健全）したものから病的段階に至るものまでがある。成熟した適応には，ユーモア，禁圧，予期，昇華などが，神経症的適応には，抑圧，置き換え，反動形成，知性化などが，未熟な適応には，受け身的＝攻撃，投影，退行，行動化，解離などが，精神病的適応には，否認，妄想，現実歪曲などがある。

防衛機制という表現もあり，これは自我を破局から守るための手段であるが，現実に対する適切な認識に基づいた機制として機能している限りにおいては，適応上極めて重要な役割を果たしていることとなり，むしろ適応機制としてとらえることができる。また，自分がおかれている状況を的確に把握できず，問題の解決にならないような不適切な機制にいつまでも固執したり，特定の機制にのみ過度に依存ばかりしていると，自我の主体性が損なわれ，ひいては病的症状を呈することにもなりかねない。

適応機制の分類や名称については，学派によってさまざまなものがあるが，代表的なものをまとめておきたい。

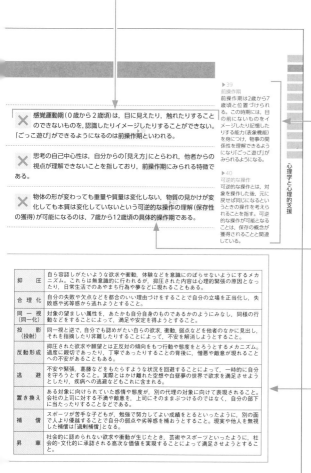

解答・解説

左ページの問題に対して○・×で解答を示し，その解答に至るポイントを解説として簡潔にまとめています。付属の赤シートで○・×を隠しながら，問題を解くことができます。

× 感覚運動期（0歳から2歳頃）は，目に見えたり，触れたりすることのできないものを，認識したりイメージしたりすることができない。「ごっこ遊び」ができるようになるのは前操作期といわれる。

× 思考の自己中心性は，自分からの「見え方」にとらわれ，他者からの視点が理解できないことを指しており，前操作期にみられる特徴である。

× 物体の形が変わっても重量や質量は変化しない，物質の見かけが変化しても本質は変化していないという可逆的な操作の理解（保存性の獲得）が可能になるのは，7歳から12歳頃の具体的操作期である。

▶39
前操作期
前操作期は2歳から7歳頃と位置づけられる。この時期には，目の前にないものをイメージしたり記憶したりする能力（表象機能）を身につけ，物事の関係性を理解できるようになり「ごっこ遊び」がみられるようになる。

▶40
可逆的な操作
可逆的な操作とは，対象を操作した後，元に戻せば同じになるということの操作のことを指す。可逆的な操作が可能となることは，保存の概念が獲得されることと関連している。

心理学と心理的支援

キーワード

語句の定義や覚えておきたい周辺知識，知っておきたい情報などを簡潔にまとめています。

マーカー

重要な語句・事柄，問題を解く際にヒントとなる語句などにはマーカーを引きました。

抑　圧	自ら容認しがたいような欲求や衝動，体験などを意識にのぼらせないようにするメカニズム。これらは無意識的に行われるが，抑圧された内容は心理的緊張の原因となったり，日常生活でのあやまち行為や夢などに現れることもある。
合理化	自分の失敗や欠点などを都合のいい理由づけをすることで自分の立場を正当化し，失敗感や劣等感から逃れようとすること。
同一視 （同一化）	対象の望ましい属性を，あたかも自分自身のものであるかのようにみなし，同様の行動などをすることによって，満足や安定を得ようとすること。
投　影 （投射）	同一視と逆で，自分でも認められない自らの欲求，衝動，弱点などを他者のなかに見出し，それを指摘したり非難したりすることによって，不安を解消しようとすること。
反動形成	抑圧された欲求や願望とは正反対の傾向をもつ行動や態度をとろうとするメカニズム。過度に親切であったり，丁寧であったりすることの背後に，憎悪や敵意が現れることへの不安があることもある。
逃　避	不安や緊張，葛藤などをもたらすような状況を回避することによって，一時的に自分を守ろうとすること。実際とはかけ離れた空想や白昼夢の世界で欲求を満足させるとしたり，疾病への逃避などもこれに含まれる。
置き換え	ある対象に向けられていた感情や態度が，別の代理の対象に向けて表現されること。会社の上司に対する不満や敵意を，上司にそのままぶつけるのではなく，自分の部下に当たったりすることもこれに当たる。
補　償	スポーツが苦手な子どもが，勉強で努力してよい成績をとるといったように，別の面で人より優越することで自分の弱点や劣等感を補おうとすること。現実や他人を無視した補償は「過剰補償」となる。
昇　華	社会的に認められない欲求や衝動が生じたとき，芸術やスポーツといったように，社会的・文化的に承認される高次な価値を実現することによって満足させようとすること。

整理しておこう！

過去問の出題傾向を踏まえ，整理しておくとよい内容をまとめています。

参考文献

一般社団法人日本社会福祉士養成校協会＝編
　『社会福祉士国家試験過去問解説集』各年版，中央法規出版，2014～2016年

一般社団法人日本ソーシャルワーク教育学校連盟＝編
　『社会福祉士国家試験過去問解説集』各年版，中央法規出版，2017～2024年

一般社団法人日本ソーシャルワーク教育学校連盟＝編
　「最新　社会福祉士養成講座　精神保健福祉士養成講座」中央法規出版，2021年
　　①医学概論
　　②心理学と心理的支援
　　③社会学と社会システム
　　④社会福祉の原理と政策
　　⑤社会福祉調査の基礎
　　⑥地域福祉と包括的支援体制
　　⑦社会保障
　　⑧障害者福祉
　　⑨権利擁護を支える法制度
　　⑩刑事司法と福祉
　　⑪ソーシャルワークの基盤と専門職［共通・社会専門］
　　⑫ソーシャルワークの理論と方法［共通科目］
　　⑬ソーシャルワーク演習［共通科目］

一般社団法人日本ソーシャルワーク教育学校連盟＝編
　「最新　社会福祉士養成講座」中央法規出版，2021年
　　①福祉サービスの組織と経営
　　②高齢者福祉
　　③児童・家庭福祉
　　④貧困に対する支援
　　⑤保健医療と福祉
　　⑥ソーシャルワークの理論と方法［社会専門］
　　⑦ソーシャルワーク演習［社会専門］
　　⑧ソーシャルワーク実習指導・ソーシャルワーク実習［社会専門］

中央法規社会福祉士・精神保健福祉士受験対策研究会＝編
　『社会福祉士・精神保健福祉士国家試験受験ワークブック2025（共通科目）』中央法規出版，2024年

中央法規社会福祉士受験対策研究会＝編
　『社会福祉士国家試験受験ワークブック2025（専門科目）』中央法規出版，2024年

社会福祉法人大阪ボランティア協会＝編
　『福祉小六法2024』中央法規出版，2023年

医学概論

ライフステージにおける心身の変化と健康課題

ライフステージにおける心身の変化と健康課題

☐ **1**
☐ 33回1
生後2か月では，寝返りが打てる。

☐ **2**
☐ 29回1改変
身体の標準的な成長・発達においてリンパ系組織が成長のピークとなるのは，思春期初期である。

☐ **3**
☐ 36回1改変
成熟時の発達を100％としたスキャモン（Scammon, R.）の臓器別発育曲線は，20歳を100％として表している図である。

☐ **4**
☐ 36回1
成熟時の発達を100％としたスキャモン（Scammon, R.）の臓器別発育曲線では，身長など一般型はS字型カーブを示す。

☐ **5**
☐ 36回1
成熟時の発達を100％としたスキャモン（Scammon, R.）の臓器別発育曲線では，リンパ型は12歳頃に約90％となる。

☐ **6**
☐ 36回1
成熟時の発達を100％としたスキャモン（Scammon, R.）の臓器別発育曲線では，神経型は12歳頃に最も発達する。

☐ **7**
☐ 36回1
成熟時の発達を100％としたスキャモン（Scammon, R.）の臓器別発育曲線では，生殖型は12歳頃に70％となる。

☐ **8**
☐ 35回1
思春期に伴う心身の変化に関して，女子では，初経から始まり，次いで乳房や骨盤の発育がみられる。

☐ **9**
☐ 35回1改変
思春期に伴う心身の変化に関して，女子は，男子よりも早い時期から思春期が始まる。

× 寝返りを打てるようになるのは，生後5 〜 6か月である。生後2か月の乳児は，視力がはっきりし始め，あやしたときに笑う，笑顔になる，音が鳴った方向を見る，「あー」「うー」などの喃語を話し始める。

◎ リンパ系組織が成長のピークを迎えるのは，思春期初期(12 〜 13歳頃)であり，その後低下し成人期を迎える。

◎ スキャモンは，20歳における成長を100%とし，人体の各器官がどの時期に成長・発達するかについて，四つのパターンに分類し，発育曲線として示した。

◎ スキャモンの発育曲線によると，「一般型」の器官(呼吸器，循環器，腎臓，全体としての筋や骨など)は，乳幼児期と思春期に著しく発育するため，曲線はS字型カーブを示す。

× 「リンパ型(胸腺，各所のリンパ節など)」は，出生後から成長し，6歳頃に100%，12歳頃には180%を超え，その後低下する。

× 「神経型(脳髄，脊髄，視覚や聴覚などの感覚器など)」は，6歳過ぎには90%を超え，成人とほぼ同等の状態に到達する。

× 「生殖型(睾丸，卵巣，子宮，前立腺など)」は，性ホルモンの分泌が始まり，第二次性徴のみられる思春期に急激に成長し，17歳頃に70%となる。

× 一般的に，女子の第二次性徴は，乳房の発達に始まり，陰毛発生，身長増加，初経発来で完成するとされる。

◎ 思春期の発現や成長速度には個人差があるが，一般的に男子は性ホルモンの分泌の上昇が女子より約2年遅れて起きるため，女子のほうが早く思春期を迎え，身長や体重の増加が始まる。

	思春期では，身体の変化は緩徐な変化が多い。
☐ ☐ **10** 35回1	

	思春期に伴う心身の変化に関して，第二次性徴という身体的な変化が始まる。
☐ ☐ **11** 35回1	

	乳幼児期にみられる標準的な発達の特徴として，2歳前後では，2語文を言い始める。
☐ ☐ **12** 28回1	

	青年期の終わりは，身体の成長が最も著しい時期である。
☐ ☐ **13** 33回1	

	20歳頃には，生殖器系の成長が最も著しくなる。
☐ ☐ **14** 33回1	

心身の加齢・老化

	加齢に伴い，肺の残気量が増加する。
☐ ☐ **15** 34回1	

	加齢に伴い，拡張期血圧が低下する。
☐ ☐ **16** 34回1	

	加齢に伴い，聴力は低音域から低下する。
☐ ☐ **17** 34回1	

✕ 人間の身体が著しく成長する時期は2回あるとされ，1回目は乳（幼）
児期，2回目は思春期である。新生児が1歳になる頃には，出生時
と比較して，身長は約1.5倍，体重は約3倍になる。また，思春期では，
身長が1年に10cm伸びる場合もある。

○ 第二次性徴とは，思春期になって出現する性器以外の身体の各部分
の特徴のことをいう。（関連キーワード▶1参照）

○ 2歳前後で2語文を使い始め，言葉のもつコミュニケーションのは
たらきを知り，「これは何？」というものの名前を尋ねる第一質問期
に入る。（関連キーワード▶2参照）

✕ 身体（身長，体重，骨格，筋肉，内臓など）の発育は，乳幼児期と思
春期が最も著しい。

✕ スキャモンの発育曲線によると「生殖系（睾丸，卵巣，子宮など）」の
器官は，第二次性徴が始まる思春期に急激に成長する。

▶1
第一次性徴
男子には陰茎や陰嚢，
女子には子宮や卵巣
があるなど，性別を判
別する基準となる生物
学的な特徴のことを指
す。

▶2
第二質問期
3歳頃から始まる，「ど
うして？ なぜ？」と尋
ねる時期。

○ 肺の残気量は増加する。肺の残気量とは，最大限息を吐き出した後
に肺や気管に残っている空気の量である。加齢に伴い，肺を収縮
させる呼吸筋の筋力や肺自体の弾力性が低下し，脊柱の前傾によって横隔膜
の動きが制限され，肺活量も低下することから，残気量が増加する。

○ 拡張期血圧は低下する。加齢により，血管の弾力性が失われ，心臓
が収縮し全身に血液を送り出す際の抵抗が高まることから，収縮期
血圧は上昇する。血管が元に戻ろうとする作用も弱くなることから，心臓
が全身から戻ってきた血液を受け入れる際の拡張期血圧は低下する傾向に
ある。

✕ 高齢者の難聴の多くを占めるのは，感音性難聴である。加齢に伴う
蝸牛の機能低下によって，音がゆがむ，はっきりと聞こえない，似
た音を聞き分けられないなどの症状が生じ，特に高音域の聴力低下が顕著
にみられる。（関連キーワード▶4参照）

▶3
収縮期血圧
心臓が血液を拍出す
るために収縮・弛緩（し
かん）する際に動脈に
かかる圧力のうち，最
も強いものをいう。血
圧を左右する主な要因
は，①心拍出量，②末
梢（まっしょう）血管の
抵抗，③循環する血液
量，④血液の粘度，⑤
動脈の弾力などであ
る。

▶4
老人性難聴
感音性難聴のうち高
齢者に多くみられるの
は老人性難聴である。
原因の多くは，内耳蝸
牛（かぎゅう）・コルチ器
の有毛細胞の変性や
聴覚中枢に至る神経
細胞の減少によって生
じる老化による機能低
下症である。

☐	**18** 34回1	加齢に伴い，下部食道括約筋の収縮力が増強する。
☐	**19** 34回1	加齢に伴い，膀胱(ぼうこう)容量が増大する。
☐	**20** 32回2改変	高齢者の体全体の水分量は，若年者より少ない。
☐	**21** 32回2	高齢者は喉の渇きを感じやすいため，脱水になりにくい。
☐	**22** 32回2改変	高齢者の1日の水分摂取量は，若年者より少ない。
☐	**23** 32回2	高齢者による降圧利尿薬の服用は，脱水の原因にならない。
☐	**24** 32回2	高齢者は，腎臓による水の再吸収能力が低下している。

健康及び疾病の捉え方

健康の概念

☐	**25** 30回3	世界保健機関（WHO）が行ったアルマ・アタ宣言では，プライマリヘルスケアの重要性が示された。
☐	**26** 32回5	WHOが採択したアルマ・アタ宣言では，自己決定権についての言及はない。

✕ 下部食道括約筋の収縮力は低下する。食道と胃の境は「噴門」と呼ばれる。噴門につながる食道の下端にて，胃の中の物が食道に逆流しないよう締める筋肉が下部食道括約筋である。加齢による**筋力低下**により，噴門部を締める筋力は弱まる。

✕ 加齢の影響によって，膀胱と周辺の筋肉の減少や平滑筋の線維化が生じ，膀胱の弾性は低下し，**萎縮するため，膀胱容量は減少する**。

◯ 設問のとおり。高齢者の身体は，細胞内や筋肉など体液を貯める機能をもつ組織が減少し，**細胞の水分を蓄える能力も低下した状態で**ある。

✕ 加齢や認知症により喉の渇きを感じにくくなるため，**水分摂取量の低下**につながり，脱水になりやすい。

◯ 口渇の感じにくさ，失禁の心配や排泄行動のわずらわしさから，高齢者自身が水分摂取を控える傾向にある。また，咀嚼や嚥下機能の低下や食欲の減退により食事量も減るため，1日の水分摂取量は若年者より少ない。

✕ 降圧利尿薬は体液量を減らすことで心臓への負荷を下げる目的で使用される。そのため，過剰な服用は脱水の原因となる。

◯ 老化により腎臓の糸球体等の数が減少し，腎臓での水の再吸収能力が低下する。そのため，多くの水分を摂取しても，薄い尿として体外に排出される割合が増える。

◯ 設問のとおり。WHO は，1975年にプライマリヘルスケアという言葉を使い始め，ユニセフとともに国際会議の開催を提案した。1977年には「2000年までにすべての人々に健康を」と提案し，1978年のアルマ・アタ宣言に至った。

✕ ヘルスケアの推進には，住民参加，住民の自己決定が重視されており，自助と自決の精神に則ることが求められている。

▶5
水分摂取量の低下
①細胞内水分量の減少，②代謝水の産生低下，③水分摂取量の減少などにより，高齢者は脱水状態となりやすい。

▶6
プライマリヘルスケア
1978年に世界保健機関(WHO)と国連児童基金(UNICEF)主催の第1回プライマリヘルスケアに関する国際会議で採択されたアルマ・アタ宣言で示された。プライマリヘルスケアは，すべての人にとって健康を基本的な人権として認め，その達成の過程において住民の主体的な参加や自己決定権を保障する理念である。このため保健専門職と住民の間の双方向のヘルスケアを提唱しており，地域住民の自助自立のため自分たちのなかから活動家を選び育てるという視点が加えられている。

| 27 32回5 | WHO が採択したアルマ・アタ宣言では，保健ニーズに対応する第一義的責任は，専門職個人にあると言及している。 |

| 28 33回3 | 健康寿命とは，平均寿命を超えて生存している期間をいう。 |

国際生活機能分類(ICF)の基本的考え方と概要

国際生活機能分類(ICF)

| 29 35回2 | 国際生活機能分類(ICF)では，対象は障害のある人に限定されている。 |

| 30 35回2 | 国際生活機能分類(ICF)では，「社会的不利」は ICF の構成要素の一つである。 |

| 31 31回3 | 国際生活機能分類(ICF)における生活機能とは，心身機能，身体構造及び活動の三つから構成される。 |

| 32 35回2 | 国際生活機能分類(ICF)では，「活動」とは，生活・人生場面への関わりのことである。 |

| 33 35回2 | 国際生活機能分類(ICF)では，仕事上の仲間は「環境因子」の一つである。 |

✕ 保健ニーズに対応する第一義的責任は，国，地域社会が負うことが示されている。保健専門職のみがヘルスケアに関与し責任を負うものではない。

✕ 2000年に WHO が定義したものによれば，人の寿命において「健康上の問題で日常生活が制限されることなく生活できる期間」である。平均寿命は，0歳の平均余命であり，全年齢の死亡状況を集約したものである。

✕ 国際生活機能分類(ICF)が生活機能上の問題は誰にでも起こり得るものであるという考えに基づき，すべての人に関するモデルとして作成された。

✕ 「社会的不利」は，医学モデル及び国際障害分類(ICIDH)の構成要素の一つである。

✕ 生活機能は，心身機能・身体構造，活動及び参加の三つから構成される。

✕ 「活動」は，標準環境における課題の遂行や実行状況である。生活機能の3レベルは，「心身機能と身体構造：心身系の生理的機能，身体の解剖部分」「活動：課題や行為の個人による遂行」「参加：生活・人生場面へのかかわり」と定義される。

◎ 環境因子は，「人々が生活し，人生を送っている物的な環境や社会的環境，人々の社会的な態度による環境を構成する因子」と定義される。仕事上の仲間は，本人の生活機能に促進的・阻害的に影響を及ぼす社会的環境の一つと考えられる。

身体構造と心身機能

基幹系と臓器の役割

●血液

	34 27回1	アルブミンは酸素の運搬にかかわる。

●呼吸器

	35 27回1	横隔膜は呼吸にかかわる。

●骨格

	36 30回2	頸椎は12個の骨で構成される。

●消化器

	37 27回1改変	気管は食道の前方に位置する。

	38 32回1	腸管は，口側より，空腸，回腸，十二指腸，大腸の順序である。

	39 32回3改変	唾液には，消化酵素が含まれている。

✕ 酸素の運搬にかかわるのは，血液中の赤血球に含まれるヘモグロビ^{▶7}ンである。アルブミンは，肝臓で生合成され，栄養素として各組織にアミノ酸を供給する。

◯ 設問のとおり。横隔膜が吸気時に収縮すると（前下方に向かって下がる），胸膜腔の内圧が低下するため，肺が膨らむ。呼気時に弛緩すると，胸膜腔の内圧が上昇するため，肺から空気が出ていく。主として横隔膜の収縮によって行われる呼吸を腹式呼吸，肋間筋（ろっかん）の収縮によって行われる呼吸を胸式呼吸という。 (関連キーワード▶8参照)

✕ 頸椎は7個の骨からなる。脊柱は脊椎動物の体軸となる主要な骨格で，脊髄を保護し，頭を支え，下部で骨盤と連結する。上下に連結する32 〜 34個の椎骨及び椎間板からなる。椎骨は頸椎7個，胸椎12個，腰椎5個，仙椎5個，及び尾椎3 〜 5個に分けられる。

◯ 気管は，食道の前方に位置する。呼吸器は，外鼻から始まり，鼻腔（びくう），咽頭，喉頭，気管と続く。気管への入り口である喉頭には喉頭蓋というふたがある。このふたは普段は開いているが，食べ物や飲み物を飲み込む（嚥下）ときには反射的に閉じて，気道に物が入る（誤嚥）のを防ぐ。

✕ 腸管を口から肛門までの一本の筒と考えた場合，口側から，口腔，咽頭，食道，胃，小腸（十二指腸，空腸，回腸），大腸（盲腸，上行結腸，横行結腸，下行結腸，S状結腸），直腸，肛門の順序である。

◯ 唾液には，アミラーゼという消化酵素が含まれており，この酵素のはたらきで炭水化物はマルトース（麦芽糖）まで分解される。

▶7
血液
血液は，血漿（約55%）と血球（約45%）から構成されている。血漿はその大部分が水であるが，それ以外に無機塩類（ナトリウムイオン，カリウムイオン，カルシウムイオンなど）と，有機物からなる。

▶8
外呼吸と内呼吸
呼吸は，外呼吸と内呼吸からなる。外呼吸では，外気から酸素を取り込み，二酸化炭素を血液中から体外に排出する。内呼吸では，体の末梢組織で酸素と二酸化炭素とのガス交換を行う。

▶9
嚥下
①食塊を口腔から咽頭へ送る口腔相，②反射的な運動により食塊が咽頭を通過し食道へと向かう咽頭相，③食道に入った食塊が食道壁の蠕動運動により胃へと送られる食道相の3相に分けられる。

☐ **40** ☐ 32回3	膵臓<ruby>すいぞう</ruby>には，内分泌腺と外分泌腺がある。

☐ **41** ☐ 32回3改変	小腸は，水分を吸収する。

☐ **42** ☐ 32回3	胆汁は，胆のうで作られる。

●循環器

☐ **43** ☐ 33回2	肺と右心房をつなぐのは，肺静脈である。

☐ **44** ☐ 33回2	左心房と左心室の間には，大動脈弁がある。

☐ **45** ☐ 33回2	血液は，左心室から大動脈へと流れる。

☐ **46** ☐ 33回2改変	上大静脈と下大静脈は，右心房に開口する。

☐ **47** ☐ 33回2	血液は，大動脈から肺に流れる。

○ 膵臓は，内分泌腺(内分泌部)と外分泌腺(外分泌部)からなる。膵臓の大部分は，膵液を出す外分泌部からなるが，その間に内分泌部が存在する。内分泌部はランゲルハンス島という組織であり，血糖を上げるグルカゴンや血糖を下げるインスリンなどを分泌する。

○ 設問のとおり。消化管には，1日当たり8000〜10000mL の水分が流れ込むといわれている。その大部分は小腸で吸収され，一部が大腸で吸収される。

✕ 胆汁は肝臓で作られ胆のうに貯められる。胆のうは，胆汁を一時的に貯め，水分を吸収し濃縮させる。胆のうからの胆のう管と肝臓からの肝管が合流して総胆管となり，総胆管から胆汁が十二指腸に注がれ，脂肪吸収を助ける。

✕ 全身から還ってきた血液は，右心房を経由し，右心室から，肺動脈を通って，肺に送られる。心臓から血液を送り出す血管は動脈，心臓に戻っていく血液が通る血管は静脈である。

✕ 肺から動脈血となって戻ってきた血液は，左心房から僧帽弁を通過して左心室に流れる。

○ 動脈血は，左心室から大動脈弁を通り，全身に血液を送り出す大動脈に流れる。 (関連キーワード▶10参照)

○ 上半身の体循環を終えた静脈血が心臓に戻る際に流れる血管を上大静脈，下半身の体循環を終えた静脈血は下大静脈といい，ともに右心房に開口する。

✕ 肺から戻った動脈血を全身に送る血管が大動脈である。全身から戻ってきた静脈血が，肺でのガス交換のために肺に流れる際に通る血管は肺動脈である。 (関連キーワード▶11参照)

▶10
体循環
体循環では，左心室より大動脈を通じて動脈血を全身の臓器に送り，ガス交換が行われて静脈血となった血液を大静脈を通じて右心房に戻す。

▶11
血管と血液
動脈:心臓から肺を含む身体各部に血液を送り出す血管。
静脈:肺を含む身体各部から心臓に血液を送り戻す血管。
動脈血:酸素が多く二酸化炭素が少ない血液。
静脈血:二酸化炭素が多く酸素が少ない血液。

●支持運動器官

☐ **48** 27回1
☐
平滑筋は随意的に収縮できる。

●内分泌器官

☐ **49** 32回1
☐
副甲状腺ホルモンは，カリウム代謝をつかさどる。

●神経系

☐ **50** 31回2
☐
副交感神経は，消化管の運動を亢進（こうしん）する。

☐ **51** 31回2
☐
脊髄神経は，中枢神経である。

●脳

☐ **52** 31回2
☐
脳幹は，上部から延髄・中脳・橋の順で並んでいる。

☐ **53** 32回1
☐
視覚は，後頭葉を中枢とする。

●眼

☐ **54** 36回4
☐
眼球の外層にある白目の部分は角膜である。

✗ 平滑筋は，随意的に収縮できない。筋組織は，骨格筋，心筋，平滑筋の3種類に分けられる。骨格筋は，運動神経の支配を受け，随意に収縮させたり弛緩させたりできる。心筋と平滑筋は，運動神経との結合がないため，随意に動かすことはできない。 (関連キーワード▶12参照)

▶12
横紋筋
骨格筋と心筋は，筋繊維の中に縞模様があるため，横紋筋とも呼ばれる。

✗ 副甲状腺ホルモンは，血中カルシウム濃度の維持をつかさどっている。内分泌系は，神経系や免疫系と併せて，体の状態を一定に保つはたらき(ホメオスタシスの維持)を担っている。標的の臓器に情報を伝達するために，内分泌系から出る物質(情報伝達物質)をホルモンと呼ぶ。

◉ 「自律神経」は内臓・知覚・分泌などの調整を主な役割とし，エネルギーを発散し，活動的な状態にする「交感神経」と，エネルギーを蓄え，消化を促して体を休息させる「副交感神経」に分かれる。

✗ 脊髄神経は，末梢神経に含まれる。

✗ 脳幹は，上部から順に中脳・橋・延髄の順に並んでいる。生命維持の中心的な役割を担っており，呼吸，運動，体温，血液の循環などを調節している。

◉ 大脳は場所ごとに担う機能が異なり，これを脳の機能局在と呼ぶ。大脳を前頭葉・頭頂葉・側頭葉・後頭葉の4つに分けた場合，前頭葉は意思や思考，遂行機能，頭頂葉は体性感覚や認知機能を，側頭葉は聴覚や言語の処理を，後頭葉はほぼ全域で視覚を担う。

✗ 眼球の白目の部分は，強膜である。眼球壁の最外層(外膜)は，前方からみて中央の透明な角膜と乳白色の強膜からなっている。

医学概論

障害の概要

●内部障害

55
36回3
視覚障害は，身体障害者手帳の交付対象となる内部障害である。

56
36回3
そしゃく機能障害は，身体障害者手帳の交付対象となる内部障害である。

57
36回3
平衡機能障害は，身体障害者手帳の交付対象となる内部障害である。

58
36回3
ヒト免疫不全ウイルスによる免疫機能障害は，身体障害者手帳の交付対象となる内部障害である。

59
36回3
体幹機能障害は，身体障害者手帳の交付対象となる内部障害である。

●認知症

60
29回6
レビー小体型認知症は，前頭側頭型認知症とも呼ばれる。

61
32回6
脳血管性認知症の特徴的な症状として，パーキンソン症状があげられる。

62
32回6
脳血管性認知症の特徴的な症状として，まだら認知症があげられる。

✗ 視覚障害は単独で「視覚障害」に分類される。

✗ そしゃく機能障害は,「音声機能,言語機能又はそしゃく機能の障害」に分類される。

✗ 平衡機能障害は,「聴覚又は平衡機能の障害」に分類される。

◯ 設問のとおり。なお,身体障害者手帳所持者数を障害の種類別にみると,最も多いのが肢体不自由で38.0％,次に多いのが内部障害で32.8％を占める。

✗ 体幹機能障害は,「肢体不自由」に分類される。

✗ 前頭側頭型認知症(大脳の前頭葉と側頭葉が萎縮する)とは異なる。近年,若年性認知症の原因疾患として着目されるピック病が代表的な前頭側頭型認知症である。

✗ パーキンソン症状が特徴的なのは,脳血管性認知症ではなく変性性認知症のうち,レビー小体型認知症である。初期段階では,幻視や妄想などの神経症状とパーキンソン症状,REM睡眠行動障害などが認められる。

◯ 脳血管性認知症に特徴的な症状である。脳血管性認知症は,脳血管障害が原因で起こる。出血や梗塞を起こすたびに認知機能が段階的に悪化することが多く,特徴的症状としてまだら認知症や感情失禁(情動失禁)などがみられる。

▶13
肢体不自由
「上肢」,「下肢」,「体幹」の障害,「乳幼児期以前の非進行性の脳病変による運動機能障害(上肢機能・移動機能)」の総称をいう。

▶14
ピック病
脳の前頭葉から側頭葉にかけて大脳萎縮がみられる疾患で,初老期に多い。前方型認知症とも呼ばれている。

▶15
レビー小体型認知症
レビー小体という異常なたんぱく質が大脳皮質など中枢神経系に広汎に現れることで起きる。

▶16
まだら認知症
認知機能の障害にむらがある状態のこと。例えば,記銘力の障害はみられるものの,日常的な判断力や専門知識は保たれているなど。

脳血管性認知症の特徴的な症状として，常同行動があげられる。

●高次脳機能障害

64
33回5

外傷性脳損傷による注意力の低下は，高次脳機能障害の症状の一つである。

65
27回5

失行は，リハビリテーションの対象にならない。

●精神障害（DSMを含む）

66
34回5

体感幻覚は，双極性障害の躁状態に特徴的な症状である。

67
34回5

作為体験は，双極性障害の躁状態に特徴的な症状である。

整理しておこう！

アルツハイマー型認知症と脳血管性認知症の比較

　認知症には，大きく分けて，アルツハイマー型認知症と脳血管性認知症がある。アルツハイマー型認知症は，脳全体の細胞が徐々に死んでいくため，脳が萎縮していく病気で，いつの間にかもの忘れが始まり徐々に進行していく。予防や根治的な治療の方法は見つかっていない。一方，脳血管性認知症は，脳出血，脳梗塞，動脈硬化などが原因で脳の神経細胞が死ぬために起こる認知症である。

　わが国の認知症の原因としては，1990年(平成2年)頃を境に，それ以前では脳血管性認知症が多く，それ以降ではアルツハイマー型認知症が多くなっている。

✕ 常同行動が特徴的なのは，前頭側頭型認知症である。原因は不明であるが，大脳の前頭葉・側頭葉に萎縮がみられる。初老期（40〜60歳代）に発症することが多く，その代表がピック病である。

◯ 高次脳機能障害は，脳血管疾患のほか，頭部外傷などの外傷性脳損傷によっても引き起こされる。

✕ 高次脳機能障害の症状の一つに含まれる失行 ▶17 は，リハビリテーションの対象である。

▶17
失行
運動障害（運動麻痺，失調，不随意運動など）が存在せず，実行しようとする意志があるにもかかわらず，正しい動作を行えないことをいう。運動失行（肢節運動失行，観念運動失行），観念（意図）失行，構成失行，着衣失行がある。

✕ 体感幻覚 ▶18 は，主に統合失調症でみられる症状である。幻覚は感覚様式により，幻視，幻聴，幻嗅，幻触，幻味，体感幻覚などに分類される。統合失調症で主にみられるのは幻聴であるが，体感幻覚や幻視などが出現する場合もある。

▶18
体感幻覚
現実的でない各臓器の異常，例えば脳が燃えている，血管内で血が騒ぐなどの訴えがみられる。

✕ 作為体験は，統合失調症に特有の症状である。作為体験は，他人の意思で自分が動かされている（他人に操られている）感覚の体験であり，「させられ体験」ともいう。

	アルツハイマー型認知症	脳血管性認知症
年齢	70歳以上に多い	60歳以降
性別	女性に多い	男性に多い
発症・経過	徐々に発症，進行性に悪化	急性に発症，階段状に悪化
症状	全般的な認知症 失語，失行，失認	比較的軽度，まだら認知症 情動失禁，片麻痺，知覚障害
診断	脳の萎縮（海馬・側頭葉）	脳血管障害（梗塞巣の多発）
予防	原因不明だが，非社交的，内向的性格はリスク要因となるので，積極的な社会参加に努める，さまざまなことに興味をもつなど，脳に刺激を与える生活を心がける	生活習慣病の予防が脳血管性認知症の予防にもつながる。高血圧や糖尿病など脳血管障害の基礎疾患の早期発見・早期治療

☐ **68** ☐ 34回5改変	日内変動は，うつ状態に特徴的な症状である。

☐ **69** ☐ 34回5	思考途絶は，双極性障害の躁状態に特徴的な症状である。

☐ **70** ☐ 27回6改変	統合失調症の診断では，妄想や幻覚は，陽性症状である。

☐ **71** ☐ 30回6	精神疾患の診断・統計マニュアル（DSM-5）において，「観念奔逸」は「統合失調症」と診断するための5つの症状に含まれている。

☐ **72** ☐ 34回6	精神疾患の診断・統計マニュアル（DSM-5）において，ギャンブル障害は，物質関連障害及び嗜癖性障害群に分類される。

☐ **73** ☐ 34回6	精神疾患の診断・統計マニュアル（DSM-5）において，急性ストレス障害は，物質関連障害及び嗜癖性障害群に分類される。

☐ **74** ☐ 36回6	神経性無食欲症は，精神疾患の診断・統計マニュアル（DSM-5）において，発達障害に当たる「神経発達症群／神経発達障害群」に分類される。

☐ **75** ☐ 36回6	精神疾患の診断・統計マニュアル（DSM-5）において，統合失調症は，発達障害に当たる「神経発達症群／神経発達障害群」に分類される。

☐ **76** ☐ 36回6	精神疾患の診断・統計マニュアル（DSM-5）において，パニック障害は，発達障害に当たる「神経発達症群／神経発達障害群」に分類される。

☐ **77** ☐ 36回6改変	精神疾患の診断・統計マニュアル（DSM-5）において，適応障害は，「心的外傷及びストレス因関連障害群」に分類される。

○ 日内変動は，うつ状態に特徴的な症状である。内因性のうつ病性障害，うつ病に特異的にみられるが，不安障害やパーソナリティ障害におけるうつ状態にはあまりみられない。そのため，これら両者を判別する際の参考となる。

✕ 思考途絶は，主に統合失調症にみられる症状である。思考過程の異常であり，考えている途中で思考が突然停止してしまう状態をいう。

○ 設問のとおり。統合失調症の陽性症状は，①妄想，②幻覚，③まとまりのない会話（頻繁な脱線又は滅裂），④ひどくまとまりのない，又は緊張病性の行動などである。一方，陰性症状は意欲や自発性の低下，ひきこもり，表情や感情の動きの欠如などの症状である。

✕ 観念奔逸は，双極Ⅰ型障害の躁病エピソード又は双極Ⅱ型障害の軽躁病エピソードの症状の1つである。

○ ギャンブル障害は，DSM-5の診断分類「物質関連障害及び嗜癖性障害群」のカテゴリーの下位分類として位置づけられている。ギャンブル障害は，薬物依存などの物質関連障害と対比して，非物質関連障害として嗜癖の概念に取り入れられている。

✕ 急性ストレス障害は，DSM-5の診断分類「心的外傷及びストレス因関連障害群」のカテゴリーの下位分類として位置づけられている。生命の危機に陥るような脅威や破局的なストレスにさらされた後に出現する病態である。

✕ 神経性無食欲症は，食行動障害及び摂食障害群の分類に該当する。特に思春期の女性に好発し，最近では学童期後期にもみられる。

✕ 統合失調症は，統合失調症スペクトラム障害及びほかの精神病性障害群の分類に該当する。

✕ パニック障害は，不安症群／不安障害群の分類に該当する。

○ 適応障害は，心的外傷及びストレス因関連障害群の分類に該当する。適応障害とは，日常・社会生活上の出来事に関する，あるストレスに対して不適応状態が生じることをいう。

▶19
思考過程の異常
考えに論理的な結びつきがなくなる状態で，思考が支離滅裂となる。軽症の場合，会話の文脈にまとまりがなく話の筋が不明瞭な連合弛緩がみられ，重症の場合には，無意味な言葉の羅列（言葉のサラダ）や思考途絶がみられる。

▶20
統合失調症
幻覚，妄想，意欲の低下などを症状とする，思春期から青年期に発症し，慢性・進行性の精神障害。

▶21
DSM-5（精神疾患の診断・統計マニュアル第5版）
アメリカ精神医学会（APA）が策定した「精神疾患の診断・統計マニュアル」の最新改訂版。2013年5月18日公開。

▶22
統合失調症
統合失調症は，主に10歳代後半〜30歳代前半の思春期，青年期に発症し，人格，知覚，思考，感情，対人関係などに障害をきたす原因不明の疾患である。

| | 78
36回6 | 精神疾患の診断・統計マニュアル (DSM-5) において，注意欠如・多動症 (ADHD) は，発達障害に当たる「神経発達症群／神経発達障害群」に分類される。 |

| | 79
33回6 | DSM-5において，自閉スペクトラム症 (ASD) と診断するための症状には「同一性への固執」が含まれる。 |

●発達障害

| | 80
36回5 | 自閉スペクトラム症 (ASD) は，成人になってから発症する。 |

| | **81**
36回5改変 | 自閉スペクトラム症 (ASD) では，強いこだわりがみられる。 |

| | 82
36回5 | 自閉スペクトラム症 (ASD) では，幻覚がみられる。 |

| | 83
36回5改変 | 自閉スペクトラム症 (ASD) では，常同的な行動が認められる。 |

| | **84**
36回5 | 自閉スペクトラム症 (ASD) では，相手の気持ちを理解することが苦手である。 |

| | 85
35回7 | 注意欠如・多動症 (ADHD) の症状は，精神疾患の診断・統計マニュアル (DSM-5) では，4歳以前に症状があることを診断基準としている。 |

◎ 設問のとおり。神経発達症群／神経発達障害群の分類には，注意欠如・多動症（ADHD）のほかに，主に知的能力障害群，コミュニケーション障害群，自閉症スペクトラム障害，限局性学習障害などが分類されている。

▶23
注意欠如・多動症（ADHD）
ADHDは，①不注意，②多動，③衝動性を主症状とする障害である。

◎ DSM-5による診断は，本質的特徴である①社会的コミュニケーション及び相互関係における持続的障害，②限定された反復する行動・興味・活動，の二つを基盤として行われ，②に「同一性への固執」があげられている。

✕ 3歳以前の幼少期で明らかになる場合が多い。しかし，症状が軽い場合は成人してから診断される場合もある。3歳以前からの症状としては，視線を合わせようとしない，言葉の遅れ，オウム返し，反復性の常同的な行動などがみられる。

◎ 強いこだわりをもつ場合が多い。ASD は，社会性の障害，コミュニケーションの障害，想像性の障害の三つの障害を有する。なかでも想像性の障害では，柔軟な対応や予定変更への対応が困難であったり，自分の考えや習慣に固執する，常同行動など，強いこだわりがみられる。

✕ ASD の症状に幻覚はない。幻覚がみられる代表的な疾患として，統合失調症や認知症があげられる。

◎ 設問のとおり。自閉スペクトラム症の三つの障害のうち想像性の障害に該当する。

◎ 社会性の障害の一つの特徴である。その他，コミュニケーションの障害による非言語的コミュニケーションの困難さなどもみられる。

▶24
社会性の障害
社会性の障害とは，相手の気持ちやその場の状況，自分の言動が相手にどのような影響を与えるかを理解できず，良好な対人関係を築くことが困難な障害である。

✕ DSM-5では，12歳までに症状が現れるとされている。診断にあたっては，不注意，多動，衝動性などの症状に加えて，DSM-5では12歳前に少なくともいくつかの症状がみられる（ICD-10では，7歳未満の早期発症），6か月以上の持続，複数の場面で観察されるなどが基準とされる。

| | 86
35回7 | 注意欠如・多動症（ADHD）の症状の治療としては，薬物療法が第一選択となることが多い。 |

●その他

| | 87
27回5改変 | 咀嚼や嚥下機能の障害は，身体障害者福祉法による内部障害に含まれない。 |

| | 88
33回5 | 難病の患者に対する医療等に関する法律で定められた指定難病患者の全てに，身体障害者手帳が交付される。 |

| | 89
33回5 | 糖尿病による視覚障害では，身体障害者手帳を取得できない。 |

| | 90
30回5 | デュシェンヌ型筋ジストロフィーでは，呼吸困難が初発症状である。 |

リハビリテーションの概要と範囲

| | 91
34回7 | リハビリテーションに関わる専門職に管理栄養士は含まれないとされている。 |

| | 92
34回7改変 | 嚥下障害のリハビリテーションは言語聴覚士が行う。 |

✕ 一般的に ADHD の治療は、心理社会的な治療が優先して検討される。心理社会的な治療には、小集団での社会生活技能訓練（SST），本人と親へのカウンセリング，ペアレントトレーニング，学校等における環境調整を含む教育支援などがある。これらの治療や支援だけでは生活改善が十分でない場合，必要に応じて薬物療法を併用していくこともある。

〇 設問のとおり。なお、身体障害者福祉法施行規則の別表第5号「身体障害者障害程度等級表」において、咀嚼・嚥下機能の障害は「音声機能，言語機能又はそしゃく機能の障害」として，3級又は4級の等級が定められている。 （関連キーワード▶25参照）

✕ 指定難病患者の全てに，身体障害者手帳が交付されるわけではない。難病患者等のうち，身体障害者福祉法で規定する障害がある場合は，身体障害者手帳が交付され，障害福祉サービスを利用できる。

✕ 視覚障害の原因となる疾患について、身体障害者福祉法では規定されていない。糖尿病など疾患の結果としての障害の程度や生活動作の支障などにより身体障害者手帳の対象として認定された場合，身体障害者手帳を取得できる。

✕ 呼吸困難は末期の症状である。デュシェンヌ型筋ジストロフィーは，X染色体上のジストロフィン遺伝子が原因であり，通常は男性のみに，多くは3歳以内に発症する。筋力の低下は近位筋に強く起こり，下肢帯より始まる。

✕ 専門職には，管理栄養士も含まれる。管理栄養士は，生活習慣病などの患者に対する個別的な食事指導や嚥下困難の患者に対する食事の工夫などを行う。 （関連キーワード▶26参照）

〇 嚥下障害のリハビリテーションは，主に言語聴覚士（ST）が行う。STは、言語や聴覚の障害がある人の訓練を行う。また，嚥下困難な患者には看護師と協力して嚥下機能の改善を図り，咽頭腫瘍の術後に発声機能が喪失した場合などに食道発声訓練なども行う。

▶25
身体障害者福祉法における内部障害
①心臓機能障害，②腎臓機能障害，③呼吸器機能障害，④膀胱・直腸機能障害，⑤小腸機能障害，⑥ヒト免疫不全ウイルスによる免疫機能障害，⑦肝臓機能障害の7つが定められている。

▶26
リハビリテーションに携わる専門職
通常，医師，看護師，理学療法士，言語聴覚士，医療ソーシャルワーカー，臨床心理士・公認心理師，管理栄養士，義肢装具士などで構成される。

☐ ☐	**93** 34回7	フレイルはリハビリテーションの対象に含まれる。
☐ ☐	**94** 32回7	内部障害は，リハビリテーションの対象とはならない。
☐ ☐	**95** 27回7	包括的リハビリテーションには，薬物療法が含まれる。
☐ ☐	**96** 32回7改変	がんは，リハビリテーションの対象となる。
☐ ☐	**97** 32回7	脳卒中のリハビリテーションは，急性期，回復期，生活期(維持期)に分けられる。
☐ ☐	**98** 33回7	リハビリテーションに関しては，学校教育では行われない。
☐ ☐	**99** 33回7	リハビリテーションに関しては，急性期治療を終えてから開始される。
☐ ☐	**100** 33回7	リハビリテーションは，介護保険制度によるサービスとしては提供されない。

◯ フレイルはリハビリテーションの対象に含まれる。日本老年医学会は，高齢となり筋力や活力が衰えた段階を「フレイル」と名づけ，予防の重要性を提言した。介護予防のためにもリハビリテーションが重要となる。

✕ リハビリテーションの対象となる疾病・障害には，内部障害が含まれる。内部障害者に共通する状況として，安静・臥床により容易に廃用を生じ，廃用によりさらに内臓の機能低下を起こしやすいという特徴がある。そのため，運動療法，薬物療法，患者教育，カウンセリングなどを組み合わせた「包括的リハビリテーション」を多職種が連携して行う。

◯ 設問のとおり。包括的リハビリテーションは，医学的な評価や適切な運動処方と運動療法，薬物療法，食事療法，患者教育，カウンセリングなどをセットにした包括的なプログラムに基づいて行われる。

◯ 設問のとおり。リハビリテーションの対象を疾患の面からみると，整形外科疾患，脳卒中，神経疾患，心臓疾患，呼吸器疾患，視覚障害，聴覚障害，精神障害，認知症，腫瘍（がん）など多岐にわたり，近年では，糖尿病，肥満，脂質異常症，高血圧，腎不全なども対象となっている。

◯ 脳卒中のリハビリテーションは，急性期，回復期，生活期（維持期）に分けられ，さまざまな手法によって運動機能や日常生活動作の改善，合併症予防，環境調整が図られる。急性期は脳卒中発病直後から離床まで，回復期は離床後から退院まで，生活期は退院後の日常生活の時期である。

✕ 学校教育の領域においても行われる。リハビリテーションの4つの側面（医学的・教育的・職業的・社会的）における教育的リハビリテーションは，主に障害児の教育に関するもので教育を受ける機会均等の立場を尊重するものである。

✕ 急性期治療の終了を待たずに開始される。急性期リハビリテーションは集中治療室に入院中の発症早期から開始されるもので，安静によって引き起こされる二次的合併症（廃用症候群）の予防に重点がおかれている。

✕ 介護保険制度によるサービスとしても提供されている。高齢障害者では介護保険制度を利用して，各種サービスの利用が可能である。

| □ □ | 101 33回7 | リハビリテーションには，将来的な筋力低下が予想される場合の予防的アプローチが含まれる。 |

疾病と障害及びその予防・治療・予後・リハビリテーション

●がん

| □ □ | 102 33回4 | がんと食生活は関係がない。 |

| □ □ | 103 33回4 | 早期発見を目的とするがん検診は，がんの一次予防である。 |

| □ □ | 104 33回4 | 近年の傾向として，日本では胃がんの「死亡率」は低下している。 |

| □ □ | 105 33回4 | がんの治療は，手術療法に限られる。 |

| □ □ | 106 35回4 | 2021年(令和3年)における，がん(悪性新生物)の主な部位別にみた死亡数で女性の第1位は，大腸がんである。 |

●脳血管疾患

| □ □ | 107 27回4 | 多発性脳梗塞(たはつせいのうこうそく)は，アルツハイマー型認知症に特異的な病態である。 |

| □ □ | 108 27回4 | 多発性脳梗塞(たはつせいのうこうそく)では，嚥下障害(えんげしょうがい)はない。 |

| □ □ | 109 27回4 | 多発性脳梗塞(たはつせいのうこうそく)では，情動失禁はない。 |

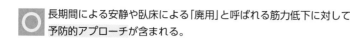

○ 長期間による安静や臥床による「廃用」と呼ばれる筋力低下に対して予防的アプローチが含まれる。

✕ 食生活と胃がん及び大腸がんの発症など, 消化器系のがんの発症と食生活との関係が指摘されている。

✕ 早期発見を目的とするがん検診は, 二次予防である。一次予防は, 健康増進と発症予防を目的とした対策を指す。

○ 部位別にみた悪性新生物の死亡率では, 胃がんは男女とも減少傾向にある。これに対して, 大腸, 結腸, 食道は大幅な減少には至っていない。

✕ がんの治療は, 主に抗がん剤による化学療法, 手術療法, 放射線療法があり, 部位 (がんの種類を含む), 進行度, 健康状態などによって治療方法が検討される。

○ 女性の大腸がんの死亡数は, 2万4338人 (人口10万人あたりの死亡率は38.6) であり, 主な部位別では第1位である。

▶27

✕ アルツハイマー型認知症は脳実質の変性による変性性認知症であり, 多発性脳梗塞はアルツハイマー型認知症に特異的な病態ではない。

▶27
多発性脳梗塞
大脳深部や橋など脳幹の穿通枝領域に起こる直径15mm未満の小さな病変であるラクナ梗塞が多発する。

✕ 多発性脳梗塞では, 脳血管性認知症やパーキンソン症候群を呈することが多く, 脳血管性認知症の症状である嚥下障害や構音障害などの偽性球麻痺がみられる。また, 血管障害部位に対応した機能が低下するため, 認知機能がまだら状に低下するまだら認知症が特徴的にみられる。

▶28

✕ 多発性脳梗塞では脳血管性認知症の症状である情動失禁がみられる場合がある。

▶28
情動失禁 (感情失禁)
感情が不安定となり, ささいな刺激で泣いたり, 笑ったり, 怒ったりすること。

医学概論

●生活習慣病

☐ **110** 血液透析の導入の原因の第1位は，高血圧性腎硬化症である。
☐ 31回5

☐ **111** 発症に生活習慣の関与が強いのは，1型糖尿病よりも2型糖尿病である。
☐ 29回5改変

☐ 112 高血圧の診断基準は，診察室での収縮期（最高）血圧160mmHg 以上あるいは拡
☐ 31回5 張期（最低）血圧90mmHg 以上である。

☐ 113 本態性高血圧（一次性高血圧）は，高血圧全体の約90％を占める。
☐ 31回5改変

☐ **114** アルコール摂取量は，メタボリックシンドロームの診断基準に含まれる。
☐ 29回5

●感染症

☐ 115 ノロウイルスの潜伏期間はおよそ14日である。
☐ 34回3

☐ 116 インフルエンザは肺炎を合併することがある。
☐ 34回3

☐ 117 肺炎はレジオネラ菌によるものが最も多い。
☐ 34回3

☐ **118** 疥癬の原因はヒゼンダニである。
☐ 34回3改変

✕ 血液透析の導入原因の第1位は，糖尿病性腎症である。高血圧はさまざまな臓器で障害発症の原因となるが，腎臓に対する障害を高血圧性腎硬化症と呼ぶ。

◯ 設問のとおり。糖尿病は，主に膵臓のランゲルハンス島β細胞の破壊によりインスリン分泌が著しく障害される1型糖尿病と，インスリン分泌低下と作用不足が混在した2型糖尿病に分けられる。

✕ 日本高血圧学会によれば，診察室での収縮期血圧(最高血圧)が140mmHg以上又は拡張期血圧(最低血圧)が90mmHg以上の場合を高血圧症と診断する。

◯ 日本の本態性高血圧(一次性高血圧)は全体の約90％を占める。高血圧の大部分(約90％)は，明らかな原因を特定できない「本態性高血圧(一次性高血圧)」，残り約10％が何らかの原因疾患に起因する「続発性高血圧」である。

✕ アルコール摂取量は，メタボリックシンドロームの診断基準に含まれない。

✕ ノロウイルスの潜伏期間は，1〜2日と考えられている。症状は，嘔気，嘔吐，下痢を主症状として，腹痛，頭痛，発熱，悪寒，筋肉痛，咽頭痛，倦怠感などを伴うこともある。

◯ インフルエンザウイルス感染症は，肺炎を合併することもある。インフルエンザウイルスにはA，B，Cの3型があり，流行的な広がりをみせるのはA型とB型である。症状は，通常，38度以上の高熱，頭痛，全身倦怠感，筋肉痛・関節痛などが生じ，次いで咳，鼻汁などの上気道炎症状が続く。

✕ 肺炎は，市中肺炎では，肺炎球菌，インフルエンザウイルスによるものが多い。レジオネラ菌による肺炎は市中肺炎の約5％を占める。

◯ 疥癬の原因は，ヒゼンダニというダニの一種である。ヒゼンダニが皮膚に寄生して皮膚炎を起こし，強いかゆみが生じる。

▶29
続発性高血圧
二次性高血圧ともいう。腎疾患，内分泌疾患などの血圧上昇の原因が特定できる高血圧のことをいう。

▶30
メタボリックシンドローム
未病(病気に向かう状態)の1つで，内臓脂肪型肥満(内臓肥満・腹部肥満)に血清脂質異常，血圧高値，高血糖のうち2つ以上を合併した状態をいう。

| 119 34回3 | 肺結核の主な感染経路は飛沫感染である。 |

| 120 28回6 | 腸管出血性大腸菌 O-157の感染予防には，食品の加熱処理が有効である。 |

| 121 33回5 | 後天性免疫不全症候群による免疫機能障害は，内部障害に該当しない。 |

●骨・関節の疾患

| 122 34回4 | 骨粗鬆症は女性より男性に多い。 |

| 123 34回4改変 | 関節リウマチでみられる手指のこわばりは朝に多い。 |

整理しておこう！

感染症の予防及び感染症の患者に対する医療に関する法律（感染症法）

　従来の感染症対策は，1897年（明治30年）制定の伝染病予防法により行われてきたが，この間の医学の進歩，衛生水準の向上，健康・衛生意識の向上，国際交流の活発化，新興感染症・再興感染症の出現など，めざましい環境の変化に対応するため，感染症法が1998年（平成10年）に成立，翌年施行された（伝染病予防法，性病予防法，後天性免疫不全症候群の予防に関する法律は廃止）。

　法の施行後も，重症急性呼吸器症候群（SARS）の発生を想定した，緊急時における取組みの強化，動物由来の感染症を予防するための，従来までの一定の動物の禁輸又は検疫の制度に加え，輸入される動物の種類，数量等の情報を衛生証明書とともに事前に届け出る制度の創設（2003年（平成15年）改正），生物テロや事故等による感染に対する対策の強化，結核対策の感染症法への移行（結核予防法は2007年（平成19年）3月31日をもって廃止），感染症の類型の見直し（2006年（平成18年）改正），「新型インフルエンザ等感染症」という新たな類型の創設（2008年（平成20年）改正）など，所要の改正が行われている。

✕ 肺結核の主な感染経路は，空気感染である。空気感染とは，結核菌の浮遊する空気を吸い込むことで感染を起こすことである。

◯ 食品の十分な加熱（75℃で1分間以上）が感染予防に有効である。その他，予防は，調理者の手指，調理器具の衛生の保持が推奨されている。(関連キーワード▶31参照)

▶31
腸管出血性大腸菌による食中毒
主に食物（生食用の牛肉など）や水などが原因とされ，下痢，嘔吐，腹痛，血便などの症状が現れる。大腸菌が増殖する際に産生された毒素（ベロ毒素）により，溶血性尿毒症症候群を合併し死に至る場合がある。

✕ 身体障害者福祉法における内部障害に該当する。後天性免疫不全症候群は，ヒト免疫不全ウイルス（HIV）により免疫機能が低下した結果，日和見感染や悪性腫瘍などの全身症状が現れた状態をいう。

✕ 骨粗鬆症は，男性より女性に多い。特に閉経後の女性に多く，女性ホルモンの減少が原因として考えられている。

◯ 関節リウマチの手指のこわばりは，朝に多い。関節リウマチは，原因が不明で，全身の関節が慢性的に炎症を繰り返し，破壊される疾患である。関節の障害が手に強く出ることが多く，変形が加わり日常生活に支障が生じる。

医学概論

1類感染症	エボラ出血熱，クリミア・コンゴ出血熱，痘そう，南米出血熱，ペスト，マールブルグ病，ラッサ熱
2類感染症	急性灰白髄炎，結核，ジフテリア，重症急性呼吸器症候群（SARS），中東呼吸器症候群（MERS），鳥インフルエンザ（H5N1，H7N9）
3類感染症	コレラ，細菌性赤痢，腸管出血性大腸菌感染症，腸チフス，パラチフス
4類感染症	E型肝炎，A型肝炎，黄熱，Q熱，狂犬病，炭疽，鳥インフルエンザ（H5N1，H7N9を除く），ボツリヌス症，マラリア，野兎病など
5類感染症	インフルエンザ（鳥インフルエンザ及び新型インフルエンザ等感染症を除く），ウイルス性肝炎（E型肝炎及びA型肝炎を除く），クリプトスポリジウム症，後天性免疫不全症候群など
新型インフルエンザ等感染症	新型インフルエンザ，再興型インフルエンザ，新型コロナウイルス感染症，再興型コロナウイルス感染症
指定感染症	1〜3類感染症及び新型インフルエンザ，新型コロナウイルス等感染症に準じた対応の必要性が生じた感染症。1年間に限定して指定。
新感染症	既知の感染症と病状等が明らかに異なり，その感染力や罹患した場合の病状の重篤性から判断して危険性が極めて高い感染症。個別に応急対応。

<table>
<tr><td>☐ 124
☐ 34回4</td><td>腰部脊柱管 狭 窄 症 は若年者に多い疾患である。</td></tr>
</table>

<table>
<tr><td>☐ 125
☐ 34回4</td><td>大腿骨近位部骨折は保存治療が優先される。</td></tr>
</table>

<table>
<tr><td>☐ 126
☐ 28回2改変</td><td>大腿骨頸部骨折は，寝たきりを引き起こしやすい。</td></tr>
</table>

● 目の疾患

<table>
<tr><td>☐ 127
☐ 36回4</td><td>白内障は水晶体が混濁してものが見えにくくなる。</td></tr>
</table>

<table>
<tr><td>☐ 128
☐ 36回4改変</td><td>緑内障は眼圧が上がって視野障害を来す。</td></tr>
</table>

<table>
<tr><td>☐ 129
☐ 36回4</td><td>加齢黄斑変性症では視力は保たれる。</td></tr>
</table>

<table>
<tr><td>☐ 130
☐ 36回4</td><td>糖尿病性網膜症では失明は起こらない。</td></tr>
</table>

● 神経疾患

<table>
<tr><td>☐ 131
☐ 35回5</td><td>パーキンソン病の原因の一つは，小脳の異常である。</td></tr>
</table>

<table>
<tr><td>☐ 132
☐ 35回5</td><td>パーキンソン病の症状では，安静時に震えが起こる。</td></tr>
</table>

✕ 腰部脊柱管狭窄症は，高齢者に多い疾患である。加齢に伴う脊椎の変形により，近くを通っている神経が圧迫され，症状が生じた状態を変形性脊椎症といい，腰の脊椎である腰椎で生じた場合を腰部脊柱管狭窄症という。

✕ 大腿骨近位部骨折は，足の付け根の股関節の骨折であり，寝たきりの原因にもなるため，受傷後早期に手術が行われることが多い。安静臥床で保存治療を行うと痛みがとれるまで長時間を要し，認知症の進行や廃用性萎縮が進む原因となる。

○ 寝たきりの原因となるのは，大腿骨頸部骨折が多い。大腿骨頸部骨折は足のつけ根の股関節部の骨折であり，安静臥床で治療を行うと痛みが取れるまで時間を要し，廃用を防ぐため，受傷後手術を行うことが多い。

○ 白内障の症状として視力低下，霧視，羞明，複視などがある。80歳代での有病率はほぼ100％で，視力改善には，手術が必要になる。

○ 緑内障は，眼圧の上昇や視神経の脆弱性などにより視神経が障害され，それに対応した視野障害を来す。初期には自覚症状がなく，視野障害を自覚するときは進行していることが多い。放置すると失明に至る。

✕ 加齢黄斑変性症は，加齢に伴う黄斑部の変性疾患で，変視症，視力低下，中心暗点などの症状が生じる。

✕ 糖尿病性網膜症は，放置すると失明に至る。病期により，単純網膜症，増殖前網膜症，増殖網膜症，糖尿病黄斑浮腫に分けられる。

✕ パーキンソン病の主な原因は，脳内のドーパミン神経細胞の減少による黒質の変性である。小脳の異常に関連する神経疾患の例としては，脊髄小脳変性症があげられる。

○ 安静時に震え（安静時振戦）が起こるのは，パーキンソン病の四大症状の一つであり，初発症状として特徴的である。

▶32
加齢黄斑変性症
加齢黄斑変性症には滲出型と萎縮型があり，滲出型加齢黄斑変性症の治療には，脈絡膜新生血管に対する治療として，抗血管内皮増殖因子薬の硝子体注射が行われる。

▶33
脊髄小脳変性症
小脳神経変性疾患であり，症状は運動失調が中心で歩行障害から始まる。歩行障害のイメージから，パーキンソン病の原因が小脳にあると勘違いしてしまう可能性があるので注意が必要である。

| □
□ | **133**
35回5 | パーキンソン病の症状では，筋固縮がみられる。 |

| □
□ | **134**
35回5 | パーキンソン病の症状では，大股で歩行する。 |

●高齢者に多い疾患

| □
□ | 135
28回5 | 高齢者にみられるフレイル（虚弱）は，慢性疾患の終末期の状態である。 |

| □
□ | 136
28回5 | 高齢者にみられる変形性膝関節症は，廃用症候群に属する。 |

| □
□ | **137**
28回5 | 高齢者にみられる皮膚の湿潤は，褥瘡の発症リスクとなる。 |

| □
□ | 138
28回2 | 踵骨部（しょうこつぶ）の褥瘡は，仰臥位で起こる。 |

| □
□ | 139
36回7 | 廃用症候群は，若年者にも生じる。 |

| □
□ | **140**
36回7 | 廃用症候群で生じる症状として，数日間の安静では，筋力低下は起こらない。 |

| □
□ | 141
36回7改変 | 廃用症候群で生じる症状として，長期臥床（がしょう）により筋肉量が減少する。 |

◎ 手足が硬くなる筋固縮(筋強剛)はパーキンソン病の四大症状の一つである。黒質の変性による大脳基底核における運動制御機構の障害により筋緊張が亢進され，筋の収縮・弛緩の調節がうまくいかなくなる症状である。関節が他動的な動作に対して一様もしくは断続的な抵抗を示す。

✕ よくみられる症状として，すくみ足(歩こうとしても一歩目が出ない)，小刻み歩行(前かがみで床をこするようにチョコチョコ歩く)，加速歩行(歩くうちに徐々に前のめりになり止まれなくなる)などがある。これらは無動や姿勢保持障害に伴い，歩行時にみられるものである。

✕ フレイル(虚弱)▶34とは，健常な状態と要介護状態の中間の状態を示す(日本老年医学会が提唱)。特に75歳以上の高齢者の多くは，その中間的な状態(フレイル)を経て要介護状態に陥る。

✕ 変形性膝関節症は，長年の使用や繰り返される負担による加齢に伴う関節軟骨の減少による症状で，廃用症候群には属さない。

◎ 設問のとおり。褥瘡は寝たきりなどによって体位変換が不十分となることで持続的な皮膚への圧迫から血流の障害が起こり，組織の壊死が起こった状態である。皮膚のびらんや潰瘍などをきたす。

◎ 設問のとおり。踵骨は，かかとの部分の骨である。仰臥位で長期間寝たきりの状態でいると，踵骨の外側がつねに圧迫された状態となり，血液障害が起こり，褥瘡▶35ができやすくなる。

◎ 健康な若年者にも生じる。高齢者に限らず，過度の安静状態(活動低下)や長期臥床が続くことで生理機能の低下などがみられる。早期離床，筋力維持や増強訓練などが必要である。

✕ 数日間の安静でも筋力低下は起こる。安静臥床のままでは，初期に約1〜3％／日，10〜15％／週の割合で筋力低下がおこり，3〜5週間で約50％に低下するといわれている。

◎ 長期臥床による身体的不活動状態では筋萎縮などにより，筋肉量が減少する。筋肉量の減少とともに筋力低下も進む。

▶34
フレイルの基準
フリード(Fried, L.P.)らによると①体重減少，②疲労感，③身体活動性の低下，④筋力低下，⑤歩行速度の低下のうち3項目が該当すればフレイルの状態とされている。

▶35
仰臥位時の褥瘡の好発部位
仙骨部，踵骨部，後頭部，肩甲骨部，肋骨角部，脊柱(背骨)，肘部である。

| | 142
36回7 | 骨粗鬆症は，安静臥床により改善する。 |

| | 143
36回7 | 廃用症候群は，予防することはできない。 |

公衆衛生

公衆衛生の概要

| | 144
35回3 | 特定健康診査は一次予防である。 |

| | 145
35回3 | 糖尿病予防教室は一次予防である。 |

| | 146
35回3 | ワクチン接種は二次予防である。 |

| | 147
35回3改変 | リハビリテーションは三次予防である。 |

| | 148
35回3 | 胃がんの手術は三次予防である。 |

健康増進と保健医療対策

| | 149
31回4改変 | 「健康日本21（第三次）」の基本的方向は，平均寿命の延伸である。 |

✕ 安静臥床は，骨粗鬆症に限らず症状を悪化させる。不動による骨吸収亢進により続発性骨粗鬆症として骨萎縮が生じる。

✕ 不動や身体的不活動の対策で予防することができる。特に，早期離床は廃用症候群の予防のために重要である。

✕ 特定健康診査は，生活習慣病の予防のために，対象者(40～74歳までの公的医療保険加入者)にメタボリックシンドロームに着目した健康診査を行うものである。これは疾病の早期発見である二次予防に該当する。

◯ 糖尿病予防教室は，糖尿病発症予防のために生活習慣の見直しと改善を目的とするものである。これは健康増進である一次予防に該当する。

✕ ワクチン接種は，特定の感染症による健康障害を防ぐために行われる。これは特異的予防である一次予防に該当する。

◯ 設問のとおり。リハビリテーションは，疾病や障害による機能喪失防止を目的として行われる。これは三次予防に該当する。

✕ 胃がんの手術は，適切な医学的診断により必要性のある場合に治療として行われ，胃がんの放置による重篤化や合併症を防ぐことを目的とする。これは早期治療であるため，二次予防に該当する。

✕ 「健康日本21(第三次)」の基本的方向は，①健康寿命の延伸と健康格差の縮小，②個人の行動と健康状態の改善，③社会環境の質の向上，④ライフコースアプローチを踏まえた健康づくり，の4つである。

| | 150 33回3改変 | 健康増進法は，生活習慣病対策を含む。 |

| | 151 33回3 | 健康増進は，一次予防には該当しない。 |

| | 152 28回4改変 | 8020運動の対象には，乳幼児も含まれる。 |

◯ 健康増進法は，生活習慣病の対策にふれられている健康日本21を推進するために制定された法律である。したがって，生活習慣病対策を含んでいる。

✕ 1950年代にクラーク(Clark, G.)とリーベル(Leavell, H.R.)が提案した予防の3段階によれば，一次予防は健康増進と発症予防，二次予防は疾病の早期発見と早期治療，三次予防は再発予防，疾病の悪化の予防及びリハビリテーションである。

◯ 設問のとおり。乳幼児も対象となる。厚生省(現・厚生労働省)は1989年(平成元年)に，国民の歯の健康づくりを推進していく一環として，生涯を通じた保有歯に重点をおいた「8020(ハチマル・ニイマル)運動」を提唱した。これは，80歳で20本以上の歯を保つことを目標としたものである。〈関連キーワード▶36参照〉

▶36
歯科口腔保健の推進に関する法律
8020運動推進の流れを経て，2011年(平成23年)に同法が成立し，その基本理念の1つとして，乳幼児期から高齢期までの歯科口腔保健の推進が示されている。

医学概論

心理学と
心理的支援

人の心の基本的な仕組みと機能

心の生物学的基盤

☐☐ **1**
29回8
前頭葉は，計画，判断，評価，創造などの高次精神活動に関係する。

感情・動機づけ・欲求

☐☐ **2**
29回9
気分は，急激に生起し数秒間で消失する。

☐☐ **3**
28回8
達成動機の高い人は，高い目標を設定し，困難な課題に果敢に挑戦しようとする。

☐☐ **4**
28回8改変
達成動機の高い人は，自分が下した決定に対する責任を重視する。

☐☐ **5**
31回8改変
人前で楽器を演奏することが楽しくて，駅前での演奏活動を毎週続けた。これは，内発的動機づけによる行動である。

☐☐ **6**
35回8
大学の入試の要件となっているため，英語外部検定を受検したが，これは内発的動機づけによる行動である。

☐☐ **7**
35回8改変
叱責されないように，勉強に取り掛かったが，これは外発的動機づけによる行動である。

☐☐ **8**
35回8
授業中，寒いので，窓を閉めたが，これは内発的動機づけによる行動である。

☐☐ **9**
35回8
投資に偶然興味を持ったので，勉強したが，これは内発的動機づけによる行動である。

◯ 前頭葉は実行機能を司り，脳全体の「司令塔」や「オーケストラの指揮者」にたとえられる。

▶1
前頭葉
ヒトの意欲にも関係しており，いわゆる「ヒトらしさ」を生み出す脳の部位である。

✕ 気分は，多くの場合に穏やかに生起し，持続的である。気分が生起するのは，外的刺激が原因の場合もあれば，気質や性格が原因の場合もある。

▶2
気分
気分は「波」にたとえられ，アップ（そう快や高揚）とダウン（抑うつや落ち込み）がある。

◯ 達成動機の高い人の特性として，目標とする課題が困難なこと，自分が課題をどれくらい成し遂げたかを知ろうとし，もっている才能を使って自尊心を高めようとすることなどがあげられる。

▶3
達成動機
アメリカの心理学者マレー（Murray, H.A.）が生み出した概念であり，やり遂げるのが難しい目標を立て，努力を重ねて何とか成し遂げようとする欲求や，達成したときの満足感を得ようとする傾向をいう。

◯ 達成動機の高い人が課題に失敗した場合は，自分の努力不足などを失敗の要因として考えるため，責任を重視する特徴をもつ。

◯ 人前で楽器を演奏することで外部からは報酬を受け取っていない。外部に左右されずに自分自身の内部から湧き起こることで意欲が高まっているため，内発的動機づけによる行動である。

▶4
内発的動機づけと外発的動機づけ
動機づけには，自分の心のなかの興味などから行動を起こし満足感を得ることを目的とした「内発的動機づけ」と，周りから与えられるような外的な報酬を得ることを目的とした「外発的動機づけ」がある。

✕ 英語外部検定を受検したことは，大学の入試の要件を満たすための行動であり，外発的動機づけによるものである。

◯ 設問のとおり。叱責されるという外部からの罰を避けるため，勉強に取り掛かるという行動が引き起こされたと考えられる。

✕ 生理的欲求による行動である。食欲や睡眠欲などの人間にとって生存に不可欠な基本的欲求のことを，生理的欲求という。

◯ 設問のとおり。投資に偶然興味を持ち，勉強することは，自分自身の興味や関心から引き起こされる行動である。

| | 10 30回8 | 試験に失敗したときに生じる,「勉強不足に原因がある」という原因帰属は内的帰属にあたる。 |

| | 11 33回8 | マズロー (Maslow, A.) の理論によると, 階層の最下位の欲求は, 人間関係を求める欲求である。 |

| | 12 33回8改変 | マズロー (Maslow, A.) の理論によると, 階層の最上位の欲求は, 自己実現の欲求である。 |

| | 13 33回8 | マズロー (Maslow, A.) の理論によると, 自己実現の欲求は, 成長欲求 (成長動機) といわれる。 |

| | 14 33回8 | マズロー (Maslow, A.) の理論によると, 各階層の欲求は, より上位の階層の欲求が充足すると生じる。 |

感覚・知覚

| | 15 31回9改変 | 目という感覚器官によって光を感じ取る場合, この刺激を適刺激という。 |

| | 16 33回9 | 二つの異なる刺激の明るさや大きさなどの物理的特性の違いを区別することができる最小の差異を, 刺激閾（しげきいき）という。 |

整理しておこう！

マズローの欲求階層説

　マズロー (Maslow, A.) は, 人間の動機 (欲求) が①生理的欲求, ②安全と安定の欲求, ③所属と愛情の欲求, ④自尊と承認の欲求, ⑤自己実現の欲求の5つの階層 (ピラミッド型) からなると考えた (欲求階層説)。欲求は低次なものが充足されるに従って高次なものが出現するとしている。なお, 低次の欲求がすべて満たされなくともより高次な欲求は生じ得るとされる。

　この階層は, 次の2つの水準によって整理される。

一次的欲求と二次的欲求

　食事や排泄, 睡眠などを求める人間の生存に不可欠な「生理的欲求」は一次的欲求といわれるのに対し, 心理的あるいは社会的な欲求である「安全と安定の欲求」から「自己実現の欲求」は二次的欲求といわれる。

○ 勉強不足は，自分の行為の結果であり，内的帰属にあたる。

▶5
内的帰属
結果に対して，自分自身や自分の行為や自分にまつわることを原因とすること。

✕ 階層の最下位の欲求は，生理的欲求である。例えば，睡眠や食事，排泄に対する欲求などを指す。

○ 設問のとおり。自己実現の欲求は，自分のもっている能力を活かして自分らしさを発揮したいという欲求を指す。

▶6
生理的欲求
人間が生きていくために不可欠な欲求であることから一次的欲求とも呼ばれる。

○ 自己実現の欲求を成長欲求，生理的欲求から自尊と承認の欲求までを欠乏欲求と呼んだ。

✕ 各階層の欲求は，より下位の階層の欲求が満たされると生じる。

○ 感覚器官が感じ取ることができる刺激を適刺激と呼ぶ。目ならば光や色や大きさであり，耳ならば音であり，鼻ならばにおいである。

▶7
適刺激
適刺激とは，目や耳などその感覚器に反応を起こさせるのに適した刺激のことを指す。

✕ 二つの異なる刺激の明るさや大きさなどの物理的特性の違いを区別することができる最小の差異は，弁別閾という。

心理学と心理的支援

欠乏欲求と成長欲求
　「生理的欲求」から「自尊と承認の欲求」までは，何かが欠けることにより欲求不満状態となることから欠乏欲求といわれるのに対し，「自己実現の欲求」は，自己充足的であることから成長欲求といわれる。

☐ **17** ☐ 33回9	明るい場所から暗い場所に移動した際，徐々に見えるようになる現象を，視覚の明順応という。
☐ **18** ☐ 33回9	外界の刺激を時間的・空間的に意味のあるまとまりとして知覚する働きを，知覚の体制化という。
☐ 19 ☐ 31回9	形として知覚される部分を地，背景となる部分を図という。
☐ 20 ☐ 36回8	月を見ると，建物の上など低い位置にあるときは，天空高くにあるときよりも大きく見える。これは大きさの恒常性の例である。
☐ 21 ☐ 33回9改変	水平線に近い月の方が中空にある月より大きく見える現象を，月の錯視という。
☐ 22 ☐ 36回8	形と大きさが同じ図形は，空間内でまとまっているように知覚される。これは大きさの恒常性の例である。
☐ 23 ☐ 36回8改変	電光掲示板で表示されている絵や文字が動いて，大きさが変化して見える。これは錯視の例である。
☐ **24** ☐ 36回8	同じ人物が遠くにいる場合と近くにいる場合とでは，距離の違いほどに人の大きさが違って見えない。これは大きさの恒常性の例である。
☐ 25 ☐ 36回8改変	線遠近法を使った絵画では，奥行きを感じることで書かれている物の大きさの違いが知覚される。これは奥行き知覚の例である。
☐ 26 ☐ 31回9	仮現運動は，知覚的補完の一つである。

✕ 明るい場所から暗い場所に移動した際，徐々に見えるようになる現象は，暗順応と呼ばれる。（関連キーワード▶8参照）

◎ 知覚の体制化の典型的な例として，「図と地」がある。意味のあるまとまった形として知覚される部分を「図」，背景として見える部分を「地」と呼ぶ。（関連キーワード▶9参照）

✕ 形として知覚される部分を図といい，背景となる部分を地という。

✕ 錯視の例である。この現象は「月の錯視」と呼ばれている。錯視は自然の中でも起きており，月の大きさは変わらないはずだが，低い位置と高い位置では大きさが違って見える。

◎ 設問のとおり。知覚された対象の性質が物理的な刺激の性質と異なることを錯覚といい，特に視覚の錯覚を錯視という。

✕ 体制化（群化）の例である。人が物を見るときに意識せず，まとまりをもった物として見ようとすることを指す。その例として，物を見るとき，最も簡潔で秩序のあるまとまりとしてとらえる傾向を指す「プレグナンツの法則」がある。▶10

◎ 設問のとおり。物理的な刺激と知覚との間に大きな違いがある場合を錯覚と呼び，特に視覚における錯覚は錯視と呼ばれる。

◎ 設問のとおり。例えば，4m離れている友人が2mまで近づいたとする。4m先にいる友人と2m先の友人の網膜像の大きさは2倍違う。しかし見ている人からは友人の大きさはそれほど違いがないように感じる。このことを大きさの恒常性と呼ぶ。

◎ 設問のとおり。風景画などで遠近感を表現するために書かれた平行線を線遠近といい，この描画法は線遠近法と呼ばれる。日常では道路を知覚する際に用いられている。

◎ 知覚的補完は，実際に提示された情報と情報の間の「物理的には存在しない情報」が補完されて見えたり聞こえたりすることで，仮現運動や主観的輪郭も含まれる。▶11

▶8
順応
感覚器官がある一定の刺激に持続的にさらされたまま時間が経つと，感覚の強度，質，あるいは明瞭さなどが変化すること。

▶9
群化
知覚には図が互いにまとまりをつくる作用があり，群化と呼ばれる。例えば，夜空の星はばらばらに位置しているが，まとまって星座として知覚されることを指す。

▶10
「プレグナンツの法則」
ヴェルトハイマー（Wertheimer, M.）は，①近接（近い要素は関連性が高いように見える），②類同（似た種類の物はひとまとまりに見えやすい），③閉合（互いに閉じ合っている物はひとまとまりに見えやすい），④よい形（円や四角など一定の形はまとまりとして認識されやすい）の四つの法則があるとした。

▶11
仮現運動
パラパラ漫画やアニメーションのように，連続提示された静止画と静止画の間の情報を知覚的に補完することで動画に見えること。

<table>
<tbody>
<tr><td>☐
☐</td><td>27
33回9</td><td>個人の欲求や意図とは関係なく，ある特定の刺激だけを自動的に抽出して知覚することを，選択的注意という。</td></tr>
</tbody>
</table>

学習・行動

<table>
<tbody>
<tr><td>☐
☐</td><td>28
34回8</td><td>自動車を運転しているときに事故に遭ってから，自動車に乗ろうとすると不安な気持ちを強く感じるようになったのは，レスポンデント条件づけの例である。</td></tr>
</tbody>
</table>

☐ ☐	29 36回9	電車に乗っているときに事故にあってしまい，それ以降電車に乗るのが怖くなってしまった。これはオペラント条件づけの例である。
☐ ☐	30 36回9	以前に食べたときに体調が悪くなった食品を見ただけで，気分が悪くなってしまった。これはオペラント条件づけの例である。
☐ ☐	**31** 36回9	犬にベルの音を聞かせながら食事を与えていると，ベルの音だけで唾液が分泌するようになった。これはオペラント条件づけの例である。
☐ ☐	**32** 36回9	人に迷惑をかけるいたずらをした子どもを叱ったら，その行動をしなくなった。これはオペラント条件づけの例である。
☐ ☐	33 36回9	病院で受けた注射で痛い経験をした子どもが，予防接種のときに医師の白衣を見ただけで怖くなって泣き出した。これはオペラント条件づけの例である。

整理しておこう！

オペラント条件づけ

　オペラント条件づけはスキナー (Skinner, B. F.) が提唱した。オペラントとは「自発的」という意味であり，operate (操作する) を元にしたスキナーの造語である。動物に芸を教える方法はオペラント条件づけによるものであり，私たちにとって身近な学習方法といえる。オペラント条件づけは，自分の意志で行動することがポイントである。自発的な行動に対して強化刺激 (褒めるなど) を与えてその行動が起こる頻度を上げる。「強化」とは自発的な行動の頻度が増加することを，「弱化 (罰)」とは自発的な行動が減少することを指す (表参照)。

選択的注意とは，多くの刺激からある特定の刺激だけに選択的にあるいは意図的に注意を向けることを指す。

○ 運転している際に事故に遭ったことで，自動車に乗ろうとすることが条件刺激になり，不安な気持ちになるというレスポンデント条件づけ[12]の例である。

✕ レスポンデント条件づけの例である。 (関連キーワード▶13参照)

✕ レスポンデント条件づけの例である。ある食べ物を摂取したことによって体調を崩すと，再びその食べ物を目の当たりにした際，気分が悪くなったり摂取しなくなる条件づけを指し，味覚嫌悪学習[14]という。

✕ レスポンデント条件づけの例である。

○ 設問のとおり。「子どもを叱ることでいたずら行動をしなくなった」というのは「正の弱化（罰）」にあたる。叱られるので（不快刺激の出現），いたずら行動が減少した（弱化／罰）と説明できる。

✕ レスポンデント条件づけの例である。

▶12
レスポンデント(古典的)条件づけ
パブロフ(Pavlov, I.P.)のイヌの実験が有名。イヌにベルを鳴らしてから餌を与えることを繰り返すと，ベルを鳴らしただけで唾液が出ることを観察した。

▶13
オペラント(道具的)条件づけ
スキナー(Skinner, B.F.)のネズミの実験が有名。ネズミが実験装置の箱の中のレバーを押すと餌が出ることを学習するとレバーを押す回数が増えることを観察した。

▶14
味覚嫌悪学習
ガルシア(Garcia, J.)がネズミによる実験でも条件づけを確認したことからガルシア効果とも呼ばれている。

心理学と心理的支援

環境の変化による行動の増減の4パターン

刺激		行動	
		増加	減少
	出現	① 正の強化（褒められるのでお手伝いをする頻度が増加した）	③ 正の弱化（罰）（叱られるのでいたずらの頻度が減少した）
	消失	② 負の強化（叱られないように言われたことをする頻度が増加した）	④ 負の弱化（罰）（褒められないので大声を出す頻度が減少した）

	工事が始まって大きな音に驚いたが，しばらく経つうちに慣れて気にならなくなったのは，馴化の例である。
34 34回8改変	

	乳児に新しいおもちゃを見せたら，古いおもちゃよりも長く注視したのは，馴化による行動である。
35 32回8	

	まぶたにストローで空気を吹き付けると，思わずまばたきしたのは，反射による行動である。
36 32回8改変	

認知

	作動記憶とは，覚えた数個の数字を逆唱するときに用いられる記憶である。
37 31回10改変	

	作動記憶の機能は，加齢による影響が顕著にみられる。
38 32回11	

	ワーキングメモリー（作動記憶）とは，カラスは鳥であるなど，一般的な知識に関する記憶である。
39 36回10	

	感覚記憶とは，感覚器が受け取った情報を，長期間そのまま保持する記憶である。
40 36回10改変	

	ワーキングメモリー（作動記憶）とは，暗算をするときなど，入力された情報とその処理に関する一時的な記憶である。
41 36回10	

	意味記憶の機能は，加齢による影響が顕著にみられる。
42 32回11	

○ しばらく同じ音が繰り返されると驚きが次第に小さくなっていくように，同じ刺激が続くことで最初に見られた反応が減少していくことを，馴化という。 (関連キーワード▶15参照)

✕ 設問は，乳児の新奇選好の例である。乳児には新しい刺激をより好んで注視する（じっと見つめる）という行動特徴がある。一方，成人には慣れた刺激を好んで見る既知選好があり，乳児の視覚の特徴と異なることがわかっている。 (関連キーワード▶16参照)

○ 反射とは，特定の刺激に対して身体の一部が自動的に反応することを指す。設問の例は，瞬目反射と呼ばれ，眼球やまぶたへの刺激でまばたきが起こる反射である。 (関連キーワード▶17参照)

○ 作動記憶は作業記憶やワーキングメモリーとも呼ばれ，一時的な情報の処理のために短期的に覚えることで，数十秒しか保持されない記憶である。 (関連キーワード▶18参照)

○ 作動記憶の機能は，加齢による影響が顕著にみられる。作動記憶は，ワーキングメモリーとも呼ばれる。

✕ 意味記憶の説明である。「「覚える」とは，日本語の動詞の一つで，ものごとについて記憶する行為を指す単語」ということを知っている，思い出せるといったように，知識に関する記憶を指す。

✕ アトキンソン（Atkinson, R. C.）とシフリン（Shiffrin, R. M.）の多重貯蔵モデルによれば，記憶は保持できる時間に基づき，短い順に感覚記憶，短期記憶，長期記憶と分類される。感覚器が受け取った情報をそのまま保持する感覚記憶は，長期間保持できるものではなく，ごく短い時間しか保持できない。

○ ワーキングメモリー（作動記憶）は，情報を一時的に保持することにとどまらず，それを操作して使用するという側面があるととらえられる記憶である。

✕ 意味記憶の機能は，加齢による影響がほとんどみられない。意味記憶とは「知識」の記憶である。

▶15
脱馴化
同じ刺激に慣れた後，別の刺激を提示した際，反応が回復する場合を脱馴化と呼ぶ。

▶16
選好注視法
ファンツ（Fantz, R.L.）の実験（選好注視法）から，乳児は無地よりも柄のある模様を好み，なかでも人の顔をよく注視することが示された。この結果は，乳児には特定の形のパターンを好んで見る生得的選好があることを指している。

▶17
原始反射
乳児には吸てつ反射や把握反射などがあることが知られており，これらは原始（新生児）反射と呼ばれる。自分で身体を動かすことができるようになると消失する。

▶18
数唱
ウェクスラー式知能検査ではワーキングメモリー指標を確かめる方法の1つとして採用されている。数唱は2種類あり，「3-2-5-4-1」という5個の数字を聞き，「3-2-5-4-1」と反復する方法を順唱と呼び，逆から「1-4-5-2-3」と唱える方法を逆唱と呼ぶ。

心理学と心理的支援

	43 31回10	感覚記憶とは，自転車に乗ったり楽器を演奏したりするときの技能に関する記憶である。
	44 36回10改変	手続き記憶とは，自転車の運転など，一連の動作に関する記憶である。
	45 34回9改変	10年ぶりに自転車に乗ったが，うまく乗ることができた。これは手続き記憶の例である。
	46 34回9	友人と遊園地に行く約束をしていたので，朝から出掛けた。これは展望的記憶の例である。
	47 36回10改変	エピソード記憶とは，休みの日に外出したなど，個人の経験に関する記憶である。
	48 32回11	エピソード記憶の機能は，加齢による影響がほとんどみられない。
	49 34回9	子どもの頃に鉄棒から落ちてケガしたことを，思い出した。これは展望的記憶の例である。

個人差

●知能

	50 30回10	拡散的思考とは，問題解決の際に，一つの解答を探索しようとする思考方法である。
	51 30回10	知能指数(IQ)は，知能検査から得られる生活年齢と暦年齢の比によって計算される。

✕ 設問は手続き記憶の例である。感覚記憶とは，視覚や嗅覚等の刺激が感覚器官に入って生じ，数秒程度しか保持されない記憶のことをいう。[19]

⚪ 設問のとおり。手続き記憶は比較的永続的に保持される長期記憶の中でも，言語的に説明することが難しい非宣言的(非陳述)記憶としてとらえられ，この記憶を利用していても意識にのぼることは少ない。[20]

⚪ 手続き記憶は，自転車の乗り方や歯磨きのしかたなど，言葉で説明しにくい運動や技能に関する，身体が覚えている記憶のことである。

⚪ 展望的記憶は，未来や将来に関する記憶のことであり，未来記憶とも呼ばれる。例えば「薬を飲む時間や買い物に行って頼まれたものを忘れず買う」など，これからすることを覚えておくときに使う記憶である。

⚪ 設問のとおり。いつ，どこで，誰と，何をしたかといった内容が当てはまる。

✕ エピソード記憶の機能は，加齢による影響がみられる。エピソード記憶とは「昨日の夕食はカレーライスでした」というような「出来事」の記憶である。

✕ 設問は自伝的記憶に関する例である。自伝的記憶はエピソード記憶の1つで，特に個人に関する記憶のことをいう。[21]

✕ 設問は収束的思考の説明である。問題解決の際に，さまざまな情報を論理的につなげて特定の解決に至るような思考方法のことである。

✕ 知能指数(IQ)は精神年齢と暦年齢(生活年齢とも呼ぶ)の比に100をかけて計算される。

▶19
感覚記憶
感覚記憶の中でも視覚情報による記憶を「視覚記憶」(アイコニックメモリー;アイコン)という。

▶20
手続き記憶
自転車の運転のほかに，楽器の演奏の仕方や泳ぎ方などの技能や習慣が当てはまり，一度獲得されると年齢を重ねても比較的保持されていることが多い。

▶21
自伝的記憶
時間が経過して再び思い出したとき，例えば「リズム感が身についてよかった」など，思い出す時期や自分のおかれた状況などにより記憶の内容が変化するという特徴がある。

心理学と心理的支援

学習理論

　学習とは，経験に基づいて生ずる比較的に永続的な行動の変容（新しい行動の獲得と既存の行動の消去）をいう。

　学習により，人はさまざまな問題に対して，より効果的，効率的に対処できるようになるが，望ましい行動ばかりが学習されるわけではなく，望ましくない行動が学習されることもある。

　代表的な理論や内容，そして人名については押さえておこう。

主な学習の理論	主な内容	主な研究者
レスポンデント条件づけ（古典的条件づけ）	経験によって刺激と反射の新しい結びつき（条件反射）が形成される。	パブロフ ガスリー ワトソン
オペラント条件づけ（道具的条件づけ）	自発的な行動に対し強化刺激（報酬や罰）が与えられることによって行動が促進されたり，抑制されたりする。	スキナー ハル
試行錯誤学習	問題解決のために試行と失敗を重ねながら，満足な行動だけが残るようになる。	ソーンダイク
洞察学習	問題解決には目標と手段の関係の洞察や解決の見通しがはたらいているとし，認知的な問題解決は突然のひらめきにより成立する。	ケーラー
模倣学習	学習者がモデルの行動を模倣することにより，直接強化を受ける。	ミラー ダラード
観察学習	学習者は自ら体験することなく，モデルの行動やその行動による結果を観察することにより学習を成立させる。	バンデューラ

記憶

記憶の過程

記憶はその保持される時間の長さによって，感覚記憶・短期記憶・長期記憶の3種類に分類される。

感覚記憶	符号化される前の意味のない感覚情報が，極めて短時間（聴覚で約5秒，視覚で約1秒）保持される記憶である。
短期記憶	感覚情報が符号化され，短期間（約15～30秒）保持される記憶である。記憶できる範囲は7±2（例として，5～9桁の数字など）。
長期記憶	膨大な容量をもつ永続的な記憶である。

短期記憶と作動記憶

短期記憶は記憶の保持される「時間の長さ」と「容量」による分類だが，その「機能面」に注目した概念が作動記憶（ワーキングメモリー）である。

作動記憶	短期記憶（保持）と同時に，計算のような認知的作業を含めた記憶である（例：繰り上がりの数を一時的に保持しながら同時に計算が行われる繰り上がりのある暗算）。

長期記憶

長期記憶は思い出す際の「想起しているという意識の有無」によって，宣言的（陳述）記憶（意識―有）と非宣言的（非陳述）記憶（意識―無）に分けられる。さらに，宣言的記憶は「文脈の有無」によって，エピソード記憶（文脈―有）と意味記憶（文脈―無）に分けられる。非宣言的記憶には手続き記憶，プライミング，条件づけなどがある。

長期記憶	宣言的記憶 （顕在記憶）	エピソード記憶	「いつ」「どこで」「何を」といった個人的な出来事（エピソード）についての記憶である。
		意味記憶	一般的な知識のことである。
	非宣言的記憶 （潜在記憶）	手続き記憶	物ごとを行うときの手続きについての記憶（例：自転車の乗り方などの技能に関する記憶）である。
		プライミング	先行刺激が，後続刺激の認知などに影響を与える現象のこと（例：乗り物の本を見せながら「空を飛ぶものは？」と聞くと，「鳥」よりも「飛行機」と答える可能性が高くなるようなこと）である。
		条件づけ	条件反射（例：パブロフのイヌ）のことである。

その他の記憶

自伝的記憶	個人史の記憶である。エピソード記憶の一種として考えることもできるが，アイデンティティと強く関係している点，それが生き方のガイドになる点などで区別がされている。
展望的記憶	未来のある時点で実行するべき行為を覚えておくという記憶である。

心理学と心理的支援

| | 52 30回10 | 結晶性知能とは，過去の学習や経験を適用して得られた判断力や習慣のことである。 |

| | 53 32回11改変 | 結晶性知能は，加齢による影響があまりみられない。 |

| | 54 32回11 | 流動性知能は，加齢による影響がほとんどみられない。 |

●パーソナリティ

| | 55 32回9 | クレッチマー（Kretschmer, E.）は，特性論に基づき，体格と気質の関係を示した。 |

| | 56 32回9 | オールポート（Allport, G.）は，パーソナリティの特性を生物学的特性と個人的特性の二つに分けた。 |

整 理 し て お こ う ！

パーソナリティの類型論と特性論

類型論…パーソナリティの違いを，一定の原理（例えば，体型）に基づいて分類するもの。

代表的な類型論

人　物	原　理	類　型
クレッチマー	体型	肥満型／細長型／闘士型
シェルドン	体型	内胚葉型／中胚葉型／外胚葉型
ユング	心的エネルギー	外向型／内向型
シュプランガー	価値観	論理型／経済型／審美型／宗教型／権力（政治）型／社会型

○ 対となる知能の概念として流動性知能があり，結晶性知能が役に立たないような新しい状況や環境に適応するときに使われる能力で，柔軟さや臨機応変さなどの能力が含まれる。

○ 結晶性知能とは，スキルや知識，経験といった蓄積された知恵である。

× 流動性知能は，加齢による影響がみられる。流動性知能とは，臨機応変に状況に適応するときに発揮される知能である。

× クレッチマーが提唱したのは類型論である。クレッチマーは，当時の3大精神病（統合失調症，躁うつ病，てんかん）に特有の体型があると考え，体型と気質（生まれもった性質）の関連に注目した。　（関連キーワード▶22参照）

× オールポートは，人の特性を共通特性と個人的特性の二つに分けた。共通特性はすべての人がもっている特性であり，個人的特性はその個人だけがもっている特性を指している。　（関連キーワード▶23参照）

▶22
クレッチマーの分類
細長型と分裂気質（控えめ，神経質など），肥満型と躁うつ気質（温厚，気が弱いなど），闘士型と粘着気質（がんこ，几帳面など）との間に関連があるとされている。

▶23
心誌
共通特性を測定して他者と比較し，これらをもとに個人のパーソナリティの特性を表す心誌（サイコグラフともいい，個人の特徴を一目でわかるようにしたもの）を作成した。

特性論…パーソナリティはいくつかの特性（例えば，神経質／抑うつ性／劣等感／客観性／攻撃性など）の組み合わせであるとした上で，パーソナリティの違いを，それぞれの特性の量が違うと考えるもの。

代表的な特性論

人　物	特　性　論
オールポート	・すべての人に共通する「共通特性」とその人固有の「個人的特性」に分けた。 ・テストで測定した特性をグラフ化し，プロフィールを描き出す「心誌（サイコグラフ）」を考案した。
キャッテル	・因子分析により16の特性因子を抽出した。
ギルフォード	・10因子（性格特性）があることを明らかにした。 ・後にわが国で12因子に修正され，矢田部ギルフォード性格検査（YGPI）が作成された。

＊1980年代以降，「ビッグファイブ（5因子モデル）」という5つの特性でパーソナリティを説明できるのではないかという考え方が注目されてきている。

| □ 57
 32回9改変 | キャッテル(Cattell, R.)は，パーソナリティを因子分析により説明した。 |

| □ 58
 32回9 | 5因子モデル(ビッグファイブ)では，外向性，内向性，神経症傾向，開放性，協調性の5つの特性が示されている。 |

| □ 59
 35回9改変 | 性格特性の5因子モデル(ビッグファイブ)のうち，ささいなことで落ち込みやすいのは神経症傾向の特徴である。 |

| □ 60
 35回9 | 性格特性の5因子モデル(ビッグファイブ)のうち，新しいことに好奇心を持ちやすいのは外向性の特徴である。 |

| □ 61
 35回9改変 | 性格特性の5因子モデル(ビッグファイブ)のうち，責任感があり勤勉なのは誠実性の特徴である。 |

| □ 62
 32回9 | ユング(Jung, C.)は，外向型と内向型の二つの類型を示した。 |

人と環境

| □ 63
 30回11改変 | 社会的促進とは，他者の存在によって作業の効率が向上することをいう。 |

| □ 64
 35回10 | 作業をするときに見学者がいることで，一人で行うよりも作業がはかどった。この現象を傍観者効果という。 |

| □ 65
 35回10改変 | 革新的な提案をチームで議論したが，現状を維持して様子を見ようという結論になってしまった。この事例は現状維持バイアスによるものである。 |

| □ 66
 33回10改変 | 相手に能力があると期待すると，実際に期待どおりになっていくことを，ピグマリオン効果という。 |

◎ キャッテルは観察が可能な表面的特性と観察が不可能な根源的特性からパーソナリティを明らかにしようとし，支配性や繊細さなど16因子（パーソナリティの特性）を定めた。 (関連キーワード▶24参照)

✕ 5因子モデル（ビッグファイブ[25]）は，外向性，神経症傾向，開放性，協調性，誠実性の5つであり，内向性は含まれない。

◎ 設問のとおり。神経症傾向が高い場合は情緒の不安定さを表し，低い場合は情緒の安定を表す。

✕ 開放性の特徴である。開放性が高い場合は新しいことへの積極性を表し，低い場合は変化を好まないことを表す。

◎ 設問のとおり。誠実性が高い場合は物事に計画的，誠実に取り組み，低い場合は責任感が弱いことを表す。

◎ ユングは，パーソナリティを外向型と内向型の二つに分類した。興味や関心が自分の周囲や外の世界に向かいやすい人を外向型，反対に自分の内面に向かいやすい人を内向型とした。[26]

◎ 設問のとおり。それとは反対に，集団で作業を行うと「自分一人が手抜きをしてもいいだろう」と個人が考えて集団の作業効率が低下する概念を社会的手抜きと呼ぶ。 (関連キーワード▶27参照)

✕ 一人で行うよりも，見学（観察）する他者がいることで作業がはかどる現象は，観察者効果として知られている。

◎ 設問のとおり。人は変化することでより良い結果が得られる可能性よりも，変化によって損をする可能性を重大に見積もる傾向がある。今の自分自身がもっているものを価値の高いものだと感じたり，それを手放すことに心理的なリアクタンス（抵抗）を感じたりすることで生じると説明される（保有効果）。

◎ ピグマリオン効果[28]は，期待だけすれば期待どおりになるというわけではなく，その期待をもった者のはたらきかけが変化することで，受け取る側の認識や行動が変化することによって起こると考えられる。

▶24
因子分析
統計の手法の1つで，質問項目に共通して関連している因子を見つける方法のことを指す。

▶25
ビッグファイブ
人間がもつさまざまなパーソナリティは5つの因子（要素）で記述できるという考え方であり，パーソナリティを特性（要素）に分け，その組み合わせで個性を理解しようとする特性論の1つである。

▶26
外向型と内向型
ユング（Jung, C.）は，心の中のエネルギーの向かう方向で性格傾向が異なると考えた。内向型は，自分の意志や判断を大事にし，控えめでじっくり考える傾向がある一方，実行力に乏しく社会的なことへの興味が少ないとされている。外向型は社交的で世話好きなど行動的だが，熱しやすく冷めやすい面をもつ。

▶27
社会的促進・社会的抑制
社会的促進とは，一人で作業するよりもほかの人と一緒に作業しているとき，作業効率が向上することをいう。社会的抑制とは，経験が少なく不得意な作業などにおいて，周囲で見ている人がいると，個人の作業成績が低下することをいう。

▶28
ピグマリオン効果
「教師期待効果」とも呼ばれ，相手に期待することで，相手もその期待に応え，結果的に期待が達成されるという概念。

心理学と心理的支援

| | 67 33回10 | 初対面の人の職業によって，一定のイメージを抱いてしまうことを，同調という。 |

| | 68 33回10 | 集団の多数の人が同じ意見を主張すると，自分の意見を多数派の意見に合わせて変えてしまうことを，ステレオタイプという。 |

| | 69 33回10 | 頻繁に接触する人に対して，好意を持ちやすくなることを，単純接触効果という。 |

| | 70 33回10改変 | 外見が良いことによって，能力や性格など他の特性も高評価を下しやすくなることを，ハロー効果という。 |

| | 71 35回10 | 路上でケガをしたために援助を必要とする人の周囲に大勢の人が集まったが，誰も手助けしようとしなかった。これは傍観者効果に当てはまる。 |

| | 72 35回10改変 | リーダーがチームの目標達成を重視しすぎることで，チームの友好的な雰囲気が損なわれ，チームワークに関心がないメンバーが増えてしまった。これはPM理論における「Pm型」リーダーシップによる弊害である。 |

| | 73 36回11 | 職場でうまく適応できない原因に関する相談者の「自分の能力不足が原因だと思います」という発言は，ワイナー（Weiner, B.）による原因帰属の理論に基づき，安定し，かつ外的な原因による例である。 |

| | 74 36回11 | 職場でうまく適応できない原因に関する相談者の「最近の体調不良が原因です」という発言は，ワイナー（Weiner, B.）による原因帰属の理論に基づき，安定し，かつ外的な原因による例である。 |

整 理 し て お こ う ！

ワイナーの原因帰属の理論

　ワイナーの原因帰属の理論は，先行経験の成否について，その原因を推測する（原因帰属）過程では，内在性（自分に原因があるかどうか）と安定性（時間的に安定したものかどうか）という二つの次元に基づき，能力，努力，課題の難易度，運の四つのいずれかに帰属すると考える（表参照）。

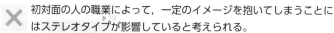

× 初対面の人の職業によって，一定のイメージを抱いてしまうことにはステレオタイプが影響していると考えられる。

× 集団の多数の人が同じ意見を主張すると，自分の意見を多数派の意見に合わせて変えてしまうことを，同調という。

○ 設問のとおり。社会心理学者のザイアンス(Zajonc, R. B.)によって報告された現象である。

○ 設問のとおり。対象者がある側面で望ましい特徴(あるいは，望ましくない特徴)をもっていると，その評価を対象者の全体評価にまで広げてしまうことである。

○ 緊急的な援助を必要とする場面であっても，自分は手助けしなくとも誰かが助けてくれるだろうと思い込み，周囲に人(傍観者)が多いほど，援助行動が抑制されてしまうことを傍観者効果という。責任の拡散や多元的無知などによって生じると考えられる。

○ 設問のとおり。(関連キーワード▶33参照)

× 能力不足が原因だというとらえ方は，安定性があり(時間が経過しても変化しにくい)，コントロールの位置づけが内的なもの(自分自身に原因があるもの)とみるものである。

× 「最近の体調不良」という発言は，不安定的な要因によるものととらえていると推測できるが，その時に偶然生じた可能性(運)や疲労の回復に努めなかったこと(努力)に原因があるととらえているといった可能性が想定でき，この発言のみではいずれか一つに分類するのは難しい。

▶29
ステレオタイプ
ある集団が典型的にもつ特徴を指し，その集団の全員にその特徴が当てはまると考えてしまう認知的バイアスの一つである。

▶30
集団の同調
アッシュ(Asch,S.E.)は，故意に誤答をすると，他者も同じ誤答をしてしまうという実験を行った。

▶31
責任の拡散
手助けしない他者と同じ行動をすることで，責任を取らずに済むと考えること。

▶32
多元的無知
誰も手助けしていないのだから重大な事態ではないだろうと誤って判断してしまうこと。

▶33
PM理論
三隅二不二は，リーダーシップを目標達成機能と集団維持機能の二次元からとらえ，両次元が高い者が最も望ましいリーダーであるとした。

心理学と心理的支援

原因帰属の分類

		内在性	
		内的	外的
安定性	安定的(固定的)	能力	課題の難易度
	不安定的(可変的)	努力	運

☐ 75 ☐ 36回11	職場でうまく適応できない原因に関する相談者の「業務内容が難しかったことが原因です」という発言は、ワイナー (Weiner, B.) による原因帰属の理論に基づき、安定し、かつ外的な原因による例である。
☐ 76 ☐ 36回11	職場でうまく適応できない原因に関する相談者の「たまたま運が悪かったのが原因です」という発言は、ワイナー (Weiner, B.) による原因帰属の理論に基づき、安定し、かつ外的な原因による例である。
☐ 77 ☐ 36回11	職場でうまく適応できない原因に関する相談者の「自分の努力不足が原因だと感じています」という発言は、ワイナー (Weiner, B.) による原因帰属の理論に基づき、安定し、かつ外的な原因による例である。
☐ 78 ☐ 31回11改変	飛行機事故の確率を調べたら低かったので安心した。これを知性化という。
☐ 79 ☐ 29回12	合理化とは、自分がとった葛藤を伴う言動について、一見もっともらしい理由づけをすることをいう。
☐ 80 ☐ 31回11	失敗した体験は苦痛なので意識から締め出した。これを昇華という。
☐ 81 ☐ 31回11	苦手な人に対していつもより過剰に優しくした。これを投影という。
☐ 82 ☐ 31回11	父から叱られ腹が立ったので弟に八つ当たりした。これを置き換えという。
☐ 83 ☐ 31回11	攻撃衝動を解消するためにボクシングを始めた。これを補償という。

○ 業務内容の難しさは課題の難易度に分類でき，安定的で自身ではコントロールできない外的な要因が原因ととらえていると推測される。

✕ 運が悪いというとらえ方は，不安定的で，コントロールの位置づけが外的な要因が原因であるとみるものである。

✕ 努力不足というとらえ方は，不安定的で（自分自身の）内的な要因が原因であるととらえたことを踏まえた発言とみることができるだろう。

○ 知性化とは，受け入れがたい感情や思考や欲求等をくつがえすような正当な内容の知識により，心理的な平穏さを取り戻すことである。

○ 合理化とは，自分の態度や行動，感情に対して認めがたい何らかの理由があることを隠して，社会的に望ましい理由を当てはめて正当化することである。

✕ 設問は抑圧の例である。抑圧とは，受け入れがたい感情や思考や欲求等を，意識ではなく無意識に追いやることである。 (関連キーワード▶36参照)

✕ 設問は反動形成の例である。反動形成とは，無意識に抑圧されている感情や思考や欲求等を，意識的に全く逆の感情や思考や欲求等として表すことである。 (関連キーワード▶37参照)

○ 置き換えとは，いわゆる「人への八つ当たり」のことで，不快な体験を生じさせた対象（当事者）ではなく，別の対象（第三者）に怒りや悲しみ等を向けることである。

✕ 設問は昇華の例である。昇華とは，攻撃性や性的な衝動等といった社会から許容されない心理を，スポーツや芸術等の社会的に認められている活動に向けることである。 (関連キーワード▶38参照)

▶34
知性化
知性化とは，不安などの情緒的な問題を知性的に考えたり論じたりすることで覆い隠すことを指す。

▶35
合理化
合理化とは，正当な内容の知識ではなく，いわば「へりくつ」でごまかすことである。

▶36
昇華
昇華とは，満たされない心のエネルギーが抑え込まれることなく効率よく社会的に認められる形で使われる適応機制である。

▶37
投影
投影とは，自分自身が認めたくなくて無意識下に抑圧している感情や思考や欲求等を，他者のものとしてしまうことである。

▶38
補償
補償とは，自分の苦手なことをほかのことで補うことである。

人の心の発達過程

生涯概念

☐ **84**
☐ 34回10
ピアジェ（Piaget, J.）の発達理論では，感覚運動期には，「ごっこ遊び」のようなシンボル機能が生じる。

☐ **85**
☐ 34回10
ピアジェ（Piaget, J.）の発達理論では，形式的操作期には，思考の自己中心性が強くみられる。

☐ **86**
☐ 34回10
ピアジェ（Piaget, J.）の発達理論では，前操作期には，元に戻せば最初の状態になることが理解され，可逆的操作が可能になる。

整理しておこう！

適応機制（防衛機制）

　適応機制とは，人が欲求不満の状態になったとき，本来の欲求や目標を放棄したり置き換えるなどの操作をして，不快な緊張感を解消しようと努力する心のからくりをいう。この際，人は無意識的，非合理的に解決方法を探っている。

　適応機制には，成熟（健全）したものから病的段階に至るものまでがある。成熟した適応には，ユーモア，禁圧，予期，昇華などが，神経症的適応には，抑圧，置き換え，反動形成，知性化などが，未熟な適応には，受け身的―攻勢，投影，退行，行動化，解離などが，精神病的適応には，否認，妄想，現実歪曲などがある。

　防衛機制という表現もあり，これは自我を破局から守るための手段であるが，現実に対する適切な認識に基づいた機制として機能している限りにおいては，適応上極めて重要な役割を果たしていることとなり，むしろ適応機制としてとらえることができる。また，自分がおかれている状況を的確に把握できず，問題の解決にならないような不適切な機制にいつまでも固執したり，特定の機制にのみ過度に依存ばかりしていると，自我の主体性が損なわれ，ひいては病的症状を呈することにもなりかねない。

　適応機制の分類や名称については，学派によってさまざまなものがあるが，代表的なものをまとめておきたい。

× 感覚運動期（0歳から2歳頃）は，目に見えたり，触れたりすることのできないものを，認識したりイメージしたりすることができない。「ごっこ遊び」ができるようになるのは前操作期といわれる。

× 思考の自己中心性は，自分からの「見え方」にとらわれ，他者からの視点が理解できないことを指しており，前操作期にみられる特徴である。

× 物体の形が変わっても重量や質量は変化しない，物質の見かけが変化しても本質は変化していないという可逆的な操作の理解（保存性の獲得）が可能になるのは，7歳から12歳頃の具体的操作期である。

▶39
前操作期
前操作期は2歳から7歳頃と位置づけられる。この時期には，目の前にないものをイメージしたり記憶したりする能力（表象機能）を身につけ，物事の関係性を理解できるようになり「ごっこ遊び」がみられるようになる。

▶40
可逆的な操作
可逆的な操作とは，対象を操作した後，元に戻せば同じになるというときの操作を考えられることを指す。可逆的な操作が可能となることは，保存の概念が獲得されることと関連している。

抑　　　圧	自ら容認しがたいような欲求や衝動，体験などを意識にのぼらせないようにするメカニズム。これらは無意識的に行われるが，抑圧された内容は心理的緊張の原因となったり，日常生活でのあやまち行為や夢などに現れることもある。
合 理 化	自分の失敗や欠点などを都合のいい理由づけをすることで自分の立場を正当化し，失敗感や劣等感から逃れようとすること。
同 一 視（同一化）	対象の望ましい属性を，あたかも自分自身のものであるかのようにみなし，同様の行動などをすることによって，満足や安定を得ようとすること。
投　　影（投射）	同一視と逆で，自分でも認めがたい自らの欲求，衝動，弱点などを他者のなかに見出し，それを指摘したり非難したりすることによって，不安を解消しようとすること。
反動形成	抑圧された欲求や願望とは正反対の傾向をもつ行動や態度をとろうとするメカニズム。過度に親切であったり，丁寧であったりすることの背後に，憎悪や敵意が現れることへの不安があることもある。
逃　　避	不安や緊張，葛藤などをもたらすような状況を回避することによって，一時的に自分を守ろうとすること。実際とはかけ離れた空想や白昼夢の世界で欲求を満足させようとしたり，疾病への逃避などもこれに含まれる。
置き換え	ある対象に向けられていた感情や態度が，別の代理の対象に向けて表現されること。会社の上司に対する不満や敵意を，上司にそのままぶつけるのではなく，自分の部下に当たったりすることなどである。
補　　償	スポーツが苦手な子どもが，勉強で努力してよい成績をとるといったように，別の面で人より優越することで自分の弱点や劣等感を補おうとすること。現実や他人を無視した補償は「過剰補償」となる。
昇　　華	社会的に認められない欲求や衝動が生じたとき，芸術やスポーツといったように，社会的・文化的に承認される高次な価値を実現することによって満足させようとすること。

| □ 87
□ 35回11改変 | アニミズムとは，生物，無生物にかかわらず対象には魂がある（宿る）という考え方である。 |

| □ **88**
□ 34回10 | ピアジェ（Piaget, J.）の発達理論では，具体的操作期には，コップから別の容器に水を移したときに液面の高さが変化しても，量は変わらないことが理解できる。 |

| □ 89
□ 34回10改変 | ピアジェ（Piaget, J.）の発達理論では，感覚運動期には，自分の行動について，手段と目的の関係が理解できるようになる。 |

| □ 90
□ 35回11改変 | ピアジェ（Piaget, J.）の認知発達理論では，物体が隠れていても存在し続けるという「対象の永続性」は，感覚運動期（0 ～ 2歳頃）の中盤（おおよそ9か月）以降に獲得される。 |

| □ 91
□ 34回11 | エリクソン（Erikson, E.）の発達段階説によると，乳児期の課題は，自発性の獲得である。 |

| □ 92
□ 34回11 | エリクソン（Erikson, E.）の発達段階説によると，幼児期後期の課題は，信頼感の獲得である。 |

| □ 93
□ 34回11改変 | エリクソン（Erikson, E.）の発達段階説によると，学童期（児童期）の課題は，勤勉性の獲得である。 |

| □ 94
□ 34回11 | エリクソン（Erikson, E.）の発達段階説によると，青年期の課題は，自律感の獲得である。 |

| □ 95
□ 34回11 | エリクソン（Erikson, E.）の発達段階説によると，老年期の課題は，統合感の獲得である。 |

| □ 96
□ 35回11 | 初語を発する時期になると，喃語が生起する。 |

◎ 設問のとおり。ピアジェ（Piaget, J.）の認知発達理論では，前操作期にみられる特徴として取り上げられることが多い。

◎ 保存性を理解できるようになるのは，7歳から12歳頃の具体的操作期である。この時期には，自分からの「見え方」以外をイメージしたり，他者の視点を少しずつ理解したりすることができるようになる。

◎ 設問のとおり。感覚運動期（0〜2歳頃）の生後8か月から12か月頃までには，手段と目的が分離し，特定の目的のために手段を使い分けることができる。

◎ 設問のとおり。その後の研究では，早ければ生後3か月半程度でみられるという報告もある。対象の永続性を理解すると，物体の変化や物体間の関係についても次第に予測できるようになる。

✕ 乳児期では，信頼感の獲得が課題となる。養育者との関係の中で，他者に対する信頼だけでなく，自身が信頼できる存在であるということを確認する。

✕ 幼児期後期では，自発性（積極性）の獲得が課題となる。自身が周囲に積極的にかかわりをもてるか，その欲求が度を越したときに叱られるといった経験から良心を学んでいく。

◎ 設問のとおり。勤勉性は，学校での勉強や共同生活の中で褒められるといった経験により獲得される。

✕ 青年期では，同一性の獲得が課題となる。エリクソンの理論では，特にこの同一性（自我同一性）の獲得について深く議論がなされている。（関連キーワード▶41参照）

▶41
自律感
自律感の獲得は幼児期前期の発達課題と位置づけられる。

◎ 設問のとおり。老年期には，自分自身の人生を振り返り，自身を存在すべき替えのきかない存在として受容することで統合感を獲得するとしている。

✕ 初語とは，子どもが初めて発する意味のある言葉（単語）を指す。平均的には1歳から1歳半頃に出ることが多い。一方，喃語は，初語が出現する前の生後6か月頃からみられる，音節（母音や，子音と母音の組み合わせ）からなる意味をもたない発話を指す。

□ **97** 共同注意とは，他者との友情を構築することを示す。
□ 35回11

□ **98** 社会的参照は，新奇な対象に会った際に，養育者などの表情を手掛かりにして行
□ 35回11 動を決める現象である。

整 理 し て お こ う ！

発達段階と発達課題

　発達理論は，それぞれの説によって段階区分の名称は多少の差異もあるが，主な理論の要点をまとめたものが右の表である。表中にあるピアジェ（Piaget, J.），フロイト（Freud, S.），エリクソン（Erikson, E.）の3者の説は特に覚えておきたい段階説といえる。

　まず，ピアジェの発達段階説であるが，同化と調節によるシェマ（schema）の形成によって認知や思考が発達するととらえた。シェマとは，形式・図式・図解という意味であるが，この場合は，外界の認知や行動の際の一定の構造様式としている。また，発達する個人を積極的なものとしてとらえ，発達を構造の修正や再組織化を含む広範囲なプロセスとしたが，発達段階間の移行のメカニズムの説明がないとの批判もある。

　次に，フロイトの発達段階説は，リビドー（libido）という性的エネルギーに基づく欲求の充足の仕方で親子の愛情関係やしつけをとらえた。しかし，リビドーのみに中心をおいた発達観には社会性や思考力などの視点が不足しており，全体的な自我の発達とはみられにくいとの指摘もある。

　最後に，エリクソンの発達段階説は，前述のフロイトの発達理論を社会的・対人関係の視点から，幅広くとらえ直したものである。ライフサイクルという概念から，8段階に分けた発達段階では，一段階進むごとに心理社会的危機に直面し，危機の解決が次段階の発達課題にも影響するとされる。社会的な期待を含んだ対人関係を視点に据えた発達課題として，現在，大いに活用されている。

共同注意とは，子ども自身と周囲の大人の二者が同じ対象に注意を向けることを指し，生後3，4か月頃からみられるようになる。

設問のとおり。社会的参照の前段階として共同注意があると考えられ，共同注意を通じて他者と意思を疎通することにより，自己と他者，そして対象の三項関係を理解するようになる。

年齢	一般発達理論	重要対人関係範囲	ピアジェ説	フロイト説	エリクソン説
0 1	【乳児期】 ・依存 ・接触	母親的人物・養育者	【感覚運動期】 ・言語・記号なし ・循環運動 ・対象永続性	【口唇期】	【乳児期】 (信頼―不信)
3	【自立期】 ・生活習慣の取得	基本的家族		【肛門期】	【幼児期前期】 (自律―羞恥・疑惑)
3 4 5	【遊戯期】 ・同一視 ・性役割取得期 ・第一次反抗期	近隣・幼稚園・保育所など	【前操作期】 ・象徴遊び ・延滞模倣 ・自己中心性 ・直感思考	【男根期】 ・エディプス ・超自我形成	【幼児期後期】 (積極性―罪悪感)
6 7	【適応期・学齢期】 ・メタ認知 ・知的拡大 ・脱自己中心性 ・可逆性	学校・仲間集団・外集団指導性モデル	【具体的操作期】 ・脱自己中心性 ・保存概念 ・具体的状況でのみ論理的思考が可能	【潜伏期】	【児童期】 (勤勉性―劣等感)
11 12 13 16	【青年期】 ・第二次反抗期 ・自我探究 ・心理的離乳 ・自己意識をもつ ・独立心	競争・協力相手	【形式的操作期】 ・抽象的な論理思考が可能	【思春期】 【性器期】	【青年期】 (同一性―同一性拡散)
20	【成人期】	分業と共同の過程			【成人前期(成年期初期)】 (親密―孤独)
30	【成熟期】	人類・わが種族			【中年期(成年期中期)】 (生殖性―停滞)
65					【老年期(成年期後期)】 (自我統合―絶望)

心の発達の基盤

☐☐ **99**
32回10改変
乳幼児期の愛着の形成により獲得される内的ワーキングモデルは，後の対人関係パターンに影響する。

☐☐ **100**
32回10
ストレンジ・シチュエーション法では，虐待など不適切な養育と関係のある愛着のタイプを見いだすことは難しい。

☐☐ **101**
32回10
愛着のタイプに影響を及ぼす要因には，養育者の子どもに対する養育態度だけでなく，子ども自身の気質もある。

☐☐ **102**
32回10
子どもの後追い行動は，愛着の形成を妨げる要因になる。

☐☐ **103**
32回10
乳幼児期の子どもの愛着対象は，母親に限定されている。

☐☐ **104**
28回12
成熟優位説では，学習を成立させるために必要なレディネスを重視する。

☐☐ **105**
28回12改変
輻輳説では，発達は遺伝的要因と環境的要因の足し算的な影響によるとした。

日常生活と心の健康

心の不適応

☐☐ **106**
34回12改変
汎適応症候群（一般適応症候群）における警告反応期とは，ストレス状況に心身が耐え切れずに SOS を発信している段階である。

☐☐ **107**
34回12
汎適応症候群（一般適応症候群）における抵抗期とは，外界からの刺激を長期間受け，生体のエネルギーが限界を超えた時期のことである。

○ 愛着は内在化され，その後の対人関係に影響を及ぼすとされている。この内在化されたものを内的ワーキングモデルと呼ぶ。[▶42]

✕ ストレンジ・シチュエーション法により，虐待などの不適切な養育を見いだすことができる。[▶43]

○ 愛着のタイプに影響を及ぼす要因として，子ども自身の気質，早産や子どもの障害，母親のパーソナリティ，母親自身の養育者との関係，夫婦関係などがある。

✕ 後追い行動は愛着の形成過程でみられるものである。乳幼児にとって母子分離は安全をおびやかされる状況であり，子どもは安全を求めて母親を後追いする。

✕ 愛着対象は第一養育者である。そのため，母親に限定されず，父親や祖父母などの場合もある。

○ 人間の成熟（発達）は，環境とは関係なく，遺伝的・生得的なレディネスにより，「そのとき」が来ると自然に発現する行動等により規定される。[▶44]

○ 輻輳説（ふくそうせつ）は，さまざまな要因の足し算的な影響を考慮する。

○ 設問のとおり。セリエ（Selye,H.）はストレッサーによる全身の特異的な反応を汎適応症候群とした。汎適応症候群は「警告反応期」「抵抗期」「疲弊期」の3段階の時間的推移を辿（たど）る。[▶45]

✕ 抵抗期とは，警告反応期における心身のSOSの症状が消失し，抵抗力が高まり，一見すると本来の正常な機能を取り戻して適応しているかのようにみえる段階である。

▶42
愛着
愛着とは，乳幼児が，生命がおびやかされるような状況で，安全を得るために母親からの庇護を得る行動をとったり，母親との持続的な結びつきを求めたりすることである。

▶43
ストレンジ・シチュエーション法
エインズワース（Ainsworth, M.D.S.）が用いた母子関係についての観察法である。実験的に，母子分離が生じる場面，子どもと見知らぬ人とが出会う場面をつくり出し，その様子を観察することで，子どもの愛着を4つのタイプに分類した。

▶44
レディネス
レディネスとは，ヒトが生まれつき備えている学習の準備状態のことである。

▶45
疲弊期
抵抗期にストレッサーが加わり続けると，遂には心身が疲弊してさまざまな症状が現れる疲弊期という段階に移る。疲弊期にある人は，抵抗力の再度の低下，さまざまな適応障害，抑うつなどが生じて死に至る可能性があるため，初期の警告反応期に介入することが必要である。

| □ | 108 | ホメオスタシスとは，外的内的環境の絶え間ない変化に応じて，生体を一定の安 |
| | 34回12 | 定した状態に保つ働きのことである。 |

| □ | 109 | アパシーとは，ストレス状態が続いても，それに対処できている状態のことであ |
| | 32回12 | る。 |

| □ | **110** | ハーディネスとは，ストレスに直面しても健康を損なうことが少ない性格特性で |
| | 32回12 | ある。 |

| □ | 111 | タイプA行動パターンには，他者との競争を好まないという特性がある。 |
| | 34回12 | |

| □ | 112 | 心理社会的ストレスモデルでは，ある出来事がストレスになり得るかどうかに， |
| | 34回12 | 個人の認知的評価が影響することはないとされている。 |

| □ | 113 | 介護ストレスを解消してもらおうと，介護者に気晴らしを勧めたが，これは情動 |
| | 35回12改変 | 焦点型コーピングである。 |

| □ | 114 | 困難事例に対応できなかったので，専門書を読んで解決方法を勉強したが，これ |
| | 35回12 | は問題焦点型コーピングである。 |

| □ | 115 | 仕事がうまくはかどらなかったので，週末は映画を観てリラックスしたが，これ |
| | 35回12改変 | は情動焦点型コーピングである。 |

| □ | 116 | 育児に悩む母親が，友人に話を聞いてもらえて気分がすっきりしたと話したが， |
| | 35回12 | これは問題焦点型コーピングである。 |

整理しておこう！

ソーシャルサポート

　ストレスを予防・緩和する資源として，ソーシャルサポートがある。ソーシャルサポートとは「その人を取り巻く重要な他者から得られるさまざまな援助」と定義される。ソーシャルサポートは，その機能的な面から表のように4つに分類されている。

○ 設問のとおり。ホメオスタシスは恒常性維持とも呼ばれる。

▶46

× アパシーとは, ストレス状態が続いても, それに対処できずにいるときに陥る「無気力」のような心理状態のことである。

○ ハーディネスは, 自分の生活や仕事や人間関係に深く関与する姿勢(Commitment), 自分の身に生じた出来事を制御できるという認知(Control), 生活上の変化やハプニングを脅威としてではなく挑戦や成長の機会ととらえる態度(Challenge)の3つの「C」が要素となっている。

× タイプA行動パターンには, 他者との競争を好み, それに熱中する特性がある。

× ラザルス(Lazarus, R. S.)が提唱した心理社会的ストレスモデル(相互作用モデル)では, 環境からの求めに対して個人は対処するが, 個人の対処能力を超えたときに, それがストレスとして「評価」されるとし, 個人の認知的評価を重視した。

○ 設問のとおり。「気晴らし」は情動焦点型コーピングを行うにあたっての代表的な発想である。

○ 設問のとおり。「困難事例に対応できなかった」という問題そのものを解決すべく, 直接的に問題に向き合い対処している。

○ 設問のとおり。「リラックス」は情動焦点型コーピングを行うにあたっての代表的な発想である。

× 設問は情動焦点型コーピングの例である。「友人に話を聞いてもらう」は, 「気晴らし」に該当する。

▶46
恒常性
気温が変化すると両生類(カエル等)や爬虫類(ヘビ等)は気温に応じた体温になる。しかし, ヒトは気温が変化しても体温を一定に保つことができる。心理的なことに関しても, ヒトはストレッサーに対して恒常性を維持しようとする。

▶47
タイプA行動パターン
フリードマン(Friedman, M.)とローゼンマン(Rosenman, R. H.)が提唱した行動パターンで, 血管障害(脳梗塞や心筋梗塞等)を引き起こしやすいといわれる。

心理学と心理的支援

情緒的サポート	慰め, 励まし, ねぎらいなどの情緒的な援助
評価的サポート	態度や問題解決手段などを評価する援助
道具的サポート	問題処理に対する具体的・実際的な援助
情報的サポート	問題処理に役立つ情報を提供する援助

☐	117	面接がうまくいかなかったので，職場の同僚に相談し，ねぎらってもらったが，
☐	35回12	これは問題焦点型コーピングである。

☐	118	バーンアウトでは，理解と発話の両面での失語症状が生じる。
☐	32回13	

☐	**119**	バーンアウトでは，人を人と思わなくなる気持ちが生じる。
☐	32回13	

☐	120	バーンアウトでは，近時記憶の著しい低下が生じる。
☐	32回13	

☐	**121**	心的外傷後ストレス障害（PTSD）は，自然災害によっても引き起こされる。
☐	33回12	

☐	122	心的外傷後ストレス障害（PTSD）は，心的外傷体験後1か月程度で自然に回復す
☐	33回12	ることもある。

☐	123	フラッシュバックとは，心的外傷体験に関する出来事を昇華することである。
☐	33回12	

☐	124	回避症状とは,心的外傷体験に関する刺激を持続的に避けようとすることである。
☐	33回12改変	

☐	125	ささいな事でもひどく驚いてしまうようになった。これは心的外傷後ストレス障
☐	36回12	害（PTSD）の回避症状である。

☐	126	事故が起きたのは全て自分のせいだと考えてしまう。これは心的外傷後ストレス
☐	36回12	障害（PTSD）の回避症状である。

☐	127	つらかった出来事を急に思い出すことがある。これは心的外傷後ストレス障害
☐	36回12改変	（PTSD）の侵入症状である。

☐	128	交通事故にあった場所を通らないようにして通勤している。これは心的外傷後ス
☐	36回12	トレス障害（PTSD）の回避症状である。

✗ 設問は情動焦点型コーピングの例である。「相談し，ねぎらってもらう」のは，「リラックス」や「気晴らし」に該当する。

✗ ストレスによって発声ができなくなるという失声症状がみられることもあるが，バーンアウトの症状として必ず生じるものではなく，失語症の症状としてみられる理解や発話障害とも異なるものである。

◯ マスラック(Maslach, C.)が開発したMBI(Maslach Burnout Inventory)では，バーンアウトは，情緒的消耗感[48]，脱人格化，個人的達成感の喪失の3つからなると定義される。

✗ 近時記憶の著しい低下に特徴づけられるのはアルツハイマー型認知症である。

◯ 心的外傷後ストレス障害(PTSD)[49]は，自然災害や事故，犯罪などによって引き起こされる。

✗ PTSDは，深刻な心的外傷体験後にPTSDの4つの症状が1か月以上持続的に現れ，苦痛と生活上の支障がある場合に診断される。

✗ フラッシュバック[50]とは，心的外傷体験に関する出来事を再体験する症状である。

◯ 例えば，深刻な心的外傷体験を想起させるような場所や行動を避けるほか，その体験について考えたり話したりすることを避けようとすることが挙げられる。

✗ 覚醒度と反応性の著しい変化の事例である。過覚醒になり，ささいなことに過剰に反応してしまうという症状である。

✗ 認知と気分の陰性の変化の事例である。陰性の認知が生じ，物事を悪く受け止めてしまい，自分のせいなどと自責的になってしまう症状である。

◯ 設問のとおり。トラウマとなった出来事が急に思い出され，苦しい思いをするという症状である。

◯ 設問のとおり。トラウマとなった出来事に関連する場所，人，時間，状況などを避けようとする症状である。

▶48
情緒的消耗感
相手の気持ちや立場を推測し，尊重して，仕事をしていく対人援助業務は，多大なエネルギーを必要とするので，熱心な人ほど情緒的に消耗してしまう。

▶49
心的外傷後ストレス障害(PTSD)
一般的には，外傷的な出来事の直後に，フラッシュバック(再体験)，回避症状，認知と感情の否定的変化，過覚醒などの症状が現れ，これらの症状が1か月以上続き，通常の社会生活が送れないときにPTSDと診断される。

▶50
フラッシュバック
これは無意識的・侵入的想起とも呼ばれ，深刻な心的外傷体験が，本人の意識していないときに(無意識的)，繰り返し(反復的)，否が応でも(侵入的)，生々しく思い出される(想起)というものである。フラッシュバックの代表例が悪夢である。

☐☐ **129**
36回12

大声を聞くと虐待されていたことを思い出し苦しくなる。これは心的外傷後スト
レス障害（PTSD）の回避症状である。

130
33回12改変

過覚醒とは，心的外傷体験の後，過剰な 驚 愕反応を示すことである。

心理学の理論を基礎としたアセスメントと支援の基本

心理アセスメント

131
35回13改変

質問紙法による性格検査を依頼されたので，東大式エゴグラムを実施した。

132
34回13

ミネソタ多面人格目録（MMPI）では，日常生活の欲求不満場面を投影法により測
定する。

133
36回13

ミネソタ多面人格目録（MMPI）は，小学校就学前の5歳児を対象とできる心理検
査である。

134
36回13改変

WAIS-Ⅳは成人を対象とした知能検査である。

135
31回13

WAIS では，抑うつの程度を測定する。

136
35回13

乳幼児の知能を測定するため，WPPSI を実施した。

× 覚醒度と反応性の著しい変化の事例である。反応性が高くなっているため，大声を聞くと虐待を想起してしまい，苦しくなるという症状である。

○ 過覚醒とは，神経の 昂 り や 不眠などの症状である。慢性過覚醒症状とも呼ばれ，過剰な警戒心が生まれ，物音などの少しの刺激に対しても過剰な 驚 愕反応を示す。

○ 設問のとおり。バーン(Berne, E.)が提唱した交流分析理論をもとに，CP(批判的な親)，NP(養育的な親)，A(大人)，FC(自由な子ども)，AC(順応した子ども)という五つの自我の状態から性格特性と行動パターンを把握する。

× ミネソタ多面人格目録(MMPI)は，550問の質問項目により，大きく分けて「妥当性尺度」と「臨床尺度」から成る人格を把握する質問紙検査である。

▶51
MMPI
550問の質問項目で構成され，被検査者は「当てはまる」か「当てはまらない」かを判断して答える。性格特徴をいろいろな面から総合的(多面的)に知ることができる。

× MMPIは18歳以上を対象とした性格検査である。550問という多くの質問文を読んで回答する検査のため，文字が読めることが適用の要件となる。

○ 設問のとおり。ウェクスラー式知能検査成人用(Wechsler Adult Intelligence Scale)は，その頭文字を取り WAIS と呼ばれる。ウェクスラー式知能検査児童用(Wechsler Intelligence Scale for Children)は，その頭文字を取り WISC と呼ばれる。

▶52
WAIS
全体的な認知能力(IQ)だけでなく，被検査者の得意，不得意などの認知特性についてさまざまな側面から知ることができる。成人用(16歳0か月〜90歳11か月)はWAIS(ウェイス)，低年齢児用(2歳6か月〜7歳3か月)はWPPSI(ウィプシ)，児童用(5歳0か月〜16歳11か月)はWISC(ウィスク)と，年齢によって分かれている。

× WAIS(ウェクスラー式知能検査成人用)は，ウェクスラー(Wechsler, D.)が開発した個別式知能検査である。

○ WPPSI(Wechsler Preschool and Primary Scale of Intelligence:ウィプシ)は乳幼児の知能検査である。対象年齢は，2歳6か月から3歳11か月の場合と4歳0か月から7歳3か月の場合がある。

137
34回13改変
ウェクスラー児童用知能検査第5版（WISC-Ⅴ）は，対象年齢が2歳から7歳である。

138
33回13改変
10歳の子どもに知能検査を実施することになり，本人が了解したので，WISC-Ⅴを実施した。

139
33回13改変
WISC-Ⅴの結果，四つの指標得点間のばらつきが大きかったので，全検査IQ（FSIQ）の数値だけで全知的能力を代表するとは解釈しなかった。

140
33回13
投影法による性格検査を実施することになったので，矢田部ギルフォード（YG）性格検査を実施した。

141
34回13
矢田部ギルフォード（YG）性格検査は，連続した単純な作業を繰り返す検査である。

142
36回13
矢田部ギルフォード（YG）性格検査は，小学校就学前の5歳児を対象とできる心理検査である。

143
35回13改変
性格や職業適性等を把握するため，内田クレペリン精神作業検査を実施した。

144
31回13
CMIでは，視覚認知機能を測定する。

整 理 し て お こ う ！

矢田部ギルフォード性格検査（YGPI）

　YGPIは，パーソナリティ（人格）を測定するための心理検査で，特性論に基づく質問紙が用いられる。①神経質，②抑うつ性，③劣等感，④客観性，⑤回帰性，⑥協調性，⑦思考的外向，⑧支配性，⑨社会的外向，⑩のんきさ，⑪一般的活動性，⑫攻撃性の12の尺度で構成される。検査の結果から，次の5つの類型に分類することができる。

✕ ウェクスラー児童用知能検査第5版（WISC-Ⅴ）の対象年齢は5歳0か月から16歳11か月までである。

◯ 子どもの知能検査の代表は WISC-Ⅴ（Wechsler Intelligence Scale for Children-Fourth Edition：ウェクスラー児童用知能検査第5版）であり，適用年齢は5歳0か月から16歳11か月までである。

◯ 設問のとおり。四つの指標とは，言語理解指標（VCI），知覚推理指標（PRI），ワーキングメモリー指標（WMI），処理速度指標（PSI）であり，さらに下位検査がある。指標と下位検査の結果のばらつきが大きい場合は，発達障害の可能性を検討する。

✕ 矢田部ギルフォード（YG）性格検査は，投影法ではなく，質問紙法の性格検査である。

✕ 矢田部ギルフォード（YG）性格検査は，紙面の質問項目^{▶53}に「はい」や「いいえ」などで回答する質問紙法の性格検査である。

✕ YG 性格検査は小学校低学年から成人を対象とした性格検査である。小学生用が96問，中学生・高校生・成人用が120問あり，多くの質問文を読んで回答する検査のため，文字が読めることが適用の要件となる。

◯ 設問のとおり。足し算の作業をさせ，全体の作業量や導き出される作業曲線から性格や特性を把握する。

✕ CMI（CMI 健康調査票）は，ブロードマン（Brodman, K.）らによって開発された質問紙法の1つで，患者の身体面及び精神面の自覚症状の把握を目的とした検査である。

▶53
YG性格検査の質問項目
120の質問項目は，12の尺度（性格特性）から成っており，A（平均型），B（不安定・不適応・積極型），C（安定・適応・消極型），D（安定・積極型），E（不安定・不適応・消極型）の5つの系統値の強弱から性格を判断する。

心理学と心理的支援

YGPIの5つの類型

A 型	平均型
B 型	情緒不安定，社会的不適応，外向的
C 型	情緒安定，社会的適応，内向的
D 型	情緒安定，社会的適応又は平均，外向的
E 型	情緒不安定，社会的不適応又は平均，内向的

☐ **145** 31回13	PFスタディでは，欲求不満場面での反応を測定する。

☐ **146** 35回13	頭部外傷後の認知機能を測定するため，PFスタディを実施した。

☐ **147** 34回13	ロールシャッハテストは，図版に対する反応からパーソナリティを理解する投影法検査である。

☐ **148** 36回13	田中ビネー知能検査Ⅴは，小学校就学前の5歳児を対象とできる心理検査である。

☐ **149** 36回13	文章完成法テスト（SCT）は，小学校就学前の5歳児を対象とできる心理検査である。

☐ **150** 31回13	TATでは，インクの染みを用いた知覚統合力を測定する。

☐ **151** 35回13	成人の記憶能力を把握するため，バウムテストを実施した。

☐ **152** 34回13改変	改訂長谷川式簡易知能評価スケール（HDS-R）は，高齢者の認知症を測定する。

心理的支援の基本的技法

☐ **153** 28回13	「あなたは，結婚についてどのように感じておられますか？」は，開かれた質問である。

○ PFスタディ（絵画欲求不満検査）[54]は，ローゼンツァイク (Rosenzweig, S.)によって考案された投影法による性格検査の1つである。

✕ PFスタディ（Picture Frustration Study：絵画欲求不満テスト）は，欲求不満場面が描かれたイラストを見て登場人物のセリフを記入する投影法の人格検査であり，自責的・他責的・無責的等の人格傾向を把握する。

○ ロールシャッハテストは人格検査の投影法の1つである。10枚の図版のインクの染みの「とらえ方」から，思考，感情，認知，防衛機制のはたらきなどを把握する。

○ 田中ビネー知能検査Ⅴは主に子どもを対象とした知能検査である。適用年齢は2歳から成人であるが，知的障害の疑いのある成人にも実施される場合がある。

✕ SCTは小学生から成人を対象とした性格検査である。質問に対し，文章を記入して回答する検査のため，文字が書けることが適用の要件となる。

✕ 設問はロールシャッハテストの説明である。TAT（絵画統覚検査，主題統覚検査）[55]は，マレー (Murray, H.A.)らによって発表された投影法による性格検査の1つである。

✕ バウムテストは投影法による人格検査である。バウムテストは描画法であり，被検査者に1本の実のなる木を自由に書いてもらうことで人格を把握する。

○ 改訂長谷川式簡易知能評価スケール(HDS-R)は，見当識，計算力，注意力，記銘力，再生などが正常に機能しているかを調べ，30点満点中20点を切ると「認知症の疑いがある」とみなす。（関連キーワード▶56参照）

○ 開かれた質問とは，答えが1つに定まらない自由な応答のできる質問のことである。

▶54
PFスタディ
被検査者は，日常生活でよく経験する欲求不満場面が描かれた絵を見て，その絵の登場人物が答える反応を予測し，吹き出しに書いたセリフによって，欲求不満の状態や攻撃性の傾向（方向と型）を知ることができる。

▶55
TAT
被検査者は絵画を見て自由に物語をつくる。絵の解釈を通して性格傾向をとらえようとするもので，抑圧された欲求などを知ることができる。

▶56
GDS15
老年期うつ病評価尺度(GDS15)は，高齢者の抑うつを測定する。

| □ 154 | 来談者中心療法は，クライエントに指示を与えながら傾聴を続けていく。 |

□ 154
35回14　来談者中心療法は，クライエントに指示を与えながら傾聴を続けていく。

□ 155
29回14　カウンセラーの「あなたご自身が体験され苦痛を感じたいくつかの話をお聴きし，私は今あなたが辛い思いをされているのが分かります」という発言は，来談者中心療法における「受容」の応答として適切である。

心理療法におけるアセスメントと介入技法の概要

□ 156
34回14　精神分析療法では，無意識のエス（イド）の活動と，意識の自我（エゴ）の活動とが適切に関連するよう援助する。

□ 157
35回14　精神分析療法は，学習理論に基づいて不適応行動の改善を行っていく。

□ 158
36回14　クライエント中心療法では，クライエントの意識を無意識化していく。

□ 159
36回14　クライエント中心療法では，クライエントの話を非指示的に傾聴していく。

□ 160
36回14　クライエント中心療法では，解決に焦点をあわせ，クライエントの強みを発展させる。

□ 161
31回14　不安喚起場面に繰り返し曝（さら）すことで，クライエントの不安感を低減させる。これは，行動療法に基づく技法である。

□ 162
34回14　遊戯療法（プレイセラピー）は，言語によって自分の考えや感情を十分に表現する方法であり，主として心理劇を用いる。

× 来談者中心療法では，原則としてクライエントに指示は与えない。共感的理解や傾聴を用いながらクライエントを無条件に肯定するため，支持的アプローチ（非指示的アプローチ）とも呼ばれる。

○ 設問は，「受容」の応答として適切である。それまでのクライエントの発言内容を要約したうえで，クライエントの感情をありのまま受け止め，それを伝えている。

○ 精神分析療法では，無意識のエス（イド）と前意識の超自我（スーパーエゴ）の2つのはたらきを，意識の自我（エゴ）が調整できるように心理的支援をする。（関連キーワード▶59参照）

× 精神分析療法は，学習理論に基づかない。精神分析療法では，意識や無意識等の心的世界と，自我（エゴ）や超自我（スーパー・エゴ），エス（イド）等の心的構造を想定し，防衛機制のはたらきを分析して解釈を行う。

× クライエントの無意識を取り扱うのは精神分析である。自由連想というクライエントの語りを解釈し，クライエントの無意識を意識化する。なお，無意識化という概念はない。

○ クライエント中心療法では非指示が重要である。クライエント中心療法はクライエントを無条件に受け入れる「支持」を重視する。

× クライエントの問題の解決に焦点を当てるのは問題解決療法である。また，クライエントの強みに注目をして発展させるのはストレングス視点である。

○ 設問は行動療法の中でも曝露療法についての説明である。曝露療法はエクスポージャー法とも呼ばれ，不安や恐怖感を低減させることを目的として考案されたものである。

× 遊戯療法（プレイセラピー）は，クライエントの言語化できない感情などを，遊びを通して非言語的に表現させる心理的支援であり，心理劇とは異なる心理療法である。

▶57
来談者中心療法
来談者中心療法を行うセラピストは，クライエントに対して「無条件の絶対的肯定」「あたたかい共感的理解」「治療者自身の純粋性（一致性）」という3条件で臨む。

▶58
受容
来談者中心療法を提唱したロジャーズ（Rogers, C.R.）によれば，「受容」はクライエントを一人の人間として尊重し，ありのままを認め，受け入れようとする態度を指す。

▶59
精神分析
精神分析は19世紀末にフロイト（Freud, S.）によって創始された。フロイトは，人の心の中には意識・無意識・前意識（意識しようとすれば意識できる部分）があるとし，大部分は無意識で成り立っていると考えた。

▶60
曝露療法
不安や恐怖感を引き起こす刺激に実際に直面する（曝（さら）す）ことで徐々に不安を和らげていく技法。

	社会生活技能訓練 (SST) は，クライエントが役割を演じることを通して，対人関係で必要な技能の習得を目指していく。
163 35回14	

	認知行動療法では，クライエントの認知や行動に焦点を当てていく。
164 36回14改変	

	認知行動療法は，自動思考を修正することを目的としている。
165 32回14改変	

	認知行動療法では，セラピストは，クライエントが独力で問題解決できるように，クライエントとの共同作業はしない。
166 33回14	

	認知行動療法では，他者の行動観察を通して行動の変容をもたらすモデリングが含まれる。
167 33回14	

	認知行動療法では，リラクセーション法を併用することがある。
168 33回14改変	

	認知行動療法では，少しでも不快な刺激に曝すことは避け，トラウマの再発を防ぐ。
169 33回14	

	応用行動分析は，個人の無意識に焦点を当てて介入を行っていく。
170 32回14	

	「すべての人に愛されねばならない」という非合理的な信念を，「すべての人に愛されるにこしたことはない」という合理的な信念に修正していく。これを系統的脱感作法という。
171 29回13	

	課題動作を通じ，クライエントの体験様式の変容を図る。これは，動作療法に基づく技法である。
172 31回14改変	

○ 設問のとおり。統合失調症や発達障害等により社会生活の営みや対人関係が難しくなっている人に，ロールプレイなどの技法を用いて，対人関係のスキルや必要な生活技能を少しずつ身につけるための訓練を行う。

○ 設問のとおり。認知行動療法では3コラム法や5コラム法というホームワークを課すなど，指示的である。

○ 認知行動療法は，観察可能な行動に焦点を当てた行動療法から発展し，観察が難しいような物ごとのとらえ方(認知)にも焦点を当てた心理療法である。 (関連キーワード▶61参照)

× セラピストは，クライエントとの共同作業を行う。セラピストは，クライエントが自動思考などを記入するコラム法に活動記録を記載することの手助けを行う。

○ 設問のとおり。認知行動療法の源流は認知療法と行動療法であり，行動療法の基本の1つが他者の行動観察を通して行動の変容をもたらすモデリング(社会的学習)である。

○ クライエントのストレス状況における緊張を予防したり緩和したりするために，リラクセーション法を併用することがある。

× クライエントを不快な刺激にあえて曝す場合がある。これを曝露療法(エクスポージャー法)と呼ぶ。

× 応用行動分析は，スキナー (Skinner, B.F.)が創始した，行動心理学の考えを基礎にもった問題解決の手段で，個人に直接はたらきかけるというより，その個人の周囲にある環境にはたらきかけて行動を変化(修正)しようといった考え方が特徴である。

× 設問は論理療法に関する記述である。論理療法は設問のように，非合理的な信念(イラショナル・ビリーフ)を合理的な信念(ラショナル・ビリーフ)に変えられるように治療を行っていくものである。

○ 動作療法は，言葉ではなく動作を手段として心理的問題を改善する心理療法の1つで，課題動作を通してクライエントの体験が変わるようにはたらきかけるものである。

▶61
自動思考
ある状況において瞬間的・自動的に思い浮かぶ考えで，この思考が不適応的である場合に問題となる。

▶62
コラム法(認知再構成法)
書き込みができる枠(コラム)を設けた用紙に，ある物事が生じた状況,そのときの感情,考え(自動思考),その考えの根拠などをクライエントが記入していくことにより，現実的で適応的な認知へと再構成を促す方法である。

▶63
モデリング
セラピストが望ましい行動をモデルとして行いそれをクライエントが観察することで，適応的な行動を獲得したり，不適切な行動を消去する方法である。

▶64
動作療法
脳性麻痺(ひ)の子どもの動作訓練として成瀬悟策(ごさく)が開発した日本独自の心理療法で，現在は神経症やうつ病，高齢者への生活改善など広く適用される。

| □ 173 34回14 | 臨床動作法は,「動作」という心理活動を通して,身体の不調を言語化させる療法である。 |

□ 173
34回14
臨床動作法は,「動作」という心理活動を通して,身体の不調を言語化させる療法である。

□ 174
32回14改変
回想法は,クライエントの人生を振り返ることでアイデンティティを再確認していく。

□ 175
34回14
家族療法は,家族問題を抱える個人を対象とする療法である。

□ 176
36回14改変
家族療法では,クライエントの家族関係を変容しようとする。

□ 177
28回14
家族療法のシステムズ・アプローチでは,家族間の関係性の悪循環を変化させる。

□ 178
32回14
森田療法は,不安をあるがままに受け入れられるように支援していく。

□ 179
35回14
森田療法は,クライエントが抑圧している過去の変容を目指していく。

□ 180
34回14改変
自律訓練法は,四肢の重感や温感,心臓調整,呼吸調整,腹部温感,額部涼感を順に得ることで,心身の状態を緊張から弛緩へと切り替える。

□ 181
35回14改変
ブリーフセラピーは,クライエントの現在と未来に焦点を当てて解決を目指していく。

✕ 臨床動作法では，心身の不調を言語化させることはない。動作により，感情や認知の体験の仕方を変容させる援助である。

◯ 回想法は，1960年代にバトラー（Butler, R.N.）が提唱した心理療法で，その人にとって懐かしいものや写真を見ながら，その時の出来事や思い出を話してもらうものである。

✕ 家族療法は，個人ではなく家族を対象とする。家族内で患者とみなされた人をIP（identified patient）と表現するが，誰が悪いのかを明らかにするのではなく，家族システムにおける相互作用が健康的に進むように心理的支援をする。

◯ 設問のとおり。家族療法では家族をシステムとしてとらえ，システムとしての家族全体の変容を目指す。

◯ 家族療法のシステムズ・アプローチでは，家族と面談を行い，家族間の相互作用を観察しながら治療を進める。

◯ 森田療法▶65では，不安はあくまでも自然な感情であるととらえ，それを無理に排除しようとするのではなく，「あるがまま」に受け入れられるよう，不安に向き合い，活動意欲を高め，気分本位から目的本位の姿勢への転換を支援していくという方針がとられる。

✕ 設問は精神分析療法に関する記述である。森田正馬（まさたけ）が創始した森田療法は，不安や欲求などの「とらわれ」から脱し，「あるがまま」の心の姿勢を目指す。

◯ 自律訓練法は，注意集中と自己暗示を通して心身の安定を図るもので，神経症の緩和やストレス解消の方法として効果があるとされる。

◯ 設問のとおり。エリクソン（Erickson, M. H.）やヘイリー（Haley, J. D.）が発展させたもので，個人の病理よりもコミュニケーションやシステムに着目し，過去よりも現在から未来を志向して，短期間で問題の解決を図る。

▶65
森田療法
1919年（大正8年）に神経症に対する代表的な治療法として森田正馬（まさたけ）が創始した。「あるがまま」という基本理論に基づき，不安などの症状を否定せず，受け入れることで改善されるとした。絶対臥褥期，軽作業期，生活訓練期などを通して回復を図る。

整理しておこう！

心理検査の種類と分類

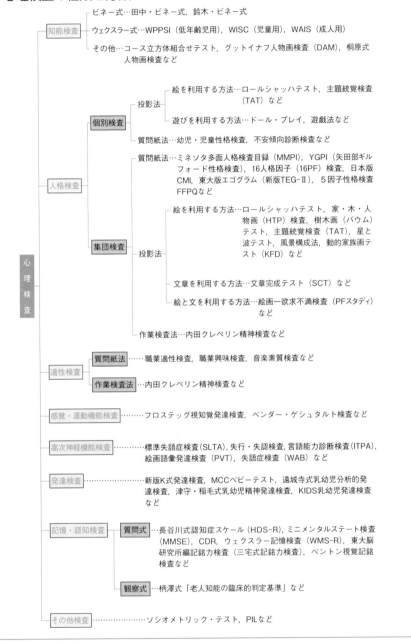

心理検査
- 知能検査
  - ビネー式…田中・ビネー式，鈴木・ビネー式
  - ウェクスラー式…WPPSI（低年齢児用），WISC（児童用），WAIS（成人用）
  - その他…コース立方体組合せテスト，グットイナフ人物画検査（DAM），桐原式人物画検査など
- 人格検査
  - 個別検査
    - 投影法
      - 絵を利用する方法…ロールシャッハテスト，主題統覚検査（TAT）など
      - 遊びを利用する方法…ドール・プレイ，遊戯法など
    - 質問紙法…幼児・児童性格検査，不安傾向診断検査など
  - 集団検査
    - 質問紙法…ミネソタ多面人格検査目録（MMPI），YGPI（矢田部ギルフォード性格検査），16人格因子（16PF）検査，日本版CMI，東大版エゴグラム（新版TEG-Ⅱ），5因子性格検査FFPQなど
    - 投影法
      - 絵を利用する方法…ロールシャッハテスト，家・木・人物画（HTP）検査，樹木画（バウム）テスト，主題統覚検査（TAT），星と波テスト，風景構成法，動的家族画テスト（KFD）など
      - 文章を利用する方法…文章完成テスト（SCT）など
      - 絵と文を利用する方法…絵画一欲求不満検査（PFスタディ）など
    - 作業検査法…内田クレペリン精神検査など
- 適性検査
  - 質問紙法……職業適性検査，職業興味検査，音楽素質検査など
  - 作業検査法…内田クレペリン精神検査など
- 感覚・運動機能検査………フロステッグ視知覚発達検査，ベンダー・ゲシュタルト検査など
- 高次神経機能検査…………標準失語症検査(SLTA)，失行・失認検査，言語能力診断検査(ITPA)，絵画語彙発達検査（PVT），失語症検査（WAB）など
- 発達検査…………………新版K式発達検査，MCCベビーテスト，遠城寺式乳幼児分析的発達検査，津守・稲毛式乳幼児精神発達検査，KIDS乳幼児発達検査など
- 記憶・認知検査
  - 質問式…長谷川式認知症スケール（HDS-R），ミニメンタルステート検査（MMSE），CDR，ウェクスラー記憶検査（WMS-R），東大脳研究所編記銘力検査（三宅式記銘力検査），ベントン視覚記銘検査など
  - 観察式…柄澤式「老人知能の臨床的判定基準」など
- その他検査………………ソシオメトリック・テスト，PILなど

社会学と
社会システム

社会構造と変動

社会システム

☐☐	**1** 36回17	人々が社会状況について誤った認識をし，その認識に基づいて行動することで，結果としてその認識どおりの状況が実現してしまうことを，予言の自己成就という。
☐☐	**2** 36回17改変	複数の構成要素からなるものの全体が，それぞれの構成要素にみられなかった特徴を帯びるようになることを，創発特性という。
☐☐	**3** 36回17	人々が社会状況について誤った認識をし，その認識に基づいて行動することで，結果としてその認識どおりの状況が実現してしまうことを，複雑性の縮減という。
☐☐	**4** 36回17	人々が社会状況について誤った認識をし，その認識に基づいて行動することで，結果としてその認識どおりの状況が実現してしまうことを，ホメオスタシスという。
☐☐	**5** 36回17	人々が社会状況について誤った認識をし，その認識に基づいて行動することで，結果としてその認識どおりの状況が実現してしまうことを，逆機能という。
☐☐	**6** 34回15	純粋移動とは，あらかじめ定められたエリートの基準に見合う者だけが育成され，エリートとしての地位を得ることをいう。
☐☐	**7** 34回15	構造移動とは，産業構造や人口動態の変化によって社会的地位の移動を余儀なくされることをいう。
☐☐	**8** 34回15改変	世代間移動とは，親と子の間の社会的地位の移動のことをいう。

○ 設問のとおり。 (関連キーワード▶1参照)

▶1
予言の自己成就
マートン(Merton, R. K.)は，状況について誤った信念や思い込みをもち，それに基づく行為によって，その誤った認識どおりの状況が実現してしまったとき，最初の信念や思い込みを真実とみなすことを「予言の自己成就」といった。

○ 設問のとおり。パーソンズ(Parsons, T.)は，諸個人の相互行為を社会システムの構成要素とみなし，社会システムの作動メカニズムを解明しようとする社会システム論を展開したが，社会システムもこの創発特性をもつと説明している。

✕ 複雑性の縮減とは，社会がシステムとして作動することで，可能性が限定されていくことを意味している。

✕ ホメオスタシスとは，アメリカの生物学者キャノン(Cannon, W. B.)が命名した概念で，生理的条件が身体内外の条件の変化にかかわらず，一定の標準状態を保とうとすることである。

✕ 逆機能とは，ある全体を構成する諸部分の作用がその全体の維持・存続を脅かすことを指す。典型的な例が，マートン(Merton, R. K.)らが指摘する「官僚制の逆機能」である。

▶2
官僚制の逆機能
マートンは，官僚制の原則である規則の遵守や厳格な階統制が，急激な環境変化への適応を阻害し非効率な組織行動に帰結するという問題を指摘した。

✕ 純粋移動とは，経済的要因や人口動態要因などには基づかない，もっぱら移動の障害の低さ，社会の開放性による社会移動(本人の意思や努力による社会移動)である。設問は，庇護移動のことをいい，自己の資質を競いエリートの地位を獲得するための競争によって上昇移動を達成する競争移動と対比される。

○ 構造移動(強制移動)は，純粋移動と対比される概念で，本人の意思とは別に，産業構造の変化や人口動態によって社会的地位の分布に変動が起こり，これを起因として生じる社会移動のことをいう。

○ 設問のとおり。なお，一個人の一生の間での社会的地位の移動を世代内移動という。

□ **9** 社会の本質を人々の心的相互作用ととらえたのは，ジンメル (Simmel, G.) であ
□ 34回20改変　る。

□ **10** エンゲル係数は，所得格差を示す指標である。
□ 29回15

□ **11** ジニ係数は，所得格差を示す指標である。
□ 29回15

□ **12** 幸福度指標は，社会の福祉水準を測定する社会指標となる。
□ 31回15

□ **13** ウェーバー (Weber, M.) によれば，官僚制による支配とは，権力者の恣意的な
□ 28回15　判断や決定による支配体制である。

□ **14** ウェーバー (Weber, M.) のカリスマ的支配とは，少数の卓越した能力を持つ者
□ 32回15改変　たちによって行われる支配である。

整理しておこう！

社会的行為の4類型

ヴェーバー (Weber, M.) が提唱した社会的行為の4類型を簡潔にまとめると右ページの表のように
なる。

○ ジンメルは，社会の本質を人々の心的相互作用（社会化）ととらえた。心的相互作用の内容（経済，政治，宗教など）ではなく，「形式」に着目した形式社会学を提唱し，闘争と競争，権威と服従といった形式を分析した。

× エンゲル係数(Engel's coefficient)は，消費支出に占める食料費の割合を示しており，家計の生活水準を表す指標である。食費にかかる費用は貧富にかかわらず安定しているので，所得の増加とともに消費支出に占める食料費の割合は低下する。したがって，エンゲル係数が大きければ貧困生活，逆に小さければ豊かな生活と判断される。

○ ジニ係数(Gini coefficient)は，所得のように計量可能な変数の偏りを表し，所得分配の格差や不平等度を数値化して表す。ジニ係数の最小値は0で，配分が完全に平等な状態を表している。ジニ係数の値が大きくなればなるほど所得の分配が不平等だということになり，最大値である1は所得配分が完全に特定の層に集中している状態を意味する。

○ 設問のとおり。幸福度指標は，人々の幸福感という主観指標を上位に置き「物質的な生活条件」や「生活の質」との相関性を重視しながら福祉水準を測定する社会指標である。

× 官僚制による支配とは，非人格的な合法的支配の典型であり，法秩序に対する被支配者の没主観的な服従によって支えられている。したがって，たとえ権力者であろうとも，その恣意的な権力行使は抑制される。(関連キーワード▶6参照)

○ 「少数の卓越した能力を持つ者たちによって行われる支配」は，「卓越した能力」という点に着目すれば，「カリスマ的支配」の一種であるといえる。(関連キーワード▶7参照)

▶3
エンゲル係数
ドイツの経済学者エンゲル (Engel, C.L.E.) が定式化した。

▶4
ジニ係数
イタリアの統計学者ジニ(Gini, C.)が考案した。

▶5
幸福度指標
2011年(平成23年)にはOECDの「より良い暮らし指標」(Better Life Index: BLI) が公表され，日本政府も同年に「幸福度に関する研究報告—幸福度指標試案—」を発表して新指標の開発を表明している。

▶6
官僚制の特徴
官僚制は，①権限の原則，②一元的かつ明確な指揮命令系統，③文書による職務遂行，公私の分離，④高度に専門化された活動，⑤職務への専念，⑥規則に基づく職務遂行，等を特徴とする。

▶7
カリスマ
カリスマ(charisma)とは「神の賜物(たまもの)」という意味で，具体的には卓越した呪術的能力や英雄性，弁舌能力などがそれに相当する。

類型	内容
目的合理的行為	他者や外界の事物の将来を予想した上で目的を定め，その目的を実現するために行われること
価値合理的行為	その行為の結果は度外視し，倫理的・美的・宗教的などの価値を信仰して行われること
伝統的行為	伝統などの身に付いた習慣に従って行われること
感情的行為	喜怒哀楽などの感情や気分によって行われること

<table>
<tr><td>□
□</td><td>15
35回15</td><td>ヴェーバー（Weber, M.）の合法的支配において，法は，万民が服さなければならないものであり，支配者も例外ではない。</td></tr>
</table>

<table>
<tr><td>□
□</td><td>16
27回16</td><td>応答的法とは，法が政治から分離され，社会のメンバーすべてが等しく従うべき普遍的なルールとして形式化され，体系化されたものをいう。</td></tr>
</table>

<table>
<tr><td>□
□</td><td>17
36回20</td><td>信頼，規範，ネットワークなどによる人々のつながりの豊かさを表すために，パットナム（Putnam, R.）によって提唱された概念を，文化資本という。</td></tr>
</table>

<table>
<tr><td>□
□</td><td>18
36回20</td><td>信頼，規範，ネットワークなどによる人々のつながりの豊かさを表すために，パットナム（Putnam, R.）によって提唱された概念を，ハビトゥスという。</td></tr>
</table>

整理しておこう！

社会学の研究者とその理論

　少子高齢化や格差社会の進行など大きな社会環境の変化によって社会福祉制度におけるクライエントが抱える問題はより複雑さを増しているといえる。社会福祉士がクライエントの抱える複雑な問題を把握し，適切な援助を行うためには，クライエント及びその背後にある社会全体を一続きのものとして理解しなければならない。すなわち，その人の行動，その人が属する家族や地域，その家族，地域をコントロールする社会制度やその変動が，つながりあるものとして把握されなければならない。そこで，主に社会学という学問領域で展開されてきた，社会をシステムとみなす視点，また，社会システムについての諸理論を学ぶことが必要となる。

　代表的な社会学者の理論とキーワードをまとめておこう。

研究者名	理論	キーワード
コント	三段階の法則	（人間精神）神学→形而上学→実証哲学 （社会組織）軍事型→法律型→産業型
スペンサー	社会進化論	軍事型社会から産業型社会へ
	社会有機体論	同質的構造から異質的構造へ
ジンメル	集団論	相互作用，形式社会学

◯ 形式的に正しい手続きによって制定された法には万民が服さなければならず，支配者といえどもその例外とはならない。

✕ ノネとセルズニックによる応答的法モデルにおいては，法が政治から分離されておらず，両者の目的は統合されており，普遍性を維持しつつも社会の要請に応えるために，より柔軟で可塑的な運用がなされる。

✕ 文化資本とは，家庭環境や学校教育などを通じて個人に蓄積されていき，様々な社会的行動で有利／不利を生み出していく「有形・無形の領有物」である。

✕ ブルデュー（Bourdieu, P.）は，過去の経験によって形成され身についた「知覚・思考・行為の図式」をハビトゥスと呼んだ。

▶8
文化資本
ブルデュー（Bourdieu, P.）は文化資本を書物や絵画などの「客体化された文化資本」，学歴や資格などの「制度化された文化資本」，そして教養や趣味，ふるまいなどの「身体化された文化資本」の三つに分類している。

研究者名	理論	キーワード
ウェーバー	プロテスタンティズムの倫理と資本主義の精神	エートス（宗教倫理）による資本主義の進展
	官僚制	権限の原則，官職階層制，文書による事務処理，専門職員の任用など
	社会的行為論（4つの社会的行為）	目的合理的行為，価値合理的行為，感情的行為，伝統的行為
	支配の3類型	伝統的支配，カリスマ的支配，合法的支配
	理解社会学	社会現象を構成している，個人の社会的行為を理解するという方法を用いた社会学
デュルケム	社会分業論	機械的連帯と有機的連帯，アノミー
オグバーン	文化的遅滞論	物質文化が非物質文化の進展に先行する
パーク	都市的環境の二次的接触論	非人格性，非親密性，形式性，非感情性
バージェス	同心円地帯理論	シカゴ，地域移動，スラム化
パーソンズ	AGIL理論	社会システムの構造と機能，4つの機能
マートン	中範囲の理論	順機能と逆機能，顕在機能と潜在機能
	アノミー論	文化的目標と制度的手段
ミルズ	パワーエリート	権力機構，大衆，政治的空洞
フロム	権威主義的パーソナリティ	自由からの逃走，ナチズム，ドイツ中産階級
リースマン	大衆社会論	孤独な群集，伝統指向型，内部指向型，他人指向型

	19 34回19	ハーバーマス(Habermas, J.)は，個人に外在して個人に強制力を持つ，信念や慣行などの行為・思考の様式，集団で生じる熱狂などの社会的潮流を「社会的事実」と呼び，社会学の固有の領域を定式化した。
	20 34回19	ブルデュー(Bourdieu, P.)は，相互行為が相手の行為や期待に依存し合って成立していることを「ダブル・コンティンジェンシー」と呼んだ。
	21 32回19改変	コミュニケーション的行為論は，ハーバーマス(Habermas, J.)の社会的行為論である。
	22 32回19	交換理論は，パーソンズ(Parsons, T.)の社会的行為論である。
	23 32回19	集合行動論は，パーソンズ(Parsons, T.)の社会的行為論である。

組織と集団

	24 33回17	準拠集団とは，共同生活の領域を意味し，地域社会を典型とする集団を指す。
	25 33回17	第二次集団とは，親密で対面的な結び付きと協同によって特徴づけられる集団を指す。
	26 36回20改変	サムナー(Sumner, W. G.)によると，メンバーが親密な社会関係を継続することにより互いを「われわれ(we-group)」として同一視することができ，献身や愛情の対象となるような集団を，内集団という。

✗ 社会的事実を提唱したのは，デュルケム（Durkheim, E.）である。デュルケムは，社会を個人の意思を超えた固有の物ととらえ，それを観察可能な客観的指標により把握することを試みる方法論的集団主義（集合主義）という志向をもって研究を展開した。

✗ ダブル・コンティンジェンシーについて言及した代表的論者の一人としては，パーソンズ（Parsons, T.）があげられる。

○ コミュニケーション的行為論の代表的研究者はハーバーマスである。人間同士の了解を志向する社会的行為で，相互行為を基盤として生活世界を豊かなものにする行為として提案されている。

✗ 交換理論は，社会学では社会的交換理論と呼ばれ，代表的研究者にホーマンズ（Homans, G.），ブラウ（Blau, P.），エマーソン（Emerson, R.），コールマン（Coleman, J.）がいる。

✗ 集合行動論の代表的研究者はスメルサー（Smelser, N.）である。集合行動論は，シカゴ学派のパーク（Park, R.E.）やブルーマー（Blumer, H.G.）が研究した集合行動現象から始まる。

✗ 準拠集団は，個人が行為や自己の判断，及び自己の変容（発達過程）において影響を受ける集団を意味する。そのため，「共同生活の領域」である家族・友人などの身近な所属集団だけでなく，過去に所属した集団やこれから所属したいと志望する集団も含む。設問は，マッキーヴァー（MacIver, R.M.）が提唱したコミュニティ概念を指す。

▶9
準拠集団
規範的機能（個人が同一化したり，所属したいと願ったりする）と比較機能（個人が自分又は他人を評価する際の基準点として用いる）をもつ。

✗ 第二次集団は，企業・労働組合・政党・国家などの近代に形成された非対面的・非人格的で，合理的な運営を行う機能集団（組織）を意味する。設問は，第一次集団を指す。

○ 設問のとおり。これに対して外集団とは，「彼ら（they-group）」として個人の前に立ち現れ，競争関係や対立関係にある人々の集団を指す。

▶10
外集団
競争関係や対立関係にある人々で，「彼ら（they）」や「よそ者」として現れてくる集団である。サムナー（Sumner, W.G.）が提唱したものが有名である。

☐ **27** ゲマインシャフトとは，人間が生まれつき持っている本質意志に基づいて成立す
☐ 33回17 る集団を指す。

☐ **28** 公衆とは，何らかの事象への共通した関心を持ち，非合理的で感情的な言動を噴
☐ 33回17 出しがちな人々の集まりを指す。

☐ **29** コミュニティとは，特定の共通関心を追求するために明確に設立された社会集団
☐ 31回19 である。

☐ **30** 信頼，規範，ネットワークなどによる人々のつながりの豊かさを表すために，パッ
☐ 36回20 トナム (Putnam, R.) によって提唱された概念を，機械的連帯という。

整理しておこう！

集団

　社会学において，集団は重要な概念の1つである。集団は，社会生活の維持に不可欠な存在として，人間と社会とを媒介する中間項として機能するものである。
　「集団」とは，以下のような概念でとらえられる。
❶特定の共通目標を掲げる
❷共属感をもつ
❸一定の仕方で相互作用を行っている
　しかし，集団の分類の仕方は，社会学者によって異なっている。著名な社会学者による集団のタイプ分けは，右ページの表のようになる。

◯ ゲマインシャフトは，本質意志に基づき，外見的な分離が起こっても，本質的な結合関係は維持され続ける人々の関係を意味する。テンニース (Tönnies, F.) によれば，近代以前から続いてきた家族のあり方・近隣関係・村落共同体・共同体の仲間など，共同体意識を基底とする結合関係がこれに当てはまる。

✕ タルド (Tarde, G.) が提唱した公衆は，日常生活空間に散在し，マスコミュニケーションの情報を吟味し，その情報からもたらされる共通関心に基づいて合理的思考で他者と結び付き，非組織的な集合行動を形成する人々を意味する。設問は，ル・ボン (Le Bon, G.) が提唱した群衆を指す。

✕ マッキーヴァー (MacIver, R.M.) のいうコミュニティは，地域に根ざして自然発生した共同生活体であり，その成員は相互に共属感情と包括的な関心を共有している。

✕ 機械的連帯とは，相互に類似した同質なメンバーが機械的に結びついている社会の結合形態を指す。

▶11
機械的連帯
デュルケム (Durkheim, É.) は，著書『社会分業論』において，近代化を機械的連帯から有機的連帯へと変化していく過程とみた。

社会学者	集団	特性	具体例
クーリーら	第一次集団	メンバー間に親密な結びつきが存在する。人間にとって基礎的・基本的な存在	家族，遊び集団，地域集団
	第二次集団	一定の目的や利害関心に基づいて意図的に形成される。間接的でインパーソナルな関係	サークル，学校，企業，政党，国家
テンニース	ゲマインシャフト	本質意思 (生得的意思) による自然的な結合	家族，村落，都市
	ゲゼルシャフト	選択意思 (形成的意思) による目的的・人為的な結合	大都市，国民社会，世界社会
マッキーヴァー	コミュニティ	地域性に基づいて人々の共同生活が営まれる生活圏	村落，都市，国民社会
	アソシエーション	一定の目的のために計画的につくられた集団	家族，教会，労働組合，国家

人口

☐ **31** 日本の合計特殊出生率は，1975年（昭和50年）以降2.0を下回っている。
☐ 33回15

☐ **32** 日本の1999年（平成11年）の合計特殊出生率は1.57で，それまでの最低値であっ
☐ 33回15 た。

☐ **33** 日本の2017年（平成29年）の合計特殊出生率は，2005年（平成17年）のそれより
☐ 33回15改変 も高い。

社会変動

☐ **34** 近代社会の特質の一つである業績主義とは，出自や性別などの属性ではなく個人
☐ 31回17 の教育達成や職業選択によって，流動的に社会移動することができることである。

☐ **35** 属性主義とは，個人の能力や成果に応じて社会的地位が与えられることをいう。
☐ 34回15

☐ **36** ベル（Bell, D.）らによって論じられた工業化の次に来る社会のマクロモデルを，
☐ 34回17改変 脱工業化社会という。

☐ **37** テンニース（Tönnies, F.）は，自然的な本質意志に基づくゲマインシャフトから
☐ 35回16 人為的な選択意志に基づくゲゼルシャフトへ移行すると主張した。

☐ **38** ベック（Beck, U.）が提唱した，産業社会の発展に伴う環境破壊等によって人々
☐ 34回17 の生活や社会が脅かされ，何らかの対処が迫られている社会を示す概念は，リス
ク社会である。

⭕ 日本の合計特殊出生率は、1975年（昭和50年）に1.91となり、それ以降2.0を下回っている。

❌ 日本の1999年（平成11年）の合計特殊出生率は1.34である。1.57を記録したのは1989年（平成元年）である。

⭕ 日本の2017年（平成29年）の合計特殊出生率は1.43であり、2005年（平成17年）に過去最低を記録した1.26より高い。

⭕ 設問のとおり。業績主義は、近代社会において優勢な社会的地位の配分原理とそれに伴って発生する社会移動様式を示す概念である。

❌ 属性主義とは、本人の努力によって変更することができない要素、すなわち、その人の家柄や身分、年齢などによって社会的地位が与えられることをいう。

⭕ 設問のとおり。財貨の生産を中心とする経済からサービスを中心とする経済への移行、専門職や技術職の職業的な優位性、社会における理論的知識の重視、新しい知的技術による政策決定などを特徴とする社会である。

⭕ テンニースは、社会集団を、本質意志に基づいて形成された「ゲマインシャフト」と、選択意志に基づいて形成された「ゲゼルシャフト」に分類し、近代化とともに人々の生活が「ゲマインシャフトからゲゼルシャフトへ」と移行していくことを批判的にとらえた。

⭕ ベックは、古典的な産業社会、すなわち「第一の近代」が階級闘争にみられるような財や豊かさの分配をめぐる紛争によって特徴づけられる社会であるのに対し、「第二の近代」たる現代が、リスクの配分、あるいはその回避をめぐる紛争によって特徴づけられる「リスク社会」であると論じた。

□ 39	パーソンズ（Parsons, T.）は，近代社会では適応，目標達成，統合，潜在的パター
□ 35回16改変	ン維持の四つの機能に対応した下位システムが分出すると主張した。

地域

□ 40	ウェルマン（Wellman, B.）のコミュニティ解放論は，都市の発展過程は，住民
□ 36回16	階層の違いに基づいて中心部から同心円状に拡大するとした。

□ 41	ワース（Wirth, L.）のアーバニズム理論は，人口の量と密度と異質性から都市に
□ 36回16改変	特徴的な生活様式を捉えた。

□ 42	ウェルマン（Wellman, B.）のコミュニティ解放論は，特定の関心に基づくアソ
□ 36回16	シエーションが，地域を基盤としたコミュニティにおいて多様に展開していると
	した。

□ 43	ウェルマン（Wellman, B.）のコミュニティ解放論は，現代社会ではコミュニティ
□ 36回16	が地域という空間に限定されない形で展開されるとした。

□ 44	ウェルマン（Wellman, B.）のコミュニティ解放論は，アメリカの94のコミュニ
□ 36回16	ティの定義を収集・分析し，コミュニティ概念の共通性を見いだした。

□ 45	グローバル都市とは，世界中の金融・情報関連産業が集積する都市である。
□ 32回17改変	

□ 46	限界集落とは，都市化によって人口の増加する都市とも，過疎化によって人口の
□ 27回17	減少する村落ともいえないような地域のことをいう。

◎ 設問のとおり。「近代社会では適応，目標達成，統合，潜在的パターン維持の四つの機能に対応した下位システムが分出する」と主張したのは，パーソンズである。

✕ 「都市の発展過程は，住民階層の違いに基づいて中心部から同心円状に拡大する」としたのは，バージェス（Burgess, E. W.）の同心円地帯理論である。

◎ 設問のとおり。ワース（Wirth, L.）は都市に特徴的な生活様式をアーバニズムと呼ぶ。　(関連キーワード▶12参照)

✕ 「特定の関心に基づくアソシエーションが，地域を基盤としたコミュニティにおいて多様に展開している」としたのは，マッキーヴァー（MacIver, R. M.）の議論である。　(関連キーワード▶13参照)

◎ ウェルマン（Wellman, B.）は，交通・通信手段が飛躍的に発展した現在，人と人との親密な絆は，必ずしも地域に限定されることはなく，空間的な制約から解放され，分散的なネットワークの形をとって広域的に存在しうると主張した。このようなウェルマンの考えを「コミュニティ解放論」という。

✕ 「アメリカの94のコミュニティの定義を収集・分析し，コミュニティ概念の共通性を見いだした」のは，ヒラリー（Hillery, G. A.）である。

◎ 設問のとおり。提唱者のサッセン（Sassen, S.）は，多国籍化した企業によって資本と労働力が地球規模で活発に移動していることに着目した。多国籍化した巨大企業の本社と世界中にある生産ラインを地球規模で支えるために高度に情報化された金融サービスが必要となる。その結果，世界中の金融・情報関連産業が集積する「グローバル金融センター」が形成され，国を越えた経済活動の拠点になることを指摘した。

✕ 限界集落とは，過疎化による人口減少の結果，65歳以上の高齢者が過半数を占め，もはや集落を維持していくことが困難な状態にある地域のことをいうのであり，「都市とも」「村落ともいえないような」地域を指すのではない。都市とも村落ともいえない地域といえるのは郊外（suburbia）である。

▶12
アーバニズム論
都市は人口集合体の大きさ，高い人口密度，人口の異質性によって特徴づけられるが，この都市の生態学的特徴が第一次的関係に対する第二次的関係の優位，親族や近隣の弱体化，匿名性や無関心といったように都市生活者の結びつきを弱めることになるとした。

▶13
コミュニティとアソシエーション
マッキーヴァーは，人間生活における関心が包括的なものなのかそれとも特定のものなのか，また，その発生が自然的か，それとも人為的かという2点を基準に，社会集団をコミュニティとアソシエーションに分類した。

▶14
コミュニティ解放論
コミュニティ解体論とコミュニティ存続論という2つのコミュニティ論とは別に，交通手段や通信手段の発達により，コミュニティが地域という空間の制約を越えて，新しい形で展開されていくとするのが，ウェルマンの「コミュニティ解放論」である。

□ □	**47** 36回20	信頼, 規範, ネットワークなどによる人々のつながりの豊かさを表すために, パットナム(Putnam, R.)によって提唱された概念を, ソーシャルキャピタル(社会関係資本)という。

環境

□ □	**48** 36回15	持続可能な開発目標(SDGs)は, 1989年にアメリカのオレゴン州で策定された, 行政評価のための指標である。

□ □	**49** 36回15	持続可能な開発目標(SDGs)では, 貧困に終止符を打つとともに, 気候変動への具体的な対策を求めている。

□ □	**50** 36回15	持続可能な開発目標(SDGs)では, 1995年より毎年各国の指数が公表されている。

市民社会と公共性

社会政策と社会問題

□ □	**51** 33回20	社会的ジレンマとは, 目標を効率的かつ公正に達成するための手段として制定されたルールが, それ自体目的と化してしまうことで, 非効率な結果が生み出されている状況をいう。

□ □	**52** 36回21	非協力的行動には罰を, 協力的行動には報酬を与えることで, 協力的行動が促される状況を, 囚人のジレンマという。

▶15
ソーシャルキャピタル
（社会関係資本）
ソーシャルキャピタル
（社会関係資本）とは，
人と人との社会関係の
中に埋め込まれ，一定
の条件下で人々に何ら
かの効用をもたらす
「資本」へと転化する構
造的特性を指す概念
である。

⭕ 設問のとおり。ソーシャルキャピタル（社会関係資本）[15]の代表的な定義がパットナムによるものである。パットナムは，社会関係資本を，「人々の協調行動を促進することによって社会の効率性を高めることができる信頼，規範，ネットワーク」であると定義している。

❌ 1989年にアメリカのオレゴン州で策定されたのは，オレゴン州政府の長期総合計画「オレゴン・シャインズ」であり，その達成度を評価するための指標として1991年に策定されたのが「オレゴン・ベンチマークス」である。

⭕ SDGs の17の目標のうち，目標1は「貧困をなくそう」であり，「あらゆる場所のあらゆる形態の貧困を終わらせる」ためのターゲットが定められている。また，目標13の「気候変動に具体的な対策を」では，「気候変動及びその影響を軽減するための緊急対策を講じる」ことに資するターゲットが定められている。

❌ SDGs は，2016年から2030年までの目標であり，その達成状況は，2016年から166か国を評価対象に，国ごとにスコアが算出され，そのランキングが「持続可能な開発報告書」で示されている。

❌ 設問は「官僚制の逆機能」についての説明である。マートン（Merton, R.K.）は，官僚制組織において，組織目標を効率的に達成するために制定されたルールを厳格に守ることが目的化した結果，組織目標の達成にとって非効率な結果がもたらされると考えた。

❌ 設問は，選択的誘因を指している。オルソン（Olson, M.）は，ある望ましい行動を積極的に選ばせるために与えられる報酬を「正の選択的誘因」，また，望ましくない行動をとらせないために与えられる罰を「負の選択的誘因」と呼んだ。正・負の選択的誘因を用いて，協力的行動を取るほうが合理的な（利得の大きい）状況をつくり出すことは，社会的ジレンマを解消するための方法の1つと考えられている。

☐ **53** ☐ 33回20	社会的ジレンマとは，各個人が自らの利益を考えて合理的に行動した結果，集団あるいは社会全体として不利益な結果を招いてしまう状況をいう。

☐ **54** ☐ 33回20改変	文化的再生産とは，文化を介して不平等や序列を含んだものとしての社会秩序が維持・再生産されている状況をいう。

☐ **55** ☐ 36回21改変	公共財の供給に貢献せずに，それを利用するだけの成員をフリーライダーという。

☐ **56** ☐ 32回20改変	「官僚制の逆機能」とは，合理的な仕組に対して過剰な執着を持つ状況を指す。

☐ **57** ☐ 36回21	協力し合うことが互いの利益になるにもかかわらず，非協力への個人的誘因が存在する状況を，囚人のジレンマという。

☐ **58** ☐ 36回21	一人の人間が二つの矛盾した命令を受けて，身動きがとれない状況を，囚人のジレンマという。

☐ **59** ☐ 32回20	「囚人のジレンマ」とは，非協力的行動を行うと罰を受け，協力的行動を行うと報酬を得ることで，協力的行動が促される状況を指す。

☐ **60** ☐ 35回20	ハーディン（Hardin, G.）が提起した「共有地の悲劇」とは，それぞれの個人が合理的な判断の下で自己利益を追求した結果，全体としては誰にとっても不利益な結果を招いてしまう状況を指す。

○ 社会的ジレンマについての説明である。社会的ジレンマは，個人レベルでの合理的な選択と社会・集団レベルでの合理的な選択が一致せず（矛盾し），最終的には個人レベルにおいても不利益が生じる状態を指している。

○ 文化的再生産論は，親から子への社会的地位の継承（相続）が，身分や経済資本の直接的継承としてではなく，文化（文化資本）を通じて継承される側面に注目する。

○ フリーライダーとは，非協力を選択し，あるいはコストを負担せずに利益のみを得ようとする人，「ただ乗りする人」のことである。オルソン（Olson, M. L.）は，フリーライダー問題を，近代市民社会の秩序を壊してしまうリスク要因としてとらえている。

▶16
フリーライダー
直訳すると「ただ乗りする人」の意。自ら労力の提供や費用の負担をせずにサービスを享受する人のことを指す。

○ 官僚制組織において，合理的に定められた手続き（手段）に過剰に執着することで，結果的に組織目標の達成が疎外されることを，マートン（Merton, R.K. ）は「官僚制の逆機能」と呼んだ。

○ 設問のとおり。囚人のジレンマは，これに陥ると，個人が合理的な選択をしてしまうため，パレート最適（効用の最大化が達成された状態）の状態にたどり着くことができない状況をあらわすゲーム理論のモデルである。

✕ 設問は，ベイトソン（Bateson, G.）のいうダブルバインド（二重拘束）の状況である。

▶17
ダブルバインド（二重拘束）
例えば，母親が子どもに対して「愛している」という言葉と同時にこわばった表情を見せたとすると，子どもはそのメッセージ（言葉）とメタメッセージ（表情）が矛盾するコミュニケーション状況におかれて，身動きがとれなくなってしまう。

✕ 社会的に望ましい行為には報酬（正のサンクション）が与えられ，望ましくない行為には罰（負のサンクション）が与えられる。これは，パーソンズ（Parsons, T.）の社会システム論における「社会統制」（social control）の仕組みである。

○ 設問のとおりである。「共有地の悲劇」は，今日，再生産可能な資源（例えば，漁業資源）の枯渇を予防し，持続可能な活用条件を求めるシミュレーションに用いられている。

差別と偏見

61
34回21
他者や社会集団によって個人に押し付けられた「好ましくない違いを表わす印」に基づいて、それを負う人々に対して様々な差別が行われることをゴッフマン(Goffman, E.)は指摘した。この「好ましくない違いを表わす印」を示す概念は、スティグマである。

62
33回21
マートン(Merton, R. K.)が指摘したアノミーとは、文化的目標とそれを達成するための制度的手段との不統合によって社会規範が弱まっている社会状態を指す。

63
33回21改変
ベッカー(Becker, H.S.)が提唱したラベリング理論では、他者あるいは自らなどによってある人々や行為に対してレッテルを貼ることで逸脱が生み出されているとされる。

64
32回21改変
社会統制の弱体化が犯罪や非行を生むとする捉え方を、社会統制論という。

65
32回21
社会問題は、ある状態を解決されるべき問題とみなす人々のクレイム申立てとそれに対する反応を通じて作り出されるという捉え方を、構築主義という。

66
29回21改変
社会解体論とは、機能主義的な立場から順機能・逆機能、顕在的機能・潜在的機能といった概念を導入しつつ、逸脱や逸脱行動を説明する立場である。

67
29回21改変
文化学習理論とは、犯罪や非行などの社会問題は、下位集団文化の中で学習され、その文化を通じて世代から世代へと伝承されていくとみる立場である。

○ ゴッフマンは，差別的な扱いは個人の属性そのものが原因となって生じるのではなく，個人の属性を「スティグマ」(負の烙印)とみなす社会の作用によって生じるという考え方を示した。

○ 設問は，マートンのアノミー論に関する説明である。マートンによれば，ある社会の中で共有される文化的目標に対して，それを達成するための制度的手段が与えられていないというアンバランスな状況が逸脱を生み出す。

○ 設問のとおり。些細(ささい)な逸脱行為を犯して「逸脱者」とラベリングされた者は，周囲からの「期待」に応えて「逸脱者」としての自己アイデンティティをもつようになり，実際に逸脱者になっていくとベッカーは指摘した。

○ 設問のとおり。地域社会や家族などとの社会的絆(ボンド:他者への愛着や規範・道徳への信念など)の喪失が犯罪行為を生むとする，ハーシ(Hirschi, T.)のボンド(bond)理論がその代表である。

○ 社会問題の構築主義[▶18]は，人々がある状態を「問題である」と認識し，そのことを主張する活動(＝クレイム申立て活動)と，それに対する周囲の反応を研究する立場である。

▶18
構築主義
スペクター (Spector, M.B.) と キ ツ セ (Kitsuse, J.I.) が『社会問題の構築』(1977)の中で提唱した。

× 設問は，社会解体論ではなく社会緊張理論と呼ばれる逸脱行動論の立場である。マートン(Merton, R.K.)は，何らかの社会構造が，特定の圧力を一部の人々に加えて逸脱行動を選択させていると考えた。そして，機能主義的見地から，圧力の発生はその社会の文化的目標と，目標達成に際して利用できる制度的手段との間に矛盾があることで発生すると論じ，その圧力に対する人々の適応パターンを「個人的適応様式の類型論」としてまとめている。その研究は「アノミー理論」とも呼ばれる。

○ 設問のとおり。文化学習理論と呼ばれる逸脱行動論の立場である。代表的な研究者としては，サザーランド(Sutherland, E.H.)があげられる。サザーランドとクレッシー (Cressey, D.R.)の研究は「分化的接触理論(差異的接触理論)[▶19]」とも呼ばれる。

▶19
分化的接触理論
この理論では，犯罪は他者から学習されるものであるととらえ，犯罪者と接触する機会と通常者から隔絶される機会の大小によって人は犯罪者になると考える。

ラベリング論は，社会がある行為を逸脱とみなし統制しようとすることによって，逸脱が生じると考える立場である。

ラベリング論は，非行少年が遵法的な世界と非行的な世界の間で揺れ動き漂っている中で，逸脱が生じると考える立場である。

生活と人生

家族とジェンダー

夫婦家族制では，夫婦の結婚とともに誕生し，一方の死亡によって家族が一代限りで消滅する。

直系家族制では，跡継ぎとなる子どもの家族との同居を繰り返して，家族が世代的に再生産される。

直系家族制では，離家した子どもの生殖家族が，親と頻繁な交際や相互援助を行う。

整理しておこう！

家族

　家族は，夫婦関係を中心として，親子，きょうだい等で構成される第一次的な福祉追求の集団である。

　国家試験では，「家族」に関する問題が毎年といっていいほど出題されている。主な論者や家族の構造等について整理しておこう。

◯ 設問のとおりである。ラベリング理論では，一度他者によって逸脱者のラベルを貼られてしまうと，その人は逸脱者として処遇され続け，やがて逸脱的アイデンティティと逸脱的ライフスタイルを確立すると説明される。

✕ 設問は，マッツァ（Matza, D.）による「ドリフト（漂流）理論」に関する記述である。マッツァは，非行少年の多くが，ほとんどの時間において遵法的な行動をとり，ある年齢になると外部から強制されなくとも自然に非行から引退することなどから，非行状態とは一種の通過儀礼であり，少年たちは遵法と違法の境界を漂流しているととらえるべきだと考えた。

◯ 設問のとおり。森岡清美は夫婦家族制について「家族は夫婦の結婚によって形成され，その死亡によって消滅する一代限りのものである」と定義している。

◯ 設問のとおり。森岡清美は直系家族制について「家族は後継子の生殖家族との同居を世代的にくり返すことにより，直系的に継続され，再生産される」と定義している。

✕ 設問は，修正拡大家族の説明である。リトワクは，産業化が進み所得が向上することで親子別居となり核家族化が進んでも，交通・通信手段の発達によって，成人後の子と親の関係は引き続き維持されると考え，外見上は核家族にみえる家族を修正拡大家族と定義した。

研究者名	理論	キーワード
オグバーン	家族機能縮小論	愛情以外の6機能の縮小化
バージェス	制度から友愛へ	家父長制家族から近代家族へ
パーソンズ	核家族の孤立化	子どもの社会化と成人のパーソナリティの安定化
	性別役割分業論	手段的役割と表出的役割
リトワク	修正拡大家族論	拡大家族，古典的拡大家族の変形
マードック	核家族普遍説	核家族，拡大家族，複婚家族，性的・経済的・生殖的・教育的機能

☐ **73** ☐ 27回18	世帯とは，主として家計と住居を同じくする人々からなる集団である。

☐ **74** ☐ 34回18改変	「令和2年国勢調査」(総務省)においては，世帯を「一般世帯」と「非親族世帯」の二つに大きく分類している。

☐ **75** ☐ 35回17	「令和4年版男女共同参画白書」(内閣府)によると，家事，育児における配偶者間の負担割合について，「配偶者と半分ずつ分担したい」(外部サービスを利用しながら分担するを含む)と希望する18〜39歳の男性の割合は，70％を超えている。

☐ **76** ☐ 35回17改変	「令和4年版男女共同参画白書」(内閣府)によると，2021年(令和3年)において，妻が25〜34歳の「夫婦と子供から成る世帯」のうち，妻が専業主婦である世帯の割合は，30％を超えている。

☐ **77** ☐ 35回17	「令和4年版男女共同参画白書」(内閣府)によると，子供がいる現役世帯のうち，「大人が一人」の世帯の世帯員の2018年(平成30年)における相対的貧困率は，30％を下回っている。

☐ **78** ☐ 36回18	「第16回出生動向基本調査結果の概要(2022年(令和4年))」(国立社会保障・人口問題研究所)では，「いずれ結婚するつもり」と回答した未婚者の割合が，これまでの出生動向基本調査の中で最も高かった。

☐ **79** ☐ 36回18	「第16回出生動向基本調査結果の概要(2022年(令和4年))」(国立社会保障・人口問題研究所)では，第1子の妊娠が分かった時に就業していた妻が，子どもが1歳になった時も就業していたことを示す「就業継続率」は，2015年(平成27年)の調査の時よりも低下した。

☐ **80** ☐ 36回18	「第16回出生動向基本調査結果の概要(2022年(令和4年))」(国立社会保障・人口問題研究所)では，「結婚したら子どもを持つべき」との考えに賛成する未婚者の割合は，2015年(平成27年)の調査の時よりも上昇した。

☐ **81** ☐ 36回18	「第16回出生動向基本調査結果の概要(2022年(令和4年))」(国立社会保障・人口問題研究所)では，未婚男性がパートナーとなる女性に望む生き方として，結婚し，子どもをもつが，仕事も続ける「両立コース」が最も多く選択された。

○ 設問のとおり。世帯は，1918年（大正7年）の国勢調査令によって初めて定義された統計にかかわる概念である。国勢調査は日本の人口状況を把握するために1920年（大正9年）以来ほぼ5年ごとに実施されてきた。調査対象は個人であるが，その調査票は世帯主ごとに配布される。

× 国勢調査においては，世帯を「一般世帯」と「施設等の世帯」の二つに大きく分類している。

○ 男性では，「外部サービスを利用しながら分担する」を含めれば，18～29歳で76.1％，30～39歳で74.2％が，家事，育児を「配偶者と半分ずつ分担したい」と回答している。

○ 2021年（令和3年）において，妻が25～34歳の「夫婦と子供から成る世帯」のうち，妻が専業主婦である世帯の割合は33.8％であり，30％を超えている。

× 子供がいる現役世帯のうち，「大人が一人」の世帯の世帯員の相対的貧困率（貧困線に満たない世帯員の割合）は48.1％であり，30％を下回ってはいない。

× 「いずれ結婚するつもり」と回答した18～34歳の未婚者の割合は，男性81.4％，女性84.3％で，前回調査（2015年（平成27年））の85.7％，89.3％からそれぞれ減少しており，調査が現行の形式となった1982年（昭和57年）以降最も低い数字となった。

× 就業継続率は，前回調査（第1子の出生年が2010～2014年（平成22～26年））では57.7％だったが，今回調査（第1子の出生年が2015～2019年（平成27～令和元年））では69.5％と大きく上昇した。

× 「結婚したら子どもを持つべき」という考え方を支持する未婚者の割合は，男性55.0％，女性36.6％と，前回調査時の男性75.4％，女性67.4％から大幅に低下した。

○ 未婚男性がパートナーとなる女性に望む生き方として，「両立コース」は39.4％と最も多く選択されている。次いで，結婚し子どもをもつが，結婚あるいは出産の機会にいったん退職し，子育て後に再び仕事をもつ「再就職コース」が29.0％と多くなっている。

	82	「第16回出生動向基本調査結果の概要(2022年(令和4年))」(国立社会保障・人口
	36回18改変	問題研究所)では，子どもを追加する予定がほぼない結婚持続期間15 ～ 19年の

夫婦の平均出生子ども数(完結出生子ども数)は，2015年(平成27年)の調査の時
よりも低下した。

	83	「2021年国民生活基礎調査」(厚生労働省)における65歳以上の者のいる世帯の世
	30回18改変	帯構造のうち，「単独世帯」「夫婦のみの世帯」「親と未婚の子のみの世帯」のなかで，

最も多いのは「夫婦のみの世帯」である。

	84	「2021年国民生活基礎調査」(厚生労働省)における65歳以上の者のいる世帯の世
	30回18改変	帯構造のうち，「単独世帯」「夫婦のみの世帯」「親と未婚の子のみの世帯」のなかで，

二番目に多いのは「親と未婚の子のみの世帯」である。

	85	「2021年国民生活基礎調査」(厚生労働省)においては，「核家族世帯」には「三世代
	34回18改変	世帯」は含まない。

	86	「2021年国民生活基礎調査」(厚生労働省)においては，2021年(令和3年)現在，
	34回18改変	全世帯に占める「児童のいる世帯」の割合は「児童のいない世帯」の割合よりも高

い。

	87	「令和3年における少年非行，児童虐待及び子供の性被害の状況について」(警察
	30回21改変	庁)に示された児童虐待に関する検挙状況によると，検挙件数は，身体的虐待よ

りも心理的虐待の方が多い。

	88	「令和3年における少年非行，児童虐待及び子供の性被害の状況について」(警察
	30回21改変	庁)に示された児童虐待に関する検挙状況によると，被害児童数は，平成26年以

降の5年間で変化はない。

	89	「令和3年における少年非行，児童虐待及び子供の性被害の状況について」(警察
	30回21改変	庁)に示された児童虐待に関する検挙状況によると，加害者数は，養親・継親より

も実親の方が多い。

○ 「完結出生子ども数[20]」は，今回調査では1.90人と，前回調査時の1.94人を下回り最低値を更新した。

▶20
完結出生子ども数
夫婦の最終的な出生子ども数のことである。

○ 2021年(令和3年)における65歳以上の者のいる世帯のうち，「夫婦のみの世帯」は，825万1000世帯(32.0%)で最も多く，第1位を占めている。

✕ 2021年(令和元年)における65歳以上の者のいる世帯のうち，「親と未婚の子のみの世帯[21]」は，528万4000世帯(20.5%)で，第3位である。

▶21
親と未婚の子のみの世帯
「夫婦と未婚の子のみの世帯」及び「ひとり親と未婚の子のみの世帯」をいう。

○ 国民生活基礎調査における「核家族世帯」には，①夫婦のみの世帯(世帯主とその配偶者のみで構成する世帯)，②夫婦と未婚の子のみの世帯(夫婦と未婚の子のみで構成する世帯)，③ひとり親と未婚の子のみの世帯(父親又は母親と未婚の子のみで構成する世帯)が含まれている。

✕ 「児童のいる世帯」は全世帯総数のうちの20.7%であるため，「児童のいない世帯」の割合のほうが「児童のいる世帯」の割合よりも高い。

✕ 検挙件数は，身体的虐待が1766件で最も多く，検挙件数全体の81.2%を占めている。この10年間においても身体的虐待による検挙件数が毎年最も多い。

✕ 検挙状況における被害児童数は，5年間増加傾向で推移していて，2016年(平成28年)には1000人を超え，2021年(令和3年)は2219人となっている。

○ 被害児童と加害者との関係は，2021年(令和3年)では実父による加害が1039件，養父・継父によるものが371件，実母による加害が568件，養母・継母によるものが15件であった。

労働

☐ **90** 32回16改変
「令和3年労働力調査年報」(総務省)によると, 過去5年間, 「若年無業者」の若年人
口に対する割合は, 5%台で推移している。

☐ **91** 32回16改変
「令和3年労働力調査年報」(総務省)によると, 過去5年間, 女性の完全失業率は,
男性の完全失業率よりも一貫して高い。

☐ **92** 30回16
2012年(平成24年)以降の日本の労働市場では, 有効求人倍率でみた労働の需要
と供給は, 均衡的に推移している。

☐ **93** 30回16改変
2020年(令和2年)4月から日本の労働市場では, 同一労働同一賃金の原則が適
用された。

☐ **94** 30回16改変
2012年(平成24年)以降の日本の労働市場では, 男女間の賃金格差は減少傾向に
ある。

☐ **95** 34回16
「平成27年国勢調査」(総務省)に示された, 現在の日本の就業状況において, 15
歳以上就業者について, 産業大分類別に男女比をみると, 女性の割合が最も高い
のは, 「電気・ガス・熱供給・水道業」である。

✕ 「若年無業者(15〜34歳の非労働力人口のうち家事も通学もしていない者)」の若年人口(若年層と同じ、15〜34歳)に対する割合は、2017年(平成29年)は2.1％、2018年(平成30年)は2.1％、2019年(令和元年)は2.2％、2020年(令和2年)は2.8％、2021年(令和3年)は2.3％と2％台で推移している。

✕ 女性の完全失業率[22]は、男性の完全失業率よりも一貫して低い。2017年(平成29年)から5年間の男性の完全失業率が、3.0％、2.6％、2.5％、3.0％、3.1％であるのに対して、女性の完全失業率は、2.7％、2.2％、2.2％、2.5％、2.5％と、どの年においても男性より低くなっている。

✕ 有効求人倍率[23]でみた労働の需給関係が均衡的に推移しているとはいえない。2012年(平成24年)1月から2013年(平成25年)10月までの有効求人倍率は1倍を下回っており、この頃までの日本の労働市場は供給が需要を上回っていた。しかし、同年11月には1.00倍となり、以降、有効求人倍率は上昇し、労働の需要が供給を上回る状態が続いている。2023年(令和5年)8月現在の有効求人倍率は、1.29倍である。

◯ 短時間労働者及び有期雇用労働者の雇用管理の改善等に関する法律(パートタイム・有期雇用労働法)の改正法施行、短時間・有期雇用労働者及び派遣労働者に対する不合理な待遇の禁止等に関する指針(同一労働同一賃金ガイドライン)の適用により、同一労働同一賃金の原則が、2020年(令和2年)から適用された(中小企業は2021年(令和3年)から)。

◯ 設問のとおり。男女間賃金格差は男性の平均賃金を100とした場合の女性平均賃金の比率で表される。2012年(平成24年)の男女間賃金格差は70.9％であったが、以降2015年(平成27年)72.2、2022年(令和4年)75.7と、年々格差は小さくなってきている。

✕ 割合が最も高いのは、「医療、福祉」で75.9％となっている。次いで「宿泊業、飲食サービス業」(62.3％)、「生活関連サービス業、娯楽業」(60.4％)と続いており、「電気・ガス・熱供給・水道業」は14.5％にすぎない。

▶22
完全失業率
働く意思のある者のうち、職がなく就職活動をしている者の割合(労働力人口に占める完全失業者の割合)であり、雇用情勢を示す重要指標。

▶23
有効求人倍率
有効求職者数に対する、有効求人数の割合。

社会学と社会システム

□ □	**96** 34回16	「平成27年国勢調査」(総務省)に示された,現在の日本の就業状況において,15歳以上外国人就業者について,産業大分類別の内訳をみると,「宿泊業,飲食サービス業」に就業する者の割合が最も高い。

□ □	**97** 34回16改変	「令和2年国勢調査」(総務省)に示された,現在の日本の就業状況において,男女別労働力率を年齢5歳階級別にみると,35～39歳の女性の労働力率は,90%を超えている。

世代

□ □	**98** 33回18改変	ライフサイクルの段階を意味する概念を,ライフステージという。

□ □	**99** 33回18改変	出生などの時期が同じ一群の人々を指す概念をコーホートという。

□ □	**100** 33回18	標準的な段階設定をすることなく,社会的存在として,個人がたどる生涯の過程を示す概念をライフコースという。

□ □	**101** 36回19	ライフサイクルとは,社会的存在としての人間の一生を,生まれた時代や様々な出来事に関連付けて捉える概念である。

□ □	**102** 36回19	ライフサイクルとは,個人の発達の諸段階であり,生物学的,心理学的,社会学的,経済学的な現象がそれに伴って起きることを示す概念である。

□ □	**103** 36回19	ライフサイクルとは,個人の人生の横断面に見られる生活の様式や構造,価値観を捉えるための概念である。

□ □	**104** 36回19	ライフサイクルとは,人間の出生から死に至るプロセスに着目し,標準的な段階を設定して人間の一生の規則性を捉える概念である。

× 割合が最も高いのは「製造業」(32.3%)である。その後に「卸売業, 小売業」(9.6%), 「宿泊業, 飲食サービス業」(9.1%)と続いている。

× 35〜39歳の女性の労働力率は78.2%であり, 90%を超えていない。女性の労働力率は, 25〜29歳で87%と最も高く, 35〜39歳はいわゆる「M字型カーブ」の底となる。

▶24
労働力率
15歳以上人口(労働力状態「不詳」を除く)に占める労働力人口の割合である。

○ ライフステージは, ライフサイクル(生活周期)の段階を意味する概念である。ライフサイクル研究をする上で, 個人や家族に発生しやすい発達課題やそのイベントを基準に設定された段階(幼年期や青年期, 高年期, もしくは新婚期や育児期, 老夫婦期など)を指す。

▶25
ライフサイクル
生活周期, 人生周期などと訳される, 人間の出生から死に至る時間的経過, プロセスに着目した考え方。

○ コーホート(cohort)は, 群, 群れ, 一団という意味をもつ英語で, 社会科学では出生や結婚, 入学や入社・入隊(軍隊などの場合)の時期(期間)が同じ一群の人々を指す概念である。

○ ライフコース(life course)は, 家族の形成から消滅までの過程において, その道筋が多様化した現代家族を分析するために, 標準的な段階設定をすることなく, 家族成員個々人がたどる生涯の過程に着目して研究する。

× 「社会的存在としての人間の一生を, 生まれた時代や様々な出来事に関連付けて捉える概念」は, ライフコースである。

× 「個人の発達の諸段階」を表し, 「生物学的, 心理学的, 社会学的, 経済学的な現象がそれに伴って起きることを示す概念」は, ライフステージである。

▶26
ライフステージ
ライフステージは, その中で設定される各段階, 例えば, 乳幼児期, 少年期, 青年期, 成人期, 壮年期, 高齢期といった段階を表す概念である。

× 「個人の人生の横断面に見られる生活の様式や構造, 価値観を捉えるための概念」は, ライフスタイルである。

○ 設問のとおり。ライフサイクル研究においては, ライフサイクルの各段階にそれぞれ達成すべき発達課題, 標準的な段階が想定されている。

▶27
ライフスタイル
ライフスタイルは, 個人の生活様式に対する選択性という視点が強調されているという点で, 当該社会に広く見られる行為の様式を指す生活様式(way of life)と異なる。

□ **105** 家族周期とは，結婚，子どもの出生，配偶者の死亡といったライフイベントの時
□ 35回18　間的展開の規則性を説明する概念である。

□ **106** 生活構造とは，生活を構成する諸要素間の相対的に安定したパターンを指す概念
□ 36回19改変　である。

自己と他者

自己と他者

□ **107** 自我とは主我（I）と客我（me）の2つの側面から成立しており，他者との関係が
□ 34回20　自己自身への関係へと転換されることによって形成されることを指摘した人物
　は，ミード（Mead, G.）である。

□ **108** 自我とは主我（I）と客我（me）の2つの側面から成立しており，他者との関係が
□ 34回20　自己自身への関係へと転換されることによって形成されることを指摘した人物
　は，ルーマン（Luhmann, N.）である。

社会化

□ **109** 社会の複雑化に伴って社会システム内で担うべき役割が多様化し，相互に区別さ
□ 33回19改変　れる過程を示す概念を役割分化という。

□ **110** 役割期待とは，個人の行動パターンに対する他者の期待を指し，規範的な意味を
□ 29回20　持つ。

○ 設問のとおり，家族周期は家族の生活周期（ライフサイクル）を指す概念である。家族周期の段階として，新婚期・育児期・教育期・子独立期・子独立後夫婦期・老夫婦期・単身期などが挙げられる。

○ 設問のとおり。生活を構成する要素としては時間や家計，社会関係などが想定されている。

○ ミードは，自我が主我（働きかけの主体としての私）と客我（働きかけの対象・客体としての私）という2つの側面をもつことを指摘し，他人（特に親など周囲の「重要な他者」）からの反応や役割期待を内面化（役割取得）しながら自我が発展していくことを論じた。

× ルーマンは，社会システムはコミュニケーションを構成要素としており，コミュニケーションがコミュニケーションを生み出す「オートポイエーシス」（システムが自らの構成要素を自らつくり出す，自己組織化のプロセス）を特徴としていると主張したことで知られる。

○ 設問のとおり。役割分化（role differentiation）は，社会システムを維持発展させるために必要な課題が行為内容ごとに区分されることで，未分化状態から各々の役割が分化し，専門化していくことを意味する。

○ 設問のとおり。役割期待（role expectation）は，ある個人に対し，他者や社会システムから担うように期待されている役割のことである。個人はパターン化された言動や外見，態度を示すことによって，その期待に応じ，他者から承認される。結果，そうした行動パターンは「あるべき姿」として社会的な拘束力を持つ規範的な行為様式となる。

| □□ 111
29回20 | 役割演技とは，個人が様々な場面にふさわしい役割を無意識のうちに遂行することを意味する。 |

| □□ 112
35回19 | 役割距離とは，個人が他者からの期待を自らに取り入れ，行為を形成することを指す。 |

| □□ 113
35回19 | 役割取得とは，個人が他者との相互行為の中で相手の期待に変容をもたらすことで，既存の役割期待を超えた新たな行為が展開することを指す。 |

| □□ 114
35回19 | 役割葛藤とは，個人が複数の役割を担うことで，役割の間に矛盾が生じ，個人の心理的緊張を引き起こすことを指す。 |

| □□ 115
35回19改変 | 役割距離とは，個人が他者からの期待と少しずらした形で行為をすることで，自己の主体性を表現することを指す。 |

✖ 役割演技(role playing)は，心理療法における心理劇の手段として，与えられた役を即興で演じたり，演じる役を他人と交替してみたりすることで自己理解・他者理解を促す方法のことである。社会学では，社会生活において場面ごとに求められる役割期待を本人が適切に理解し，その期待を意図的，即興的，自発的に演じていく状態を意味する概念である。

✖ 設問は，役割取得に関する記述である。ミード(Mead, G. H.)が提示した概念であり，人間の自我形成と自我の主体性の問題にかかわるものとされる。

▶28
役割取得
ミード(Mead, G.H.)が「他者の役割の取得」として提示した概念に由来する。

✖ 設問は，役割形成に関する記述である。ターナー(Turner, R. H.)が提示した概念であり，役割取得過程における役割遂行者の解釈や認識の変更などに着目したものである。

◯ 設問のとおり。役割葛藤とは，他者からある個人に複数の役割期待を寄せられ，その役割期待が相互に矛盾や対立する場合に生じる葛藤状況である。

◯ 設問のとおり。役割距離は，ゴッフマン(Goffman, E.)が提示した概念であり，役割期待から主観的に距離を保ち，自己の主体性や自律性を維持することに着目したものである。

社会学と社会システム

社会福祉の原理と政策

社会福祉の原理

社会福祉の原理を学ぶ視点

☐☐ **1** 36回22改変
平行棒理論とは，福祉供給における政府と民間の役割は異なり，互いに平行棒のように交わることはないとする考え方を指す。

☐☐ **2** 36回22
繰り出し梯子理論とは，ナショナルミニマムが保障された社会では，民間慈善事業が不要になるとの考え方を指す。

☐☐ **3** 36回22
社会市場のもとでは，ニーズと資源との調整は，価格メカニズムにより行われ，そこに政府が関与することはない。

☐☐ **4** 36回22
準市場のもとでは，サービスの供給に当たり，競争や選択の要素を取り入れつつ，人々の購買力の違いによる不平等を緩和するための施策が講じられることがある。

☐☐ **5** 36回22
ニュー・パブリック・マネジメント(NPM)とは，福祉サービスの供給に参入した民間企業の経営効率化のために，その経営に行政職員を参画させる取組を指す。

☐☐ **6** 35回23改変
バーリン(Berlin, I.)のいう消極的自由とは，自らの行為を妨げる干渉などから解放されることで実現する自由を意味する。

☐☐ **7** 35回23
ポジティブ・ウェルフェアは，人々の福祉を増進するために，女性参政権の実現を中心的な要求として掲げる思想である。

☐☐ **8** 35回23改変
コミュニタリアニズムは共同体主義ともいい，歴史的に形成されてきた共同体(コミュニティ)の中で培われた価値を重視する思想である。

○ 設問のとおり。たとえばイギリスでは，民間のCOS（慈善組織協会）が「価値ある貧民」を対象に救済し，公の救貧当局が労役場（ワークハウス）を中心に「価値なき貧民」対策を行った歴史がある。

✕ 繰り出し梯子理論によれば，政府の福祉供給が土台にあり，民間はその土台から繰り出された梯子のように，公の活動を先導する実験的，試行的な役割を果たす。

✕ ティトマス（Titmuss, R. M.）は，社会市場をニーズと資源とのマッチングが行われる経済市場と異なる領域と位置づけ，社会市場の作動原理は，価格メカニズムとは無関係な「必要」と「贈与」であるとした。

○ 準市場は，市場における競争や選択という要素を取り入れながら，人々の購買力の違いから生じる不平等を回避する形で，公共サービスを提供する仕組みである。

✕ ニュー・パブリック・マネジメント（New Public Management: NPM）とは，行政の活動に民間企業の経営理念や手法を取り入れる新たな行政管理論を指す。

○ 設問のとおり。イギリスの哲学者バーリンは，『自由論』において，積極的自由と消極的自由を提唱した。消極的自由とは，「〜からの自由」を意味する。一方，積極的自由とは，「〜への自由」であり，自らが主体的に決定し自律的に行動することを意味する。

✕ ポジティブ・ウェルフェアとは，イギリスの社会学者ギデンズ（Giddens, A.）が提唱した概念である。広く国民全体の可能性を引き出すという考え方に基づく社会保障で，金銭給付よりも教育や職業訓練によって人的資本に投資することを重視した新たな福祉国家の方向性を示した考えである。

○ 設問のとおり。共同体には，地域社会や家族，親族関係などさまざまなものが含まれる。

社会福祉の歴史

日本の社会福祉の歴史的展開

9
34回22改変
「社会保障制度に関する勧告（50年勧告）」（1950年（昭和25年））では，社会保障制度を「すべての国民が文化的社会の成員たるに値する生活を営むことができるようにすること」と新たに定義した。

10
35回25
石井十次は岡山孤児院を設立した。

11
35回25
留岡幸助は救世軍日本支部を設立した。

整理しておこう！

日本における福祉関係施設の始まり

　日本において，障害児施設などの福祉関係施設が設立され始めたのは明治以降のことである。それ以前にも，聖徳太子によって設けられた四箇院（施薬院，悲田院，敬田院，療病院）などの公的救済施設があったが，明治以降，近代化が進むなか，既成社会のあり方に疑問をもち，社会改良的な情熱に燃えた慈善事業家などによって新たな救済施設が立ち上げられた。以下にあげる代表的な施設と人物はぜひ覚えておきたい。

年号	施設	人物	関連事項
1872年（明治5年）	東京府養育院	渋沢栄一	・老人・児童・病弱者の援護 ・現在の石神井学園（児童養護施設）
1874年（明治7年）	浦上養育院	岩永マキ	・孤児の救済
1887年（明治20年）	岡山孤児院	石井十次	・明治期の代表的な育児施設 ・1891年（明治24年）の濃尾地震の孤児や1905年（明治38年）の東北大凶作の貧児保護

○ 同勧告では，社会保障制度を「疾病，負傷，分娩，廃疾，死亡，老齢，失業，多子その他困窮の原因に対し，保険的方法又は直接公の負担において経済保障の途を講じ（中略），もってすべての国民が文化的社会の成員たるに値する生活を営むことができるようにすることをいう」と定義した。

○ 1887年（明治20年）に石井十次が設立した岡山孤児院では，イギリスで孤児院を運営したミュラー（Muller, G.）の影響を受け，無制限収容が実施された。また，家族ごとの個性を尊重する家族制度や，乳幼児や病児を，近隣の農家へ里子に出す委託制度などを取り入れる等の多彩な処遇がなされた。

✕ 留岡幸助が設立したのは家庭学校である。留岡は，監獄の教誨師を務めながら犯罪の芽は幼少期に形成されることを学び，1899年（明治32年）に東京巣鴨に不良化した少年たちの教育をするための家庭学校を設立した。救世軍日本支部を設立したのは，山室軍平である。

年号	施設	人物	関連事項
1891年（明治24年）	滝乃川学園	石井亮一	・最初の知的障害児（者）施設 ・前身は孤女学院 ・孤児と知的障害児教育を行う
1897年（明治30年）	キングスレー館	片山潜	・東京神田三崎町に設立 ・セツルメント（隣保事業）の先駆 ・労働者階級を視野においた社会改良実践
	免囚保護所	原胤昭	・出獄人を保護
1899年（明治32年）	家庭学校	留岡幸助	・巣鴨家庭学校，北海道家庭学校を創設 ・非行少年の感化事業 ・後の児童自立支援施設 ・農業中心の労作教育
1900年（明治33年）	二葉幼稚園	野口幽香	・貧民子女のための慈善幼稚園
1946年（昭和21年）	近江学園	糸賀一雄	・戦災孤児や浮浪児，知的障害児対象の民間施設 ・知的障害児施設として障害児福祉の指導的役割

□	12	野口幽香は二葉幼稚園を設立した。
□	35回25改変	

□	13	石井亮一は滝乃川学園を設立した。
□	35回25改変	

□	**14**	「方面委員制度」は，イギリスの慈善組織協会(COS)よりも早く始まっていた。
□	30回31	

□	15	児童福祉法(1947年(昭和22年))は，戦災によって保護者等を失った満18歳未満の者(戦災孤児)にその対象を限定していた。
□	35回26	

□	16	(新)生活保護法(1950年(昭和25年))は，素行不良な者等を保護の対象から除外する欠格条項を有していた。
□	35回26	

整理 し て お こ う ！

旧生活保護法と新生活保護法の比較

旧生活保護法(1946年(昭和21年))では，それまでの制限扶助主義から一般扶助主義となり，無差別平等の保護を定めるとともに要保護者に対する国家責任による保護を明文化した。しかし，勤労意欲のない者や素行不良の者等には保護を行わないという欠格条項が設けられ，保護の対象は限られたものであった。

それに対し，新生活保護法(1950年(昭和25年))では，日本国憲法第25条の生存権に基づく法律であることを明文化し，保護受給権を認め，不服申立制度を法定化した。教育扶助・住宅扶助が追加され(2000年(平成12年)に介護扶助が追加)，指定医療機関を新設するとともに，保護事務を行う補助機関に社会福祉主事をおき，それまで補助機関であった民生委員は協力機関とした。

○ 野口幽香は，森島美根とともに幼稚園を貧困家庭の子弟教育にまで拡大することを目指し，1900年(明治33年)に番町教会の援助を受け，二葉幼稚園を設立した。

○ 石井亮一は，1891年(明治24年)の濃尾大地震の被災児・者の救済活動に尽力し，同年に聖三一孤女学院を設立した。聖三一孤女学院は，1897年(明治30年)に滝乃川学園に改称され，知的障害児教育を目的とする特殊教育部が設置された。

✕ わが国の方面委員等の取組みは，1917年(大正6年)，岡山県の笠井信一知事による済世顧問制度で始まった。イギリスの慈善組織協会(COS)は1869年に開始している。

✕ 児童福祉法の対象は，戦災孤児ではなく児童一般である。終戦直後の日本政府は，戦災孤児や浮浪児対策として，児童保護施設への強制収容を行っていたが，児童が保護施設から脱走するなど抜本的な解決には至らず，児童を健全に育成していく政策が必要とされた。

✕ (新)生活保護法では欠格条項が廃止されている。(新)生活保護法は，日本国憲法第25条の生存権の理念に基づき，保護請求権の明記，保護の補足性の規定，扶助の種類に教育と住宅を加えるなどの改正が行われた。

	旧生活保護法	新生活保護法
保護の種類	生活扶助，医療，助産，生業扶助，葬祭扶助の5種	生活扶助，教育扶助，住宅扶助，医療扶助，出産扶助，生業扶助，葬祭扶助の7種に，2000年(平成12年)に介護扶助が追加され，8種
欠格事項	有(怠惰・素行不良者は対象外)	無(無差別平等)
保護の実施機関	すべて市町村長	都道府県知事，市長，福祉事務所を管理する町村長(保護の決定・実施に関する事務は，その権限を福祉事務所などその管理に属する行政庁に委託できる)
補助機関	民生委員	社会福祉主事(民生委員は協力機関)

☐ **17**
35回26

老人福祉法(1963年(昭和38年))は,介護を必要とする老人にその対象を限定していた。

☐ **18**
35回26

母子福祉法(1964年(昭和39年))は,妻と離死別した夫が児童を扶養している家庭(父子家庭)を,その対象外としていた。

☐ **19**
31回30

社会福祉法は,2000年(平成12年)の社会福祉基礎構造改革の際に,社会福祉事業法の題名が改められたものである。

☐ **20**
32回26

1973年(昭和48年)の「福祉元年」に,年金の給付水準を調整するために物価スライド制を導入した。

☐ **21**
32回26

1973年(昭和48年)の「福祉元年」に,被用者保険における家族療養費制度を導入した。

☐ **22**
32回26改変

1973年(昭和48年)の「福祉元年」に,老人医療費支給制度を実施して,70歳以上の医療費を無料にした。

☐ **23**
29回26

「社会保障制度改革国民会議報告書」は,給付の拡大を提案した。

欧米の社会福祉の歴史的展開

☐ **24**
35回24

アダム・スミス(Smith, A.)は,充実した福祉政策を行う「大きな政府」からなる国家を主張した。

☐ **25**
35回24改変

ベヴァリッジ(Beveridge, W.)は,欠乏・疾病・無知・不潔・無為の「五つの巨悪(巨人)」を克服するために,包括的な社会保障制度の整備を主張した。

✕ 老人福祉法の対象は老人一般であり，介護を必要とする老人に対象を限定したものではない。同法は，所得保障，雇用，税制，住宅などの広範な老人福祉施策に関する基本理念と，国による老人福祉推進の責務，保健・福祉サービスなどについて規定した法律である。

○ 母子福祉法[1]は，母子家庭の生活の安定と向上を図る基本法として制定された。しかし，同法が対象とする児童は20歳未満であり，子どもが20歳になった母子家庭は法律の対象外であった。

○ 2000年（平成12年）5月に成立した「社会福祉の増進のための社会福祉事業法等の一部を改正する等の法律」により，社会福祉事業法が社会福祉法に題名改正された。

○ 公的年金保険制度に，物価の変動に合わせて年金額を改定する物価スライド制の導入などが行われ，年金給付水準が引き上げられた。

✕ 導入されたのは，健康保険法に基づく高額療養費制度である。

○ 老人医療費支給制度（老人医療費公費負担制度）の対象者は70歳以上の高齢者及び，いわゆる寝たきり老人とされ，医療費の自己負担分が無料化された（老人福祉法）。

✕ 社会保障費が経済成長を上回って増大し，国民の負担増大が不可避となっている中，持続可能な社会保障を構築していくためには，徹底した給付の重点化・効率化が求められる，と提案している。（関連キーワード▶2参照）

✕ アダム・スミスは，『国富論』（1776年）の中で，市場の原理を「見えざる手」にたとえ，市場は政府が介入するのではなく，自由に任せておけばよいと考えた（自由放任主義）。（関連キーワード▶3参照）

○ ベヴァリッジは，『社会保険および関連するサービス』と題した報告書（ベヴァリッジ報告，1942年）において，貧困に関する五つの原因を解決するため，社会保険を中心に公的扶助と任意保険で補うという社会保障制度により，社会福祉国家の確立の必要性を説いた。

▶1
母子福祉法
1981年（昭和56年）の改正で「母子及び寡婦福祉法」に名称が変更され，また，2014年（平成26年）の改正では「母子及び父子並びに寡婦福祉法」へ名称変更がなされ，寡婦と父子家庭も法律の対象に加えられた。

▶2
社会保障制度改革国民会議
社会保障制度改革推進法に基づき，社会保障制度改革に必要な事項を審議するため2012年（平成24年）に内閣に設置され，20回の会議を経て，報告書を2013年（平成25年）8月にまとめた。その後，同会議は廃止され，業務は内閣官房社会保障改革担当室に引き継がれた。

▶3
大きな政府
政府が経済活動に積極的に介入することで国民の生活を安定させ，所得格差を是正しようとする考えである。

<table>
<tr><td>□
□ 26
35回24</td><td>ケインズ (Keynes, J.) は，不況により失業が増加した場合に，公共事業により雇用を創出することを主張した。</td></tr>
</table>

<table>
<tr><td>□
□ 27
31回24</td><td>イギリスのエリザベス救貧法 (1601年) では，全国を単一の教区とした救貧行政が実施された。</td></tr>
</table>

<table>
<tr><td>□
□ 28
31回24改変</td><td>イギリスの労役場テスト法 (1722年) は，労役場で貧民救済を行うことを目的とした。</td></tr>
</table>

<table>
<tr><td>□
□ 29
31回24</td><td>イギリスのギルバート法 (1782年) は，労役場内での救済に限定することを定めた。</td></tr>
</table>

<table>
<tr><td>□
□ 30
33回25</td><td>新救貧法 (イギリス，1834年) では，劣等処遇の原則を導入し，救貧の水準を自活している最下層の労働者の生活水準よりも低いものとした。</td></tr>
</table>

<table>
<tr><td>□
□ 31
33回25</td><td>新救貧法 (イギリス，1834年) では，働ける者を労役場で救済することを禁止し，在宅で救済する方策を採用した。</td></tr>
</table>

<table>
<tr><td>□
□ 32
33回25</td><td>新救貧法 (イギリス，1834年) は，貧困の原因として欠乏・疾病・無知・不潔・無為の5大巨悪を指摘した。</td></tr>
</table>

<table>
<tr><td>□
□ 33
34回26</td><td>ラウントリー (Rowntree, B.) は，ロンドンで貧困調査を行い，貧困の主たる原因が飲酒や浪費のような個人的習慣にあると指摘した。</td></tr>
</table>

○ ケインズは，資本主義経済では完全雇用が実現できず，失業者が出ることが問題であると考え，不況対策として政府による公共事業を増やすべきであると主張した。

✕ エリザベス救貧法では，地域の教区ごとに救貧行政を実施した。全国を単一として救貧行政を実施したのは，新救貧法（1834年）である。

▶4
エリザベス救貧法の救済
①労働能力のある貧民（有能貧民）には労役場による労働を課し，②労働能力のない貧民（無能貧民）には親族による扶養，若しくは救貧院での保護を与え，③子どもには徒弟奉公による職業的自立を促した。

○ エリザベス救貧法（1601年）で，収容人数の増加に伴う救貧費用の抑制と不正受給や怠惰な者の救済防止が課題となったため，労役場テスト法により，労役場を労働意欲と救済意思を確認する場として活用することを定め，労役場以外での貧民救済を抑制した。

✕ 過酷な条件下で院内救済を実施した労役場テスト法（1722年）により救済をあきらめた貧民を増加させる結果を招いたため，ギルバート法は救貧行政の合理化と貧民処遇の改善を目指し，労働能力のない貧民を院内で，労働能力のある貧民に対して院外での救済を実施した。

○ 新救貧法のねらいは，劣等処遇の原則により，労働能力のある貧民の救済を厳格化し，救貧費用を削減することにあった。

▶5
新救貧法のねらい
劣等処遇の原則のほか，①中央集権的な給付水準の統一，②救貧行政の単位を教区から教区連合へ広域化，③労働能力のある貧民の院外（在宅）救済の禁止。

✕ 労働能力のある貧民の在宅救済を禁止し，労働能力のある貧民を労役場（ワークハウス）に収容し，強制的に労働に従事させた。イギリスで在宅救済を認めた代表的な制度は，ギルバート法（1782年）やスピーナムランド制度（1795年）である。

✕ 設問は，ベヴァリッジ報告（1942年）の記載である。第二次世界大戦中にイギリスで公表されたベヴァリッジ報告（社会保険及び関連サービスに関する報告）は，戦後福祉国家の礎となった社会保障計画である。

▶6
ブースの貧困調査
17年間にわたった調査結果は『ロンドン市民の生活と労働』（全17巻）にまとめられた。その中で，人口の約3割が貧困線かそれ以下の生活をしており，その原因として不規則労働，低賃金，疾病，多子などの社会経済的要因が指摘された。

✕ ロンドンで1880年代半ばから貧困調査を実施したのはブース（Booth, C.）である。ラウントリーは，1890年代後半から，イギリスのヨーク市で貧困調査を行い「絶対的貧困」という貧困測定方法を確立した。（関連キーワード▶6参照）

タウンゼント（Townsend, P.）は，等価可処分所得の中央値の50％を下回る所得しか得ていない者を相対的剥奪の状態にある者とし，イギリスに多数存在すると指摘した。

イギリスの国民保険法（1911年）は，健康保険と失業保険から成るものとして創設された。

ベヴァリッジ（Beveridge, W.）による『社会保険および関連サービス』（「ベヴァリッジ報告」）は，「窮乏」（want）に対する社会保障の手段として，公的扶助（国民扶助）が最適であり，社会保険は不要であるとした。

サッチャー（Thatcher, M.）が率いた保守党政権は，貧困や社会的排除への対策として，従来の社会民主主義とも新自由主義とも異なる「第三の道」の考え方に立つ政策を推進した。

「ベヴァリッジ報告」では，福祉サービスの供給主体を多元化し，民間非営利団体を積極的に活用するように勧告した。

整 理 し て お こ う ！

イギリスの貧困研究・調査

人名	業績	概要
マルサス	『人口論』 （1798年）	人口が幾何級数的に増加するのに対し，食料は算術級数的にしか増加せず，救貧法による人為的救済は貧民を増加させるだけであると批判した。
ブース	ロンドンにおける貧困調査 （1886 ~ 1902年）	3回にわたっての調査を行い，人口の3割が貧困線以下の生活を送っていること，貧困は個人の習慣の問題ではなく雇用や環境の問題に起因することなどを明らかにした。

× タウンゼントの相対的剥奪とは，ある社会で慣習とされている生活様式に沿った生活ができない状態のことをいう。等価可処分所得の中央値の50％を下回る所得層が全人口に占める割合は OECD（経済協力開発機構）による相対的貧困率の算出方法である。

○ イギリスの国民保険法は，1880年代のドイツで実施された，ビスマルクの社会保険政策を参考に創設された。健康保険と失業保険から成り，強制加入の失業保険を，世界で初めて制度化した国営の保険である。

× 1942年に提出された『社会保険および関連サービス』（「ベヴァリッジ報告」）は，窮乏，疾病，無知，陋隘（不潔），怠惰を「五巨人悪（五人の巨人）」とし，これらの対応には，国家による社会保険制度を整備し，社会保険制度での対応が困難な場合に公的扶助（国民扶助）を用いることとした。

× 「第三の道」の考え方に立つ政策を推進したのはブレア（Blair, T.）が率いた労働党政権である。サッチャーが率いた保守党政権は，ブレアによる「第三の道」よりも前に，自助努力，規制緩和，小さな政府，市場原理を重視した新自由主義政策を推進した。

× 「ウルフェンデン報告」に関する記述である。ウルフェンデン報告は，社会サービスのシステムを，インフォーマル部門，公的部門，民間営利部門，民間非営利部門に分け，多様な供給主体とする「福祉多元主義」を打ち出した。

▶7
タウンゼントの相対的剥奪
「人々が社会で通常手に入れることのできる栄養，衣服，住宅，居住設備，就労，環境面や地理的な条件についての物的な標準にこと欠いていたり，一般に経験されている雇用，職業，教育，レクリエーション，家族での活動，社会活動や社会関係に参加できない，ないしはアクセスしたりできない」状態。

▶8
ベヴァリッジ報告
第二次世界大戦の勝利に向けて，国民の不満を解消するために戦争目的を明確化すると同時に，戦後のイギリスが進むべき国家体制について示した報告書（1942年）。

▶9
第一次貧困と第二次貧困
ラウントリーがヨーク調査で規定した分類。総収入が肉体的能率を維持するために必要な最小限度にも足らぬ家庭を「第一次貧困」，かろうじて確保されている家庭を「第二次貧困」と名づけた。

社会福祉の原理と政策

人名	業績	概要
ラウントリー	ヨーク市における貧困調査（1899～1950年）	マーケット・バスケット方式により貧困を測定し，第一次貧困9.91％，第二次貧困17.93％の計3割が貧困状態にあることを明らかにした。
ウェッブ夫妻	『産業民主制論』（1897年）	ナショナル・ミニマムを最初に提唱し，「救貧法及び失業救済に関する勅命委員会」報告書（少数派報告）（1909年）では救貧法の解体を主張した。
タウンゼント	『イギリスにおける貧困』（1979年）	一連の貧困調査を行い，「相対的剥奪」という概念による相対的貧困の研究が注目された。

☐ **39**
32回25
「ベヴァリッジ報告」では，衛生・安全，労働時間，賃金，教育で構成されるナショナル・ミニマムという考え方を示した。

☐ **40**
32回25
「ベヴァリッジ報告」では，社会保障計画は，社会保険，国民扶助，任意保険という3つの方法で構成されるという考え方を示した。

☐ **41**
36回23
1930年代のアメリカにおけるニューディール政策での取組として，社会保障法が制定された。

☐ **42**
36回23
1930年代のアメリカにおけるニューディール政策での取組として，メディケア(高齢者等の医療保険)が導入された。

☐ **43**
36回23
1930年代のアメリカにおけるニューディール政策での取組として，ADA(障害を持つアメリカ人法)が制定された。

社会福祉の思想・哲学，理論

社会福祉の思想・哲学

☐ **44**
35回23
1960年代のアメリカにおける福祉権運動の主たる担い手は，就労支援プログラムの拡充を求める失業中の白人男性たちであった。

☐ **45**
35回23
フェビアン社会主義は，ウェッブ夫妻(Webb, S. & B.)などのフェビアン協会への参加者が唱えた思想であり，イギリス福祉国家の形成に影響を与えた。

✕ ナショナル・ミニマムを提唱したのはウェッブ夫妻(Webb, S. & B.)である。事後救済よりも貧困の予防を主張し，イギリスの福祉国家の構築に大きな影響を与えた。ベヴァリッジ報告は，国家責任の範囲を最低限度の生活保障に限定したものであった。

◯ ベヴァリッジ報告が起点となり「ゆりかごから墓場まで」とされたイギリス福祉国家が構築された。ベヴァリッジもナショナル・ミニマム概念を取り入れるが，それは国家責任の範囲であり，社会保障を社会保険，国民扶助，任意保険の組み合わせにより計画することを主張した。

◯ 社会保障法は，ニューディール政策の一環として1935年に制定された。

✕ メディケア(高齢者等の医療保険)とは，1965年に誕生した65歳以上の高齢者及び障害者を対象とした公的医療保険制度である。低所得者を対象とするメディケイドと共に成立した。

✕ ADA(障害を持つアメリカ人法)は，障害に基づく差別を禁止する1990年に制定された法律である

✕ 福祉権運動[▶10]の主たる担い手は，失業中の白人男性たちではなく，黒人の公的扶助受給者である。福祉権運動は，厳格な受給要件の緩和や人権を脅かすような諸規則の改善を求めた。

◯ フェビアン協会の中心人物だったウェッブ夫妻は,『産業民主制論』の中で，国家が国民に対して最低限度(最低水準)の生活を保障するというナショナル・ミニマムを提唱している。(関連キーワード▶11参照)

▶10
福祉権運動
1960年代後半に黒人の公民権運動の影響を強く受けて誕生した公的扶助受給者を主体とする権利要求運動である。

▶11
ファビアン社会主義
社会福祉の充実による漸進的な社会変革を積み重ねる思想や運動を指す。

社会福祉の理論

☐
☐ **46**
34回24改変　ウィレンスキー（Wilensky, H.）は，経済成長，高齢化，官僚制が各国の福祉国家化を促進する要因であるという 収 斂理論を提示した。

☐
☐ **47**
34回24　エスピン - アンデルセン（Esping-Andersen, G.）は，自由主義・保守主義・社会民主主義という3類型からなる福祉レジーム論を提示した。

☐
☐ **48**
34回24　ウィレンスキー（Wilensky, H.）は，福祉の給付を「社会福祉」「企業福祉」「財政福祉」に区別した福祉の社会的分業論を提示した。

整 理 し て お こ う ！

社会福祉の理論

海外

人名	重要関連事項	著書など
ベヴァリッジ	人間社会を脅かす「五巨悪」（窮乏，疾病，無知，不潔，怠惰）に対する福祉政策。国家には最低限度の生活水準を保障する責任がある。	『社会保険および関連サービス』（ベヴァリッジ報告）（1942年）
マーシャル	シティズンシップ（市民的権利，政治的権利，社会的権利）	『市民資格と社会的階級』（1950年）
ティトマス	残余的福祉モデル，産業的業績達成モデル，制度的再分配モデル	『社会福祉と社会保障』（1968年）
エスピン-アンデルセン	脱商品化と階層化を指標とした福祉レジーム論（社会民主主義レジーム，自由主義レジーム，保守主義レジーム）	『福祉資本主義の三つの世界』（1990年）
ギデンズ	社会民主主義でもない，新自由主義でもない「第三の道」	『第三の道』（1998年）

◯ 設問のとおり。ウィレンスキー（1923-2011年）は、『福祉国家と平等』（1975年）の中で、経済水準の上昇は少子高齢社会とそれによる福祉ニーズの高まりをもたらし、福祉国家の進展に影響を及ぼすと論じた。

◯ エスピン - アンデルセン（1947年 -）は、『福祉資本主義の三つの世界』（1990年）の中で、「脱商品化」と「社会的階層化」という指標を用いて、自由主義・保守主義・社会民主主義の三つの福祉レジーム（政治体制）を示した。

▶12
脱商品化と社会的階層化
「脱商品化」とは、個人が労働から離脱しても生活水準を維持できるかどうかを示す指標であり、「社会的階層化」とは、社会政策の実施を通して社会の中に職業・階級などの階層化が進んでいるかを示す指標。

✕ 社会的分業論を提示したのは、ティトマス（Titmuss, R., 1907-1973年）である。ティトマスは、「福祉の社会分業」という観点から、福祉施策は大きく三つのシステム（「社会福祉」「財政福祉」「企業福祉（職域福祉）」）によって分業されていると考えた。

国内

人名	重要関連事項	著書など
孝橋正一	社会政策は社会問題を対象とし、社会事業はそこから生じる「関係的・派生的な社会的問題」を対象とする。	『社会事業の基本問題』（1954年（昭和29年））
一番ヶ瀬康子	社会福祉は生活権保障の制度であり、実践論・運動論を組み入れた社会福祉学が総合的に体系化されなければならない。	『社会福祉事業概論』（1964年（昭和39年））
竹内愛二	人間関係を基盤に駆使される専門的な援助技術の体系を「専門社会事業」と呼んだ。社会福祉論における技術論の系譜に属する。	『専門社会事業研究』（1959年（昭和34年））
三浦文夫	社会福祉の供給組織を、行政型、認可型、市場型、参加型に区分し、社会福祉の供給主体の多元化を主張した。貨幣的ニードと非貨幣的ニード。	『社会福祉政策研究』（1985年（昭和60年））

| | 49 31回23 | ポランニー (Polanyi, K.)の互酬の議論では，社会統合の一つのパターンに相互扶助関係があるとされた。 |

| | 50 31回23 | ブルデュー (Bourdieu, P.)が論じた文化資本とは，地域社会が子育て支援に対して寄与する財のことをいう。 |

| | 51 31回23 | デュルケム(Durkheim, E.)が論じた有機的連帯とは，教会を中心とした共助のことをいう。 |

社会福祉の対象とニーズ

| | 52 36回25改変 | ブラッドショー (Bradshaw, J.)によれば，クライエントがニードを表明しなくても，ニードのアセスメントを行うことはできる。 |

| | 53 36回25 | ブラッドショー (Bradshaw, J.)によれば，社会規範に照らしてニードの有無が判断されることはない。 |

| | 54 36回25 | ブラッドショー (Bradshaw, J.)によれば，クライエントと専門職との間で，ニードの有無の判断が食い違うことはない。 |

| | 55 36回25 | ブラッドショー (Bradshaw, J.)によれば，他人と比較してニードの有無が判断されることはない。 |

| | 56 36回25 | ブラッドショー (Bradshaw, J.)によれば，クライエントがニードを自覚しなければ，クライエントからのニードは表明されない。 |

◯ ポランニー（1886-1964年）が市場社会が機能する以前の社会統合の一つのパターンとした互酬は，対称性をもった集団同士が義務として相互扶助を行うことで，集団の安定性を保つ。ポランニーは，パターンとして互酬のほかに再分配と交換をあげている。

✕ ブルデュー（1930-2002年）が論じた文化資本とは，社会階層の再生産に影響を与える財のことである。具体的には，親から子へと受け継がれるマナーや生活習慣，あるいは学校教育を通して獲得する資格や教養などが該当する。

✕ デュルケム（1858-1917年）が論じた有機的連帯とは，個性化した個人が相互依存的な関係で結ばれている社会結合のことをいう。有機的連帯は機械的連帯に対応している。

◯ ブラッドショーは，クライエントがニードを表明しなくても，規範的なニードや比較ニードを判定することは可能であると考えた。

✕ ブラッドショーは，ニードの有無は，社会規範に照らして判断されうると考えた。

✕ ブラッドショーは，専門職が社会規範や専門性に基づいて判定する規範的ニードと，クライエントが自身の感覚や直感に基づいて判定されるフェルトニードには齟齬が生じることがあると考えた。

✕ ブラッドショーは，同じ特性をもちながらサービスを利用している人とサービスを利用していない人を比べた場合，後者には比較ニードがあるとした。

◯ ブラッドショーは，クライエントがニードを自覚している状態を，フェルトニードがあるとし，フェルトニードがクライエントの何らかの言動に現れた場合に，表明されたニードがあるとみなしている。

▶13
再分配と交換
再分配は，資源を共同体の中心に移動させてから，再び共同体の中へ移動させることで，貯蔵や分業を可能にする。交換は，市場を通した財の移動を意味している。

社会問題と社会構造

現代における社会問題

57
29回30改変
「子供の貧困対策に関する大綱」(2019年(令和元年) 11月閣議決定)では，生活困窮世帯の子供を対象に実施される学習支援事業を生活困窮者自立支援制度の自立相談支援事業に統合することとした。

58
36回24改変
日本の2010年代における「貧困率」は，経済協力開発機構(OECD)加盟国の平均を上回っている。

59
36回24
「2019年国民生活基礎調査の概況」(厚生労働省)によれば，子どもがいる現役世帯の世帯員の「貧困率」は，「大人が二人以上」の世帯員よりも「大人が一人」の世帯員の方が高い。

60
36回24
「2019年国民生活基礎調査の概況」(厚生労働省)によれば，子どもの「貧困率」は10％を下回っている。

61
36回24
「平成29年版厚生労働白書」によれば，高齢者の「貧困率」は，子どもの「貧困率」に比べて低い。

62
36回24
2018年(平成30年)の時点で，生活保護世帯に属する子どもの大学進学率は60％を超えている。

63
35回28
生活困窮者自立支援法の目的規定には，生活困窮者に対する自立の支援に関する措置を講ずることにより，生活困窮者の自立の促進を図ることとある。

64
35回28改変
生活保護法の目的規定には，すべての国民に対し，その困窮の程度に応じ，最低限度の生活を営めるよう必要な保護を講ずることにより，生活困窮者の自立の促進を図ることとある。

65
33回23改変
「令和4年版高齢社会白書」(内閣府)によれば，健康寿命は男女共に80年に達している。

✕ 「子供の貧困対策に関する大綱」では，生活保護世帯の子供を含む生活困窮世帯の子供を対象に，生活困窮者自立支援法による任意事業として学習支援事業を実施するとしている。自立相談支援事業は，生活困窮者自立支援法における必須事業である。

✕ 設問のとおり。日本の2010年代における貧困率は15～16％と，OECD平均よりも高い水準で推移している。[▶14]

▶14
貧困率
等価可処分所得が中央値の半分に満たない世帯員の割合（相対的貧困率）を指す。

◯ 「子どもがいる現役世帯」（世帯主が18歳以上65歳未満で子どもがいる世帯）の世帯員の貧困率は12.6％であり，そのうち「大人が一人」の世帯員では48.1％，「大人が二人以上」の世帯員では10.7％である。

✕ 子どもの貧困率（17歳以下）は13.5％で，10％を上回っている（2018年（平成30年））。

✕ 2015年（平成27年）における子どもの貧困率は13.9％であるが，高齢者の「貧困率」は19.6％であり，高齢者の貧困率は子どもの貧困率よりも高い。

✕ 生活保護世帯に属する子どもの大学・短大進学率は，2018年（平成30年）時点で19.9％である。

◯ 生活困窮者自立支援法第1条に，「この法律は，生活困窮者自立相談支援事業の実施，生活困窮者住居確保給付金の支給その他の生活困窮者に対する自立の支援に関する措置を講ずることにより，生活困窮者の自立の促進を図ることを目的とする」と明文化されている。

◯ 設問のとおり。生活保護法第1条では，「すべての国民に対し，その困窮の程度に応じ，必要な保護を行い，その最低限度の生活を保障するとともに，その自立を助長することを目的とする」としている。

✕ 健康寿命は，2019年（令和元年）時点で男性が72.68年，女性が75.38年と，男女共に80年には達していない。[▶15]

▶15
健康寿命
日常生活に制限のない期間のこと。

66
28回27改変
「健康寿命」と「平均寿命」の差は，2016年（平成28年）時点で，女性のほうが男性よりも大きい。

67
30回26
世界保健機関（WHO）による「健康の社会的決定要因」とは，集団間の健康における格差と社会経済的境遇との関連に着目する概念である。

68
30回23改変
「障害者差別解消法」及び「基本方針」において，行政機関等及び事業者が除去すべき社会的障壁の内容は，具体的場面や個別的状況を考慮して決められる。

69
35回28改変
障害者基本法には，相互に人格と個性を尊重し合いながら共生する社会の実現に当たっては，社会，経済，文化その他あらゆる分野の活動に参加する機会が確保されるよう施策を講ずることとある。

70
33回28
男女共同参画社会基本法は，男女が様々な活動に参加できるよう，性別役割分担の強化に努めなければならないとしている。

71
33回28
男女共同参画社会基本法は，男女が性別による差別的扱いを受けることを防止するため，行政機関や事業主に対する罰則を規定している。

72
33回28改変
「ジェンダー・ギャップ指数2022」における146か国の総合スコアでは，日本はジェンダー平等が進んでいる方から数えて上位100位以内にも入っていない。

73
31回26
「ヘイトスピーチ解消法」では，地方公共団体に不当な差別的言動の解消に向けた取組を行う努力が求められている。

◎ 2019年（令和元年）における「平均寿命」と「健康寿命」の差（日常生活に制限のある「不健康な期間」を意味する）は，男性8.73年，女性12.07年である。

◎ 設問のとおり。この概念は，人々の健康に関する重要な視点として病気になり医療が必要となるような社会経済環境に注目する。医療への普遍的なアクセス可能性に関する問題も，健康の社会的決定要因の1つである。

◎ 社会的障壁とは，障害者基本法及び基本方針で「障害がある者にとって日常生活又は社会生活を営む上で障壁となるような社会における事物，制度，慣行，観念その他一切のものをいう」とされており，社会的障壁の内容は，具体的場面や個別的状況によって異なる。

◎ 設問のとおり。障害者基本法第3条では，「社会，経済，文化その他あらゆる分野の活動に参加する機会が確保される」とあり，地域社会における共生等を図ることとされている。

✕ 性別による固定的な役割分担等が，「男女共同参画社会の形成を阻害する要因となるおそれがある」とし，「社会における制度又は慣行が男女の社会における活動の選択に対して及ぼす影響をできる限り中立なものとするように配慮されなければならない」としている。

✕ 法では，性別による差別的な扱いに対する罰則を規定していない。

◎ 世界経済フォーラム（World Economic Forum）が2022年（令和4年）7月に発表した「The Global Gender Gap Report 2022」では，日本のジェンダー・ギャップ指数（Gender Gap Index：GGI）[16]は0.650で146か国中116位。第1位アイスランド（0.908），続いてフィンランド，ノルウェー，ニュージーランドと，北欧の国々のスコアが高い傾向にある。

◎ ヘイトスピーチ解消法に[17]，「地方公共団体は，本邦外出身者に対する不当な差別的言動の解消に向けた取組に関し，国との適切な役割分担を踏まえて，当該地域の実情に応じた施策を講ずるよう努めるものとする」とある。

▶16
ジェンダー・ギャップ指数（GGI）
経済，政治，教育，健康の4つの指標をもとに算出され，0～1の数値で示される。0が完全不平等，1が完全平等となる。

▶17
ヘイトスピーチ解消法
正式名称は，「本邦外出身者に対する不当な差別的言動の解消に向けた取組の推進に関する法律」である。

☐ **74** ☐ 36回27	「外国人との共生社会の実現に向けたロードマップ」によれば、在留外国人の出身国籍が多様化する傾向が止まり、南米諸国出身の日系人が在留者の大部分を占めるようになった。
☐ **75** ☐ 36回27	「外国人との共生社会の実現に向けたロードマップ」によれば、外国人が安全に安心して暮らせるように、外国人に対する情報発信や相談体制を強化する必要がある。
☐ **76** ☐ 36回27	「外国人との共生社会の実現に向けたロードマップ」によれば、共生社会の実現のために、在留外国人には納税及び社会保険への加入の義務を免除する必要がある。
☐ **77** ☐ 32回27改変	「外国人材の受入れ・共生のための総合的対応策（令和4年度改訂）」（2022年（令和4年）6月、外国人材の受入れ・共生に関する関係閣僚会議決定）では、外国人への行政・生活情報の提供において、ソーシャル・ネットワーキング・サービス（SNS）を利用することも想定した対応を推進する。
☐ **78** ☐ 29回28	自殺対策基本法では、精神保健的観点から自殺対策を強化することが、優先的課題とされている。
☐ **79** ☐ 31回25	福祉避難所での速やかな対応を実現するために、平常時から「要配慮者」に関する情報の管理や共有の体制を整備しておく。
☐ **80** ☐ 34回27	ニートとは、35〜59歳の未婚者のうち、仕事をしておらず、ふだんずっと一人でいるか、家族しか一緒にいる人がいない者のことを指す。
☐ **81** ☐ 34回27	ダブルケアとは、老老介護の増加を踏まえ、ケアを受ける人と、その人をケアする家族の双方を同時に支援することを指す。
☐ **82** ☐ 34回27	保活とは、子どもを認可保育所等に入れるために保護者が行う活動であり、保育所の待機児童が多い地域で活発に行われる傾向がある。

✕ 「外国人との共生社会の実現に向けたロードマップ」[18]によれば，近年は，南米諸国出身の日系人等に加えて，アジア諸国出身の外国人が大幅に増加しており，出身国籍の多様化が進んでいる。

⭕ 「外国人との共生社会の実現に向けたロードマップ」では，外国人に対する日本語を習得する機会の提供，日本の税・社会保障制度などに関する情報提供の充実の必要性が述べられている。

✕ 「外国人との共生社会の実現に向けたロードマップ」では，在留外国人の納税と社会保険加入義務に関して，公的義務を履行すること，社会の構成員として責任をもった行動をとることへの期待を示している。

⭕ 施策番号29において，「外国人に対する行政・生活情報の提供に当たっては，SNS を利用することも想定した対応を推進する」〔全省庁〕とされている。

✕ 自殺対策は，「自殺が多様かつ複合的な原因及び背景を有するものであることを踏まえ，単に精神保健的観点からのみならず，自殺の実態に即して実施されるようにしなければならない」と規定されている（自殺対策基本法第2条第3項）。

⭕ 福祉避難所の確保・運営ガイドラインでは，平時における取組みとして，個人情報保護に十分な配慮をした上で，「指定福祉避難所の受入対象者に関する情報の管理体制，関係部局等との情報共有の体制について検討し，体制を整備しておく」ことを求めている。（関連キーワード▶19参照）

✕ ニートとは，イギリスで生まれた言葉であり，15 〜 34歳の未婚者のうち，仕事にも就いておらず，学校にも行っていない，また，仕事に就くための活動もしていない者のことを指す。

✕ ダブルケアとは，近年の晩婚化・晩産化等を背景に，育児期にある者や世帯が親の介護も同時に担う状態を指す。

⭕ 設問のとおり。2016年（平成28年）に厚生労働省が実施した「『保活』の実態に関する調査」の結果によれば，有効回答数5512件のうち，「保活」の結果，希望どおりの保育施設を利用できた人は全体の56.8 ％（3130人）とされている。

▶18
「外国人との共生社会の実現に向けたロードマップ」
外国人材の受入れ・共生に関する関係閣僚会議が2022年（令和4年）6月14日に策定した文書のことである。

▶19
要配慮者
高齢者，障害者，乳幼児その他の特に配慮を要する者をいう。

151

| | 83 34回27 | 8050問題とは，一般的には，80代の高齢の親と，50代の無職やひきこもり状態などにある独身の子が同居し，貧困や社会的孤立などの生活課題を抱えている状況を指す。 |

| | 84 34回27 | ワーキングプアとは，福祉給付の打切りを恐れ，就労を見合わせる人々のことを指す。 |

| | 85 31回28 | 文部科学省の「いじめの防止等のための基本的な方針」（2017年（平成29年）改定）には，性的指向・性自認に係る児童生徒への対応が盛り込まれている。 |

| | 86 31回28 | 性同一性障害者の性別の取扱いの特例に関する法律により，本人の自己申告で性別の取扱いの変更が認められるようになった。 |

| | 87 31回28 | 同性婚のための手続が民法に規定されている。 |

社会問題の構造的背景

| | 88 33回23改変 | 「令和4年版高齢社会白書」（内閣府）によれば，日本の高齢化率は先進諸国の中で最も高い。 |

| | 89 33回23改変 | 「令和4年版高齢社会白書」（内閣府）によれば，70歳代前半の就業率は男女共に半数を超えている。 |

| | 90 33回23改変 | 「令和4年版高齢社会白書」（内閣府）によれば，15歳未満人口に比べて，65歳以上人口の方が少ない。 |

◯ 設問のとおり。8050問題の背景には，経済的困窮や人間関係の孤立のほかに，家族や本人の病気，親の介護，離職（リストラ）などの複合的課題があることが指摘されている。

✕ ワーキングプアとは，「働く貧困層」を意味しており，フルタイムあるいはそれに近い状況で働いているにもかかわらず，貧困状況にある人々を指す。

◯ いじめ防止対策推進法に基づく「いじめの防止等のための基本的な方針」では，「性同一性障害や性的指向・性自認に係る児童生徒に対するいじめを防止するため，性同一性障害や性的指向・性自認について，教職員への正しい理解の促進や，学校として必要な対応について周知する」との記載がある。

✕ 性同一性障害者の性別の取扱いの特例に関する法律では，20歳以上であること，現に婚姻をしていないこと，現に未成年の子がいないこと等の要件に該当する者について，本人の請求により家庭裁判所が性別の取扱いの変更の審判をすることができるとしている。

✕ 同性婚の手続は民法に規定されていない。民法及び戸籍法では，夫婦とは婚姻の当事者である男（夫）と女（妻）を意味しているとされている。

◯ 日本の高齢化率は，2020年（令和2年）時点で28.6％に達し，先進諸国の中で最も高い。同時点の高齢化率をみると，ドイツ21.7％，スウェーデン20.3％，フランス20.8％，イギリス18.7％，アメリカ16.6％などである。

✕ 70歳代前半の就業率は，男性41.1％，女性25.1％で，男女共に半数を下回っている。

✕ 65歳以上人口が3621万人（全人口に占める構成比（高齢化率）28.9％），15歳未満人口が1478万人（全人口に占める構成比11.8％）と，65歳以上人口の方が2倍以上多い。

☐ **91** ☐ 35回29改変	日本は，第二次世界大戦後，1940年代後半，1970年代前半の2回のベビーブームを経験した。

☐ **92** ☐ 36回26	国は，第1次ベビーブーム期の出生者が後期高齢者になることに対応するために，2025年（令和7年）を目途として医療や介護等の供給体制を整備するとした。

☐ **93** ☐ 36回26	国は，第1次ベビーブーム期の出生者が後期高齢者になることに対応するために，2035年（令和17年）を目途として医療や介護等の供給体制を整備するとした。

☐ **94** ☐ 35回29	「『日本の将来推計人口』における中位推計」では，65歳以上の老年人口は2025年頃に最も多くなり，以後は緩やかに減少すると予想されている。

☐ **95** ☐ 35回29	1970年代後半以降，合計特殊出生率は人口置換水準を下回っている。

☐ **96** ☐ 28回28改変	「令和4年版男女共同参画白書」（内閣府）によると，2000年（平成12年）以降，「男性雇用者と無業の妻から成る世帯」が，「雇用者の共働き世帯」の数を上回るようになった。

☐ **97** ☐ 33回23改変	「令和4年版高齢社会白書」（内閣府）によれば，公的年金・恩給を受給する高齢者世帯のうち，それらが総所得の全てである世帯は約半数である。

福祉政策の基本的な視点

福祉政策の概念・理念

☐ **98** ☐ 34回23	EU（欧州連合）の社会的包摂政策がノーマライゼーションの思想形成に影響を与えた。

○ 設問のとおり。第1次ベビーブーム（1947年（昭和22年）から1949年（昭和24年））で生まれた世代は「団塊の世代」，第2次ベビーブーム（1971年（昭和46年）から1974年（昭和49年））で生まれた世代は「団塊ジュニア」と呼ばれる。

○ 第1次ベビーブーム期の出生者は団塊の世代と呼ばれ，2025年（令和7年）に団塊の世代がすべて75歳以上の後期高齢者となる。

✕ 2035年（令和17年）には，国民の3人に1人が65歳以上になることが予想されている。（関連キーワード▶20参照）

✕ 「『日本の将来推計人口』における中位推計」[21]では，65歳以上の老年人口は2042年をピークに，以降は緩やかに減少すると予想されている。

○ 設問のとおり。日本では第2次ベビーブームである1974年（昭和49年）以降，合計特殊出生率が人口置換水準[22]を下回っており，少子化が進んでいる。

✕ 1985年（昭和60年）以降，「雇用者の共働き世帯」の数は年々増加し，1997年（平成9年）以降は「雇用者の共働き世帯」の数が「男性雇用者と無業の妻から成る世帯」の数を上回り，一方で「男性雇用者と無業の妻から成る世帯」の割合は年々低下傾向にある。

○ 公的年金・恩給を受給する高齢者世帯のうち，それらが総所得の全てである世帯の割合は，48.4％と約半数を占めている。

✕ 社会的排除や包摂の概念は，1998年からEUの公式文書で使われるようになり，2010年には社会的包摂政策として強化された。一方，ノーマライゼーションの思想は1950年代から始まった。

▶20
「保健医療2035」
厚生労働省は「保健医療2035」を提言し，保健医療が，住まい，地域づくり，働き方と調和しながら「社会システム」として機能するために，これまでの価値規範や原理を根本的に転換しなければならないとしている。

▶21
「『日本の将来推計人口』における中位推計」
国立社会保障・人口問題研究所「日本の将来推計人口（平成29年推計）」における，出生中位（死亡中位）の推計値を指す。

▶22
人口置換水準
人口の増減が均衡した状態となる合計特殊出生率のことである。

99 34回23	ノーマライゼーションは，知的障害者の生活を可能な限り通常の生活状態に近づけるようにすることから始まった。

100 34回23	ノーマライゼーションは，ニュルンベルク綱領(1947年)の基本理念として採択されたことで，世界的に浸透した。

101 34回23	ノーマライゼーションは，国際児童年の制定に強い影響を与えた。

102 34回23	ノーマライゼーションは，日本の身体障害者福祉法の制定に強い影響を与えた。

103 36回28	エスピン - アンデルセン (Esping-Andersen, G.) の福祉レジームは，残余的モデルと制度的モデルの2つの類型からなる。

104 36回28	市場や家族の有する福祉機能は，エスピン - アンデルセン (Esping-Andersen, G.) の福祉レジームの分析対象とはされない。

105 36回28改変	エスピン - アンデルセン (Esping-Andersen, G.) によれば，スウェーデンとドイツは異なる福祉レジームに属する。

106 36回28	エスピン - アンデルセン (Esping-Andersen, G.) の福祉レジーム論では，各国の社会保障支出の大小といった量的差異に限定した分析を行っている。

107 36回28	エスピン - アンデルセン (Esping-Andersen, G.) は，福祉レジームの分析に当たり，脱商品化という概念を用いる。

〇 ノーマライゼーションはバンク‐ミケルセン（Bank-Mikkelsen, N. E.)が提唱した理念である。人権侵害が行われていた知的障害者施設の処遇を知り，改善を訴えた知的障害者の「親の会」の声を受け，バンク‐ミケルセンがデンマークの「1959年法」にノーマライゼーションの理念を盛り込んだ。

✕ ニュルンベルク綱領[23]には，インフォームド・コンセントの新たな包括的かつ絶対的な要件（原則1）や，被験者が実験への参加を取りやめる新たな権利（原則9）が含まれているが，その理念にノーマライゼーションは含まれていない。

✕ 1979年を国際児童年とする決議は，「児童の権利に関する宣言」（1959年）の採択20周年を記念して，国連総会で採択された。ノーマライゼーションが国際児童年の制定に強い影響を与えたとはいい難い。

✕ 日本の身体障害者福祉法は1949年（昭和24年）に成立し，ノーマライゼーションの思想よりも早く誕生している。

✕ エスピン‐アンデルセンが，福祉レジーム論において提示した類型は，自由主義レジーム，保守主義レジーム，社会民主主義レジームという3つの類型である。

✕ 福祉レジームの類型のうち，自由主義レジームでは市場原理が重視され，保守主義レジームでは性別役割分業などの伝統的な家族の役割が強調される。

〇 スウェーデンは社会民主主義レジームの類型に属し，ドイツは保守主義レジームの類型に位置づけられる。

✕ 福祉レジーム論では，社会保障支出の大小といった量的差異ではなく，各国の福祉をめぐるイデオロギーや政治体制などの質的差異に着目し分析する。

〇 脱商品化とは，人々が市場から離れても，国の福祉政策によってどの程度の所得が保障され，生活を維持することができるのかを示す指標である。

[23] ニュルンベルク綱領 人間を被験者とする研究に関する倫理原則のこと。1947年，ドイツのニュルンベルクで，強制収容所で非倫理的な人体実験を行ったとされる医師たちを裁いたアメリカ人判事らによって策定された。

福祉政策におけるニーズと資源

ニーズ

☐☐ **108** 利用者のフェルト・ニードとは，専門職が社会規範に照らして把握する福祉ニー
29回27 ドのことである。

☐☐ **109** ジャッジ（Judge, K.）は，福祉ニーズを充足する資源が不足する場合に，市場メ
35回27 カニズムを活用して両者の調整を行うことを割当（ラショニング）と呼んだ。

☐☐ **110** 「ウルフェンデン報告（Wolfenden Report）」は，福祉ニーズを充足する部門を，
35回27改変 インフォーマル，ボランタリー，法定（公定），民間営利の四つに分類した。

☐☐ **111** 三浦文夫は，日本における社会福祉の発展の中で，非貨幣的ニーズが貨幣的ニー
35回27 ズと並んで，あるいはそれに代わって，社会福祉の主要な課題になると述べた。

整理しておこう！

ニード論

　ニード論で重要なのは，三浦文夫による貨幣的ニードと非貨幣的ニードの分類，ブラッドショーによる感得されたニード，表明されたニード，規範的ニード，比較ニードの分類である。整理して覚えておこう。

三浦文夫による分類

貨幣的ニード	金銭給付によって充足することができるニード。
非貨幣的ニード	金銭給付では充足することができないニード。充足には，物品や人的サービスなどの現物サービスが必要である。

　貧困に対しては，まず貨幣的ニードの充足が重点的に行われ，生活水準が向上すると，次第に非貨幣的ニードが拡大する，とされている。

✕ フェルト・ニード（感じ取られたニード）とは，サービス・支援の必要性について利用者本人が自覚しているニードである。専門職が社会規範に照らして把握するニードは，ノーマティブ・ニード（規範的なニード）である。

✕ 割当（ラショニング）とは，福祉ニーズが充足されない状況であり，市場メカニズムの活用が困難な状況で用いられる資源配分の方法である。

◯ 設問のとおり。同報告は，「福祉多元主義」を最初に提唱したものであり，福祉供給における四つの主体の最適な役割分担を志向するものである。（関連キーワード▶24参照）

◯ 三浦文夫は，従来の福祉ニーズは経済的困窮と結びついた貨幣的ニーズが中心であったが，国民の生活水準の向上に伴う生活構造の変化により，非貨幣的ニーズが広がったととらえた。

▶24
ウルフェンデン報告
ウルフェンデン報告（1978年）では，福祉サービスの供給主体を，法定（フォーマル）部門，ボランタリー部門，民間営利部門，インフォーマル部門の4つに分類した。

ブラッドショーによる分類

感得されたニード felt need	ニードがあることを本人が自覚している場合。
表明されたニード expressed need	ニードがあることを本人が自覚したうえで，サービスの利用を申請するなど実際に行動を起こした場合。
規範的ニード normative need	専門家によって，社会的な規範や基準などに照らしてニードがあると判断される場合。
比較ニード comparative need	サービスを利用している人と同じ特性をもっているのにサービスを利用していない場合。

感得されたニードと表明されたニードを主観的なニードと，規範的ニードと比較ニードを客観的なニードと呼ぶ。

| □ □ | **112**
35回27改変 | ブラッドショー（Bradshaw, J.）は，サービスの必要性を個人が自覚したニーズの類型として，「感得されたニード」を挙げた。 |

| □ □ | **113**
35回27改変 | フレイザー（Fraser, N.）は，ニーズの中身が，当事者によってではなく，専門職によって客観的に決定されている状況を，「必要充足の政治」と呼んだ。 |

資源

| □ □ | **114**
27回26 | インフォーマルな活動であっても，福祉サービスのニーズを充足するものは資源である。 |

福祉政策の構成要素と過程

福祉政策の構成要素

| □ □ | **115**
28回29 | 福祉サービスにおける準市場（疑似市場）において，利用者のサービス選択を支援する仕組みが必要である。 |

| □ □ | **116**
34回29 | 公共サービスの民営化の具体的方策として，サービス供給主体の決定に，官民競争入札及び民間競争入札制度を導入する市場化テストがある。 |

| □ □ | **117**
34回29 | 準市場では，行政主導のサービス供給を促進するため，非営利の事業者間での競争を促す一方で，営利事業者の参入を認めないという特徴がある。 |

○ 設問のとおり。ほかの類型として，専門家や行政職員等が客観的に評価する「規範的ニード」，個人が実際に支援を求めた場合の「表明されたニード」，支援を受けているほかの個人との比較によって明らかとなる「比較ニード」がある。

○ 設問のとおり。フレイザーは，多くのニーズの判定が，専門家による客観的基準でなされてきた状況に対する当事者たちの異議申立てに着目し，その状況を「必要充足の政治」から「必要解釈の政治」へ，と呼んだ。「必要解釈の政治」とは，誰がニーズを解釈するのかという問いのことである。

○ 資源を提供する主体は，制度化されたフォーマルなサービスばかりではなく，町内会やボランティアなどのインフォーマルなサービスも含まれる。

○ 準市場においては利用者のサービス選択を支援する仕組みを設けることが必要かつ重要である。その際，利用者の適切なサービス選択を可能にする（＝利用者のサービス選択権を保障する）ために，サービスにかかわる情報へのアクセスの機会と方法が保障されることが条件となる。

▶25
準市場
1990年代にイギリスのブレア政権で上級政策顧問であったルグラン（LeGrand, J.）らによって体系化された公共サービス（医療・福祉・教育・住宅等）供給体制再編の手法を指す。

○ 設問のとおり。市場化テストの趣旨・目的として，総務省は「官民競争入札・民間競争入札（いわゆる市場化テスト）を活用し，公共サービスの実施について，民間事業者の創意工夫を活用することにより，国民のため，より良質かつ低廉な公共サービスを実現」すると述べている。

✕ 準市場（疑似市場）は，競争や選択という要素を取り入れながら，人々の購買力の違いから生じる不平等を回避するような形で，公共サービスを提供する仕組みである。

| □ | 118 | プライベート・ファイナンス・イニシアティブ (PFI) とは，公有財産を民間に売却 |
| □ | 34回29 | し，その利益で政府の財政赤字を補填(ほてん)することである。 |

| □ | 119 | 指定管理者制度とは，民間資金を使って公共施設を整備することである。 |
| □ | 34回29 | |

| □ | 120 | ニュー・パブリック・マネジメント (NPM) では，政府の再分配機能を強化し，「大 |
| □ | 34回29 | きな政府」を実現することが目標とされる。 |

| □ | 121 | 社会保障審議会福祉部会福祉人材確保専門委員会の「ソーシャルワーク専門職で |
| □ | 32回31 | ある社会福祉士に求められる役割等について」(2018年 (平成30年)) において，社会福祉士には，地域課題の解決の拠点となる場づくり，ネットワーキングなどを通じて，地域住民の活動支援を行うことが求められている。 |

| □ | 122 | 社会保障審議会福祉部会福祉人材確保専門委員会の「ソーシャルワーク専門職で |
| □ | 32回31 | ある社会福祉士に求められる役割等について」(2018年 (平成30年)) において，地域課題の解決に必要な新たな社会資源の創出は，社会福祉士の専権的な職務であるとされている。 |

| □ | **123** | 社会保障審議会福祉部会福祉人材確保専門委員会の「ソーシャルワーク専門職で |
| □ | 32回31改変 | ある社会福祉士に求められる役割等について」(2018年 (平成30年)) において，社会福祉士は，地元の商店や営利企業とも連携を進めることが必要である。 |

福祉政策の過程

| □ | 124 | 福祉サービスのプログラム評価の次元は，投入，過程，産出，成果，効率性であ |
| □ | 30回29 | る。 |

× PFIとは，政府の財政赤字補填のために公有財産を民間に売却するものではない。政府や地方公共団体が公共施設の建設や維持管理を行う際に，民間の資金や経営手法，技術力を活用する手法を指す。

× 指定管理者制度とは，2003年（平成15年）の地方自治法の改正によって創設された制度である。民間資金を使わず，地方公共団体が設置する「公の施設」の管理運営について，株式会社や特定非営利活動法人等の民間事業者に代行させる仕組みである。

× NPMは，1980年代後半以降，イギリス等のアングロサクソン諸国で導入され始めた，行政管理の考え方である。「大きな政府」の実現を目標に政府の再分配機能を強化するのではなく，顧客第一主義や公共サービス供給での市場メカニズムの導入を進め，無駄な公共事業や行政運営の非効率化の是正を追求した。

○ 社会福祉士はソーシャルワークの専門職として，地域共生社会の実現に向けて多様化・複雑化する地域の課題に対応するため，ほかの専門職や地域住民との協働，福祉分野をはじめとする各施設・機関等との連携といった役割を担っていくことが期待されている。

× 社会福祉士は，ソーシャルワークの機能を発揮し，地域の福祉ニーズを把握し，既存資源の活用や資源の開発を行う役割を担うことが期待されている。だが社会資源の創出は，社会福祉士以外の人や組織が行うこともできるため，社会福祉士の専権的な職務とはいえない。

○ 社会福祉士が連携をする対象には，地域住民だけではなく，社会福祉法人や医療法人，ボランティア，特定非営利活動法人，教育機関，地元に根付いた商店や企業等も含まれる。社会福祉士はこうした人たちが地域社会の構成員であるという意識をもって，連携を進めることが必要である。

○ 設問のとおり。投入では予算や人材など投入される資源に，過程では適切な手順や方法で実施されたかに，産出ではプログラム実施により生じたもの等に，成果では達成状況やニーズの充定等に，効率性では費用，産出，成果に着目する。

125
34回30
1960年代の日本では，「真の豊かさ」を測定することを目指して開発された「新国民生活指標」を活用する形で，中央省庁で政策評価が開始された。

126
33回29
「政策評価法」では，政策評価の実施に当たり，利害関係者の参加を義務づけている。

127
33回29
「政策評価法」では，政策評価の基準として，必要性よりも効率性が重視される。

128
33回29
「政策評価法」に定められている，政策評価の対象となる行政機関は，地方公共団体である。

129
33回29
「政策評価法」では，政策評価の目的は，効果的・効率的な行政の推進及び国民への説明責任を全うされるようにすることである。

福祉政策の動向と課題

福祉政策と包括的支援

130
33回22
社会福祉法において福祉サービスは，個人の尊厳の保持を旨とし，その内容は，福祉サービスの利用者が心身ともに健やかに育成され，又はその有する能力に応じ自立した日常生活を営むことができるように支援するものとして，良質かつ適切なものでなければならないと，その基本理念が示されている。

✕ 「新国民生活指標(PLI:People's Life Indicators)」は，1992年(平成4年)から1999年(平成11年)まで経済企画庁(現在の内閣府)から示された指標である。政策評価は，2001年(平成13年)に制定された行政機関が行う政策の評価に関する法律に基づき開始されたもので，PLIを活用したものではない。

✕ 政策評価法では，「政策評価」を客観的かつ厳格に実施するために，「政策効果は，政策の特性に応じた合理的な手法を用い，できる限り定量的に把握すること」「政策の特性に応じて学識経験を有する者の知見の活用を図ること」(第3条第2項)と規定しているが，利害関係者の参加については規定していない。

▶26
▶26
政策評価法
正式名称は，「行政機関が行う政策の評価に関する法律」である。

✕ 政策評価法では，「行政機関は，その所掌に係る政策について，適時に，その政策効果を把握し，これを基礎として，必要性，効率性又は有効性の観点その他当該政策の特性に応じて必要な観点から，自ら評価する」(第3条第1項)とされており，「必要性よりも効率性」が重視されるわけではない。

✕ 政策評価法第2条において，対象となる行政機関が定義されており，内閣府を含むすべての中央省庁等が対象となっている。地方公共団体は含まれていない。

○ 政策評価法では，目的を「政策の評価の客観的かつ厳格な実施を推進しその結果の政策への適切な反映を図る」「政策の評価に関する情報を公表し，もって効果的かつ効率的な行政の推進に資する」「政府の有するその諸活動について国民に説明する責務が全うされるようにする」こととしている。

○ 社会福祉法第3条(福祉サービスの基本的理念)の内容である。ほかに福祉サービスに関する条文は，第5条に社会福祉事業者の責務を定めた「福祉サービスの提供の原則」，第6条に「福祉サービスの提供体制の確保等に関する国及び地方公共団体の責務」がある。

☐ **131** 33回22	社会福祉法において，全ての国民が，障害の有無にかかわらず，等しく基本的人権を享有するかけがえのない個人として尊重されることが，福祉サービスの基本的理念であるとされている。
☐ **132** 33回22	社会福祉法において，国が生活に困窮するすべての国民に対し，その困窮の程度に応じ，必要な保護を行い，その最低限度の生活を保障するとともに，その自立を助長することが，福祉サービスの基本的理念であるとされている。
☐ **133** 33回22	社会福祉法において，地域の実情に応じて，高齢者が，可能な限り，住み慣れた地域でその有する能力に応じ自立した日常生活を営むことができるよう，医療，介護，介護予防，住まい及び自立した日常生活の支援が包括的に確保されることが，福祉サービスの基本的理念であるとされている。
☐ **134** 33回22	社会福祉法において，老齢，障害又は死亡によって国民生活の安定がそこなわれることを国民の共同連帯によって防止し，もって健全な国民生活の維持及び向上に寄与することが，福祉サービスの基本的理念であるとされている。
☐ **135** 36回30	地域包括支援センターは，社会福祉法に設置根拠をもつ。
☐ **136** 36回30	母子家庭等就業・自立支援センターは，社会福祉法に設置根拠をもつ。
☐ **137** 36回30	福祉に関する事務所(福祉事務所)は，社会福祉法に設置根拠をもつ。
☐ **138** 36回30	運営適正化委員会は，社会福祉法に設置根拠をもつ。
☐ **139** 36回30	要保護児童対策地域協議会は，社会福祉法に設置根拠をもつ。
☐ **140** 35回22	「地域共生社会」では，老親と子の同居を我が国の「福祉における含み資産」とし，その活用のために高齢者への所得保障と，同居を可能にする住宅等の諸条件の整備を図ることを目指す。

設問は，障害者基本法第1条（目的）の内容である。

 設問は，生活保護法第1条（この法律の目的）の内容である。

 設問は，持続可能な社会保障制度の確立を図るための改革の推進に関する法律第4条（医療制度）の第4項，及び地域における医療及び介護の総合的な確保の促進に関する法律第2条（定義）の第1項に規定される「地域包括ケアシステム」に関する内容である。

✕ 設問は，国民年金法第1条（国民年金制度の目的）の内容である。

✕ 地域包括支援センターは，介護保険法に設置根拠をもつ。

✕ 母子家庭等就業・自立支援センター事業は，こども家庭庁の通知「母子家庭等就業・自立支援事業実施要綱」に設置根拠をもつ。

◯ 福祉に関する事務所（福祉事務所）は，社会福祉法第14条に設置根拠をもつ。

◯ 運営適正化委員会は，社会福祉法第83条に設置根拠をもつ。

✕ 要保護児童対策地域協議会は，児童福祉法に設置根拠をもつ。

✕ 老親と子の同居を「福祉における含み資産」と位置づけたのは，『厚生白書（昭和53年版）』である。地域共生社会では，市町村が既存の相談支援等の取組みを活かしつつ，地域住民の抱える課題の解決のための包括的な支援体制の整備を行うことが盛り込まれている。

☐	**141**	「地域共生社会」では，「地方にできることは地方に」という理念のもと，国庫補助
☐	35回22	負担金改革，税源移譲，地方交付税の見直しを一体のものとして進めることを目指す。

☐	**142**	「地域共生社会」では，普遍性・公平性・総合性・権利性・有効性の五つの原則のもと，
☐	35回22	社会保障制度を整合性のとれたものにしていくことを目指す。

☐	**143**	「地域共生社会」では，行政がその職権により福祉サービスの対象者や必要性を判
☐	35回22	断し，サービスの種類やその提供者を決定の上，提供することを目指す。

☐	**144**	「地域共生社会」では，制度・分野ごとの縦割りや，支え手・受け手という関係を超
☐	35回22	えて，地域住民や地域の多様な主体が我が事として参画すること等で，住民一人
		ひとりの暮らしと生きがい，地域をともに創っていくことを目指す。

☐	**145**	「持続可能な開発目標」(SDGs)は，2000年に制定されたミレニアム開発目標
☐	32回28改変	(MDGs)を引き継ぐ開発目標である。

☐	**146**	「持続可能な開発目標」(SDGs)では，経済，社会，環境の調和が，持続可能な開
☐	32回28改変	発を達成するために求められている。

☐	**147**	「持続可能な開発目標」(SDGs)では，持続可能な開発の達成には，政府の手を借
☐	32回28	りることなく民間セクターによる行動が必要とされている。

☐	**148**	「持続可能な開発目標」(SDGs)では，貧困に終止符を打つとともに，気候変動や
☐	32回28	環境保護への取組も求めている。

☐	**149**	「持続可能な開発目標」(SDGs)では，目標実現に向けた進捗状況のフォローアッ
☐	32回28	プと審査の責任は国際連合にあるとし，独立した国際的専門機関を設置している。

設問は，国から地方への税源移譲（「三位一体の改革」）の内容である。

▶27
▶27
三位一体の改革
「地方にできることは
地方に」という理念の
もと，地方の権限・責
任を拡大して，地方分
権をいっそう推進する
ことを目指した取組み
である。

 設問は，1995年（平成7年）の社会保障制度審議会「社会保障体制の再構築（勧告）—安心して暮らせる21世紀の社会をめざして—」（95年勧告）の内容である。

✕ 設問は，措置制度についての説明である。

◯ 2016年（平成28年）6月に閣議決定された「ニッポン一億総活躍プラン」では，地域共生社会を「子供・高齢者・障害者など全ての人々が地域，暮らし，生きがいを共に創り，高め合うことができる」社会と位置づけている。

◯ 2030アジェンダの前文に「これらの目標とターゲットは，ミレニアム開発目標MDGsを基にして，ミレニアム開発目標が達成できなかったものを全うすることを目指すものである」とあり，SDGsはMDGsを引き継ぐ開発目標である。

◯ 2030アジェンダの前文において，「これらの目標及びターゲットは，統合され不可分のものであり，持続可能な開発の三側面，すなわち経済，社会及び環境の三側面を調和させるものである」としている。

✕ 2030アジェンダ第41節には，「国家，民間セクターの役割」との見出しが付されている。ここで，国家（政府）セクターと民間セクターの両セクターの役割が示されている。

◯ 2030アジェンダの17の目標のうち，目標1において「貧困を終わらせる」と，目標13に「気候変動及びその影響を軽減する」，目標14に「海洋・海洋資源を保全し，持続可能な形で利用する」などとあり，気候変動や環境保護への取組も含まれる。

✕ 2030アジェンダ第74節aにおいて，フォローアップとレビューについて「これらのプロセスは，自主的で，国主導であり，多様な国の現実，能力，開発レベルを考慮し，政策スペースと優先事項を尊重する」と示されている。

福祉政策と関連施策

150
32回30

文部科学省の「義務教育の段階における普通教育に相当する教育の機会の確保等に関する基本指針」(2017年(平成29年))では、不登校児童生徒が学校へ登校するという結果を、第一の目標としている。

151
32回30

文部科学省の「義務教育の段階における普通教育に相当する教育の機会の確保等に関する基本指針」(2017年(平成29年))では、不登校児童生徒の意思を十分に尊重し、その状況によっては休養が必要な場合があることに留意するとしている。

152
32回30

文部科学省の「義務教育の段階における普通教育に相当する教育の機会の確保等に関する基本指針」(2017年(平成29年))では、不登校児童生徒の実態に配慮した教育を実施する「特例校」の設置を促進している。

153
34回31

国は、義務教育の無償の範囲を、授業料のみならず、教科書、教材費、給食費にも及ぶものとしている。

154
34回31

国が定める就学援助は、経済的理由によって、就学困難と認められる学齢児童又は学齢生徒の保護者を対象とする。

155
33回30

「住宅セーフティネット法」では、民間賃貸住宅を賃貸する事業者に対し、住宅確保要配慮者の円滑な入居の促進のための施策に協力するよう努めなければならないとされている。

156
36回31

住居確保給付金は、収入が一定水準を下回る被用者に限定して、家賃を支給するものである。

× 基本指針では，不登校児童生徒が学校へ登校するという結果を第一の目標と定めていない。基本指針では不登校児童生徒への支援について，「登校という結果のみを目標にするのではなく，児童生徒が自らの進路を主体的に捉えて，社会的に自立することを目指す必要がある」とされている。

○ 基本指針では，「不登校児童生徒に対する支援を行う際は，当該児童生徒の意思を十分に尊重し，その状況によっては休養が必要な場合があることも留意しつつ，学校以外の多様で適切な学習活動の重要性も踏まえ，個々の状況に応じた学習活動等が行われるよう支援を充実する」と記されている。

○ 基本指針では，不登校児童生徒に対する多様で適切な教育機会の確保として，特例校や教育支援センターの設置促進がうたわれている。

▶28
特例校
不登校児童生徒の実態に配慮した特色ある教育課程を編成し，教育を実施する学校を指す。

× 教育基本法第5条第4項により「国又は地方公共団体の設置する学校における義務教育については，授業料を徴収しない」とされている。また，「義務教育諸学校の教科用図書の無償に関する法律」により，教科書が無償で給与されている。しかし，教材費，給食費は無償ではない。

○ 就学援助については，学校教育法第19条において「経済的理由によって，就学困難と認められる学齢児童又は学齢生徒の保護者に対しては，市町村は，必要な援助を与えなければならない」としている。

○ 住宅セーフティネット法第54条第2項で，「民間賃貸住宅を賃貸する事業を行う者は，国及び地方公共団体が講ずる住宅確保要配慮者の民間賃貸住宅への円滑な入居の促進のための施策に協力するよう努めなければならない」ことが規定されている。

▶29
住宅セーフティネット法
正式名称は，「住宅確保要配慮者に対する賃貸住宅の供給の促進に関する法律」である。

× 住居確保給付金は，離職・廃業等により経済的に困窮し，家賃の支払いが困難となった者であって，就職を容易にするため住居を確保する必要があると認められるものに対し支給する制度であり（生活困窮者自立支援法第3条第3項），被用者に限定されていない。

<table>
<tr><td>☐
☐</td><td>157
36回31</td><td>シルバーハウジングにおけるライフサポートアドバイザーは，身体介護を行うために配置されている。</td></tr>
</table>

<table>
<tr><td>☐
☐</td><td>158
36回31</td><td>「住宅セーフティネット法」は，住宅確保要配慮者が住宅を購入するための費用負担についても定めている。</td></tr>
</table>

<table>
<tr><td>☐
☐</td><td>159
36回31</td><td>地方公共団体は，公営住宅法に基づき，住宅に困窮する低額所得者を対象とする公営住宅を供給している。</td></tr>
</table>

<table>
<tr><td>☐
☐</td><td>160
33回30</td><td>公営住宅の入居基準では，自治体が収入（所得）制限を付してはならないとされている。</td></tr>
</table>

整理しておこう！

住宅政策に関する法律とその目的

法律		法の目的
住生活基本法	平成18年6月8日 法律第61号	住生活の安定の確保及び向上の促進に関する施策について，基本理念を定め，国・地方公共団体・住宅関連事業者の責務を明らかにするとともに，基本的施策，住生活基本計画等を定めて，施策を総合的・計画的に推進し，国民生活の安定向上と社会福祉の増進を図るとともに，国民経済の健全な発展に寄与すること
公営住宅法	昭和26年6月4日 法律第193号	国・地方公共団体が協力して，健康で文化的な生活を営むに足る住宅を整備し，これを住宅に困窮する低額所得者に対して低廉な家賃で賃貸・転貸することにより，国民生活の安定と社会福祉の増進に寄与すること
被災者生活再建支援法	平成10年5月22日 法律第66号	自然災害によりその生活基盤に著しい被害を受けた者に対し，都道府県が相互扶助の観点から拠出した基金を活用して被災者生活再建支援金を支給し，その生活の再建を支援し，住民生活の安定と被災地の速やかな復興に資すること

✗ シルバーハウジング[30]におけるライフサポートアドバイザーは，日常の生活指導，安否確認，緊急時における連絡を行うものであり，介護は行わない。

✗ 住宅セーフティネット法は，「住宅確保要配慮者に対する賃貸住宅の供給の促進」を目的としており（同法第1条），住宅を購入するための費用補助に関する規定はない。

◯ 公営住宅法では，「地方公共団体は，常にその区域内の住宅事情に留意し，低額所得者の住宅不足を緩和するため必要があると認めるときは，公営住宅の供給を行わなければならない」とし，地方公共団体による公営住宅の供給について定めている（同法第3条）。

✗ 公営住宅法に「自治体が収入（所得）制限を付してはならない」という規定はない。入居者の選考基準等については，地方公共団体の長は，政令で定める選考基準に従い，条例で定めるところにより，公正な方法で選考して，当該公営住宅の入居者を決定しなければならないとされている。

▶30
シルバーハウジング
60歳以上の単身世帯，夫婦の一方が60歳以上の場合などに入居できる地方公共団体，都市再生機構，住宅供給公社が供給するバリアフリーの賃貸住宅である。

法律		法の目的
高齢者の居住の安定確保に関する法律（高齢者住まい法）	平成13年4月6日法律第26号	高齢者が日常生活を営むために必要な福祉サービスの提供を受けることができる良好な居住環境を備えた高齢者向けの賃貸住宅等の登録制度を設けること，賃貸住宅について終身建物賃貸借制度を設ける等の措置を講じること等により，高齢者の居住の安定の確保を図り，その福祉の増進に寄与すること
高齢者，障害者等の移動等の円滑化の促進に関する法律（バリアフリー法）	平成18年6月21日法律第91号	高齢者，障害者等の自立した日常生活及び社会生活を確保するために，公共交通機関の旅客施設や車両等，道路，路外駐車場，公園施設，建築物の構造及び設備を改善する措置等を講じて，移動上及び施設の利用上の利便性及び安全性の向上の促進を図り，公共の福祉の増進に資すること
住宅確保要配慮者に対する賃貸住宅の供給の促進に関する法律（住宅セーフティネット法）	平成19年7月6日法律第112号	住宅確保要配慮者に対する賃貸住宅の供給の促進に関し，基本方針の策定，賃貸住宅供給促進計画の作成，賃貸住宅の登録制度等について定めることにより，住宅確保要配慮者に対する賃貸住宅の供給の促進に関する政策を総合的・効果的に推進し，国民生活の安定向上と社会福祉の増進に寄与すること

161 33回30　住生活基本法では,国及び都道府県は住宅建設計画を策定することとされている。

162 27回31　ワーク・ライフ・バランスは,マイノリティの雇用率を高めるための福祉政策である。

163 35回31改変　常時雇用する労働者数が101人以上の事業主は,女性の活躍に関する一般事業主行動計画を策定しなければならない。

164 35回31　セクシュアルハラスメントを防止するために,事業主には雇用管理上の措置義務が課されている。

165 35回31　総合職の労働者を募集・採用する場合は,理由のいかんを問わず,全国転勤を要件とすることは差し支えないとされている。

166 35回31　育児休業を取得できるのは,期間の定めのない労働契約を結んだフルタイム勤務の労働者に限られている。

167 35回31　女性労働者が出産した場合,その配偶者である男性労働者は育児休業を取得することが義務づけられている。

168 33回31　「労働施策総合推進法」において,国は日本人の雇用確保のため不法に就労する外国人への取締りを強化しなければならない,とされている。

✕ 住生活基本法で国及び都道府県が策定することとされているのは、住宅建設計画ではなく、住生活基本計画である。住生活基本法の施行に伴い、住宅建設計画法は廃止となった。

✕ ワーク・ライフ・バランスとは、主に仕事と生活の調和を意味する。設問にある、マイノリティの雇用率に関してはこの考えにはない。

◯ 設問のとおり。女性の職業生活における活躍の推進に関する法律（女性活躍推進法）に基づく一般事業主行動計画では、①女性労働者に対する職業生活に関する機会の提供、②職業生活と家庭生活との両立に資する雇用環境の整備について定めることとされている。

◯ セクシュアルハラスメントに対する雇用管理上の措置義務については、男女雇用機会均等法第11条において定められており、具体的には厚生労働大臣の指針として10項目が定められている。

✕ 雇用の分野における男女の均等な機会及び待遇の確保等に関する法律（男女雇用機会均等法）では、2014年（平成26年）4月より、すべての労働者の募集、採用、昇進、職種の変更をする際に、合理的な理由なく転勤要件を設けることを、「間接差別」として禁止している。

✕ 育児休業の対象者は日々雇用の者を除く労働者であり、期間の定めのない労働契約を結んだフルタイム勤務の労働者に限られているわけではない。有期契約労働者の場合は、子が1歳6か月に達する日までに労働契約が満了することが明らかでないことが取得の条件となる。

✕ 男女ともに育児休業の取得は義務づけられていない。育児休業は、原則1歳未満の子を養育する労働者が事業主に申し出ることによって取得することができる。2022年（令和4年）10月より、2回に分割して休業できるようになった。

✕ 対象は、日本人ではなく労働者である。法では、国が専門的知識・技術をもつ外国人の就業の促進、在留外国人への雇用機会の確保のため、必要な施策を充実することが規定されている。なお、国は不法就労を防止し、労働市場の需給調整機能が適切に発揮されるよう努めるとされている。（関連キーワード▶33参照）

▶31
住生活基本計画（全国計画）
国民の住生活の安定確保に関する基本的な計画。①良質な住宅ストックの形成及び将来世代への承継、②良好な居住環境の形成、③多様な居住ニーズが実現される住宅市場の環境整備、④住宅の確保に特に配慮を要する者の居住の安定の確保などを目標として基本的施策が定められている。

▶32
ワーク・ライフ・バランス
内閣府によると、「国民一人ひとりがやりがいや充実感を感じながら働き、仕事上の責任を果たすとともに、家庭や地域生活などにおいても、子育て期、中高年期といった人生の各段階に応じて多様な生き方が選択・実現できる」ことを指す。

▶33
労働施策総合推進法
正式名称は、「労働施策の総合的な推進並びに労働者の雇用の安定及び職業生活の充実等に関する法律」である。旧・雇用対策法。

社会福祉の原理と政策

169
33回31
「労働施策総合推進法」により，国は子を養育する者が離職して家庭生活に専念することを支援する施策を充実しなければならない。

170
33回31
「労働施策総合推進法」において，事業主は，職場において行われる優越的な関係を背景とした言動であって，業務上必要かつ相当な範囲を超えたものによりその雇用する労働者の就業環境が害されることのないよう，必要な措置を講じなければならない，とされている。

171
33回31
「労働施策総合推進法」により，事業主は，事業規模の縮小等に伴い離職を余儀なくされる労働者について，求職活動に対する援助その他の再就職の援助を行うよう努めなければならない。

172
31回29
期間を定めて雇用される者は，雇用の期間にかかわらず介護休業を取得することができない。

173
31回29
介護休業は，2週間以上の常時介護を必要とする状態にある家族を介護するためのものである。

174
31回29改変
一人の対象家族についての介護休業の申出の回数には，制限がある。

175
29回31
「平成24年版働く女性の実情」(厚生労働省)によると，家族の介護等を理由とする離職者数は，男性が女性より多い。

176
31回31改変
特定最低賃金額は，地域別最低賃金額を上回るものでなければならない。

✕ 子を養育する者の雇用継続等を目指しており、「離職して家庭生活に専念することを支援」していない。国が取り組む施策として、女性の雇用の継続、円滑な再就職の促進、母子家庭の母等の雇用の促進等の必要な施策の充実が規定されている。

○ 選択肢のとおり。「雇用管理上の措置等」として定められている。

○ 選択肢のとおり。「事業主の責務」として定められている。

✕ 育児・介護休業法において、期間を定めて雇用される者も要件を満たせば介護休業を取得することができることが定められている。介護休業開始予定日から93日経過する日から6か月を経過する日までに労働契約期間が満了することが明らかでない場合に申出ができる。

○ 育児・介護休業法では、介護休業とは、要介護状態にある対象家族を介護するためにする休業を指す。なお、同法でいう「要介護状態」とは介護保険制度とは異なり、負傷、疾病又は身体上若しくは精神上の障害により、2週間以上の期間にわたり常時介護を必要とする状態を指す。

○ 介護休業の申出の回数には3回までの制限がある。育児・介護休業法改正前までは、申出は通算93日以内で原則1回限りだったが、改正法施行後の2017年（平成29年）1月より通算93日を3回に分割できるようになった。

✕ 家族の介護等を理由とする離職者数は、一貫して男性より女性が多い。なお、離職者数は年度によって増減を繰り返しているが、男性の占める割合は上昇傾向にある。

○ 特定最低賃金は、業務の性質上地域別最低賃金よりも高い賃金を支払う必要があると判断された賃金額を指すため、地域別最低賃金を上回っている。特定最低賃金が適用される産業には、鉄鋼業、自動車関連業、機械器具製造業などがある。（関連キーワード▶35参照）

▶34
育児・介護休業法
正式名称は、「育児休業、介護休業等育児又は家族介護を行う労働者の福祉に関する法律」である。

▶35
地域別最低賃金と特定最低賃金
地域別最低賃金は各都道府県で1つずつ設定され、特定最低賃金は特定の産業又は職業ごとに最低賃金審議会が最低賃金額を設定している。

社会福祉の原理と政策

177

	177	最低賃金の適用を受ける使用者は，労働者にその概要を周知しなければならない。
	31回31	

福祉サービスの供給と利用過程

福祉供給部門

	178	社会福祉法人の「地域における公益的な取組」では，重点目標として，孤立防止の
	32回29	見守り活動の実施が義務づけられている。

	179	社会福祉法人の「地域における公益的な取組」では，法人の理事会に，「地域におけ
	32回29	る公益的な取組」を担当する理事を置くことが義務づけられている。

	180	社会福祉法人の「地域における公益的な取組」では，地域社会への貢献を，社会福
	32回29	祉法人の新たな役割として明確化した。

	181	社会福祉法人の「地域における公益的な取組」では，日常生活又は社会生活上の支
	32回29	援を必要とする者に対して，無料又は低額な料金で，福祉サービスを積極的に提供するよう努めなければならない。

	182	社会福祉法人の「地域における公益的な取組」では，行政が主体となって実施する
	32回29改変	事業を代替することは含まれていない。

	183	第一種社会福祉事業の経営は，国・地方公共団体に限定されていない。
	31回30改変	

◎ 最低賃金の適用を受ける使用者は，最低賃金の概要を，常時作業場の見やすい場所に掲示し，又はその他の方法で，労働者に周知させるための措置をとらなければならないとされている。なお，最低賃金に，通勤手当，皆勤手当，時間外勤務手当等は含まれない。

✕ 「地域における公益的な取組」の内容は，社会福祉法第24条第2項の規定に反しない限り，法人の経営方針や地域の福祉ニーズに応じてさまざまなものが考えられる。法人の自主性にゆだねられるべきものであるから，孤立防止の見守り活動の実施が義務づけられるものではない。

✕ 「地域における公益的な取組」を担当する理事を置くことについては記されていない。社会福祉法第45条の13では，社会福祉法人の理事会の職務として，社会福祉法人の業務執行の決定，理事の職務の執行の監督，理事長の選定及び解職があげられている。

✕ 地域社会への貢献は，必ずしも社会福祉法人の新たな役割として義務づけられるものではない。取組み内容の例としては，高齢者の住まい探しの支援や障害者の継続的な就労の場の創出，子育て交流広場の設置などがあげられている。

◎ 設問のとおり。社会福祉法第24条第2項に「日常生活又は社会生活上の支援を必要とする者に対して，無料又は低額な料金で，福祉サービスを積極的に提供するよう努めなければならない」と明記されている。

◎ 社会福祉法人は，公益性の高い法人として，社会福祉事業の中心的な担い手としての役割を果たすのみならず，ほかの事業主体では困難な福祉ニーズに対応することが求められる法人であることから，行政が主体となって実施する事業を代替することは含まれていない。

◎ 社会福祉法において，第一種社会福祉事業▶36は，国・地方公共団体だけではなく，社会福祉法人が経営することも認められている。

▶36
第一種社会福祉事業
救護施設，乳児院，母子生活支援施設，児童養護施設，養護老人ホーム，特別養護老人ホーム，障害者支援施設，女性自立支援施設等が該当する。

179

184
31回30
「社会福祉事業」を行わない事業者であっても社会福祉に関連する活動を行う者であれば，社会福祉法人の名称を用いることができる。

185
31回30
国，地方公共団体と社会福祉事業を経営する者との関係を規定した「事業経営の準則」は，社会福祉法では削除された。

福祉供給過程

186
33回26
福祉政策における資源供給としては，現金よりも現物で給付を行う方が，利用者の選択の自由を保障できる。

187
33回26
福祉政策における資源供給としては，バウチャーよりも現金で給付を行う方が，利用者が本来の目的以外に使うことが生じにくい。

188
33回26
日本の介護保険法における保険給付では，家族介護者に対して現金給付が行われることはない。

189
33回26
福祉政策において，負の所得税とは，低所得者向けの現金給付を現物給付に置き換える構想である。

190
33回26改変
選別主義的な資源の供給においては，資力調査に基づいて福祉サービスの対象者を規定する。

191
36回29
所得の再分配は，市場での所得分配によって生じる格差を是正する機能を有しうる。

192
36回29改変
所得の再分配では，現物給付を通して所得が再分配されることもある。

✕ 社会福祉事業を行わない事業者は社会福祉法人を名乗ることはできない。社会福祉法第22条に「社会福祉法人」とは「社会福祉事業を行うことを目的として，この法律の定めるところにより設立された法人をいう」と定められている。

✕ 国及び地方公共団体がその責任を社会福祉事業者に転嫁しないこと又は財政的援助の要求をしないこと，不当な関与を行わないこと，社会福祉事業者が不当に国及び地方公共団体の財政的，管理的援助を仰がないことと，「事業経営の準則」は現行の社会福祉法にもある。

✕ 現金給付は利用者の選択の自由を保障できるとされ，現物給付は利用者の選択の自由が制限される特徴がある。 (関連キーワード▶37参照)

✕ バウチャー[38]は，必要性の充足に使途が限定されている点で現物給付の利点と，指定された施設や店舗であれば自由に使用できるという点で現金給付の利点を有している。

◯ 日本の介護保険制度において，家族介護に対する現金給付は行われていない。介護保険法に規定されている給付は，①介護給付，②予防給付，③市町村特別給付の現物給付である。

✕ 負の所得税(negative income tax)[39]は，フリードマン(Friedman, M.)による政策提案で，ある世帯の所得が所得税の課税最低限を下回る場合に，その差額分について現金給付を行う仕組みである。

◯ 設問のとおり。選別主義は，援助を必要としている人へ資源を重点的に配分できるという長所があるが，スティグマを伴いやすいことや漏給のリスクがある。一方，普遍主義は，すべての人を対象にして資力調査[40]を行わず資源配分するものである。

◯ 所得の再分配には，市場における所得分配で生じた格差を是正することが期待されている。

◯ クーポンや引換券，福祉用具や介護サービス等の現物により，所得が再分配されることもある。

▶37
現金給付と現物給付
現金給付は金銭で給付される給付，現物給付は物品の支給やサービスの提供で給付される給付。

▶38
バウチャー
一定の目的に使途を限定した利用券によるサービス給付形態。

▶39
負の所得税
期待される効果として，①社会保障制度の整理，簡素化，②行政コストの効率化，③勤労意欲の低下の防止が主張された。

▶40
資力調査
ミーンズ・テスト。福祉サービス等の給付にあたって，本人の資産，所得，親族等の扶養能力などを把握する調査。給付を必要とする者を見極めるために行われる。

| 193 36回29 | 同一の所得階層内部での所得の移転を，垂直的な所得再分配という。 |

| 194 36回29 | 積立方式による公的年金では，世代間の所得再分配が行われる。 |

| 195 36回29 | 高所得者から低所得者への所得の移転を，水平的な所得再分配という。 |

福祉利用過程

| 196 35回30 | 社会福祉法は，社会福祉事業の経営者に対し，常に，その提供する福祉サービスの利用者等からの苦情の適切な解決に努めなければならないと規定している。 |

| 197 35回30 | 社会福祉法は，社会福祉事業の経営者が，福祉サービスの利用契約の成立時に，利用者へのサービスの内容や金額等の告知を，書面の代わりに口頭で行っても差し支えないと規定している。 |

| 198 35回30 | 福祉サービスを真に必要とする人に，資力調査を用いて選別主義的に提供すると，利用者へのスティグマの付与を回避できる。 |

| 199 35回30 | 福祉サービス利用援助事業に基づく福祉サービスの利用援助のために，家庭裁判所は補助人・保佐人・後見人を選任しなければならない。 |

| 200 35回30 | 福祉サービスの利用者は，自らの健康状態や財力等の情報を有するため，サービスの提供者に比べて相対的に優位な立場で契約を結ぶことができる。 |

同一の所得階層内部での所得の移転は，水平的な所得再分配である。

 世代間の所得再分配が行われるのは，積立方式ではなく賦課方式による年金である。賦課方式では，現役世代が納めた保険料を，そのときの年金受給者に対する支払いに充てる。

▶41

▶41
積立方式
保険料を積み立て，市場で運用して将来の給付の財源に充てる。

 高所得者から低所得者への所得の移転は，垂直的な所得再分配である。

 社会福祉法第82条において，「社会福祉事業の経営者は，常に，その提供する福祉サービスについて，利用者等からの苦情の適切な解決に努めなければならない」と定められている。

 社会福祉法第77条において，「利用契約の成立時の書面の交付」が規定されている。

 資力調査を行う選別主義的なサービス提供は，対象者が限定されることにより，そのサービスの利用者に対するスティグマが生じやすくなる。

 家庭裁判所に申し立て，補助人・保佐人・後見人が選任されるのは，成年後見制度である。福祉サービス利用援助事業は，都道府県・政令指定都市の社会福祉協議会を実施主体として，市町村社会福祉協議会が相談窓口となり行われている。

 福祉サービスの提供者側と利用者側でサービスに関する情報の不均衡があることを，「情報の非対称性」という。社会福祉法第75条では，社会福祉事業の経営者に対して，「福祉サービスを利用しようとする者が，適切かつ円滑にこれを利用することができるように，その経営する社会福祉事業に関し情報の提供を行うよう努めなければならない」と規定されている。

社会福祉の原理と政策

201
31回27改変

「世界幸福度報告書（World Happiness Report）」の2023年版において，日本の幸福度ランキングは，公表された137か国中上位4分の1に入っている。

202
33回27

スウェーデンの社会サービス法では，住民が必要な援助を受けられるよう，コミューンが最終責任を負うこととなっている。

203
33回27

ドイツの社会福祉制度は，公的サービスが民間サービスに優先する補完性の原則に基づいている。

204
33回27

中国の計画出産政策は，一組の夫婦につき子は一人までとする原則が維持されている。

205
33回27改変

韓国の高齢者の介護保障（長期療養保障）制度は，日本と同じく社会保険方式で運用されている。

206
33回27

アメリカの公的医療保障制度には，低所得者向けのメディケアがある。

207
29回23

OECDの「より良い暮らしイニシアチブ」で用いられる「より良い暮らし指標」（Better Life Index:BLI）では，非経済的幸福よりも経済的幸福を重視している。

× 2022年の世界幸福度ランキング[42]によれば，調査対象となった137か国中，日本は47位であり，上位4分の1には入っていない。この順位は第1回目の調査報告書（2012年）以来，ほぼ横ばいで，G7中，最下位となっている。

○ スウェーデンにおける社会福祉の基本法である社会サービス法（1980年）には，「コミューン（kommun）[43]は地域内に住む住民が，必要な援助を受けられるよう，その最終責任を負う」と明記されている。

× 補完性の原則は，社会福祉・社会保障は国民の連帯によって成立するもので，育児や介護などの福祉サービスは家族等が優先的に担い，可能な限り国家の介入を避けるというもの。ドイツの連邦基本法には民間サービスの独立性と公的サービスに対する優先性が定められている。

× 生産年齢人口が減少し始めていることから，2013年に一人っ子政策が緩和され，どちらかが一人っ子である夫婦は二人目の子どもを出産できるようになった。2016年からは人口・計画生育法の改正により，一人っ子政策は廃止され，すべての夫婦が二人の子どもを出産できることとなった。

○ 韓国の高齢者の介護保障は，日本の介護保険法がモデルとされており，根拠法は老人長期療養保険法（2007年）である。財源は保険料，国庫負担（租税），利用者の自己負担から構成され，社会保険方式により運用されている。被保険者はすべての国民医療保険加入者で，日本の介護保険よりも財政基盤は安定しているとみられている。

× メディケア（medicare）は，主に高齢者を対象とするもので，ナーシングホームや訪問看護は医療の一部とみなされ，100日に限り，利用にかかる費用が保障される。低所得者向けの公的医療保障制度はメディケイド（medicaid）である。

× 非経済的幸福と経済的幸福の両方を重視するよう指摘している。各国の経済が金融危機の影響を受けている現代社会では，「経済的幸福と非経済的幸福のどちらにも目を向けて，その変化についてできる限り正確な情報を手に入れることが重要である」としている。（関連キーワード▶44参照）

▶42
世界幸福度ランキング
2012年に設立された国連の「持続可能な開発ソリューション・ネットワーク（SDSN）」は毎年，「世界幸福度報告書」の中で「世界幸福度ランキング」を発表している。

▶43
コミューン
日本の市町村に相当する基礎自治体。

▶44
より良い暮らしイニシアチブ
OECDによるマクロ指標を横並びにして社会状況を概観する試み。その目的は，社会の幸福度を測る議論に市民が参加し，生活を方向づける政策決定のプロセスにかかわることができるようにすること。「スティグリッツ報告書」（2009年）や「GDPとその後」（EU，2009年）を受けて検討を加えた。

	208 34回28	障害者への合理的配慮の提供は，国際条約として個別の条文に規定されるに至っ ていない。
	209 34回28	自己の意見を形成する能力のある児童が自由に自己の意見を表明する権利は，国 際条約として個別の条文に規定されるに至っていない。
	210 34回28	同一価値労働同一賃金の原則は，国際条約として個別の条文に規定されるに至っ ていない。
	211 34回28	人種的憎悪や人種差別を正当化する扇動や行為を根絶するための措置は，国際条 約として個別の条文に規定されるに至っていない。
	212 34回30	ブータンの国民総幸福量 (GNH) は，国内総生産 (GDP) を成長させるために必要 な，環境保護・文化の推進・良き統治のあり方を提示することを目的としている。
	213 34回30	国際連合の持続可能な開発ソリューション・ネットワークが刊行した「世界幸福度 報告 (World Happiness Report)」の2023年版では，日本が幸福度ランキング の首位となっている。
	214 34回30	国連開発計画 (UNDP) の「人間開発指数」(HDI) は，セン (Sen, A.) の潜在能力 (ケ イパビリティ) アプローチを理論的背景の一つとしている。
	215 34回30	日本の内閣府による「満足度・生活の質を表す指標群 (ダッシュボード)」では，「家 計や資産」「雇用と賃金」といった経済的指標のウェイトが大きい。

✕ 障害者の権利に関する条約第2条に規定されている。

✕ 児童の権利に関する条約第12条では，締約国は，「自己の意見を形成する能力のある児童がその児童に影響を及ぼすすべての事項について自由に自己の意見を表明する権利を確保する」と規定されている。

✕ ILO（国際労働機関）総会において「同一価値の労働についての男女労働者に対する同一報酬に関する条約」（第100号）が1951年に採択された。

✕ 「あらゆる形態の人種差別の撤廃に関する国際条約（人種差別撤廃条約）」第4条に規定されている。

✕ ブータンのGNHは，「持続可能な開発の促進」のほか，「文化的価値の保存と促進」「自然環境の保全」「善い統治の確立」を柱とし，その下で9つの領域，72の指標で構成されている。GDPを成長させるための指標とはいえない。

✕ 世界幸福度報告の2023年版で，日本は47位となっている。この報告は，国際連合の「持続可能な開発ソリューションネットワーク（SDSN）」などが行っている。「人口あたりGDP」のほか，「社会的支援」「人生選択の自由度」「寛容さ」など6つの項目を指標としている。

◯ HDIは，マブーブル・ハック（Mahbub ul Haq）がノーベル経済学賞受賞者であるセンの人間開発の考え方を基に考案した，UNDPから出されている指数である。「人間開発報告書2020」によれば日本は189か国中19位である。 （関連キーワード▶45参照）

✕ 「満足度・生活の質を表す指標群（Well-beingダッシュボード）」は，「家計と資産」「健康状態」「社会とのつながり」など11分野の主観的満足度を調査し，「主観・客観の両面からWell-beingを多角的に把握」しようとするものであり，経済的指標のウェイトが大きいわけではない。

▶45
センが提唱した「潜在能力」
人ができるさまざまな機能を組み合わせることで，「「財（資源）」がもつ特性が活用された状態（機能）に変換する能力」のこととした。

社会保障

社会保障制度

人口動態の変化

☐ **1** 33回49改変
「人口推計（2023年（令和5年）10月1日現在）」によると，2023年の総人口は前年に比べ減少した。

☐ **2** 30回49改変
「人口推計（2023年（令和5年）10月1日現在）」によると，2023年（令和5年）における生産年齢人口は，高齢者人口を上回っている。

☐ **3** 30回49改変
「人口推計（2023年（令和5年）10月1日現在）」によると，都道府県別の高齢化率をみると，東京都の高齢化率は全国平均より高い。

☐ **4** 30回49改変
高齢化率が7％を超えてから14％に達するまでの所要年数を比較すると，日本の方がフランスよりも短い。

☐ **5** 33回49改変
「令和4年（2022）人口動態統計月報年計（概数）」によると，2022年の合計特殊出生率は前年より上昇した。

☐ **6** 36回49
「国立社会保障・人口問題研究所の人口推計」によると，2020年から2045年にかけて，総人口は半減する。

☐ **7** 36回49改変
「国立社会保障・人口問題研究所の人口推計」によると，2020年から2045年にかけて，0〜14歳人口は減少する。

☐ **8** 36回49
「国立社会保障・人口問題研究所の人口推計」によると，2020年から2045年にかけて，15〜64歳人口は増加する。

☐ **9** 36回49
「国立社会保障・人口問題研究所の人口推計」によると，65歳以上人口は，2045年には5,000万人を超えている。

☐ **10** 36回49
「国立社会保障・人口問題研究所の人口推計」によると，2020年から2045年にかけて，高齢化率は上昇する。

○ 2023年（令和5年）10月1日現在の日本の総人口は1億2435万2000人で，前年に比べ59万5000人減少している。

○ 設問のとおり。2023年（令和5年）の生産年齢人口（15〜64歳）の割合は59.5％，高齢者人口（65歳以上）の割合は29.1％である。

✕ 高齢化率▶1は29.1％（全国平均）である。都道府県別の高齢化率をみると，最も高いのは秋田県（39.0％）であり，最も低いのは東京都（22.8％）である。

○ 高齢化率が7％を超えて14％に達するまでの所要年数を比較すると，フランスが115年であるのに対し，日本は1970年（昭和45年）に7％を超え1994年（平成6年）に14％に達したため，所要年数は24年である。

✕ 2022年（令和4年）の合計特殊出生率は1.26で，前年の1.30より低下し，過去最低となった。合計特殊出生率は2016年（平成28年）から連続して低下している。

✕ 総人口は，2020年の約1億2615万人から2045年には約1億880万人になると推計されており，総人口が半減するということはない。

○ 「国立社会保障・人口問題研究所の人口推計」▶2によると，0〜14歳人口は，2020年の約1503万人から2045年の約1103万人に減少すると推計されている。

✕ 15〜64歳人口は，2020年の約7509万人から2045年には約5832万人まで減少すると推計されている。

✕ 65歳以上人口は，2045年には約3945万人になると推計されており，5000万人は超えない。

○ 高齢化率は，2020年の28.6％から2045年には36.3％に上昇すると推計されている。

▶1
高齢化率
総人口に占める65歳以上人口の割合を高齢化率（老年人口比率）という。一般に7％を超えると高齢化社会，14％を超えると高齢社会，21％を超えると超高齢社会と呼ばれる。

▶2
「国立社会保障・人口問題研究所の人口推計」
「日本の将来推計人口（令和5年推計）」の出生中位（死亡中位）の仮定の場合を指す。

| □ □ | **11**
33回49改変 | 「国立社会保障・人口問題研究所の人口推計」によると，2070年の平均寿命は男女共に90年を超えるとされている。 |

労働環境の変化

| □ □ | 12
30回49 | 「令和5年版高齢社会白書」によると，65〜69歳の労働力人口比率を2012年(平成24年)と2022年(令和4年)で比較すると，低下している。 |

社会保障の概念や対象及びその理念

社会保障の概念と範囲

| □ □ | 13
33回50 | 「平成29年版厚生労働白書」によると，戦後の社会保障制度の目的は，「広く国民に安定した生活を保障するもの」であったが，近年では「生活の最低限度の保障」へと変わってきた。 |

| □ □ | **14**
33回50 | 1950年(昭和25年)の「社会保障制度に関する勧告」における社会保障制度の定義には，社会保険，国家扶助，治安維持及び社会福祉が含まれている。 |

| □ □ | 15
35回49 | 1950年(昭和25年)の社会保障制度審議会の勧告では，日本の社会保障制度は租税を財源とする社会扶助制度を中心に充実すべきとされた。 |

社会保障の機能

| □ □ | 16
33回50 | 「平成29年版厚生労働白書」によると，社会保障には，生活のリスクに対応し，生活の安定を図る「生活安定・向上機能」がある。 |

✕ 2070年の平均寿命は男性85.89年，女性91.94年と推計されている。男性は90年を超えていない。

✕ 65〜69歳の労働力人口（就業者＋完全失業者）は，2012年（平成24年）が38.2％であるのに対し，2022年（令和4年）が52.0％となっている。

✕ 社会保障制度の目的は，1950年（昭和25年）の「社会保障制度に関する勧告」[▶3]当時の救貧や防貧といった「生活の最低限度の保障」から，近年では「広く国民に安定した生活を保障するもの」へと変わってきた。

✕ 1950年（昭和25年）の「社会保障制度に関する勧告」における社会保障制度の定義には，社会保険，国家扶助，公衆衛生及び社会福祉が含まれているが，治安維持は含まれていない。

✕ 社会保障制度に関する勧告では，社会保障制度とは「疾病，負傷，分娩，廃疾，死亡，老齢，失業，多子その他困窮の原因に対し，保険的方法又は直接公の負担において経済保障の途を講じ，生活困窮に陥った者に対しては，国家扶助によって最低限度の生活を保障するとともに，公衆衛生及び社会福祉の向上を図り，もってすべての国民が文化的社会の成員たるに値する生活を営むことができるようにすることをいうのである」とされている。

◯ 社会保障の主な機能として，①生活安定・向上機能，②所得再分配機能，③経済安定機能の3つをあげている。「生活安定・向上機能」は，さまざまな生活上のリスクに対応することで，生活の安定を図り，安心をもたらす機能である。

▶3
社会保障制度に関する勧告
困窮の原因に対し，社会保険又は社会扶助などの方法により経済保障で対応するとし，国家扶助による最低生活の保障，公衆衛生，社会福祉の向上を掲げ，日本の社会保障制度を定義づけた。

社会保障

193

☐ ☐	**17** 33回50	「平成29年版厚生労働白書」によると，社会保障の「所得再分配機能」は，現金給付にはあるが，医療サービス等の現物給付にはない。

☐ ☐	**18** 33回50	「平成29年版厚生労働白書」によると，社会保障には，経済変動の国民生活への影響を緩和し，経済を安定させる「経済安定機能」がある。

社会保障の対象

☐ ☐	**19** 31回53	健康保険法（1922年（大正11年））により，農業従事者や自営業者が適用対象となった。

社会保障制度の歴史

☐ ☐	**20** 29回49	日本の社会保障の歴史上，被用者を対象とした社会保険制度として，まず健康保険法が施行され，その後，厚生年金保険法が施行された。

☐ ☐	**21** 35回49	社会保険制度として最初に創設されたのは，健康保険制度である。

☐ ☐	**22** 35回49改変	社会保険制度のうち最も導入が遅かったのは，介護保険制度である。

☐ ☐	**23** 34回49	第二次世界大戦後の1954年（昭和29年）に，健康保険制度が創設された。

現金給付だけでなく，医療サービスや保育などの現物給付（サービス給付）による方法も含まれる。社会保障の「所得再分配機能」とは，所得を個人や世帯の間で移転させることにより，国民の生活の安定を図る機能である。

○ 社会保障の「経済安定機能」とは，景気変動を緩和し，経済を安定させる機能である。

× 1922年（大正11年）に制定された健康保険法の対象は被用者（一定規模以上の事業所に雇用される工場労働者等）のみであった。農業従事者や自営業者が適用対象となったのは1938年（昭和13年）に制定された国民健康保険法や，1958年（昭和33年）の国民健康保険法全面改正によってである。

▶4
国民健康保険法全面改正
1958年（昭和33年）の国民健康保険法の全面改正により，すべての市町村で強制加入が実施され，国民皆保険体制が実現した（1961年（昭和36年）施行）。

○ 健康保険法は1922年（大正11年）に制定されたが，翌年9月に発生した関東大震災の復興のため保険給付の実施は5年延期され，1927年（昭和2年）からの実施であった。その後，1941年（昭和16年）に労働者年金保険法が制定されたが，1944年（昭和19年）に厚生年金保険法に名称変更された。

▶5
健康保険法
当初は，報酬が年間1200円未満の，いわゆるブルーカラーを対象としていた。ホワイトカラーを対象とする職員健康保険法は，1942年（昭和17年）に健康保険法と統合された。

○ 1922年（大正11年）の健康保険法の制定により，日本で最初の社会保険制度が創設された。

○ 日本の5種類の社会保険制度のうち最も導入が遅かったのは介護保険制度であり，1997年（平成9年）に介護保険法が制定され，2000年（平成12年）に施行されている。

▶6
日本の5種類の社会保険制度
健康保険制度，年金保険制度，介護保険制度，雇用保険制度，労働者災害補償保険制度をいう。

× 健康保険制度が創設されたのは，1922年（大正11年）の健康保険法の制定によってである。

□ 24 1961年（昭和36年）に達成された国民皆保険により，各種の医療保険制度は国民
□ 34回49 健康保険制度に統合された。

□ 25 1972年（昭和47年）に児童手当法が施行され，事前の保険料の拠出が受給要件と
□ 32回49 された。

□ 26 1973年（昭和48年）に，国の制度として老人医療費の無料化が行われた。
□ 34回49

□ 27 1982年（昭和57年）に制定された老人保健法により，高額療養費制度が創設され
□ 34回49 た。

□ 28 1983年（昭和58年）に老人保健制度が施行され，後期高齢者医療制度が導入され
□ 32回49 た。

□ 29 1986年（昭和61年）に基礎年金制度が導入され，国民皆年金が実現した。
□ 35回49

□ 30 1995年（平成7年）の社会保障制度審議会の勧告で，介護サービスの供給制度の
□ 32回49 運用に要する財源は，公的介護保険を基盤にすべきと提言された。

□ 31 2000年（平成12年）に，介護保険制度と後期高齢者医療制度が同時に創設された。
□ 34回49

✕ 1958年（昭和33年）の国民健康保険法の全面改正により，1961年（昭和36年）に国民皆保険が達成されたが，健康保険制度，国民健康保険制度をはじめとする複数の医療保険制度の分立を維持しつつ，国民健康保険の適用対象を拡大したことによるものであった。

✕ 1972年（昭和47年）に施行された児童手当法は，租税を財源（ただし一部事業主負担を含む）とする社会手当制度であり，事前の保険料の拠出は受給要件とはされていない。

◯ 設問のとおり。70歳以上の高齢者を対象に国の制度として老人医療費の無料化▶7が実施されたのは，1973年（昭和48年）である。

✕ 高額療養費制度は，1973年（昭和48年）の医療保険制度改革により創設された。

✕ 1983年（昭和58年）に施行された老人保健制度に代わる形で，2008年（平成20年）に後期高齢者医療制度が高齢者の医療の確保に関する法律（高齢者医療確保法）によって創設され，これにより老人保健制度は廃止された。

✕ 1941年（昭和16年）に労働者年金保険法が制定され（1944年（昭和19年）に厚生年金保険法に改称），戦後の1959年（昭和34年）に国民年金法が制定，1961年（昭和36年）に施行されたことで，国民皆年金が実現した。（関連キーワード▶8参照）

◯ 設問のとおりである。2000年（平成12年）の介護保険法施行までの介護サービスの供給は，主として老人福祉法に基づく措置制度を通じて行われており，その主たる財源は租税であった。

✕ 介護保険制度は，2000年（平成12年）の介護保険法の施行によって創設されたが，後期高齢者医療制度は，2008年（平成20年）の高齢者の医療の確保に関する法律（高齢者医療確保法）の施行により創設された。

▶7
老人医療費の無料化
1982年（昭和57年）に制定された老人保健法（2008年（平成20年）に「高齢者の医療の確保に関する法律（高齢者医療確保法）」に改称）によって老人医療費の無料化は廃止され，高齢者の医療費の一部負担が導入された。

▶8
基礎年金制度
基礎年金制度（現在のいわゆる「2階建て」の年金制度）が導入されたのは，1986年（昭和61年）である。

社会保障と財政

社会保障給付費

☐ **32**
32回50改変 「令和3（2021）年度社会保障費用統計」によると，2021年度（令和3年度）の社会保障給付費は，150兆円を超過した。

☐ **33**
34回50改変 「令和3（2021）年度社会保障費用統計」によると，社会保障給付費の対国内総生産比は，40％を超過している。

☐ **34**
34回50改変 「令和3（2021）年度社会保障費用統計」によると，国民一人当たりの社会保障給付費は，150万円を下回っている。

☐ **35**
29回50改変 「令和3（2021）年度社会保障費用統計」によると，部門別社会保障給付費の対国内総生産比をみると，「年金」が最も高い。

整 理 し て お こ う ！

社会保障給付費

　国立社会保障・人口問題研究所から公表される「社会保障費用統計」で，社会保障給付費等の概要を押さえておこう。

2021年度（令和3年度）の社会保障給付費は138兆7433億円であり，150兆円は超えていない。

▶9
社会保障給付費
社会保障制度を通じて，1年間に国民に移転した費用の総額をいう。

 2021年度（令和3年度）の社会保障給付費は138兆7433億円で，対国内総生産（GDP）比は25.20％である。

2021年度（令和3年度）の国民一人当たりの社会保障給付費は110万5500円である。

設問のとおり。2021年度（令和3年度）における部門別社会保障給付費の対国内総生産比をみると，「年金」が10.14％，「医療」が8.61％，「福祉その他」が6.45％となり，「年金」が最も高い。

▶10
部門別社会保障給付費
社会保障給付費を部門別に分類する場合は，「医療」「年金」「福祉その他」の3項目である。

2021年度（令和3年度）社会保障給付費

社会保障給付費の総額	138兆7433億円		
社会保障給付費の対国民所得比	35.04％		
国民1人当たりの社会保障給付費	110万5500円		
部門別社会保障給付費	「年金」40.2％，「医療」34.2％，「福祉その他」25.6％		
機能別社会保障給付費	「高齢」42.3％，「保健医療」33.1％，「家族」9.4％，「遺族」4.6％，「障害」3.8％，「失業」3.1％，「生活保護その他」2.6％，「労働災害」0.6％，「住宅」0.5％		
社会保障財源	収入総額　163兆4389億円	社会保険料　75兆5227億円（46.2％）	
		公費負担　66兆1080億円（40.4％）	
		資産収入　14兆4605億円（8.8％）	
		その他　7兆3477億円（4.5％）	

□ □	**36** 32回50改変	「令和3(2021)年度社会保障費用統計」によると，2021年度(令和3年度)の社会保障給付費を部門別(「医療」,「年金」,「福祉その他」)にみると,「福祉その他」の割合は1割に満たない。
□ □	**37** 34回50改変	「令和3(2021)年度社会保障費用統計」によると，部門別(「医療」,「年金」,「福祉その他」)の社会保障給付費の構成割合をみると,「年金」が70%を超過している。
□ □	**38** 28回51改変	「令和3(2021)年度社会保障費用統計」では，機能別(「高齢」,「保健医療」,「家族」,「失業」など)の社会保障給付費の構成比では,「失業」が20%を超えている。
□ □	**39** 34回50改変	「令和3(2021)年度社会保障費用統計」によると，機能別(「高齢」,「保健医療」,「家族」,「失業」など)の社会保障給付費の構成割合をみると,「高齢」の方が「家族」よりも高い。
□ □	**40** 32回50改変	「令和3(2021)年度社会保障費用統計」によると，2020年度(令和2年度)における社会支出の国際比較によれば，日本の社会支出の対国内総生産比は，フランスよりも低い。

社会保障の費用負担

□ □	**41** 29回50改変	「令和3(2021)年度社会保障費用統計」によると，社会保障財源をみると，公費負担の割合が最も高い。
□ □	**42** 34回50改変	「令和3(2021)年度社会保障費用統計」によると，社会保障財源をみると，公費負担の内訳は国より地方自治体の方が多い。
□ □	**43** 35回55	基礎年金に対する国庫負担は，老齢基礎年金，障害基礎年金，遺族基礎年金のいずれに対しても行われる。
□ □	**44** 35回50	健康保険の給付費に対する国庫補助はない。

✕ 2021年度(令和3年度)の部門別社会保障給付費のうち,「医療」は47兆4205億円で総額の34.2%,「年金」は55兆8151億円で40.2%,「福祉その他」は35兆5076億円で25.6%となっている。

✕ 部門別社会保障給付費のなかで最も多いのが「年金」で,40.2%(55兆8151億円)であるが,70%は超過していない。

✕ 2021年度(令和3年度)の機能別の社会保障給付費の構成比は,「高齢」が42.3%と最も大きく,次いで「保健医療」33.1%となっている。「失業」は3.1%で,20%を超えていない。

◯ 設問のとおり。機能別社会保障給付費のうち「高齢」が42.3%(58兆7204億円),次いで「保健医療」が33.1%(45兆8954億円)となっており,この二つで全体の70%以上を占めている。「家族」は9.4%(13兆513億円)で,「高齢」に比べて割合はかなり低い。

◯ 2020年度(令和2年度)の社会支出の国際比較によると,日本の社会支出の対国内総生産比は25.36%,フランスは35.62%で,日本のほうが低い。

✕ 2021年度(令和3年度)の社会保障財源は163兆4389億円である。その財源を項目別にみると,最も多いのが社会保険料の75兆5227億円(46.2%)であり,次が公費負担(国その他の公費含む)で66兆1080億円(40.4%)である。

✕ 2021年度(令和3年度)の社会保障財源の公費負担66兆1080億円のうち,「国庫負担」は47兆8337億円,「他の公費負担」(地方自治体による負担)は18兆2743億円で,国庫負担の方が多い。

◯ 基礎年金(老齢基礎年金,障害基礎年金,遺族基礎年金)の給付に要する費用の総額の2分の1に相当する額を,国庫が負担する(国民年金法第85条第1項)である。

✕ 健康保険のうち,全国健康保険協会(協会けんぽ)が行う保険給付に対して,定率の国庫補助が行われている(ただし,出産育児一時金,家族出産育児一時金,埋葬料(費),家族埋葬料を除く)。

▶11
機能別社会保障給付費
社会保障給付費を機能別に分類する場合は,「高齢」「遺族」「障害」「労働災害」「保健医療」「家族」「失業」「住宅」「生活保護その他」の9項目である。

▶12
社会保障財源
「社会保険料」は事業主拠出と被保険者拠出で構成されている。「公費負担」は国と地方がそれぞれ負担している。「他の収入」には運用収入や積立金からの受け入れが含まれる。

▶13
国庫補助
健康保険組合が行う保険給付に対しては,国庫補助は行われていない。なお,「事務の執行に要する費用」(いわゆる事務費で,給付費ではない)は,協会けんぽ,健康保険組合のいずれに対しても「国庫負担」が行われている。

社会保障

☐	**45**	2022年度（令和4年度）の国民所得に対する租税及び社会保障負担の割合は，約
☐	30回50改変	25％であった。

社会保険と社会扶助の関係

社会保険の概念と範囲

☐	**46**	日本の社会保険の給付は，実施機関の職権により開始される。
☐	28回50	

☐	**47**	社会保険は特定の保険事故に対して給付を行い，公的扶助は貧困の原因を問わず，
☐	34回51	困窮の程度に応じた給付が行われる。

☐	**48**	社会保険は救貧的機能を果たし，公的扶助は防貧的機能を果たす。
☐	34回51	

☐	**49**	社会保険は原則として金銭給付により行われ，公的扶助は原則として現物給付に
☐	34回51	より行われる。

☐	**50**	社会保険は事前に保険料の拠出を要するのに対し，公的扶助は所得税の納付歴を
☐	34回51	要する。

社会扶助の概念と範囲

☐	**51**	日本の公的扶助制度は個別の必要に応じて給付を行う。
☐	28回50	

✕ 国民所得に対する租税及び社会保障負担の割合とは，**国民負担率**の ▶14
ことである。2022年度（令和4年度）の国民負担率（実績）は48.4％
である。

▶14
国民負担率
2022年度（令和4年
度）の国民負担率は，
48.4％（租税負担率
29.4％，社会保障負
担率19.0％）である。
国民負担率に財政赤字
（6.3％）を加えたもの
を潜在的国民負担率
（54.7％）という。

✕ 社会保険の給付は，実施機関の職権により開始されない。法令に基
づく要件により給付が行われる。

◯ 社会保険は病気や老齢，死亡，失業等の保険事故ないし共通リスク
に対して現金又はサービス給付を行う。一方，公的扶助は，貧困（又
は困窮）であることをもって給付が支給される。

✕ 社会保険は防貧的機能を果たし，公的扶助は救貧的機能を果たす。

✕ 社会保険の給付形態は，年金や失業手当のように金銭給付であるこ
ともあれば，医療や介護等のように現物給付となることもある。一
方，公的扶助も扶助の種類によって給付形態は異なる。

✕ 社会保険は，原則として事前に保険料の拠出を行っていることが給
付を受ける要件となっている。一方，公的扶助は所得税の納付歴を
要するのではなく，資力調査等を通して貧困であることを証明することが
求められる。

◯ 生活保護法第9条では，「保護は，要保護者の年齢別，性別，健康状
態等その個人又は世帯の実際の必要の相違を考慮して，有効且つ適
切に行うものとする」と，必要即応の原則が規定されている。したがって，
公的扶助は個別の必要に応じて給付を行う原則をもつ。

| □ □ | 52
34回51改変 | 公的扶助は社会保険よりも給付の権利性が弱く，その受給にスティグマが伴いやすい。 |

公的保険制度と民間保険制度の関係

公的保険と民間保険の現状

| □ □ | 53
35回50 | 民間保険の原理の一つである給付・反対給付均等の原則は，社会保険においても必ず成立する。 |

社会保障制度の体系

医療保険制度の概要

| □ □ | 54
30回51改変 | 国民健康保険組合の保険者は，国である。 |

| □ □ | 55
32回53 | 都道府県は，当該都道府県内の市町村とともに国民健康保険を行う。 |

| □ □ | 56
33回51 | 医師など同種の事業又は業務に従事する者は，独自に健康保険組合を組織することができる。 |

| □ □ | 57
33回51改変 | 日本で正社員として雇用されている外国人が扶養している外国在住の親は，健康保険の被扶養者となれない。 |

| □ □ | 58
35回50 | 国民健康保険は，保険料を支払わないことで自由に脱退できる。 |

〇 公的扶助は保険料の納付やサービス利用料の支払いが求められる仕組みではないために給付の権利性が弱く，その受給にスティグマが伴いやすい。一方，社会保険は被保険者が拠出した保険金が給付の財源になっているため給付の権利性が高く，その受給にスティグマが伴いにくい。

✕ 生命保険や損害保険などの民間保険は，給付・反対給付均等の原則[15]に基づいて運営されているが，社会保険では，給付・反対給付均等の原則が必ずしも成立するとはいえない。

▶15
給付・反対給付均等の原則
給付内容（保険金の額）が同一である場合，拠出される保険料は，被保険者のリスク発生確率に見合ったものでなければならないという原則である。

✕ 国民健康保険組合の保険者は，国民健康保険組合である。その他に，国民健康保険の保険者には，都道府県，市町村（特別区を含む）がある。

▶16
国民健康保険組合
同種の事業又は業務に従事するものを組合員として組織される公法人（国民健康保険法第13条第1項，第14条）である。これらの国保組合は，市町村によって運営されているわけではなく，それ自体が保険者としての機能を果たしている。

〇 2018年（平成30年）4月から，これまでの市町村に加え，都道府県も国民健康保険制度を担うこととなった。都道府県の役割は，安定的な財政運営や効率的な事業運営の確保等である。

✕ 医師など同種の事業又は業務に従事する者は，独自に国民健康保険組合を組織することができる。健康保険組合は主に大企業の従業員が加入する保険である。

〇 健康保険法の改正により，2020年（令和2年）4月1日から，被扶養者の要件に新たに「日本国内に住所を有すること（国内居住要件）」が追加されており，設問の場合には，被扶養者となれない。

✕ 日本の公的医療保険制度（国民健康保険制度と健康保険制度）では，加入要件に該当する者は必ずその制度に加入しなければならない「強制加入」の仕組みをとっており，被保険者本人の意思により制度を自由に脱退することはできない。

	59 35回54	生活保護法による保護を受けている世帯（保護を停止されている世帯を除く。）に属する者は，国民健康保険の被保険者としない。
	60 35回52	国民健康保険の被保険者が，入院先の市町村に住所を変更した場合には，変更後の市町村の国民健康保険の被保険者となる。
	61 33回51	国民健康保険には，被用者の一部も加入している。
	62 33回51	健康保険の被扶養者が，パートタイムで働いて少しでも収入を得るようになると，国民健康保険に加入しなければならない。
	63 35回52改変	公的医療保険の保険給付のうち傷病手当金には所得税が課せられない。
	64 32回51	健康保険の被保険者が病気やケガのために会社を休んだときは，標準報酬月額の2分の1に相当する額が傷病手当金として支給される。
	65 36回50	出産育児一時金は，産前産後休業中の所得保障のために支給される。
	66 35回52	保険診療を受けたときの一部負担金の割合は，義務教育就学前の児童については1割となる。
	67 33回51	協会けんぽ（全国健康保険協会管掌健康保険）の保険料率は，全国一律である。
	68 35回52	健康保険組合では，保険料の事業主負担割合を被保険者の負担割合よりも多く設定することができる。

〇 生活保護法による保護を受けている世帯に属する者は，国民健康保険の被保険者としないことが定められている（国民健康保険法第6条第9号）。

✕ 国民健康保険の被保険者が，入院先の市町村に住所を変更した場合，入院時に他の区域（市町村）に住所を有していたのであれば，その変更前の市町村に住所を有するものとみなされる（国民健康保険法第116条の2第1項）。

〇 被用者であっても，短時間労働者（アルバイト，パートなど）や非適用事業所で働く者は，国民健康保険に加入する場合がある。

✕ 健康保険の被扶養者がパートタイムで働く場合は，年間収入が130万円を超えると健康保険の被扶養者から外れ，自ら国民健康保険や健康保険の被保険者となる。

〇 傷病手当金に限らず，公的医療保険の給付として支給された金品に対して，所得税を含む税その他の公課を課することはできない（国民健康保険法第68条，健康保険法第62条など）。

✕ 傷病手当金の支給額（1日当たりの金額）は，「支給開始日以前の12か月間の各標準報酬月額の平均額」÷30日×(2/3)で算定される。このため2分の1ではなく，3分の2に相当する額となる。

✕ 産前産後休業中の所得保障のために支給されるのは，出産手当金であり，産前産後休業を取得している間，賃金が支払われなかった場合に支給される。（関連キーワード▶17参照）

✕ 義務教育就学前の児童における保険診療の一部負担金の割合は，2割である。

✕ 協会けんぽの保険料率は，全国一律ではなく，都道府県で異なっている。

〇 健康保険の保険料は，被保険者とその事業主がそれぞれ保険料額の2分の1を負担するとされている（健康保険法第161条第1項）。ただし，健康保険組合については，特例として，規約で定めるところにより，事業主の負担すべき一般保険料額又は介護保険料額の負担割合を増加することができる（同法第162条）。

▶17
出産育児一時金
出産育児一時金は，医療保険の被用者保険（健康保険・船員保険）の被保険者・被扶養者，国民健康保険の被保険者が出産した場合に支給される（被扶養者には「家族出産育児一時金」として支給）。なお，国民健康保険の被保険者が出産した場合の出産育児一時金の支給は，市町村及び組合が条例又は規約で定めている場合に行われる。

69 32回53 　健康保険組合の保険料は，都道府県ごとに一律となっている。

70 35回52 　国民健康保険では，都道府県が保険料の徴収を行う。

71 36回51 　国民健康保険の保険料は，世帯所得にかかわらず，定額である。

72 32回53 　協会けんぽ（全国健康保険協会管掌健康保険）の給付費に対し，国は補助を行っていない。

73 32回53 　後期高齢者医療制度には，75歳以上の全国民が加入する。

74 36回51 　後期高齢者医療の保険料は，全国一律である。

75 34回52 　患者の一部負担金以外の後期高齢者医療の療養の給付に要する費用は，後期高齢者の保険料と公費の二つで賄われている。

介護保険制度の概要

76 35回50改変 　介護保険の保険者は市町村及び特別区である。

77 34回52 　介護保険の給付に要する費用は，65歳以上の者が支払う保険料と公費の二つで賄われている。

✕ 都道府県ごとに一律となっているのは協会けんぽ（全国健康保険協会管掌健康保険）の保険料である。主に大企業やグループ企業の社員が加入する組合健康保険の保険料は，健康保険組合（企業）ごとに異なっている。

✕ 都道府県が当該都道府県内の市町村とともに行う国民健康保険の保険料の徴収は，都道府県ではなく，市町村が被保険者の属する世帯の世帯主から徴収する（国民健康保険法第76条第1項）。 ▶18

✕ 国民健康保険の保険料は，3通りの課税方式のうちのいずれかの方式により市町村ごとに決められ，いずれの方式にも所得に応じて賦課される所得割が含まれており，所得に応じて異なる。 ▶19

✕ 協会けんぽ（全国健康保険協会管掌健康保険）には，給付費の16.4％にあたる国庫補助が行われている。

✕ 後期高齢者医療制度は原則75歳以上の者に加えて，一定の障害があると認定された65歳以上の者も加入する。さらに，75歳以上の生活保護受給者は適用除外となっているため，全国民が加入しているとはいえない。

✕ 後期高齢者医療の保険料は，条例により後期高齢者医療広域連合が決定し，個人単位で所得割と均等割の合計額が賦課される。

✕ 患者の一部負担金を除く後期高齢者医療の費用は，高齢者の保険料（約1割）と公費（約5割）だけでなく，後期高齢者支援金（若年者の保険料，約4割）によって賄われている。

◯ 設問のとおり（介護保険法第3条第1項）。ただし，複数の市町村で組織する広域連合や一部事務組合などの特別地方公共団体が，介護保険にかかわる事務・事業を共同で行っている場合もある。

✕ 介護保険の給付に要する費用は，公費（50％）と保険料（50％）で構成されているが，保険料には，第1号被保険者である65歳以上の者の保険料だけでなく，第2号被保険者である40歳から64歳までの保険料も含まれている。

▶18
国民健康保険
2018年度（平成30年度）から，都道府県が財政運営の責任主体となり，市町村と同様に国民健康保険の保険者となった。

▶19
保険料の課税方式
課税方式は，4方式（所得割，資産割，均等割，平等割），3方式（所得割，均等割，平等割），2方式（所得割，均等割）である。

□	78	介護保険の保険料は，都道府県ごとに決められる。
□	36回51	

年金保険制度の概要

□	79	日本国内に住所を有する20歳以上60歳未満の外国人には，国民年金に加入する
□	35回54改変	義務がある。

□	80	厚生年金保険の被保険者の被扶養配偶者で，一定以下の収入しかない者は，国民
□	35回54	年金に加入する義務はない。

整 理 し て お こ う ！

後期高齢者医療制度（長寿医療制度）

老人保健法は，2008年（平成20年）4月より，「高齢者の医療の確保に関する法律」に改正され，75歳以上の後期高齢者を対象とした，独立した医療制度である後期高齢者医療制度（長寿医療制度）が創設された。

後期高齢者医療制度の運営の仕組み
＜対象者数＞　75歳以上の高齢者と65～74歳の障害認定者　約2030万人
＜後期高齢者医療費（2024年度（令和6年度）予算ベース）＞　20.0兆円
　　給付費　18.4兆円　　患者負担　1.6兆円

【全市町村が加入する広域連合】

患者負担	公費（約5割）〔国：都道府県：市町村＝4：1：1〕	
	高齢者の保険料約1割	後期高齢者支援金（若年者の保険料）約4割

保険給付　保険料

交付
社会保険診療報酬支払基金
納付
医療保険者（健保組合，国保など）
保険料

後期高齢者医療の被保険者（75歳以上の者）	各医療保険（健保組合，国保等）の被保険者（0～74歳）

※各医療保険者が負担する後期高齢者支援金は，後期高齢者支援金に係る前期財政調整を含む。
資料：厚生労働省を一部改変

介護保険の第1号被保険者の保険料は，市町村が定める。また，第2号被保険者の保険料は，医療保険者が定める。

 日本国内に住所を有する20歳以上60歳未満の者は，外国人を含めて国民年金に加入することが義務づけられている。

×厚生年金保険の被保険者の被扶養配偶者であっても，日本に住所を有する20歳以上60歳未満の者であれば国民年金に加入する義務がある。

▶20
▶20
厚生年金保険の被保険者
厚生年金保険の被保険者本人は，国民年金の第2号被保険者となり，第2号被保険者の被扶養配偶者は，国民年金保険の第3号被保険者となる。

社会保障

対象者	75歳以上の者（又は65歳以上75歳未満の一定の障害の状態にある者）
75歳以上の者が加入する医療保険	○国民健康保険又は被用者保険から脱退し，後期高齢者医療制度に加入
運営主体及び財源	○都道府県の区域ごとにすべての市町村が加入する後期高齢者医療広域連合が運営主体となり，保険料の決定や医療の給付を行う。
	○医療の給付の財源は，後期高齢者と現役世代（0～74歳）の負担関係を明確化し，後期高齢者の保険料（約10%（令和6・7年度は12.67%）），後期高齢者支援金（現役世代の保険料）（約40%），公費（約50%）という割合で負担。
保険料	○被保険者である高齢者一人ひとりが後期高齢者医療保険料を負担 ・後期高齢者医療広域連合が決定した保険料額を最寄りの市町村に支払う（年金から自動的に市町村に支払われる仕組み（特別徴収）を導入する）。
医療の給付	○医療機関で医療を受ける際には，後期高齢者医療広域連合が発行する後期高齢者医療の被保険者証1枚で医療を受けることができる。被保険者証の引き渡し（窓口での手渡し又は郵送）は市町村が行う。
	○患者負担は，1割（現役並み所得者は3割，一定以上所得者は2割）で，世帯内で毎月の患者負担を自己負担限度額にとどめる高額療養費制度が設けられている。 さらに，これに加え，患者負担と介護保険の自己負担との合計額について年間の上限額が設けられ，負担が軽減されている（高額介護合算療養費）。
各種届出の窓口	○住所を移転したときなどの届出の窓口は，市町村

81 34回55	被用者は，国民年金の第一号被保険者となることができない。

82 33回55	自営業者の配偶者であって無業の者は，国民年金の第三号被保険者となる。

83 34回55改変	厚生年金保険の被保険者の被扶養配偶者であれば，学生である間も，国民年金の第三号被保険者となることができる。

84 34回55	国民年金の第三号被保険者は，日本国内に住所を有する者や，日本国内に生活の基礎があると認められる者であること等を要件とする。

85 35回55改変	公的年金制度では，保険料を免除されていた期間に対しても年金給付は行われる。

86 33回53	出生時から重度の障害があり，保険料を納めることができなかった障害者は，保険料を追納した場合に限り，障害基礎年金を受給することができる。

87 33回55	障害基礎年金には，配偶者の加算がある。

88 36回55	老齢基礎年金と老齢厚生年金は，どちらか一方しか受給することができない。

89 35回55	老齢基礎年金の受給者が，被用者として働いている場合は，老齢基礎年金の一部又は全部の額が支給停止される場合がある。

90 36回55	老齢基礎年金は，支給開始時に決められた額が死亡時まで変わらずに支給される。

✕ 第一号被保険者となる場合もある。被用者すべてが第二号被保険者となるのではなく，勤め先が適用事業所でない場合や，日雇い労働者，季節労働者などは，被用者であっても第一号被保険者となる。

✕ 国民年金の第三号被保険者となるのは，「第二号被保険者の被扶養配偶者」である。自営業者は国民年金の第一号被保険者に該当するため，その配偶者で無業の者は同じく第一号被保険者となる。

◯ 第三号被保険者の要件は，厚生年金被保険者（＝国民年金第二号被保険者）に扶養される配偶者（20歳以上60歳未満）である。学生であるかどうかは問われていないため，学生の間も第三号被保険者となることができる。

◯ 国民年金第三号被保険者の認定要件の一つに，日本国内に住所を有すること（日本国内に生活の基礎があると認められること）（国内居住要件）がある。

◯ 設問のとおり。例えば，所得が一定額以下の場合に利用できる国民年金保険料の免除制度では，免除期間についても，満額ではないが，老齢基礎年金の年金額に反映される。　（関連キーワード▶24参照）

✕ 先天性の病気等が原因で20歳前から障害がある場合は，医師等による初診日が20歳前で，かつ法令で定める障害の重さ（1級・2級）に該当するのであれば，保険料を納付していなくとも障害基礎年金を受給できる。

✕ 障害基礎年金は，「子の加算」のみで，配偶者の加算は存在しない。

✕ 老齢基礎年金と老齢厚生年金は併せて受給することができる。障害基礎年金と障害厚生年金，遺族基礎年金と遺族厚生年金など，支給事由（老齢，障害，遺族）を同じくする場合は併せて受給することができる。

✕ 被用者として働いている場合に，年金額の一部又は全部の額が支給停止されるのは，老齢厚生年金である。これを在職老齢年金という。

✕ 老齢基礎年金を含む国民年金や厚生年金の年金額は，物価変動率や名目手取り賃金変動率に応じて，毎年度改定を行う仕組みとなっている。

▶21
適用事業所
株式会社などの法人の事業所又は，従業員が常時5人以上いる個人の事業所（農林漁業，サービス業などの場合を除く）。

▶22
国民年金の被保険者
①20歳以上60歳未満の日本国内に住所を有する者のうち，②，③以外の者（第一号被保険者），②厚生年金の被保険者と共済組合等の組合員又は加入者（第二号被保険者），③②の被扶養配偶者であって20歳以上60歳未満の者（第三号被保険者）。

▶23
第三号被保険者の認定要件
①20歳以上60歳未満の者であって，厚生年金保険の第二号被保険者の配偶者であること，②日本国内に住所を有する者（国内居住要件），③第二号被保険者の収入により生計を維持する者（生計維持関係）。

▶24
保険料免除制度
国民年金第一号被保険者の産前産後期間（4か月間）の国民年金保険料免除期間，厚生年金保険における産前産後休業中や育児休業中の厚生年金保険料免除期間も，年金額に反映される。

▶25
在職老齢年金
老齢厚生年金を受給している者が厚生年金保険の被保険者であるときに，老齢厚生年金の額と給与や賞与の額に応じて年金額の一部又は全部の額が支給停止となる。

社会保障

91 33回55改変 国民年金において，学生納付特例制度の適用を受けた期間は，老齢基礎年金の受給資格期間に算入される。

92 36回55 老齢基礎年金は，受給者の選択により55歳から繰り上げ受給をすることができる。

93 29回53 老齢基礎年金の年金額は，マクロ経済スライドによる給付水準の調整対象から除外されている。

94 36回55 老齢基礎年金は，保険料納付済期間が25年以上なければ，受給することができない。

95 36回55 老齢基礎年金の年金額の算定には，保険料免除を受けた期間の月数が反映される。

96 32回52 遺族基礎年金は，死亡した被保険者の孫にも支給される。

97 32回52 死亡した被保険者の子が受給権を取得した遺族基礎年金は，生計を同じくするその子の父または母がある間は支給停止される。

98 32回52 死亡した被保険者の子が受給権を取得した遺族基礎年金は，その子が婚姻した場合でも引き続き受給できる。

99 36回51 国民年金の第1号被保険者の月々の保険料は，その月の収入に応じて決まる。

100 34回52改変 老齢基礎年金の給付に要する費用は，その5割が国庫負担で賄われている。

⭕ 国民年金保険料の学生納付特例制度，納付猶予制度，免除制度の適用を受けた期間は，老齢基礎年金の受給資格期間に算入される。ただし，学生納付特例制度，納付猶予制度の適用を受け，保険料の追納をしなかった期間は，老齢基礎年金の受給額には反映されない。

❌ 老齢基礎年金は，繰り上げ受給は最大で60歳までであるため，55歳まで繰り上げることはできない。

❌ 老齢基礎年金額も，マクロ経済スライドによる給付水準の調整対象に含まれている。

❌ 老齢基礎年金は，受給資格期間が10年以上なければ，受給することができない。

⭕ 保険料の免除を受けた期間も老齢基礎年金の年金額の算定に反映される。

❌ 遺族基礎年金の対象者は死亡した者によって生計を維持されていた子のある配偶者と子（18歳到達年度の末日を経過していない子又は1級・2級の障害の状態にある20歳未満の子）であり，孫は含まれない。

⭕ 遺族基礎年金の受給権のある子に対する支給が停止される事由は2つある。1つ目は配偶者が遺族基礎年金の受給権を有するとき，2つ目は生計を同じくするその子の母（または父）があるときである。

❌ 子が受給権を失う理由（失権事由）の1つに，婚姻（事実婚を含む）があげられる。このほかにも，本人が死亡したときや養子となったとき（ただし直系血族や直系姻族の養子となったときは除く）も受給権は消滅する。

❌ 国民年金第1号被保険者の保険料は，収入にかかわらず毎月定額となっている。

⭕ 老齢基礎年金の国庫負担割合は，5割である。2004年（平成16年）の年金制度改正法において年金制度を持続可能なものにするために国庫負担割合を引き上げることが決まり，2009年（平成21年）に実施された。

▶26
学生納付特例制度
一定以下の所得しかないために年金保険料を支払うことができない者の申請によって，国民年金保険料の支払いを要しないとするものである。

▶27
老齢基礎年金の繰り上げ受給・繰り下げ受給
老齢基礎年金は，原則65歳から受け取ることができるが，受給者の希望によって60歳から65歳になるまでの間に受給を早める繰り上げ受給と，66歳以後75歳（1952年（昭和27年）4月2日以降生まれに限る）までの間受給を遅らせる繰り下げ受給を選択することができる。

▶28
マクロ経済スライド
政府による年金額の算定方式のうち，賃金の伸び率から被保険者数，年金受給期間の伸び率を考慮し給付水準を決定する方式をいう。日本の年金額の算定方式は，このマクロ経済スライド方式と保険料水準固定方式（将来の保険料を固定し，その収入の範囲内で給付水準を自動的に調整する仕組み）の組み合わせとなっている。

▶29
受給資格期間
保険料納付済期間と保険料免除期間などを合算した期間を「受給資格期間」と呼び，老齢基礎年金では，受給資格期間は10年以上必要とされている。

社会保障

☐ ☐	**101** 36回50	「産前産後期間」の間は，国民年金保険料を納付することを要しない。

☐ ☐	**102** 36回51	障害基礎年金を受給しているときは，国民年金保険料を納付することを要しない。

厚生年金

☐ ☐	**103** 34回55	20歳未満の者は，厚生年金保険の被保険者となることができない。

☐ ☐	**104** 35回55	厚生年金保険の被保険者は，国民年金の被保険者になれない。

☐ ☐	**105** 34回55	厚生年金保険の被保険者は，老齢厚生年金の受給を開始したとき，その被保険者資格を喪失する。

☐ ☐	**106** 32回51	厚生年金の被保険者に病気やケガが発生してから，その症状が固定することなく1年を経過し，一定の障害の状態にある場合は，障害厚生年金を受給できる。

☐ ☐	**107** 30回52	持続可能な制度にする観点から，2004年（平成16年）改正により，老齢厚生年金の支給開始年齢を段階的に65歳から67歳に引き上げた。

☐ ☐	**108** 32回52	受給権を取得した時に，30歳未満で子のいない妻には，当該遺族厚生年金が10年間支給される。

☐ ☐	**109** 32回52	遺族厚生年金の額は，死亡した者の老齢基礎年金の額の2分の1である。

☐ ☐	**110** 35回55	厚生年金保険の保険料は，所得にかかわらず定額となっている。

◎ 国民年金第1号被保険者は，産前産後期間中^{▶30}，国民年金保険料の納付が免除される。

◎ 障害基礎年金（障害等級1級・2級に限る）を受給している者は，国民年金保険料の法定免除制度の対象となる。

× 厚生年金保険の被保険者は，適用事業所に常時使用される70歳未満の者である。つまり，高校卒業後に就職する場合などは，20歳未満でも厚生年金保険の被保険者となる。

× 厚生年金保険の被保険者は，国民年金の第2号被保険者となる。^{▶31}

× 厚生年金保険の適用事業所に勤務している70歳未満の者は，年金を受けていても厚生年金被保険者となる。厚生年金保険に加入しながら，老齢厚生年金を受ける制度を在職老齢年金という。

× 障害厚生年金の受給要件の1つとして，障害認定日（障害の原因となった病気・ケガについての初診日から1年6か月を過ぎた日又は1年6か月以内にその病気やケガが治った日（＝症状が固定した日））に，障害の程度が法令で定める状態であることが必要である。（関連キーワード▶32参照）

× 2004年（平成16年）の年金制度改正では，老齢厚生年金支給開始年齢の引き上げは行われていない。

× 夫の死亡時に30歳未満で子のない妻には，5年間，遺族厚生年金が支給される。

× 遺族厚生年金の年金額は，死亡した者の老齢厚生年金の報酬比例の年金額の4分の3である。

× 厚生年金保険の保険料は，所得によって異なる。厚生年金保険料は，毎月の給与（標準報酬月額）と賞与（標準賞与額）に共通の保険料率（18.3％）を掛けて計算される。^{▶33}

▶30
産前産後期間
国民年金の第1号被保険者の出産予定日又は出産日が属する月の前月から4か月間（多胎妊娠の場合は，出産予定日又は出産日が属する月の3月前から6か月間）を指す。

▶31
国民年金の第2号被保険者
国民年金の第2号被保険者は，第1号被保険者や第3号被保険者と違い，20歳以上60歳未満という年齢要件は問わない。例えば，就職している18歳の者は厚生年金保険の被保険者となるため，国民年金の第2号被保険者となる。

▶32
障害厚生年金
厚生年金保険加入中に初診日がある人が受給できる。障害の程度が重い方から1級，2級，3級となり，一時金としての障害手当金がある。

▶33
標準報酬月額
2020年（令和2年）9月以降，標準報酬月額は，1等級（8万8000円）から32等級（65万円）までの32等級に分かれている。

□
□ **111**
32回51改変
育児休業期間中の厚生年金保険料は，被保険者分と事業主分が免除される。

労災保険制度と雇用保険制度の概要

●労災保険制度

□
□ **112**
36回53
労働者災害補償保険は，政府が管掌する。

□
□ **113**
35回53
労働者災害補償保険の適用事業には，労働者を一人しか使用しない事業も含まれる。

□
□ **114**
35回54
労働者災害補償保険制度には，大工，個人タクシーなどの個人事業主は加入できない。

□
□ **115**
35回53
労働者災害補償保険制度では，労働者の業務災害に関する保険給付については，事業主の請求に基づいて行われる。

□
□ **116**
35回53
労働者の業務災害に関する保険給付については，労働者は労働者災害補償保険又は健康保険のいずれかの給付を選択することができる。

□
□ **117**
33回53
障害厚生年金が支給される場合，労働者災害補償保険の障害補償年金は全額支給停止される。

□
□ **118**
32回51
労働者が業務災害による療養のため休業し，賃金を受けられない日が4日以上続く場合は，労働者災害補償保険による休業補償給付を受けられる。

□
□ **119**
36回53
労働者災害補償保険の療養補償給付を受ける場合，自己負担は原則1割である。

□
□ **120**
35回53改変
労働者災害補償保険の保険料は，事業主が全額を負担する。

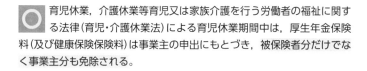

育児休業，介護休業等育児又は家族介護を行う労働者の福祉に関する法律（育児・介護休業法）による育児休業期間中は，厚生年金保険料（及び健康保険保険料）は事業主の申出にもとづき，被保険者分だけでなく事業主分も免除される。

労働者災害補償保険法第2条において，労働者災害補償保険は，政府が管掌することが定められている。

労働者災害補償保険は，原則として，一人でも労働者を使用する事業すべてに適用される。

労働者災害補償保険制度には，個人事業主等が加入できる特別加入制度がある。 ▶34

労働者の業務災害に関する保険給付の請求は，原則として，被災労働者やその遺族等が行う。

労働者の業務災害や通勤災害による負傷や病気に関する保険給付は，労働者災害補償保険の対象である。健康保険は，業務災害や通勤災害には適用できない。

障害厚生年金と労災保険の障害補償年金を受け取る場合，労災保険の障害補償年金は減額して支給される。減額される場合，両年金の合計額が調整前の障害補償年金の金額を下回らないようになっている。

休業補償給付は，①業務上の事由（業務災害）による負傷や疾病による療養のために，②労働することができず，③賃金を受けていない，という3つの要件を満たす場合に，第4日目から支給される。

労働者災害補償保険の療養補償給付 ▶35 においては，自己負担はなく，無料で治療や投薬を受けることができる。

労働者災害補償保険の保険料は，事業主が全額を負担する。

▶34
特別加入制度
①中小事業主やその家族従事者など，②一人親方その他の自営業者など（個人タクシー業者，大工，自転車を使用する配送業者など），③海外派遣者などが対象となる。

▶35
療養補償給付
業務上の負傷や疾病によって医療機関を受診する際の医療費に対する給付である。

社会保障

<table>
<tr><td>□
□</td><td>121
35回53</td><td>労働者災害補償保険制度では，メリット制に基づき，事業における通勤災害の発生状況に応じて，労災保険率が増減される。</td></tr>
</table>

●雇用保険制度

<table>
<tr><td>□
□</td><td>122
34回53</td><td>雇用保険の保険者は，都道府県である。</td></tr>
<tr><td>□
□</td><td>123
35回54</td><td>週所定労働時間が20時間以上30時間未満の労働者は，雇用保険に加入することはできない。</td></tr>
<tr><td>□
□</td><td>124
36回53</td><td>日雇労働者は，雇用保険の適用除外とされている。</td></tr>
<tr><td>□
□</td><td>125
35回50</td><td>雇用保険の被保険者に，国籍の要件は設けられていない。</td></tr>
<tr><td>□
□</td><td>126
27回52</td><td>新規学卒者が就職できない場合には，失業者に該当し，雇用保険の被保険者でなくても基本手当を受給することができる。</td></tr>
<tr><td>□
□</td><td>127
34回53改変</td><td>雇用保険の基本手当は，自己の都合により退職した場合でも受給できる。</td></tr>
<tr><td>□
□</td><td>128
29回51改変</td><td>雇用継続給付には，高年齢雇用継続給付及び介護休業給付がある。</td></tr>
<tr><td>□
□</td><td>129
34回53改変</td><td>2020年（令和2年）の雇用保険法の改正により，育児休業給付は，失業等給付から独立した給付として位置づけられた。</td></tr>
<tr><td>□
□</td><td>130
36回50</td><td>育児休業給付金は，最長で子が3歳に達するまで支給される。</td></tr>
</table>

✗ メリット制は，事業の労働災害の発生状況に応じて，労災保険率を増減させる制度である。

✗ 雇用保険法第2条で「雇用保険は，政府が管掌する」と，保険者は政府(国)であることが規定されている。

✗ 雇用保険の適用事業に雇用される労働者は，①1週間の所定労働時間が20時間以上であり，②31日以上の雇用見込みがある場合には原則として雇用保険の被保険者となる。

✗ 日雇労働者は，雇用保険の対象となる。雇用保険における日雇労働者とは，①日々雇用される者，若しくは②30日以内の期間を定めて雇用される者である(雇用保険法第42条)。

○ 雇用保険の被保険者とは，雇用保険の適用事業に雇用される労働者であって，適用除外とされている者以外のものとされており，国籍の要件は設けられていない。

✗ 雇用保険法の基本手当の受給資格は，被保険者が失業した日以前の2年間に，12か月以上の被保険者期間がある者である。新規学卒者は被保険者期間がないため失業者には該当せず，失業等給付の基本手当の受給はできない。

○ 雇用保険法の基本手当の受給要件には，リストラ，倒産などの会社都合だけでなく，労働者の転職，結婚，転居等の自己都合による離職も含まれるため，基本手当を受給できる。

○ 雇用継続給付には，60歳以上65歳未満の被保険者が再雇用される場合の高年齢雇用継続給付と一般被保険者が対象家族を介護するために休業する場合に支給される介護休業給付がある。

○ 2020年(令和2年)4月から，育児休業給付は失業等給付から独立(分離)し，子を養育するために休業した労働者の生活及び雇用の安定を図るための給付として位置づけられた。

✗ 育児休業給付金は，最長で子が2歳に達するまで支給される。

▶36
メリット制
事業の種類が同じでも，事業主の災害防止努力の違いにより事故発生率が異なるため，保険料負担の公平性の確保と災害防止努力の促進を目的として，その事業所の災害発生の多寡に応じて保険料に差を設ける仕組み。

▶37
適用除外とされている者
適用除外となるのは，1週間の所定労働時間が20時間未満の者，同一の事業主に継続して31日以上雇用されることが見込まれない者，季節的に雇用される者の一部，いわゆる「昼間学生」，一定の要件を満たす国家公務員・地方公務員等である。

▶38
失業
雇用保険法では，被保険者が離職し，労働の意思及び能力を有するにもかかわらず，職業に就くことができない状態にあることを「失業」としている(第4条第3項)。つまり，会社を退職しただけでは「失業」とは認定されない。

▶39
基本手当
雇用保険法における失業等給付の1つであり，労働者が失業した場合に生活の安定を図るために給付されるものである。

▶40
雇用継続給付
高齢や介護といった雇用の継続が困難となる事由について，職業生活の安定的な継続を援助・促進するための制度である。

☐ **131** ☐ 36回53改変	教育訓練給付は，雇用保険の被保険者ではなくなった者にも支給される。

☐ 132 ☐ 34回53	雇用保険の雇用調整助成金は，労働者に対して支給される。

☐ **133** ☐ 29回51	雇用保険の保険料は，全額事業主が負担する。

☐ **134** ☐ 34回52	雇用保険の育児休業給付金及び介護休業給付金の支給に要する費用には，国庫負担がある。

☐ 135 ☐ 36回53	雇用保険の失業等給付の保険料は，その全額を事業主が負担する。

☐ **136** ☐ 34回53	雇用保険の雇用安定事業・能力開発事業の費用は，事業主と労働者で折半して負担する。

社会手当制度の概要

☐ 137 ☐ 27回53	児童手当は，第2子から支給される。

☐ 138 ☐ 36回50	児童扶養手当の月額は，第1子の額よりも，第2子以降の加算額の方が高い。

☐ 139 ☐ 33回53	特別児童扶養手当を受給している障害児の父又は母が，児童手当の受給要件を満たす場合には，児童手当を併せて受給できる。

◯ 教育訓練給付[▶41]の対象は，①雇用保険の被保険者（在職者）と②雇用保険の被保険者であった者（被保険者資格を喪失した日から受講開始日までが1年以内）である。

✕ 雇用調整助成金は，雇用を維持しようとする事業主に対して支給される。

✕ 雇用保険の保険料は，雇用保険二事業[▶42]に要する費用を除いて労使折半となっている。雇用保険料は，労災保険料と併せて，労働保険料として事業主が一括して納付する。

◯ 雇用保険には失業等給付と育児休業給付，雇用保険二事業がある。失業等給付（求職者給付・雇用継続給付（介護休業給付のみ）），育児休業給付に要する費用には，国庫負担がある。

✕ 失業等給付の保険料は労使折半である。失業等給付と育児休業給付の保険料は労使折半であり，雇用保険二事業の保険料は事業主のみが負担する。

✕ 雇用保険二事業（雇用安定事業，能力開発事業）の保険料は全額事業主の負担である。なお，失業等給付・育児休業給付の保険料は，労働者と事業主で折半して負担する。

✕ 現行の児童手当制度は子の数による支給制限はなく，第1子から児童手当が支給される。

✕ 児童扶養手当の支給額（2024年（令和6年）4月から）は，第1子の全部支給額が4万5500円，第2子加算額の全部支給額が1万750円となっている。

◯ 特別児童扶養手当[▶43]と児童手当は，それぞれの受給要件を満たせば併給できる。

▶41
教育訓練給付
労働者の主体的な能力開発の取り組みを支援して，雇用の安定と就職の促進を図るための給付である。受給するためには厚生労働大臣の指定する教育訓練を受講して，それを修了しなければならない。

▶42
雇用保険二事業
雇用安定事業と能力開発事業のことであり，事業主に対して助成するものが多い。この二事業に要する費用については事業主のみが負担する保険料（2023年度（令和5年度）0.35％）があてられる。

▶43
特別児童扶養手当
20歳未満で精神又は身体に障害を有する児童を家庭で監護，養育している父母等に支給される。

社会保障

| | 140 33回53 | 障害児福祉手当は，重度障害児の養育者に対し支給される手当である。 |

| | 141 33回53 | 在宅の重度障害者は，所得にかかわらず特別障害者手当を受給できる。 |

諸外国における社会保障制度

諸外国における社会保障制度の概要

| | 142 31回55 | アメリカには，全国民を対象とする公的な医療保障制度が存在する。 |

| | 143 31回55 | イギリスには，医療サービスを税財源により提供する国民保健サービスの仕組みがある。 |

| | 144 31回55 | ドイツの介護保険制度では，介護手当(現金給付)を選ぶことができる。 |

| | 145 31回55 | スウェーデンには，介護保険制度が存在する。 |

| | 146 31回55 | フランスの医療保険制度では，被用者，自営業者及び農業者が同一の制度に加入している。 |

✕ 障害児福祉手当は，精神又は身体に重度の障害を有する児童（重度障害児）に支給することにより，その福祉の増進を図ることを目的とする制度である。

✕ 特別障害者手当の受給には所得制限が設けられている。受給資格者本人の前年の所得，もしくはその配偶者又は扶養義務者の前年の所得が定められた基準よりも多い場合，手当は支給されない。

▶44
特別障害者手当
精神又は身体に著しく重度の障害を有するため，日常生活において常時特別の介護を必要とする状態にある在宅の20歳以上の者に支給される。

✕ アメリカには全国民を対象とした公的医療保険は存在しない。民間医療保険に加入することが一般的で，公的医療制度はメディケア（高齢者・障害者）とメディケイド（低所得者）に限られている。

◎ イギリスの医療制度は税方式（税財源方式）を中心としており，日本のような社会保険方式ではない。

◎ ドイツの介護保険制度は，在宅介護の場合に，現物給付（日本における訪問介護等）ではなく介護手当（現金給付）を選択することができる（現物給付と介護手当の組み合わせも可能）。

✕ スウェーデンの介護制度は社会保険方式ではなく税方式であるため，介護保険制度は存在しない。

✕ フランスの医療保険制度は，被用者保険（職域ごと）と非被用者保険（自営業者等）に分かれているため，同一の医療保険に加入しているのではない。

▶45
メディケアとメディケイド
1965年に創設された。メディケアは65歳以上の者，障害年金受給者，慢性腎臓病患者等を対象とする医療保険制度である。メディケイドは，公的資金を財源に，低所得者に公的医療扶助を行う。

社会保障

225

権利擁護を支える
法制度

ソーシャルワークと法の関わり

憲法

☐☐ **1** 30回77　憲法尊重は，日本国憲法に国民の義務として明記されている。

☐☐ **2** 36回77　財産権は，日本国憲法における社会権の一つである。

☐☐ **3** 33回77　財産権は，条例によって制限することができない。

☐☐ **4** 33回77　法律による財産権の制限は，立法府の判断が合理的裁量の範囲を超えていれば，憲法に違反し無効となる。

☐☐ **5** 33回77改変　所有権は，法律によって制限することができる。

☐☐ **6** 33回77　私有財産を公共のために制限する場合には，所有権の相互の調整に必要な制約によるものであっても，損失を補償しなければならない。

☐☐ **7** 33回77　法令上の補償規定に基づかない財産権への補償は，憲法に違反し無効となる。

☐☐ **8** 36回77　教育を受ける権利は，日本国憲法における社会権の一つである。

✕ 日本国憲法第99条に，「天皇又は摂政及び国務大臣，国会議員，裁判官その他の公務員は，この憲法を尊重し擁護する義務を負ふ」と規定されており，公務員には憲法尊重・擁護の義務が課せられるが，一般の国民には課せられていない。

✕ 財産権は，社会権ではない。財産権は，経済的自由権の一つであり，財産的価値を有する権利の総称である。

✕ 財産権は条例によって制限することができる。日本国憲法第29条第1項において「財産権は，これを侵してはならない」と規定されているが，同条第2項において「財産権の内容は，公共の福祉に適合するやうに，法律でこれを定める」と規定されており，「公共の福祉」のために，財産権には一定の制限がかけられている。

◯ 森林法違憲事件▶1（最高裁昭和62年4月22日）において，財産権の制限が違憲とされた。

◯ 民法第206条において「所有者は，法令の制限内において，自由にその所有物の使用，収益及び処分をする権利を有する」と規定されている。

✕ 日本国憲法第29条第3項において「私有財産は，正当な補償の下に，これを公共のために用ひることができる」と規定されている。しかし，公共の福祉のための私有財産の制限が，財産権に内在する社会的制約によるものであり，受忍すべきとされる限度を超えない程度であれば損失補償は不要であるとされている。

✕ 河川附近地制限令違反事件▶2（最高裁昭和43年11月27日）において，法令上の補償規定に基づかない財産権についても補償が認められた。

◯ 教育を受ける権利は，社会権の一つであり，憲法第26条第1項において「すべて国民は，法律の定めるところにより，その能力に応じて，ひとしく教育を受ける権利を有する」と規定されている。

▶1
森林法違憲事件
この判決において，制限の目的が公共の福祉に合致しないことが明らかであるか，また，公共の福祉に合致するものであっても，手段が必要性もしくは合理性に欠けていることが明らかであって，そのため立法府の判断が合理的裁量の範囲を超えるものとなる場合に限り，憲法に違反し無効であるとされた。

▶2
河川附近地制限令違反事件
この判決において，財産上の犠牲が単に一般的に当然に受忍すべきものとされる制限の範囲を超え，特別の犠牲を課したものである場合には，これについて損失補償に関する規定がなくても，直接憲法第29条第3項を根拠にして，補償請求をする余地がないではないとされた。

権利擁護を支える法制度

229

<table>
<tr><td>☐
☐</td><td>9
36回77</td><td>団体交渉権は，日本国憲法における社会権の一つである。</td></tr>
</table>

<table>
<tr><td>☐
☐</td><td>10
36回77</td><td>自己決定権は，日本国憲法における社会権の一つである。</td></tr>
</table>

<table>
<tr><td>☐
☐</td><td>11
30回77</td><td>勤労は，日本国憲法に国民の義務として明記されている。</td></tr>
</table>

<table>
<tr><td>☐
☐</td><td>12
30回77</td><td>投票は，日本国憲法に国民の義務として明記されている。</td></tr>
</table>

整 理 し て お こ う ！

基本的人権と国民の義務

日本国憲法には，さまざまな基本的人権と国民の義務が規定されている。体系的に整理しておこう。

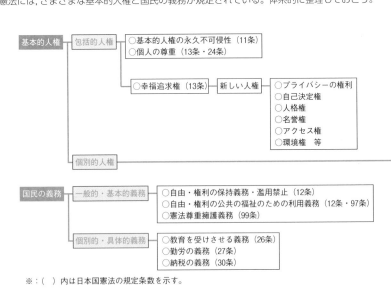

基本的人権 ─ 包括的人権 ─ ○基本的人権の永久不可侵性（11条）
○個人の尊重（13条・24条）

○幸福追求権（13条） ─ 新しい人権 ─ ○プライバシーの権利
○自己決定権
○人格権
○名誉権
○アクセス権
○環境権　等

個別的人権

国民の義務 ─ 一般的・基本的義務 ─ ○自由・権利の保持義務・濫用禁止（12条）
○自由・権利の公共の福祉のための利用義務（12条・97条）
○憲法尊重擁護義務（99条）

個別的・具体的義務 ─ ○教育を受けさせる義務（26条）
○勤労の義務（27条）
○納税の義務（30条）

※：（　）内は日本国憲法の規定条数を示す。

○ 団体交渉権は，社会権の一つであり，憲法第28条において「勤労者の団結する権利及び団体交渉その他の団体行動をする権利は，これを保障する」と規定されている。（関連キーワード▶3参照）

✕ 自己決定権は，社会権ではない。自己決定権は，幸福追求権の一つであり，個人の意思（意志）により自分自身の生き方に関する事象について，自らが自由に決定することができる権利をいう。

○ 日本国憲法第27条第1項に，「すべて国民は，勤労の権利を有し，義務を負ふ」と規定されている。

✕ 日本国憲法第15条第1項に，「公務員を選定し，及びこれを罷免することは，国民固有の権利である」となっており，国民の権利とされているが，国民の義務とはされていない。（関連キーワード▶4参照）

▶3
労働三法
団体交渉権をより具体化した法律として，労働基準法・労働組合法・労働関係調整法のいわゆる「労働三法」が設けられている。

▶4
国民の三大義務
日本国憲法では，教育（第26条），勤労（第27条），納税（第30条）が国民の義務として規定されている。

権利擁護を支える法制度

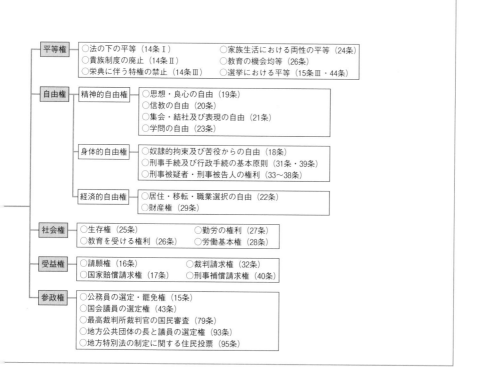

平等権
　○法の下の平等（14条Ⅰ）　　　○家族生活における両性の平等（24条）
　○貴族制度の廃止（14条Ⅱ）　　○教育の機会均等（26条）
　○栄典に伴う特権の禁止（14条Ⅲ）○選挙における平等（15条Ⅲ・44条）

自由権
　精神的自由権
　　○思想・良心の自由（19条）
　　○信教の自由（20条）
　　○集会・結社及び表現の自由（21条）
　　○学問の自由（23条）

　身体的自由権
　　○奴隷的拘束及び苦役からの自由（18条）
　　○刑事手続及び行政手続の基本原則（31条・39条）
　　○刑事被疑者・刑事被告人の権利（33～38条）

　経済的自由権
　　○居住・移転・職業選択の自由（22条）
　　○財産権（29条）

社会権
　○生存権（25条）　　　　　　○勤労の権利（27条）
　○教育を受ける権利（26条）　○労働基本権（28条）

受益権
　○請願権（16条）　　　　　　○裁判請求権（32条）
　○国家賠償請求権（17条）　　○刑事補償請求権（40条）

参政権
　○公務員の選定・罷免権（15条）
　○国会議員の選定権（43条）
　○最高裁判所裁判官の国民審査（79条）
　○地方公共団体の長と議員の選定権（93条）
　○地方特別法の制定に関する住民投票（95条）

13 35回77改変　最高裁判所は，公務員には争議権はないと判断した。

14 31回77　厚生労働大臣の裁量権の範囲を超えて設定された生活保護基準は，司法審査の対象となる。

15 31回77　生活保護受給中に形成した預貯金は，原資や目的，金額にかかわらず収入認定しなければならない。

16 35回77　最高裁判所は，生活保護費を原資とした貯蓄等の保有は認められないと判断した。

17 29回78　生活保護法は，就労目的での在留資格で在留する外国人に適用されることはない。

18 35回77　最高裁判所は，永住外国人には生活保護法に基づく受給権があると判断した。

19 36回77　肖像権は，日本国憲法における社会権の一つである。

○ 全農林警職法事件（最高裁昭和48年4月25日）では，公務員も私企業の労働者と同じ労働基本権が保障されるが，公務員の労務提供義務は国民に対して行うとされた。公務員の争議行為は公務に停廃をもたらし，国民全体の共同利益に重大な影響を与えかねないため，**公務員の労働基本権の制限は合理的理由がある。**

○ 朝日訴訟[▶5]（最高裁昭和42年5月24日）は，生活扶助基準の認定判断は，厚生大臣（当時）の合目的な裁量に委ねられているとしながらも，裁量権の著しい逸脱があれば，司法審査の可能性を認めるという判例である。

× 保護変更決定処分取消，損害賠償請求事件（最高裁平成16年3月16日）では，「生活保護法の趣旨にかなう貯蓄は，収入認定の対象とすべき資産には当たらない」として，条件付きで貯蓄を容認する判断を下している。

× 加藤訴訟（秋田地裁平成5年4月23日）では，生活保護受給者が，障害年金と支給された保護費を切り詰めて貯金していたことからの収入認定と保護費の減額に対し，預貯金の使用目的も生活保護費支給の目的に反するものではなく，その額も国民一般の感情からして違和感を覚えるほど高額のものではない，とされた。

○ 適法に日本に滞在し，活動の制限を受けない永住，定住等の在留資格を有する外国人について，国際道義上，人道上の観点から，予算措置として生活保護法が準用されている。しかし，就労目的での在留資格で在留する外国人は，これらの規定にあてはまらないため，生活保護法は適用されない。

× 外国人は行政庁の通達等に基づく行政措置により事実上の保護の対象となり得るにとどまり，生活保護法による保護の対象とはいえず受給権は有しないという判断がなされている。ただし，人道的見地から，一定の条件を満たした外国人に対する生活保護法の準用は行われている。

× 肖像権は，社会権ではない。肖像権は，幸福追求権の一つであり，例えば本人の了解なしに勝手に写真を撮られたり，その写真がインターネット上に無断で公表されたりすることを防ぐためのものである。

▶5
朝日訴訟
「生活保護法による保護の基準」をめぐって，憲法第25条に規定する生存権，生活保護法の内容について争ったもの。行政府の裁量について言及。

権利擁護を支える法制度

233

□
□ **20**
27回77
福祉施設・職員が「利用者の承諾なしに施設の案内パンフレットにその顔写真を掲載すること」の適否を考えるにあたって直接の根拠となるものは，憲法13条の人格権やプライバシー権である。

民法

□
□ **21**
29回79
日常生活自立支援事業における日常的金銭管理は，民法上の典型契約のうち，「委任契約」にあたる。

□
□ **22**
34回81
成年年齢に達した学生である子の親は，その子が親の同意なく行った契約を，学生であることを理由に取り消すことができる。

□
□ **23**
34回81
父母が離婚し，子との面会交流について父母の協議が調わないときは，家庭裁判所がそれを定める。

□
□ **24**
34回81
親にとって利益となるが子にとって不利益となる契約であっても，親は，その子を代理することができる。

□
□ **25**
27回78
親権者は，未成年者に代わって，労働契約を締結できる。

□
□ **26**
27回78
親権者は，子どもと利益が相反する法律行為であっても，自ら子どもを代理して行うことができる。

◯ 情報化社会が進み，プライバシーの権利，肖像権，環境権等の権利性が重視されるようになり，「新しい権利」とも呼ばれている。設問のような行為はこの「新しい権利」の侵害となると考えられ，「新しい権利」の適否を考えるにあたり，憲法第13条（個人の尊重）が根拠とされるといわれている。

◯ 「委任契約」とは，依頼者（委任者）が，受任者に対し，ある特定の法律行為をしてもらうように委託し，受任者がその委託を受けることを承諾することにより効力が生じる契約をいう（民法第643条）。日常生活自立支援事業における日常的金銭管理も，委任契約に基づき生活支援員が行うものである。

✕ 成年年齢に達している場合は，親の同意なく行った契約について，学生であることを理由に取り消すことはできない。民法第5条（未成年者の法律行為）第1項により，未成年の学生であれば，親の同意なく行った行為を取り消すことができる。

▶6
▶6
未成年者の法律行為
民法の改正により，2022年（令和4年）4月1日から成年年齢が20歳から18歳に引き下げられ，18歳，19歳の人も親の同意なく法律行為ができるようになった。

◯ 面会交流の具体的な内容や方法は，まずは父と母が話し合って決めることとなるが，話し合いがまとまらない場合や話し合いができない場合には，家庭裁判所に調停又は審判の申立てをして，面会交流に関する取り決めを求めることができる（民法第766条第2項）。

✕ 民法第826条（利益相反行為）第1項で「親権を行う父又は母とその子との利益が相反する行為については，親権を行う者は，その子のために特別代理人を選任することを家庭裁判所に請求しなければならない」とされている。

▶7
▶7
親権
未成年の子に対する身分上及び財産上の監督・保護を内容とする親の権利義務の総称。

✕ 労働基準法第58条第1項に「親権者又は後見人は，未成年者に代って労働契約を締結してはならない」と規定されている。未成年者の労働契約は未成年者が親権者又は後見人の同意を得て，自らが締結することとなる。

✕ 民法第826条第1項に「親権を行う父又は母とその子との利益が相反する行為については，親権を行う者は，その子のために特別代理人を選任することを家庭裁判所に請求しなければならない」と規定されている。

権利擁護を支える法制度

235

☐ ☐	**27** 31回78	特別養子縁組制度では，縁組後も実親との親子関係は継続する。

☐ ☐	**28** 31回78	特別養子縁組制度では，養親には離縁請求権はない。

☐ ☐	**29** 36回79	成年被後見人は，事理弁識能力が一時回復した時であっても遺言をすることができない。

☐ ☐	**30** 36回79	自筆証書遺言を発見した相続人は,家庭裁判所の検認を請求しなければならない。

☐ ☐	**31** 36回79	公正証書によって遺言をするには,遺言者がその全文を自書しなければならない。

☐ ☐	**32** 36回79改変	公正証書によって遺言をするには，証人2人以上の立会いがなければならない。

☐ ☐	**33** 36回79	遺言に相続人の遺留分を侵害する内容がある場合は，その相続人の請求によって遺言自体が無効となる。

☐ ☐	**34** 33回79改変	公正証書遺言には，家庭裁判所の検認は必要ない。

✕ 民法第817条の2及び第817条の9において，家庭裁判所は，養親となる者の請求により，実方の血族との親族関係が終了する縁組を成立することができるという特別養子縁組の成立を明記している。（関連キーワード▶8参照）

○ 民法第817条の10において，養子の利益のため特に必要があると認めるとき，家庭裁判所は，養子，実父母又は検察官の請求により，特別養子縁組の当事者を離縁することができる，と規定されている。この中の請求権者に養親は規定されていないことから，養親には離縁請求権はない。

✕ 医師2人以上の立会いがあれば，遺言をすることは可能である。民法第973条において，「成年被後見人が事理を弁識する能力を一時回復した時において遺言をするには，医師2人以上の立会いがなければならない」と規定されている。

○ 設問のとおり。民法第1004条に「遺言書の保管者は，相続の開始を知った後，遅滞なく，これを家庭裁判所に提出して，その検認を請求しなければならない。遺言書の保管者がない場合において，相続人が遺言書を発見した後も，同様とする」と規定されている。

✕ 遺言者が全文を自書することが必要となるのは，自筆証書遺言である。（関連キーワード▶9参照）

○ 設問のとおり。

✕ 遺留分権利者が，遺言でその権利が侵害されている場合，権利を取得する者に対して遺留分を請求することができる（民法第1046条）。しかし，遺言自体が無効となるわけではない。また，これは自らの権利が侵害されていることを知ってから1年以内に行使しなければならない。

○ 家庭裁判所による検認は必要ない。公正証書遺言は，公証役場の公証人が作成した遺言である（民法第969条）。そのため有効性の不備が考えにくいので，すぐに遺産を分ける手続きが始められる（民法第1004条）。

▶8
特別養子縁組制度の見直し
民法等の改正により，特別養子縁組の対象年齢は「原則6歳未満」から「原則15歳未満」に引き上げられたほか，2段階に分けた審判の導入や，手続の一部について児童相談所長が申立てをできるようになった（2020年（令和2年）4月施行）。

▶9
公正証書遺言
公証役場において遺言者が公証人に遺言の内容を伝え，公証人が筆記した遺言の内容を遺言者及び証人に読み上げ，筆記の内容が正確であれば署名捺印をすることにより成立する（民法第969条）。

▶10
遺留分
遺言によっても奪うことのできない遺産の一定割合の留分をいう。

権利擁護を支える法制度

☐ ☐	**35** 33回79	聴覚・言語機能障害により遺言の趣旨を公証人に口授することができない場合は，公正証書遺言を作成することができない。

☐ ☐	**36** 33回79	法定相続人の遺留分を侵害する内容の遺言は，その全部について無効となる。

☐ ☐	**37** 35回77	最高裁判所は，嫡出子と嫡出でない子の法定相続分に差を設けてはならないと判断した。

☐ ☐	**38** 33回79	前の遺言が後の遺言と抵触している場合，その抵触する部分について，後の遺言で前の遺言を撤回したものとはみなされない。

行政法

☐ ☐	**39** 33回79	被保佐人が遺言を作成するには，保佐人の同意は不要である。

☐ ☐	**40** 32回79	行政処分に対する不服申立てにおいて，処分庁に上級行政庁がない場合は，処分庁に対する異議申立てをすることができる。

☐ ☐	**41** 32回79	行政処分に対する不服申立てにおいて，審査請求をすることのできる期間は，原則として，処分があったことを知った日の翌日から起算して10日以内である。

☐ ☐	**42** 32回79	行政処分に対する不服申立てにおいて，審査請求に係る処分に関与した者は，審査請求の審理手続を主宰する審理員になることができない。

✕ 聴覚・言語機能障害により口授ができない場合でも，ほかの方途により遺言者の意思が確認できる場合は公正証書遺言の作成はできる（民法第969条の2）。

✕ 法定相続人の遺留分を侵害する内容以外は有効である。遺留分を侵害された相続人は，遺留分侵害額請求権の行使により遺留分を確保することができるが，それ以外の内容の遺言まで全部無効となることはない（民法第1046条）。

◯ 2013年（平成25年）9月4日，最高裁判所大法廷は，嫡出子と非嫡出子の法定相続分に差異を設けた民法第900条第4号について，子に選択ないし決定権のない事柄に関しては，子の個人としての尊重，権利保障の見地から，憲法第14条第1項に違反して違憲無効であると判断し，同年12月，民法は改正された。

✕ 前の遺言が後の遺言と抵触する場合は，その抵触する部分について，後の遺言で前の遺言を撤回したものとみなされる（民法第1023条）。遺言が複数ある場合には，遺言者の最終の意思を尊重するため，後の日付の遺言が遺言者の最終意思を示すと考えられることから，これを優先することとなる。

◯ 保佐人の同意は不要である（民法第962条）。被保佐人が遺言の内容を理解し，その結果を理解できる能力があれば遺言は作成できる。成年被後見人の場合は，判断能力を欠く状態にあると考えられるため，原則として遺言は作成できないと考えられる。

✕ 行政不服審査法の改正により，異議申立てをなくし，審査請求に一元化されている（2016年（平成28年）4月施行）。

▶11
行政不服審査法
行政庁の公権力の行使に対する不服申立てに関する一般法。

✕ 審査請求をすることができる期間は，処分があったことを知った日の翌日から起算して3月以内である。

◯ 審理員は，審査対象となっている処分に関与していない者が指名される。

43
32回79

行政処分に対する不服申立てにおいて，再調査の請求は，処分庁以外の行政庁が審査請求よりも厳格な手続によって処分を見直す手続である。

44
32回79

行政事件訴訟法によれば，特別の定めがあるときを除き，審査請求に対する裁決を経た後でなければ，処分の取消しの訴えを提起することができない。

45
27回79

行政手続法に基づく行政指導の内容は，相手方の任意の協力がなくても実現可能である。

46
27回79

行政手続法に基づく行政指導の担当者は，相手方に対し，指導内容以外を明らかにする義務はない。

47
27回79改変

行政手続法に基づく行政指導に従わなかったことを理由に，相手方に不利益処分を行うことはできない。

整理しておこう！

相続人と相続分

　相続人となるものの順位とその相続分は右表のとおりである。被相続人の配偶者は，常に相続人となる。配偶者以外に，被相続人の子がいれば，配偶者と子が2分の1ずつを相続する。相続開始のときに懐胎されていた胎児は，出生すれば相続時に遡って相続人となる。子がいない場合は，配偶者が3分の2を，直系尊属が3分の1を，子も直系尊属もいない場合は，配偶者が4分の3を，兄弟姉妹が4分の1を相続する。配偶者がいない場合は，各順位における血族相続人が全部を受けることとなる。直系尊属は親等の近いものが先順位の相続人となる。

　子，親等の同じ直系尊属，兄弟姉妹が複数いる場合は，相続分をその頭数で割ったものが，各自の相続分である。例えば被相続人の配偶者と子が3人いる場合は，配偶者が2分の1，3人の子はそれぞれ6分の1 $\left(\frac{1}{2} \times \frac{1}{3} = \frac{1}{6}\right)$ずつ相続する。

　また，子，兄弟姉妹が相続をすることができない場合は，それらの直系卑属（被相続人からみた孫，曽孫，甥，姪など）が代わって相続人となる。これを代襲相続という。

　以上の解説は法定相続によるものであり，被相続人が遺言を残している場合は，遺言の内容により相続される（第1順位，第2順位の法定相続人に対し遺留分あり）。

✗ 再調査の請求は，その処分に不服がある者が処分庁に対してその処分の取消しや変更を求める手続のことである（行政不服審査法第5条）。

✗ 処分の取消しの訴えは，審査請求ができる場合においても提起することを禁止してはいない（行政事件訴訟法第8条）。ただし，特別の定めがあるときは，処分の取消しの訴えを提起することができない。

✗ 行政手続法第32条第1項に「行政指導の内容があくまでも相手方の任意の協力によってのみ実現されるものであることに留意しなければならない」と規定されている。

✗ 指導内容以外にも，その行政指導が行政機関のどの部署等の判断によるものであるのかという責任の所在（責任者）を明確に示さなければならない（行政手続法第35条）。

○ 行政手続法第32条第2項に「行政指導に携わる者は，その相手方が行政指導に従わなかったことを理由として，不利益な取扱いをしてはならない」と規定されている。

相続人		相続分
第1順位	子（代襲相続人（子の直系卑属）を含む）	2分の1
	配偶者	2分の1
第2順位	直系尊属	3分の1
	配偶者	3分の2
第3順位	兄弟姉妹（代襲相続人（兄弟姉妹の直系卑属）を含む）〔全血兄弟姉妹と半血兄弟姉妹のいる場合の半血兄弟姉妹〕	4分の1〔全血兄弟姉妹の2分の1〕
	配偶者	4分の3
配偶者のみ		1

48
34回77

重大かつ明白な瑕疵のある行政行為であっても，取り消されるまでは，その行政行為の効果は否定されない。

49
34回77

行政行為の無効確認訴訟の出訴期間は，一定期間に制限されている。

50
34回77改変

行政行為の効力は，国家賠償請求訴訟によって取り消すことができない。

51
34回77

行政庁は，審査請求に対する裁決など，判決と似た効果を生ずる行政行為であっても，自ら違法であると気付いたときは，職権で取り消すことができる。

52
34回77

行政庁は，税の滞納処分など，判決を得なくても強制執行をすることができる。

53
29回80

公立の福祉施設の職員の過失により加えられた利用者への損害に対して，国家賠償法に基づく損害賠償請求はできない。

整理しておこう！

行政事件訴訟

行政事件訴訟は，行政主体が違法に公権力を行使し，私人の権利や利益を侵害した場合に行われる，司法による救済の制度のことを指し，直接的な利害関係者のみに訴訟の提起を認めている主観的訴訟と，直接的な利害関係者以外の第三者による訴訟の提起を認めている客観的訴訟がある。主観的訴訟には，抗告訴訟，当事者訴訟，客観的訴訟には，民衆訴訟，機関訴訟がある。

行政事件訴訟の体系

✕ 違法な行政行為であっても，取り消されるまでは，その行政行為の効果は否定されない。これを，行政行為の公定力という。ただし，重大かつ明白な瑕疵（欠陥）がある行政行為は，無効な行政行為と呼ばれ，公定力が与えられない。

✕ 無効確認訴訟▶12の出訴期間に制限はない。重大かつ明白な瑕疵のある行政行為は，行政事件訴訟によって取り消すまでもなく無効または不存在と解される。無効な行政行為には公定力等の法的効力が与えられない。

▶12
無効確認訴訟
行政行為が無効又は不存在であることを前提としてもなお，現在の法律関係に関する訴えによって目的を達成できない場合にのみ提起が認められている（行政事件訴訟法第36条）。

◯ 行政行為の効力は，不服申立て又は行政訴訟によらなければ取り消せないため，国家賠償請求訴訟では，行政行為の効力そのものを取り消すことはできない。

✕ 行政行為には不可変更力があるため，行政行為をした行政庁は，それを職権で取り消すことができない。

◯ 行政庁には執行力が認められており，判決を得なくても強制執行をすることができる。滞納処分は，国税通則法に基づき，税務署長が滞納処分に基づき差し押さえ，公売などによって滞納された税金を強制徴収することができる。

✕ 公立の福祉施設職員は公務員であり，かつ，過失によるものであるので，国家賠償法第1条に基づき，国又は公共団体が賠償する責任があり，損害賠償請求はできる。

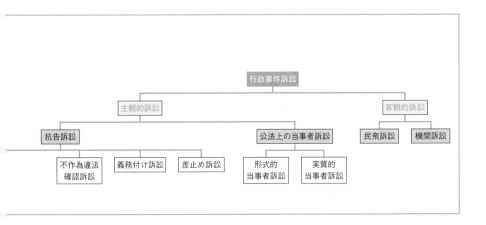

243

権利擁護の意義と支える仕組み

虐待防止法の概要

54
32回83
「児童虐待防止法」において，母子健康包括支援センター（子育て世代包括支援センター）の長は，職員に臨検及び捜索をさせることができる。

55
32回83
「障害者虐待防止法」において，基幹相談支援センターの長は，養護者による障害者虐待により障害者の生命または身体に重大な危険が生じているおそれがあると認めるときは，職員に立入調査をさせることができる。

56
32回83
「DV防止法」において，警視総監もしくは道府県警察本部長は，保護命令を発することができる。

57
32回83
「高齢者虐待防止法」において，市町村は，養護者による高齢者虐待を受けた高齢者について，老人福祉法の規定による措置を採るために必要な居室を確保するための措置を講ずるものとする。

58
31回83
児童福祉法において，親権者の意に反し，2か月を超えて一時保護を行うには，家庭裁判所の承認が必要である。

整 理 し て お こ う ！

虐待防止関連法

　虐待防止に関連する法律としては，以下の3つが制定されている。各々の対象者や虐待の定義について，しっかり理解しておこう。

● 児童虐待の防止等に関する法律(児童虐待防止法) ……2000(平成12)年11月施行
● 高齢者虐待の防止，高齢者の養護者に対する支援等に関する法律(高齢者虐待防止法) ……2006(平成18)年4月施行
● 障害者虐待の防止，障害者の養護者に対する支援等に関する法律(障害者虐待防止法) ……2012(平成24)年10月施行

✕ 児童虐待防止法第9条の3において，児童の保護者が，正当な理由なく児童委員や児童の福祉に関する職員の立入や調査を拒んだり妨げたりした場合，都道府県知事は地方裁判所や家庭裁判所の裁判官が発行する許可状により，職員に居所の臨検，児童の捜索をさせることができるとされている。

▶13
児童虐待防止法
正式名称は，「児童虐待の防止等に関する法律」である。

✕ 障害者虐待防止法第11条において，基幹型相談支援センターの長ではなく，市町村長が職員に必要な立入調査または質問をさせることができるとされている。

▶14
障害者虐待防止法
正式名称は，「障害者虐待の防止，障害者の養護者に対する支援等に関する法律」である。

✕ DV防止法第10条において，保護命令を発するのは，警視総監や道府県警察本部長ではなく，裁判所とされている。

▶15
DV防止法
正式名称は，「配偶者からの暴力の防止及び被害者の保護等に関する法律」である。

◯ 高齢者虐待防止法第10条において，養護者による虐待を受けた高齢者の居室の確保が規定されており，関連して老人福祉法第10条の4の市町村の措置が明確化されている。

▶16
高齢者虐待防止法
正式名称は，「高齢者虐待の防止，高齢者の養護者に対する支援等に関する法律」である。

◯ 親権者の意に反し，2か月を超えて一時保護を行うには，児童相談所長又は都道府県知事は，家庭裁判所の承認を得なければならない。

		児童虐待防止法	高齢者虐待防止法	障害者虐待防止法	（参考）DV防止法
対象者		保護者が監護する児童（18歳未満）	65歳以上の高齢者	身体障害者，知的障害者，精神障害者（発達障害を含む）	配偶者（内縁関係を含む）あるいは配偶者だった者等
虐待の定義	身体的虐待	◯	◯	◯	◯（身体への暴力）
	心理的虐待	◯	◯	◯	◯（心身に有害な言動）
	性的虐待	◯	◯	◯	◯
	ネグレクト	◯	◯	◯	―
	経済的虐待	―	◯	◯	―
	施設内虐待	―	◯	◯	―

注 「DV防止法」は「配偶者からの暴力の防止及び被害者の保護等に関する法律」の略。

245

	59	児童福祉法又は「児童虐待防止法」において，本人と同居していない者が保護者に
	31回83	該当することはない。

	60	「高齢者虐待防止法」「障害者虐待防止法」「児童虐待防止法」の虐待の定義には，い
	29回77	ずれも，いわゆるネグレクト（放置・放任等）が含まれている。

権利擁護に関わる組織，団体，専門職

	61	成年後見人に不正な行為，著しい不行跡などの事実がある場合，家庭裁判所は，
	28回81	職権で成年後見人を解任できる。

	62	家庭裁判所は，近隣トラブルに関する訴訟を取り扱う。
	35回82	

	63	家庭裁判所は，「DV防止法」に基づく保護命令事件を取り扱う。
	35回82	

	64	家庭裁判所は，嫡出でない子の認知請求訴訟を取り扱う。
	35回82	

	65	家庭裁判所は，労働審判を取り扱う。
	35回82	

	66	家庭裁判所は，債務整理事件を取り扱う。
	35回82	

× 児童虐待防止法第2条において，保護者とは「親権を行う者，未成年後見人その他の者で，児童を現に監護するもの」と規定されており，保護者としての条件に同居の要因は含まれていない。なお，児童福祉法第6条でも同様に規定されている。

○ いわゆるネグレクト（放置・放任等）は，設問に掲げた三法のいずれにも，虐待の定義として規定されている。

○ 民法第846条で，「後見人に不正な行為，著しい不行跡その他後見の任務に適しない事由があるときは，家庭裁判所は，後見監督人，被後見人若しくはその親族若しくは検察官の請求により又は職権で，これを解任することができる」とされている。

× 近隣トラブルに関する訴訟は，民事上の訴訟として主に地方裁判所が取り扱うことになる。

× DV防止法に基づく保護命令事件は，民事事件の一つとして主に地方裁判所が取り扱うものである。被害者からの申立てに基づき出される保護命令の手続きは，民事事件の範疇に入るため，家庭裁判所の取扱いとはならない。

○ 設問のとおり。嫡出でない子の認知請求訴訟は，家事事件の人事訴訟の一つであるため家庭裁判所で取り扱うものである。人事訴訟とは，離婚や認知など，夫婦や親子等の関係についての争いを解決する訴訟のことである。

× 労働審判は，主に地方裁判所が取り扱うものである。労働審判とは，解雇や給料の不払いなど労働者と事業主の労使トラブルについて，実情に即して迅速かつ適正に解決するための手続きのことである。 （関連キーワード▶17参照）

× 債務整理事件は，主に地方裁判所が取り扱うものである。債務整理の手続きには，調停委員が主導する特定調停と，債務者が自ら行わなければならない個人再生手続や自己破産手続がある。いずれも民事上の手続きであるため，家庭裁判所の取り扱う家事事件とは異なるものである。

▶17
労働調整委員会
労使トラブルが起きた際に労使間の調整をすることで解決を試みる役割を担っており，これが不調だった場合に労働審判にかけられることになる。

☐ 67 ☐ 34回78	任意後見契約は登記できない。

☐ 68 ☐ 34回78改変	未成年後見は登記することができない。

☐ 69 ☐ 34回78	保佐人に付与された代理権の範囲は登記できない。

☐ **70** ☐ 34回78	自己が成年被後見人として登記されていない者は，登記官への請求に基づき，登記されていないことの証明書の交付を受けることができる。

☐ 71 ☐ 34回83	成年後見制度において，市町村長が審判を申し立てない場合，都道府県知事が代わって審判を申し立てることができる。

☐ 72 ☐ 36回82改変	「成年後見関係事件の概況(令和5年1月～12月)」(最高裁判所事務総局家庭局)によると，「成年後見人等」に選任された最も多い者は，親族である。

☐ 73 ☐ 36回82改変	「成年後見関係事件の概況(令和5年1月～12月)」(最高裁判所事務総局家庭局)によると，「成年後見人等」に選任された最も多い者は，弁護士である。

☐ **74** ☐ 36回82改変	「成年後見関係事件の概況(令和5年1月～12月)」(最高裁判所事務総局家庭局)によると，「成年後見人等」に選任された最も多い者は，司法書士である。

☐ 75 ☐ 36回82改変	「成年後見関係事件の概況(令和5年1月～12月)」(最高裁判所事務総局家庭局)によると，「成年後見人等」に選任された社会福祉士の数は，親族以外のうち司法書士，弁護士に続いて3番目に多い。

✕ 任意後見契約は，公証人の嘱託により，法務局で登記される。実際の任意後見契約の締結は，裁判所又は公証役場から東京法務局に届出がなされ，登記されることになる。

◯ 未成年後見は登記することができない。家庭裁判所によって未成年後見の審判が確定すると，未成年被後見人の戸籍に未成年後見人の氏名，本籍等が記載される。成年後見のような登記制度は，未成年後見には設けられていない。

✕ 保佐人に付与された代理権の範囲は，登記される。民法第876条の4第1項に基づき保佐人に代理権を付与した場合，法務局が発行する登記事項証明書に代理権目録が添付される。

◯ 設問のとおり。後見登記等に関する法律第10条において「何人も，登記官に対し，次に掲げる登記記録について，後見登記等ファイルに記録されている事項（記録がないときは，その旨）を証明した書面（「登記事項証明書」）の交付を請求することができる」と規定されている。

✕ 成年後見開始の審判を請求できるのは，本人・配偶者・4親等以内の親族などの民法上の請求権者のほかは，市町村長である。都道府県知事まで含まれるものではない。

✕ 成年後見人等と本人との関係についてみると，関係別件数（合計）4万729件のうち，親族は7381件（18.1%）となっており，親族以外の3万3348件（81.9%）とは大きな差がある。

▶18
成年後見人等
成年後見人，保佐人及び補助人のことである。

✕ 成年後見人等は，親族以外に専門職や法人などの多様な主体によって担われている。弁護士は，国民の人権擁護を担う専門職である。弁護士が選任された件数は8925件で，「親族以外」のうちでは，司法書士に次いで2番目に多い。

◯ 弁護士とともに司法分野の専門職である司法書士は，全国各地で広く成年後見人等の担い手として活躍している。司法書士が選任された件数は1万1983件で，「親族以外」のうち，最も多い。

◯ 社会福祉士は，ソーシャルワークの専門性により国民の人権を守る専門職として，弁護士，司法書士とともに成年後見人等を担っている。社会福祉士が選任された件数は6132件で，司法書士，弁護士に続いて3番目に多い。

権利擁護を支える法制度

	76	「成年後見関係事件の概況(令和5年1月〜 12月)」(最高裁判所事務総局家庭局)に
	36回82改変	よると,「成年後見人等」に選任された最も多い者は,市民後見人である。

	77	「成年後見関係事件の概況(令和5年1月〜 12月)」(最高裁判所事務総局家庭局)に
	34回83改変	よると,「成年後見関係事件」の申立人の割合は,市町村長よりも配偶者の方が多い。

	78	成年後見制度の市町村長申立てにおいて,市町村長は,後見等の業務を適正に行
	34回83改変	うことができる者を家庭裁判所に推薦することができる。

	79	知的障害者福祉法に基づき,知的障害者の福祉を図るために特に必要があると認
	34回83	めるときは,市町村長が後見開始の審判等の申立てを行うことができる。

	80	補助開始の審判は,市町村長が申し立てることができる。
	35回80改変	

	81	成年後見制度における市町村長申立ては,後見開始及び保佐開始の審判に限られ,
	34回83	補助開始の審判は含まれないとされている。

	82	65歳未満の者を対象として,成年後見制度の市町村長申立てをすることはでき
	28回82改変	る。

× 市民後見人は，専門職の資格をもたない親族以外の成年後見人等として全国で養成が進められている。成年後見人等の人材不足を補う存在として注目されているが，実際に成年後見人等に選任される事件はまだ少なく，その数は344件である。

× 「成年後見関係事件の概況（令和5年1月〜12月）」（最高裁判所事務総局家庭局）をみると，「成年後見関係事件」の申立人の割合は，市町村長が23.6％であり，配偶者による4.2％の5倍以上である。

◯ 成年後見等の開始の審判では，業務を適正に行える者を家庭裁判所が職権で選任する。ただし，老人福祉法第32条の2及び知的障害者福祉法第28条の2では，市町村長が後見等の業務を適正に行える者を申立時に推薦するなど必要な措置を講じるよう努めなければならない旨が定められている。

◯ 知的障害者福祉法第28条では，市町村長が福祉を図るために特に必要があると認めるときに成年後見制度の審判開始の請求を行うことができると定めている。

◯ 設問のとおり。老人福祉法第32条（審判の請求）に「市町村長は，65歳以上の者につき，その福祉を図るため特に必要があると認めるときは，「後見開始の審判」「保佐開始の審判」「補助開始の審判」の請求をすることができる」という旨が規定されている。（関連キーワード▶19参照）

× 成年後見制度の開始の審判を請求できる者の範囲は，民法第7条で成年後見，第11条で保佐，第15条で補助の各類型の審判請求者を定めている。これに基づき，老人福祉法第32条及び知的障害者福祉法第28条において，市町村長による請求ができることが規定されている。

◯ 65歳未満であっても，精神障害者や知的障害者で，その福祉を図るため特に必要があると認めるときは，民法に規定する審判の請求をすることができる（精神保健福祉法第51条の11の2，知的障害者福祉法第28条）。

▶19
審判の請求
知的障害者（知的障害者福祉法第28条（審判の請求）），精神障害者（精神保健及び精神障害者福祉に関する法律第51条の11の2（審判の請求））について，市町村長は審判の請求をすることができる。

▶20
精神保健福祉法
正式名称は，「精神保健及び精神障害者福祉に関する法律」である。

成年後見制度

成年後見の概要

83 34回79
兄弟姉妹は，成年後見人になることができない。

84 34回79改変
被保佐人は，成年後見人になることができる。

85 34回79
解任の審判を受けた補助人は，成年後見人になることができない。

86 34回79
本人の配偶者の成年後見人は，成年後見人になることができない。

87 34回79
社会福祉法人は，成年後見人になることができない。

整理しておこう！

後見・保佐・補助の制度概要

　成年後見の開始は，本人，配偶者，4親等内の親族，検察官等の申立てにより，家庭裁判所が審判をする。対象者(本人)の判断能力の程度に応じて，後見，保佐，補助の3つの類型がある。それぞれ保護者の行う法律行為などに違いがあるので，まとめておきたい。

　なお，表中の同意権とは，成年被後見人等が行う法律行為に対し，保護者が同意(不同意)する権利のことであり，取消権とは，保護者の同意なしに行われた法律行為を取り消すことができる権利のことである。代理権とは，保護者が本人に代わって法律行為を行う権利のことである。

類型	後見	保佐	補助
対象者	判断能力が欠けているのが通常の状態	判断能力が著しく不十分	判断能力が不十分
申立権者と手続きの流れ	本人，配偶者，4親等内の親族，市町村長，検察官等の申立てにより，家庭裁判所が審判，認容し後見等開始		
後見等開始時の本人の同意	不要	不要	必要

✕ 兄弟姉妹は本人の親族であり，民法第847条における後見人の欠格事由に該当しないため，成年後見人になることができる。

〇 被保佐人は，民法第847条における後見人の欠格事由に該当しないため，成年後見人になることができる。

〇 解任の審判を受けた補助人は，民法第847条における後見人の欠格事由に該当するため，成年後見人になることができない。

✕ 本人の配偶者の成年後見人は，民法第847条における後見人の欠格事由に該当しないため，成年後見人になることができる。

✕ 社会福祉法人は，民法第847条における後見人の欠格事由に該当しないため，成年後見人になることができる。

類型	後見	保佐	補助
審判を受けた本人	成年被後見人	被保佐人	被補助人
保護者	成年後見人	保佐人	補助人
	後見等開始の申立てに基づいて家庭裁判所が選任 保護者は複数あってもよいし，また法人でもよい		
同意権の対象となる行為	—	民法第13条第1項に規定された行為[※1][※2][※3]	申立ての範囲内で家庭裁判所が認める「特定の法律行為」(民法第13条第1項に規定された行為の一部に限られる)[※1][※3][※4]
取消権の対象となる行為	日常生活に関する行為以外の行為	同上[※1][※2][※3]	同上[※1][※3]
取消権者	本人・成年後見人	本人・保佐人	本人・補助人
代理権の対象となる行為	財産に関するすべての法律行為	申立ての範囲内で家庭裁判所が認める「特定の法律行為」[※4]	同左[※4]

※1 民法第13条第1項では，借金，訴訟行為，相続の承認・放棄，新築・改築・増築などの行為があげられている。
※2 家庭裁判所の審判により，範囲を広げることが可能。
※3 日常生活に関する行為は除かれる。
※4 本人の同意が必要。

☐ 88 33回81	成年後見制度において，成年後見人には本人の居所指定権が付与され得る。
☐ 89 33回81	成年後見制度において，保佐人には本人の営業許可権が付与され得る。
☐ 90 33回81	成年後見制度において，補助人には本人の代理権が付与され得る。
☐ 91 33回81改変	成年後見制度において，任意後見監督人に本人の行為の取消権は付与されない。
☐ 92 32回77改変	本人の孫の配偶者は，成年後見開始審判の申立てを行うことができる。
☐ 93 32回77改変	本人の叔母は，成年後見開始審判の申立てを行うことができる。
☐ 94 32回77改変	本人の甥は，成年後見開始審判の申立てを行うことができる。
☐ 95 32回77改変	本人の子は，成年後見開始審判の申立てを行うことができる。
☐ 96 32回77改変	本人のいとこの配偶者は，成年後見開始審判の申立てを行うことができる。
☐ 97 32回80	子が自分を成年後見人候補者として，親に対する後見開始の審判を申し立てた後，家庭裁判所から第三者を成年後見人とする意向が示された場合，審判前であれば，家庭裁判所の許可がなくても，その子は申立てを取り下げることができる。

✕ 民法第822条では、「子は、親権を行う者が指定した場所に、その居所を定めなければならない」と規定されている。未成年後見人は居所指定権を有するが、成年後見人等に関しての規定はない。

✕ 営業許可権とは、事業を行おうとする者に対する、質の担保や安全性の保障のため所轄の行政部署が有する権利をいう。営業許可権について、保佐人は直接その権限にかかわるものではない。

◯ 民法第876条の9に基づく代理権の付与の申立てにより、特定の法律行為に対する代理権付与の審判が家庭裁判所によってなされた場合、補助人は、その審判で定められた法律行為を、被補助人に代わって行うことができる。

◯ 家庭裁判所が任意後見監督人を選任したときから、任意後見契約の効力が発生する。任意後見人には同意権、取消権はなく、代理権のみが与えられる。したがって、任意後見監督人にも、本人の行為に対する取消権はない。

◯ 申立権者は、「本人、配偶者、4親等内の親族、検察官等」と規定されている。本人の孫の配偶者は、「2親等の姻族」にあたるので、申立権者である。

◯ 本人の叔母は、「3親等の血族」にあたるので、申立権者である。

◯ 本人の甥は、「3親等の血族」にあたるので、申立権者である。

◯ 本人の子は、「1親等の血族」にあたるので、申立権者である。

✕ 本人のいとこの配偶者は、「4親等の姻族」にあたるので、申立権者に含まれない。

✕ 成年後見制度において、後見開始を申し立てた場合には、審判がされる前であっても、家庭裁判所の許可を得なければ、取り下げることはできない（家事事件手続法第121条第1号）。

▶21
居所指定権
親権の一つであって、親権者が未成年の子に対し監護・教育のためにその居所を指定する権利である。

権利擁護を支える法制度

▶22
4親等内の親族
4親等内の血族、配偶者、3親等内の姻族をいう。

▶23
成年後見制度
認知症高齢者、知的障害者、精神障害者などの判断能力が不十分な成年者を保護するための制度。本人の判断能力の程度によって、補助、保佐、後見の3類型がある。

98 32回80	財産上の利益を不当に得る目的での取引の被害を受けるおそれのある高齢者について、被害を防止するため、市町村長はその高齢者のために後見開始の審判の請求をすることができる。
99 32回80改変	成年被後見人である責任無能力者が他人に損害を加えた場合、その者の成年後見人は、法定の監督義務者に準ずるような場合であっても、被害者に対する損害賠償責任を負うこととなる。
100 32回80	判断能力が低下した状況で自己所有の土地を安価で売却してしまった高齢者のため、その後に後見開始の審判を申し立てて成年後見人が選任された場合、行為能力の制限を理由に、その成年後見人はこの土地の売買契約を取り消すことができる。
101 30回82	「成年被後見人が相続人である遺産相続の放棄」は、民法上、許可の取得などの家庭裁判所に対する特別な手続を必要とせずに、成年後見人が単独でできる行為である。

保佐の概要

102 32回80	浪費者が有する財産を保全するため、保佐開始の審判を経て保佐人を付することができる。
103 29回81	保佐開始後、被保佐人が保佐人の同意を得ずに高額の借金をした場合、被保佐人及び保佐人いずれからも取り消すことができる。
104 29回81	保佐開始及び補助開始の申立てにおいては、いずれの場合も本人の同意が必要である。

〇 市町村長による後見開始の申立てはできる。親族等の他の申立権者の有無にかかわらず，市町村行政として成年後見制度の利用が必要と判断した場合には責任をもって申立てすることが求められる。

〇 成年被後見人が他人に与えた損害の責任は，成年被後見人自身は負う必要はないが（民法第713条），成年被後見人を監督する立場である成年後見人が成年被後見人に代わって損害を賠償する責任を負うこととなる（民法第714条）。

✕ 後見開始の審判前に成年被後見人が行った財産処分については，成年後見人の取消権が及ばない。

〇 相続放棄の申述自体は，家庭裁判所の許可を受けるものではなく，後見人が単独で手続き可能である。

▶24

▶24
相続
法定相続（民法の定める相続の原則）と遺言による相続があり，遺言は法定相続に優先する。相続の対象となる財産を遺産といい，所有権はもちろん，損害賠償請求権や借地権等の諸権利が広く含まれる。

✕ 保佐の対象者は，精神上の障害により事理を弁識する能力が著しく不十分な人が対象であり，その能力を問わずに浪費という事実にだけ目を向けた対象認識は不十分である。

〇 被保佐人が「借財又は保証」などの行為をするには，その保佐人の同意を得なければならず，その同意又はこれに代わる許可を得ないでしたものは，取り消すことができる（民法第13条）。また，行為能力の制限によって取り消すことができる行為は，制限行為能力者又はその代理人に限り，取り消すことができる（同法第120条）。(関連キーワード▶25参照)

✕ 本人の同意については，保佐開始には必要とされていないが，補助開始においては，本人以外の者の請求により補助開始の審判をするには，本人の同意がなければならないと規定されている（民法第11条，第15条）。

▶25
保佐監督人の職務
①保佐人の事務を監督する。②保佐人が欠けた場合に，遅滞なくその選任を家庭裁判所に請求する。③急迫の事情がある場合に，必要な処分をする。④保佐人又はその代表する者と被保佐人との利益が相反する行為について，被保佐人を代表し，又は被保佐人がこれをすることに同意する。

補助の概要

☐ **105** 補助は，保佐よりも判断能力の低下が軽い者を対象としている。
☐ 35回80改変

☐ **106** 補助開始の審判をするには，本人の申立て又は本人の同意がなければならない。
☐ 35回80

☐ **107** 法定後見制度における補助の開始には，精神の状況につき鑑定が必要とされている。
☐ 27回80

☐ **108** 家庭裁判所は，補助人に対し，被補助人の財産に関する不特定の法律行為についての代理権を付与することができる。
☐ 35回80

☐ **109** 補助人の事務を監督する補助監督人という制度は設けられていない。
☐ 35回80

任意後見の概要

☐ **110** 任意後見契約に関する証書の作成後，公証人は家庭裁判所に任意後見契約の届出をしなければならない。
☐ 33回82

◎ 設問のとおり。補助の対象については，民法第15条（補助開始の審判）第1項に「精神上の障害により事理を弁識する能力が不十分である者」と規定されている。他方，保佐の対象については，同法第11条（保佐開始の審判）に「精神上の障害により事理を弁識する能力が著しく不十分である者」と規定されている。（関連キーワード▶26参照）

◎ 設問のとおり（民法第15条（補助開始の審判）第2項）。なお，後見開始の審判及び保佐開始の審判をするには，本人の同意は必要とされていない。

✕ 家事事件手続法第138条において「家庭裁判所は，被補助人となるべき者の精神の状況につき医師その他適当な者の意見を聴かなければ，補助開始の審判をすることができない」と規定されており，鑑定が必要とはされていない。

✕ 民法第876条の9（補助人に代理権を付与する旨の審判）第1項に「家庭裁判所は，第15条第1項本文（補助開始の審判）に規定する者又は補助人若しくは補助監督人の請求によって，被補助人のために特定の法律行為について補助人に代理権を付与する旨の審判をすることができる」と規定されている。（関連キーワード▶27参照）

✕ 民法第876条の8（補助監督人）第1項に「家庭裁判所は，必要があると認めるときは，被補助人，その親族若しくは補助人の請求により又は職権で，補助監督人を選任することができる」と規定されている。

✕ 任意後見契約に関する法律第3条には，「任意後見契約は，法務省令で定める様式の公正証書によってしなければならない」と規定されている。任意後見契約に関する証書の作成は，公証人が行い，その後公証人の嘱託により，法務局で登記されることになる。家庭裁判所に届出をする必要はない。

▶26
後見
対象は，民法第7条（後見開始の審判）に「精神上の障害により事理を弁識する能力を欠く常況にある者」と規定されている。

▶27
特定の法律行為
「被補助人の所有するすべての財産の管理・保存・処分」「預貯金の管理（口座の開設・変更・解約・振込み・払戻し）」「介護契約等に関する事項（介護サービスの利用契約等）」「医療（病院等への入院等）契約の締結・変更・解除」等をいう。

権利擁護を支える法制度

| | 111
33回82 | 任意後見制度において，本人は，任意後見監督人選任の請求を家庭裁判所に行うことはできない。 |

| | 112
33回82 | 任意後見契約では，代理権目録に記載された代理権が付与される。 |

| | 113
33回82 | 任意後見監督人が選任される前において，任意後見受任者は，家庭裁判所の許可を得て任意後見契約を解除することができる。 |

| | 114
33回82改変 | 任意後見監督人が選任された後において，本人が後見開始の審判を受けた場合，任意後見契約は終了する。 |

| | 115
30回79改変 | 任意後見契約は，任意後見契約の締結によって直ちに効力が生じるわけではない。 |

| | 116
30回79 | 任意後見契約の解除は，任意後見監督人の選任後も，公証人の認証を受けた書面によってできる。 |

成年後見制度の最近の動向

| | 117
33回83改変 | 「成年後見関係事件の概況（令和5年1月〜12月）」（最高裁判所事務総局家庭局）によると，「成年後見関係事件」の「終局事件」において，主な申立ての動機として最も多いのは，預貯金等の管理・解約であった。 |

✕ 任意後見契約に関する法律第4条には、「任意後見契約が登記されている場合において、精神上の障害により本人の事理を弁識する能力が不十分な状況にあるときは、家庭裁判所は、本人、配偶者、四親等内の親族又は任意後見受任者の請求により、任意後見監督人を選任する」と規定されている。

〇 任意後見契約では、任意後見人による代理が可能な行為、すなわち任意後見人に与えられる代理権の範囲が、任意後見契約によって定められた行為として代理権目録に記載され、代理権が付与される。

✕ 任意後見契約に関する法律第9条には、「任意後見監督人が選任される前においては、本人又は任意後見受任者は、いつでも、公証人の認証を受けた書面によって、任意後見契約を解除することができる」と規定されている。

〇 任意後見契約に関する法律第10条第3項には、「任意後見監督人が選任された後において本人が後見開始の審判等を受けたときは、任意後見契約は終了する」と規定されている。

〇 任意後見契約の効力を発生させるためには、任意後見契約を締結するだけでなく、その後に任意後見監督人の選任を家庭裁判所が行う必要がある。

✕ 任意後見監督人が選任された後においては、本人や任意後見人は、正当な事由がある場合に限り、家庭裁判所の許可を得て、任意後見契約を解除することができる。なお、任意後見監督人の選任前であれば、本人や任意後見受任者は公証人の認証を受けた書面によりいつでも任意後見契約を解除することができる。

〇 「成年後見関係事件」の「終局事件」において、主な申立ての動機として最も多いのは、預貯金等の管理・解約で全体の31.3％、次いで、身上保護24.3％、介護保険契約14.3％、不動産の処分11.8％、相続手続8.5％という順であった。

▶28
成年後見関係事件
後見開始、保佐開始、補助開始、任意後見監督人選任事件のこと。

261

「成年後見関係事件の概況（令和5年1月〜12月）」（最高裁判所事務総局家庭局）によると，「成年後見関係事件」の「終局事件」において，市区町村長が申立人となったものの割合は，全体の約5割であった。

□ **119**
33回83改変
「成年後見関係事件の概況（令和5年1月〜12月）」（最高裁判所事務総局家庭局）によると，「成年後見関係事件」のうち「認容で終局した事件」において，開始原因として最も多いのは，統合失調症であった。

□ 120
33回83改変
「成年後見関係事件の概況（令和5年1月〜12月）」（最高裁判所事務総局家庭局）によると，「成年後見関係事件」の申立件数に占める保佐開始の審判の割合は，全体の約7割であった。

□ 121
31回80改変
「成年後見関係事件の概況（令和5年1月〜12月）」（最高裁判所事務総局家庭局）によると，鑑定期間として最も多かったのは，2か月超え3か月以内である。

成年後見制度利用支援事業

□ 122
32回81改変
成年後見制度利用促進基本計画の対象期間は，おおむね5年程度とされている。

□ 123
32回81
市町村は，成年後見制度利用促進基本計画を勘案して，成年後見制度の利用の促進に関する施策についての基本的な計画を定めなければならない。

□ 124
32回81
成年後見制度利用促進基本計画においては，利用のしやすさよりも不正防止の徹底が優先課題とされている。

日常生活自立支援事業

□ 125
31回81
成年後見人による日常生活自立支援事業の利用契約の締結は，法律で禁じられている。

□ 126
31回81
法定後見のいずれかの類型に該当する程度に判断能力が低下した本人が日常生活自立支援事業の利用契約を締結することは，法律で禁じられている。

✕ 「成年後見関係事件」の「終局事件」において，市区町村長が申立人となったものの割合は，全体の約23.6％で最も多かった。本人が2番目に多く約22.2％，3番目が本人の子で約20.0％となっている。

✕ 「成年後見関係事件」のうち「認容で終局した事件」において，開始原因として最も多いのは，認知症で全体の約62.6％，次いで知的障害が約9.9％，統合失調症は3番目で約8.8％となっている。

✕ 「成年後見関係事件」の申立件数に占める保佐開始の審判の割合は，全体の約21.9％であった。ちなみに，成年後見開始の審判が約69.3％，補助開始の審判は約6.8％である。

✕ 鑑定期間として最も多かったのは，1か月以内で，全体の約53.5％である。次いで1か月超え2か月以内の約35.1％，2か月超え3か月以内の約7.5％の順となっている。

◯ 2017年（平成29年）3月に閣議決定された成年後見制度利用促進基本計画では，対象期間はおおむね5年間を念頭におかれている。

✕ 成年後見制度利用促進法第14条において，市町村は，「基本的な計画を定めるよう努める」と規定されており，努力義務となっている。

▶29
成年後見制度利用促進法
正式名称は，「成年後見制度の利用の促進に関する法律」である。

✕ 成年後見制度利用促進基本計画のポイントの1つとして，「不正防止の徹底と利用しやすさとの調和」が示されているが，利用のしやすさも不正防止の徹底も同じレベルで重視されており，どちらかが優先されるというものではない。

✕ 法定代理人である成年後見人との利用契約の締結はできる。

✕ 法定後見の類型は「後見」「保佐」「補助」の3類型に分類される。そのうち，「保佐」「補助」に該当する場合であっても，本人に契約能力がある場合は契約ができる。

□ **127**
□ 31回81改変　日常生活自立支援事業の実施主体である都道府県社会福祉協議会は，職権により本人の利用を開始することはできない。

□ **128**
□ 27回82　福祉サービスについての苦情解決制度の利用援助を行うことは，日常生活自立支援事業の対象となる。

□ **129**
□ 35回81改変　日常生活自立支援事業の実契約者数は，2022年度（令和4年度）末時点で5万人を超えている。

□ **130**
□ 35回81　日常生活自立支援事業の実契約者数の内訳は，2022年度（令和4年度）末時点で知的障害者等の割合が最も多い。

□ **131**
□ 35回81改変　日常生活自立支援事業の2022年度（令和4年度）新規契約締結者のうち，約4割が生活保護受給者であった。

□ **132**
□ 35回81　日常生活自立支援事業の2022年度（令和4年度）新規契約締結者の住居は，7割以上が自宅であった。

□ **133**
□ 35回81　事業実施主体から委託を受け業務を実施する基幹的社会福祉協議会の数は，2022年度（令和4年度）は約300であった。

⭕ 日常生活自立支援事業による援助は，要援護者本人からの申請に基づき開始されるとされており，実施主体である都道府県社会福祉協議会等の職権により開始することはできない。

⭕ 本事業の援助内容の1つとして，福祉サービスの利用援助があり，「苦情解決制度の利用援助」が規定されている。

⭕ 2022年度（令和4年度）末時点の実契約者数は5万6550件である。

❌ 2022年度（令和4年度）末時点の実契約者数の内訳は，認知症高齢者等が2万1496件で最も多い。次いで精神障害者等が1万7638件，知的障害者等が1万4384件，その他が3032件である。

⭕ 2022年度（令和4年度）新規契約締結者数1万866件のうち，生活保護受給者は4614件で約42.5％となっている。

⭕ 2022年度（令和4年度）新規契約締結者数1万866件のうち，契約時の住居が自宅であったのは8322件で約76.6％，自宅外であったのは2544件で約23.4％であった。

❌ 基幹的社会福祉協議会とは，日常生活自立支援事業の一部を委託されている市区町村社会福祉協議会のことをいい，2022年度（令和4年度）の数は1596であった。

▶30
日常生活自立支援事業
判断能力が不十分な者が，地域において自立した生活が送れるように，福祉サービスの利用援助等を行うもの。

権利擁護を支える法制度

地域福祉と
包括的支援体制

地域福祉の基本的な考え方

地域福祉の概念と理論

1 35回32
コミュニティケアとは，地域の特性や地域における課題やニーズを把握し，地域の状況を診断することをいう。

2 34回38
ソーシャルキャピタル（社会関係資本）とは，道路や上下水道，社会福祉施設など住民が共同で利用することができる地域の公共的な資源のことをいう。

3 34回38
セルフヘルプグループとは，成員同士のピアサポートの実施や社会的地位の向上を図ることを目的として，同じ職種の専門職によって構成される団体のことをいう。

4 34回38
ローカルガバナンスとは，正当な手続によって選出された首長や議員によって地方政治が一元的に統治されている状態のことをいう。

5 34回38
プラットフォームとは，住民や地域関係者，行政などがその都度集い，相談，協議し，学び合う場のことをいう。

6 34回38
ソーシャルサポートネットワークとは，本人を取り巻く全ての援助関係のうち，家族や友人などインフォーマルな社会資源に関するネットワークを除いたもののことをいう。

7 35回32
福祉の多元化とは，全ての人々を排除せず，健康で文化的な生活が実現できるよう，社会の構成員として包み支え合う社会を目指すことをいう。

✕ コミュニティケア[▶1]とは，福祉サービスを施設だけでなく地域社会でも提供しようとする考え方である。設問は，「地域診断」の説明である。

✕ 設問は「社会資本」，あるいは「社会的共通資本」（インフラストラクチャー）についての説明である。

✕ セルフヘルプグループは，専門職ではなく，同じ属性やニーズ等をもつ当事者によって構成されるグループのことをいう。「自助グループ」や「当事者組織」等の訳語があてられる。

✕ ローカルガバナンス[▶2]とは，行政が「公共」を独占するのではなく，地域を構成する公・私，営利・非営利，フォーマル・インフォーマルを含めた多様な主体が役割分担しながら共同・協働して地域社会を運営していくという考え方のことである。

◯ 設問のとおり。2019年（令和元年）に公表された「地域共生社会に向けた包括的支援と多様な参加・協働の推進に関する検討会」（地域共生社会推進検討会）の最終とりまとめのなかで，「地域のプラットフォームの機能の要素」として説明されている内容である。

✕ ソーシャルサポートネットワークは，本人を取り巻く全ての援助関係を総称したものである。家族や友人などによるインフォーマルな社会資源による支援は，ソーシャルサポートネットワークの重要な要素である。

✕ 福祉の多元化とは，政府だけでなく，民間非営利団体，営利企業，家族や近隣等のインフォーマルなサービスの担い手といった複数の主体によって福祉サービスが提供されることを指す。選択肢の記述は，「ソーシャルインクルージョン（社会的包摂）」の理念の説明である。（関連キーワード▶3参照）

▶1
コミュニティケア
中央社会福祉審議会は，1971年（昭和46年）に「コミュニティ形成と社会福祉（答申）」を公表し，「社会福祉におけるコミュニティ・ケアは，社会福祉の対象を収容施設において保護するだけでなく，地域社会すなわち居宅において保護を行い，その対象者の能力のより一層の維持発展をはかろうとするものである」と，コミュニティケアを定義した。

▶2
ローカルガバナンス
近年では「地域共治」という訳語があてられることが多い。

▶3
「ウルフェンデン報告」
「ウルフェンデン報告」（1978年）では，社会サービスの供給システムには，①インフォーマル部門，②営利部門，③法定部門，④ボランタリー部門の四つの下位システムが存在することを指摘した。

269

☐
☐ 8
35回32
社会的企業とは，社会問題の解決を組織の主たる目的としており，その解決手段としてビジネスの手法を用いている企業のことである。

☐
☐ 9
31回33
ノーマライゼーションとは，障害のある人に，障害のない人と同じような暮らしが可能となる生活条件を作り出していく考え方のことをいう。

☐
☐ 10
31回33
ソーシャルインクルージョンとは，全ての人々を孤独や孤立，排除や摩擦から援護し，社会の構成員として包み支え合う社会を目指すことをいう。

☐
☐ 11
29回35
ソーシャルアクションは，コミュニティオーガニゼーションと密接に関わるソーシャルワークの方法である。

☐
☐ 12
36回38
フィランソロピーとは，SNSなどを通じて，自らの活動を不特定多数に発信し寄附金を募る仕組みである。

地域福祉の歴史

●海外

☐
☐ 13
27回33
ロンドンで設立された慈善組織協会（1869年）は，慈善活動を組織化するとともに友愛訪問を実施し，ソーシャルワークの形成に大きな影響を与えた。

☐
☐ 14
27回33
「ベヴァリッジ報告」（1942年）は，社会保障制度の基礎となるとともに，地方自治体におけるパーソナル・ソーシャル・サービスを中心とした組織改革をもたらした。

☐
☐ 15
29回33
シーボーム報告（1968年）は，社会サービスにおけるボランティアの役割は，専門家にできない新しい社会サービスを開発することにあることを強調した。

○ 社会的企業とは，事業を通して社会的課題に取り組む企業やNPOなどの団体のことをいう。「社会的起業家」「ソーシャルビジネス」とも呼ばれる。

○ ノーマライゼーションは，すべての障害者の日常生活の様式や条件を，障害のない人と同じような暮らしが可能となる社会環境や生活様式に可能な限り近づけることを目指す考え方であり，そのための方法をいう。

○ ソーシャルインクルージョン[4]は，「社会的包摂」などと訳され，全ての人々を社会の一員として受け入れ支え合うという社会政策の理念である。

○ 設問のとおり。ソーシャルアクション[5]の展開過程は，主に，問題の把握，要求の明確化，行動計画の策定，世論の喚起，住民集会や署名活動，行政機関などへの要求，活動の総括，となる。このような展開過程は，地域を基盤として展開されるコミュニティオーガニゼーションと深い関わりをもつ。

× フィランソロピー（philanthoropy）とは，企業が本業以外の活動として行う社会貢献活動のことである。

○ 慈善組織協会は，濫給や漏給，職業乞食の発生などの弊害を解決するために設立された。社会事業の近代化を促し，ソーシャルワークの形成に大きな影響を与えた。

× パーソナル・ソーシャル・サービスを中心とした組織改革を勧告したのは，シーボーム報告（1968年）である。[6]

× 設問はエイブス報告の内容である。シーボーム報告では，分野別にサービスが提供されるのではなく，単一の部局による包括的なアプローチが目指された。

▶4
ソーシャルインクルージョン
ヨーロッパでは1980年代に取り上げられるようになり，日本では「社会的な援護を要する人々に対する社会福祉のあり方に関する検討会」報告書（2000年（平成12年））で基本理念として盛り込まれた。

▶5
ソーシャルアクション
社会福祉の向上を目指し，組織をつくり，関係各方面に圧力をかけたり，行政機関に直接的にはたらきかける行為のこと。

▶6
シーボーム報告
同報告では，福祉サービスの資源不足や縦割り体制でのサービスの提供という課題の対策として，地方自治体に社会福祉部を設置し，パーソナル・ソーシャル・サービスを提供することが勧告された。

●国内

16
28回34
日本におけるセツルメント運動は，アダムス（Adams, A.）が岡山博愛会を設立したことに始まるとされている。

17
28回34改変
片山潜は，セツルメントの拠点としてキングスレー・ホールを開設した。

18
32回32
中央慈善協会は，全国の主要な都市で展開されていたセツルメント運動の組織化を図ることを目的として設立された。

19
32回32
方面委員制度は，岡山県で発足した済世顧問制度を始まりとし，後に方面委員令により全国的な制度として普及した。

20
32回32
共同募金会は，関東大震災によって被災した人々を援助するために，政府の呼び掛けによって設立された。

21
34回32
社会福祉事業法の改正（1983年（昭和58年））により，市町村社会福祉協議会が法制化され，地域福祉におけるその役割が明確になった。

22
34回32
特定非営利活動促進法の改正及び税制改正（2001年（平成13年））により，認定された法人に寄附をした者は，税制上の優遇措置を受けられないことになった。

整理しておこう！

イギリス・アメリカの地域福祉に関する主な報告書と概要

レイン報告 （米）	1939年	全米社会事業会議において採択された。コミュニティ・オーガニゼーションの基本的な体系をまとめ，その目標を「資源とニーズを調整すること」とした。
ベヴァリッジ報告 （英）	1942年	「社会保険と関連サービス」と題する報告書。社会保険を中核とする社会保障制度を体系化。戦後社会保障の基礎となった。
シーボーム報告 （英）	1968年	「地方自治体と関連する対人福祉サービスに関する委員会報告」と題する報告書。地方自治体における社会サービス部局の再編成と対人福祉サービスにおけるソーシャルワークを確立。「地方自治体社会サービス法」（1970年）の成立へ。

設問のとおり。岡山博愛会は，1891年（明治24年）にアダムスによって設立された日本で最初のセツルメントといわれている。

 キングスレー・ホールは，1897年（明治30年）に東京の神田三崎町に設立された。

✕ 中央慈善協会は慈善活動に関する調査の実施や，慈善活動を行っている団体間の連絡調整などを行うことを目的として，1908年（明治41年）に設立された。

 設問のとおり。方面委員制度は，現在の民生委員制度の源流とされている。

✕ 1947年（昭和22年）に社会事業共同募金中央委員会が発足し，同年に「国民たすけあい運動」として共同募金運動が始まった。なお，関東大震災は1923年（大正12年）に発生した。

 市町村社会福祉協議会は，1983年（昭和58年）の社会福祉事業法の一部改正時に法制化された。なお，都道府県社会福祉協議会と全国社会福祉協議会は，社会福祉事業法の制定（1951年（昭和26年））とともに法制化された。

✕ 2001年（平成13年）の特定非営利活動促進法の改正及び税制改正により，認定NPO法人への寄附金について所得控除が導入された。

▶7
中央慈善協会
初代会長は渋沢栄一。1921年（大正10年）に社会事業協会，1924年（大正13年）に中央社会事業協会，1947年（昭和22年）には日本社会事業協会となった。1951年（昭和26年）には，全日本民生委員連盟，同胞援護会と合併し，中央社会福祉協議会が設立，やがて全国社会福祉協議会に発展した。

地域福祉と包括的支援体制

ウォルフェンデン報告（英）	1978年	「ボランタリー組織の将来」と題する報告書。社会サービスのシステムを，公的サービスのほかインフォーマルな支援ネットワークなど多様な供給主体によるとする福祉多元主義として確認。
バークレイ報告（英）	1982年	ソーシャルワーカーの役割と任務，実際の活動についての報告。コミュニティ・ソーシャルワークの概念，展開方法，役割等について言及。
グリフィス報告（英）	1988年	「コミュニティケア―行動計画のための指針―」と題する報告書。コミュニティケアにおける財政責任とマネジメント責任。「国民保健サービス及びコミュニティケア法」（1990年）の成立へ。
エイブス報告（英）	1969年	ボランティアの役割は専門家にはできない新しいサービスの可能性に挑戦する開発的役割があるとした。

社会福祉法の改正（2016年（平成28年））により，行政が実施する事業を代替する
取組を行うことが，社会福祉法人の責務として規定された。

地域福祉の推進主体

●地方自治体

□
□ 24
34回35
都道府県は，その区域内においてあまねく福祉サービス利用援助事業が実施され
るために必要な事業を行うものとすると規定されている。

□
□ 25
35回36
社会福祉法では，市町村は，地域生活課題の解決に資する支援が包括的に提供さ
れる体制の整備に努めなければならないと規定されている。

□
□ 26
32回36改変
社会福祉法の規定では，市町村は，地域生活課題の解決に資する支援が包括的に
提供される体制の整備に努めなければならない。

整理 し て お こ う ！

日本の地域福祉の源流をつくった人物

　日本の地域福祉の源流としては，イギリスの慈善組織協会(1869年設立)やセツルメント運動
(1884年にトインビー・ホールの創設)などの影響を受けた明治期にさかのぼることができる。ここ
では，江戸時代末期から明治期にかけて生まれ，社会活動を行った人物についてまとめておこう。

渋沢栄一	1840年～1931年 （天保11年）（昭和6年）	1867年（慶応3年）にパリに渡り，近代産業を見て，帰国後，静岡で日本最初の商法会所を設立した。その後，大蔵省に勤め，退官後，第一国立銀行創設など数多くの企業・事業体にかかわった。引退後も，多様な社会事業に貢献している。
小河滋次郎	1863年～1925年 （文久3年）（大正14年）	内務省に入り，監獄行政を担当した後，大阪府知事に招かれ，済世事業指導嘱託となる。1918年（大正7年），林市蔵知事のもとで，方面委員制度の創設に努めた。

× 2016年（平成28年）の社会福祉法の改正で，社会福祉法第24条第2項に，社会福祉法人は，「日常生活又は社会生活上の支援を必要とする者に対して，無料又は低額な料金で，福祉サービスを積極的に提供するよう努めなければならない」と明記され，社会福祉法人に対して「地域における公益的な取組」の責務が課せられることとなった。

× 都道府県の区域内においてあまねく福祉サービス利用援助事業が実施されるために必要な事業を行うのは，都道府県ではなく，都道府県社会福祉協議会である（社会福祉法第81条）。

○ 社会福祉法第6条（福祉サービスの提供体制の確保等に関する国及び地方公共団体の責務）第2項において，国及び地方公共団体は，「地域生活課題の解決に資する支援が包括的に提供される体制の整備その他地域福祉の推進のために必要な各般の措置を講ずるよう努める」と規定されている。

○ 設問のとおり（社会福祉法第106条の3第1項）。

石井十次	1865年〜1914年 （慶応元年）（大正3年）	岡山医学校在学中の1887年（明治20年），岡山孤児院を創設した。熱心なキリスト教信者で，1906年（明治39年）に岡山孤児院は東北冷害救済のため収容人数が1200人という規模になった。その後，生まれ故郷の宮崎県茶臼原に拠点を移し児童福祉活動を続けた。
賀川豊彦	1888年〜1960年 （明治21年）（昭和35年）	キリスト教徒の社会事業家で，1909年（明治42年）より神戸市新川の貧民街で伝道を開始し，その半生を『死線を越えて』（1920年）にまとめた。アメリカに留学するが主な活動は日本に帰国してからで，1919年（大正8年），関西労働連盟会を組織し，1921年（大正10年），神戸川崎・三菱造船所のストライキを指導し，また生活協同組合や農民組合運動にもかかわった。
牧賢一	1904年〜1976年 （明治37年）（昭和51年）	桜楓会託児所付設巣鴨労働夜学校で働くが，桜楓会から寄贈を受けた巣鴨託児所を「西窓学園」と改称して聴覚障害女性の家とし，丸山千代園長とともに新しいセツルメント活動を推進した。社会福祉協議会の啓蒙書として『社会福祉協議会読本』（1953年）や『コミュニティ・オーガニゼーション概論』（1966年）等がある。

●地域住民等

☐
☐ **27**
34回33

社会福祉法では，地域住民，社会福祉を目的とする事業を経営する者，社会福祉に関する活動を行う者は，相互に協力し，地域福祉を推進するよう努めなければならないとされている。

●社会福祉法人

☐
☐ **28**
35回40

社会福祉法人による「地域における公益的な取組」は，社会福祉充実残額が生じた場合に，社会福祉法人がネットワークを構築して取り組むものである。

☐
☐ **29**
32回39

社会福祉法の改正（2016年（平成28年））では，社会福祉法人は，収入の一定割合を地域における公益的な取組の実施に充てなければならないとされた。

☐
☐ **30**
36回36改変

社会福祉法において，社会福祉法人は，社会福祉事業以外の事業を実施することができる。

☐
☐ **31**
33回39

社会福祉法人の公益事業における剰余金については，他の社会福祉法人が行っている社会福祉事業への寄附が認められている。

☐
☐ **32**
36回38

社会福祉法人による地域における公益的な取組とは，地元企業に投資し，法人の自主財源を増やしていくことである。

◯ 社会福祉法第4条第2項に「地域住民，社会福祉を目的とする事業を経営する者及び社会福祉に関する活動を行う者（以下「地域住民等」という。）は，相互に協力し，福祉サービスを必要とする地域住民が地域社会を構成する一員として日常生活を営み，社会，経済，文化その他あらゆる分野の活動に参加する機会が確保されるように，地域福祉の推進に努めなければならない」と明記されている。

✕ 社会福祉法人の公益的性格に鑑み，社会福祉充実残額の有無にかかわらず，すべての社会福祉法人に，「地域における公益的な取組」（社会福祉法第24条第2項）の実施が求められている。

✕ 2016年（平成28年）の社会福祉法改正において，社会福祉法人の公益性・非営利性を踏まえて地域における公益的な取組の実施に関する責務が規定された（同法第24条第2項）。日常生活又は社会生活上の支援を必要とする人々に対して，法人の費用負担によって無料又は低額な料金で福祉サービスを積極的に提供するよう努めなければならないことが示されているものの，法人収入の一定割合を充てなければならないとは記されていない。 （関連キーワード▶10参照）

◯ 社会福祉法第26条第1項において，「社会福祉法人は，その経営する社会福祉事業に支障がない限り，公益を目的とする事業（以下「公益事業」という。）又はその収益を社会福祉事業若しくは公益事業（中略）の経営に充てることを目的とする事業（以下「収益事業」という。）を行うことができる」と規定されている。

✕ 「社会福祉法人の認可について」では，「公益事業において剰余金を生じたときは，当該法人が行う社会福祉事業又は公益事業に充てること」とされている。

✕ 社会福祉法人が行う地域における公益的な取組とは，①社会福祉事業又は公益事業を行うに当たって提供される「福祉サービス」であること，②「日常生活又は社会生活上の支援を必要とする者」に対する福祉サービスであること，そして③無料又は低額な料金で提供されること，の三つの要件を満たすものであると定義される。

▶8
地域住民等
「地域住民，社会福祉を目的とする事業を経営する者及び社会福祉に関する活動を行う者」（社会福祉法第4条第2項）のことであり，地域福祉の推進に努める主体として位置づけられている。

▶9
地域における公益的な取組
①社会福祉事業又は公益事業を行うに当たって提供される福祉サービスであること，②対象者が日常生活又は社会生活上の支援を必要とする者であること，③無料又は低額な料金で提供されることの三つの要件のすべてを満たすことが必要である。

▶10
社会福祉充実残額
法人が保有する財産から，事業継続に必要な財産を除いた際に，再投下できる財産。社会福祉充実残額が生じる場合には，法人が策定する社会福祉充実計画に基づいて，所轄庁の承認を得た上で，社会福祉事業や地域公益事業，その他の公益事業に再投資しなければならない（社会福祉法第55条の2）。

▶11
「社会福祉法人の認可について」
平成12年12月1日障第890号・社援第2618号・老発第794号・児発第908号厚生省大臣官房障害保健福祉部・社会・援護局・老人保健福祉局・児童家庭局長連名通知。

●特定非営利活動法人

33
32回35改変
特定非営利活動促進法では，特定非営利活動法人の役員のうち，報酬を受ける者の数が，役員総数の3分の1以下であることとされている。

34
35回33改変
特定非営利活動法人は，収益を目的とする事業を行うことができる。

35
36回36
特定非営利活動促進法において，特定非営利活動法人は，内閣府の認可により設立される。

36
36回38
個人又は法人が認定特定非営利活動法人に寄付をした場合は，税制上の優遇措置の対象となる。

●社会福祉協議会

37
36回32
1962年（昭和37年）に社会福祉協議会基本要項が策定され，在宅福祉サービスを市町村社会福祉協議会の事業として積極的に位置づける方針が示された。

38
36回32
1983年（昭和58年）に社会福祉事業法が一部改正され，都道府県社会福祉協議会を実施主体とする地域福祉権利擁護事業が開始された。

39
36回32改変
1962年（昭和37年）に「社会福祉協議会基本要項」が策定され，社会福祉協議会の活動原則として住民主体の原則が初めて位置づけられた。

40
36回32
2000年（平成12年）に社会福祉事業法が社会福祉法へ改正されたことにより，市町村社会福祉協議会の目的は地域福祉の推進にあることが明文化された。

設問のとおり（特定非営利活動促進法第2条第2項第1号ロ）。

 特定非営利活動法人（NPO法人）は，特定非営利活動に支障がない限り，収益を目的として，特定非営利活動に係る事業以外の事業（その他の事業）を行うことができる。ただし，利益が生じたときは，これを特定非営利活動に必要な資金や運営費に充てなければならない（特定非営利活動促進法第5条第1項）。

 特定非営利活動法人を設立しようとする者は，所轄庁^{▶12}の認証を受けなければならない（特定非営利活動促進法（NPO法）第10条第1項）。

 2011年（平成23年）の特定非営利活動促進法（NPO法）の改正により，個人又は法人が認定特定非営利活動法人等に寄付をした場合は，税制上の優遇措置を受けられることとなった（2012年（平成24年）4月1日施行）。

> ▶12
> 所轄庁
> NPO法第9条において，所轄庁は原則としてNPO法人の主たる事務所が所在する都道府県の知事となり，その事務所が一の指定都市の区域内のみに所在する場合は，当該指定都市の長となると規定されている。

 市町村社会福祉協議会の事業として在宅福祉サービスの推進を提言したのは，1979年（昭和54年）に，全国社会福祉協議会が設置した在宅福祉サービスの在り方に関する研究委員会による「在宅福祉サービスの戦略」^{▶13}である。

 地域福祉権利擁護事業は，2000年（平成12年）の社会福祉事業法等の改正で都道府県社会福祉協議会による福祉サービス利用援助事業が規定されたことに伴い，第二種社会福祉事業として開始された。

> ▶13
> 「在宅福祉サービスの戦略」
> 地域福祉活動を①在宅福祉サービス，②環境改善サービス，③組織化活動に分類し，そのうち在宅福祉サービスについては三つの側面（予防的福祉サービス，専門的ケア・サービス，在宅ケア・サービス）を示した。

 設問のとおり。「社会福祉協議会基本要項」では，「社会福祉協議会は一定の地域社会において，住民が主体となり，社会福祉，保健衛生その他生活の改善向上に関連のある公私関係者の参加，協力を得て，地域の実情に応じ，住民の福祉を増進することを目的とする民間の自主的な組織である」と明記された。

 設問のとおり。2000年（平成12年）の社会福祉法において，市町村社会福祉協議会は地域福祉を推進する中核的な団体として規定された。

地域福祉と包括的支援体制

| | 41 34回33 | 社会福祉法では，社会福祉協議会は，社会福祉を目的とする事業の実施のため，福祉サービスの提供体制の確保や適切な利用推進の施策等の必要な措置を講じなければならないとされている。 |

| | 42 32回37改変 | 社会福祉法の規定では，都道府県社会福祉協議会は，福祉サービスの苦情を解決するための運営適正化委員会を設置する。 |

| | 43 32回37 | 社会福祉法の規定では，市町村社会福祉協議会は，役員の総数の3分の1を関係行政庁の職員で構成しなければならない。 |

| | 44 32回37 | 社会福祉法の規定では，市町村社会福祉協議会は，第一種社会福祉事業の経営に関する指導及び助言を行う。 |

| | **45** 32回37 | 社会福祉法の規定では，市町村社会福祉協議会は，市町村の区域内における社会福祉事業又は更生保護事業を経営する者の過半数が参加する。 |

| | 46 36回36 | 社会福祉法において，市町村社会福祉協議会の役員には，関係行政庁の職員が5分の1以上就任しなければならない。 |

整理しておこう！

社会福祉協議会

　源流は1908年（明治41年）に設立された中央慈善協会。1951年（昭和26年）に現在の全国社会福祉協議会の前身である中央社会福祉協議会が設立され，同年に制定された社会福祉事業法にも規定がおかれた（このときは全国社会福祉協議会と都道府県社会福祉協議会のみ）。

　地域福祉推進の中核としての役割が課されており，社会福祉施設，民生委員・児童委員，住民組織，福祉団体などの参加により構成されている。関係行政庁の職員も，社会福祉協議会の役員になることができるが，役員の総数の5分の1を超えてはならない。

　社会福祉法では，地域福祉の推進を図ることを目的とする団体と規定され，都道府県社会福祉協議会と市町村社会福祉協議会は協力して「福祉サービス利用援助事業」に関する事業の実施，普及及び啓発を行う。

　市町村社会福祉協議会は，1又は同一都道府県内の2以上の市町村の区域内において設立されるが，広域的に事業を実施することにより効果的な運営が見込まれる場合には，区域を越えて活動することができる。

　また，社会福祉事業を経営する者又は社会福祉に関する活動を行う者から参加の申し出があったときは，正当な理由がなければ拒んではならない。

設問は，社会福祉協議会ではなく，国及び地方公共団体の責務に関する記述である（社会福祉法第6条第1項）。

 設問のとおり（社会福祉法第83条）。（関連キーワード▶14参照）

▶14
運営適正化委員会
福祉サービス利用援助事業の適正な運営確保と福祉サービスに関する利用者等からの苦情の適切な解決のために設置される。人格が高潔で，社会福祉に関する識見を有し，社会福祉，法律又は医療に関し学識経験を有する者で構成される。

 社会福祉法に，設問のような規定はない。なお，同法第109条第5項に，「関係行政庁の職員は，市町村社会福祉協議会及び地区社会福祉協議会の役員となることができる。ただし，役員の総数の5分の1を超えてはならない」と規定されている。

✕ 社会福祉法に，設問のような規定はない。なお，都道府県社会福祉協議会が行う事業として，「社会福祉を目的とする事業の経営に関する指導及び助言」が規定されている（同法第110条第1項第3号）。

▶15
社会福祉を目的とする事業
ここでいう「社会福祉を目的とする事業」は，社会福祉法第2条において定義されている「社会福祉事業」(第一種社会福祉事業及び第二種社会福祉事業)よりも広い範囲の事業を指すものとされている。

◯ 設問のとおり（社会福祉法第109条第1項）。

✕ 社会福祉法第109条第5項において，「関係行政庁の職員は，市町村社会福祉協議会及び地区社会福祉協議会の役員となることができる。ただし，役員の総数の5分の1を超えてはならない」と規定されている。

	市町村社会福祉協議会	都道府県社会福祉協議会
法定化	1983年（昭和58年）	1951年（昭和26年）
構成要件	・地域福祉の推進を図ることを目的とする団体であること ・区域内における社会福祉事業を経営する者の参加 ・区域内における社会福祉に関する活動を行う者の参加 ・区域内における社会福祉事業又は更生保護事業を経営する者の過半数の参加（指定都市にあっては，これに加えて地区社会福祉協議会の過半数の参加）	・地域福祉の推進を図ることを目的とする団体であること ・区域内における市町村社会福祉協議会の過半数の参加 ・区域内における社会福祉事業又は更生保護事業を経営する者の過半数の参加
事業内容	① 社会福祉事業の企画及び実施 ② 社会福祉に関する活動への住民の参加のための援助 ③ 社会福祉事業に関する調査，普及，宣伝，連絡，調整及び助成 ④ ①～③のほか，社会福祉事業の健全な発達を図るために必要な事業	① 市町村社会福祉協議会が行う事業であって各市町村を通ずる広域的な見地から行うことが適切なもの ② 社会福祉事業に従事する者の養成及び研修 ③ 社会福祉事業の経営に関する指導及び助言 ④ 市町村社会福祉協議会の相互の連絡及び事業の調整

市区町村社会福祉協議会の平均財源構成比（2019年（平成31年））をみると，会費・共同募金配分金・寄付金を合計した財源の比率が最も高い。

●民生委員・児童委員

□
□
48
33回33
民生委員法は，各都道府県等で実施されていた制度の統一的な発展を図るため，1936年（昭和11年）に制定された。

□
□
49
34回36
民生委員の定数は厚生労働大臣の定める基準を参酌して，市町村の条例で定められる。

整理しておこう！

民生委員

民生委員に関する問題は繰り返し出題されている。その中でも，頻出事項である民生委員制度のあゆみ，民生委員の特徴と職務内容について理解しておこう。

民生委員制度のあゆみ

年	概要
1917（大正6）	岡山県知事の笠井信一が済世顧問制度 を創設
1918（大正7）	大阪府知事の林市蔵が顧問の小河滋次郎の協力で方面委員制度 を発足
1936（昭和11）	方面委員令公布
1946（昭和21）	民生委員令として改称
1948（昭和23）	民生委員法制定

民生委員の特徴

任期	3年 （補欠の任期は，前任者の残任期間）
給与	なし（活動費は支給）
位置づけ	行政の協力機関
役職	非常勤特別職の地方公務員

✕ 2019年度（令和元年度）の市区町村社会福祉協議会の財源構成比は，会費が1.7％，共同募金配分金が0.5％，寄付金が1.0％と，いずれも僅かな割合となっている。これに対し，最も大きな財源は介護保険事業収益であり，その割合は34.7％となっている（全国社会福祉協議会「社会福祉協議会の組織・事業・活動について」2021年）。

✕ 民生委員法が制定されたのは1948年（昭和23年）である。方面委員を全国統一の制度として運用していくため，1936年（昭和11年）に方面委員令が公布された（施行は1937年（昭和12年）1月）。

▶16
方面委員
救護法において方面委員は補助機関（救護委員）として位置づけられた。

✕ 民生委員の定数は，厚生労働大臣の定める基準を参酌して，都道府県の条例で定める（法第4条第1項）。なお，条例を定めるにあたっては，都道府県知事は，あらかじめ，市町村長の意見を聴くこととされている（同条第2項）。

民生委員の職務内容

①住民の生活状態を必要に応じ，適切に把握する
②援助を必要とする者がその有する能力に応じ自立した日常生活を営むことができるよう生活に関する相談，助言，その他の援助を行う
③援助を必要とする者が福祉サービスを適切に利用するために必要な情報の提供，その他の援助を行う
④社会福祉を目的とする事業を経営する者又は社会福祉に関する活動を行う者と連携し，その事業又は活動を支援する
⑤社会福祉法に定める福祉に関する事務所（福祉事務所）その他の関係行政機関の業務に協力する
⑥必要に応じて，住民の福祉の増進を図るための活動を行う

区域または事項を担当する民生委員・児童委員配置基準表

	区分	配置基準
1	東京都区部及び指定都市	220から440までの間のいずれかの数の世帯ごとに1人
2	中核市及び人口10万人以上の市	170から360までの間のいずれかの数の世帯ごとに1人
3	人口10万人未満の市	120から280までの間のいずれかの数の世帯ごとに1人
4	町村	70から200までの間のいずれかの数の世帯ごとに1人

□ □ **50** 34回36	民生委員については，給与は支給しないものとされ，任期は定められていない。
□ □ **51** 30回34改変	民生委員の推薦は，都道府県知事が厚生労働大臣に対して行う。
□ □ **52** 34回36	民生委員は，非常勤特別職の地方公務員とみなされ，守秘義務が課せられる。
□ □ 53 34回36	民生委員は，児童委員を兼務するが，本人から辞退の申出があれば，その兼務を解かなければならない。
□ □ 54 36回36	民生委員法において，民生委員協議会は，民生委員の職務に関して，関係各庁に意見を具申することができる。

●主任児童委員

□ □ 55 32回38	主任児童委員は，児童虐待の早期発見と介入のため児童相談所に配属される。

●保護司

□ □ 56 36回36	保護司法において，保護司会連合会は，市町村ごとに組織されなければならない。

✕ 民生委員には，給与は支給しないものとされ，再任は可能としつつも，任期は3年と定められている（民生委員法第10条）。

◯ 民生委員・児童委員の委嘱では，まず地域住民の中から，社会福祉に対する理解と熱意があり地域の実情に精通した者を候補者とする。その後，都道府県知事が市町村の民生委員推薦会から推薦された候補者について，地方社会福祉審議会の意見を聴いて（努力義務）推薦し，厚生労働大臣が委嘱する。

◯ 民生委員は，地方公務員法第3条第3項に該当する非常勤特別職の地方公務員にあたるとされており，また，民生委員法第15条により守秘義務が課せられている。

✕ 「民生委員法による民生委員は，児童委員に充てられたものとする」（児童福祉法第16条第2項）と兼務することとなっているが，児童福祉法においても民生委員法においても兼務の辞退の申出に関する規定はない。

◯ 民生委員法第24条第2項において，「民生委員協議会は，民生委員の職務に関して必要と認める意見を関係各庁に具申することができる」と規定されている。

✕ 主任児童委員は，児童相談所に配属されない。

✕ 保護司法第14条第1項において，「保護司会は，都道府県ごとに保護司会連合会を組織する。ただし，北海道にあっては，法務大臣が定める区域ごとに組織するものとする」と規定されている。

▶17
民生委員
民生委員の基本的な性格としては，①自主性，②奉仕性，③地域性が示されている。民生委員は，都道府県知事の推薦によって，厚生労働大臣が委嘱する。児童福祉法に基づく児童委員を兼務している。また，2000年（平成12年）の民生委員法の改正により，名誉職規定が削除され，給与を支給しない旨が明確にされた。

▶18
児童委員
児童委員は，児童及び妊産婦への支援のため，①生活環境の把握，②必要な情報の提供，援助，指導，③社会福祉を目的とする事業を経営する者等への活動支援，④児童福祉司，社会福祉主事の職務への協力，などを行う。

●共同募金

57 35回38改変 共同募金を行う事業は第一種社会福祉事業である。

58 30回38改変 共同募金会は，都道府県を単位に設立されている。

59 36回38改変 共同募金は，社会福祉を目的とする事業を経営する者以外には配分できない。

60 35回38 共同募金では，災害に備えるため準備金を積み立て，他の共同募金会に拠出することができる。

61 35回33改変 共同募金の募金実績総額は，1990年代に減少に転じ，2000年（平成12年）以降も一貫して減少している。

●生活協同組合

62 30回38 消費生活協同組合は，福祉に関する事業を行うことができる。

地域福祉の主体と形成

63 35回32 セルフアドボカシーとは，行政が，障害者や高齢者等の権利を擁護するよう主張することをいう。

○ 設問のとおり。第一種社会福祉事業には，利用者への影響が大きく経営安定を通じた利用者保護の必要性が高い事業（主に利用者の保護を行う入所施設サービス）が指定されているが（社会福祉法第2条第2項），例外として法第113条第1項において，「共同募金を行う事業は，第2条の規定にかかわらず，第一種社会福祉事業とする」と定められている。

○ 設問のとおり。なお，共同募金会には配分委員会がおかれることとなっており（社会福祉法第115条第1項），共同募金会は寄附金の配分にあたっては配分委員会の承認を得なければならない（同法第117条第2項）。

○ 共同募金は，都道府県の区域内において社会福祉事業，更生保護事業その他の社会福祉を目的とする事業を経営する者（国及び地方公共団体を除く）に配分される（社会福祉法第112条）。

○ 社会福祉法第118条では，共同募金会は，災害等が発生した際に備えて寄附金の一部を準備金として積み立て（同条第1項），この全部又は一部を，他の共同募金会へ拠出することができる（同条第2項）と定められている。

○ 設問のとおり。共同募金の募金実績総額は，1990年代に減少に転じ，その後も減少を続けている。

○ 消費生活協同組合が実施できる事業の1つに，「高齢者，障害者等の福祉に関する事業であって組合員に利用させるもの」がある（消費生活協同組合法第10条第1項第7号）。

✕ セルフアドボカシーとは，当事者が自らの権利や要求を主体的に主張することをいう。選択肢の記述は，同じ課題を抱えた特定集団の代弁や制度の改善・開発を目指す，「クラス（コーズ）アドボカシー」の説明である。

▶19
共同募金
都道府県の区域を単位として，毎年厚生労働大臣が定める期間内（10月1日 から12月31日まで）に行われる寄附金の募集であって，その寄附金は地域内において社会福祉事業，更生保護事業等を経営する者に配分される。

▶20
準備金
準備金制度は，ボランティア活動を支援する公的な仕組みがなかった1990年代に，阪神・淡路大震災をきっかけとして考案されたものであり，2000年（平成12年）の社会福祉事業法の社会福祉法への改正に際して法律に明記された。2004年（平成16年）の新潟県中越沖地震発生時に初めての拠出が行われた。

地域福祉と包括的支援体制

	64 28回41	日常生活自立支援事業は，成年被後見人は利用できない。
	65 30回35	社会福祉法の規定では，地域住民，社会福祉を目的とする事業を経営する者及び社会福祉に関する活動を行う者は，相互に協力して地域福祉の推進に努めなければならない。
	66 33回36	社会福祉法において，地域住民等は，支援関係機関と連携して地域生活課題の解決を図るよう留意するとされている。
	67 35回32	住民主体の原則とは，サービス利用者である地域住民が，主体的にサービスを選択することを重視する考え方である。
	68 32回35	社会福祉法では，市町村社会福祉協議会が，ボランティアコーディネーターを配置しなければならないとされている。
	69 27回40	社会福祉法第4条にいう「社会福祉に関する活動を行う者」には，ボランティア等が想定されている。
	70 33回40	生活支援体制整備事業の生活支援コーディネーター（地域支え合い推進員）は，原則として民生委員・児童委員から選出される。
	71 33回40	認知症サポーター養成事業は，認知症高齢者に対して有償で在宅福祉サービスの提供を行う人材の育成を目的としている。

○ 成年被後見人は，契約の内容について判断することが困難なため，日常生活自立支援事業[21]を利用することはできない。

○ 設問のとおり。社会福祉法第4条第2項には，地域住民，社会福祉を目的とする事業を経営する者及び社会福祉に関する活動を行う者は，地域福祉の推進役として位置づけられている。

○ 社会福祉法第4条第3項で，地域住民等は，地域福祉の推進に当たり，地域生活課題の解決に資する支援を行う関係機関（支援関係機関）との連携等により課題の解決を図るよう特に留意するものとすることが規定されている。

✕ 住民主体の原則[22]とは，地域住民が，地域における社会福祉活動に関心をもち，問題を共有し，その解決に向けて参加することをいう。

✕ ボランティアコーディネーターは，社会福祉協議会のボランティアセンターや民間のボランティア協会，福祉施設や病院，大学のボランティアセンターなどで配置が進んでいるが，特定の組織に配置を義務づける法令上の規定はない。

○ 社会福祉法第4条第2項の「社会福祉に関する活動を行う者」には，ボランティアやNPO，住民団体などが想定されている。

✕ 「地域支援事業実施要綱」[23]では，生活支援コーディネーター（地域支え合い推進員）について，「市民活動への理解があり，多様な理念をもつ地域のサービス提供主体と連絡調整できる立場の者であって，国や都道府県が実施する研修を修了した者が望ましい」としているが，特定の資格要件は定められていない。

✕ 「認知症サポーター等養成事業実施要綱」によると，認知症サポーター養成事業は，「認知症に関する正しい知識を持ち，地域や職域において認知症の人や家族を支援する認知症サポーター[24]等を養成することにより，認知症の人や家族が安心して暮らし続けることのできる地域づくりを推進する」ことを目的としている。

▶21
日常生活自立支援事業
判断能力が不十分な人が地域において自立した生活を送れるように，契約に基づき，福祉のサービスの利用援助等を行うものである。都道府県・指定都市社会福祉協議会が実施主体となり，基幹的な市町村社会福祉協議会が実務を担っている。

▶22
住民主体の原則
1962年（昭和37年）の「社会福祉協議会基本要項」の中で，住民主体の原則が示され，「住民主体」とは，「地域住民のニードに即した活動をすすめることをねらいとし，それに必要な組織構成を充実するということ」であるとされた。

▶23
「地域支援事業実施要綱」
平成18年6月9日老発第0609001号厚生労働省老健局長通知。

▶24
認知症サポーター
認知症について正しく理解し，認知症の人や家族を温かく見守り，支援する応援者としての役割が求められる。地域住民，金融機関等の従業員，小・中・高等学校の生徒など，2023年（令和5年）3月31日時点で1451万人以上の認知症サポーターが誕生している。

| ☐ ☐ | **72**
33回40改変 | 権利擁護人材育成事業の養成者のうち，成年後見人等として選任されている市民後見人の数は，2022年（令和4年）4月1日時点で3万人を超えている。 |

| ☐ ☐ | **73**
34回37 | 「成年後見制度利用促進法」に基づき，成年後見制度の利用の促進に関する施策に協力することが，国民に期待されている。 |

福祉行財政システム

国の役割

| ☐ ☐ | **74**
36回44 | 地方公共団体の事務は，自治事務，法定受託事務，団体委任事務，機関委任事務の4つに分類される。 |

| ☐ ☐ | **75**
34回44 | 国民健康保険法に規定される国民健康保険料の徴収は，地方自治法上の法定受託事務に当たる。 |

| ☐ ☐ | **76**
36回44 | 生活保護の決定事務は，団体委任事務である。 |

| ☐ ☐ | **77**
34回44改変 | 児童福祉法に規定される保育所における保育は，地方自治法上の自治事務に当たる。 |

| ☐ ☐ | **78**
36回44 | 児童扶養手当の給付事務は，自治事務である。 |

| ☐ ☐ | **79**
36回44 | 社会福祉法人の認可事務は，法定受託事務である。 |

| ☐ ☐ | **80**
36回44改変 | 児童福祉施設の監査事務は，自治事務である。 |

✕ 「令和4年度成年後見制度利用促進施策に係る取組状況調査結果」によると，市民後見人については，2022年（令和4年）4月1日時点では，権利擁護人材育成事業の養成者2万1476人のうち，登録者数は8446人（39.3％），成年後見人等の受任者数は1716人（8.0％）となっている。

◯ 成年後見制度利用促進法第7条では「国民の努力」として，「国民は，成年後見制度の重要性に関する関心と理解を深めるとともに，基本理念にのっとり，国又は地方公共団体が実施する成年後見制度の利用の促進に関する施策に協力するよう努めるものとする」と規定されている。

✕ 現行の地方公共団体の事務は，自治事務と法定受託事務の2つに分類される（地方自治法第2条第8項及び第9項）。（関連キーワード▶27参照）

✕ 国民健康保険料の徴収は，国民健康保険法第76条第1項において，保険者である市町村が被保険者の属する世帯の世帯主から保険料を徴収しなければならないと規定されている自治事務である。

✕ 生活保護の決定事務は，第1号法定受託事務である（地方自治法別表1）。

◯ 設問のとおり。児童福祉法第24条第1項及び子ども・子育て支援法により市町村による実施の義務が規定されている自治事務である。

✕ 児童扶養手当の給付事務は，第1号法定受託事務である（地方自治法別表1）。

◯ 社会福祉法人の認可事務は，第1号法定受託事務である（地方自治法別表1）。

◯ 児童福祉施設の監査事務は，自治事務である。児童福祉施設の監査事務は，地方分権一括法により，機関委任事務から都道府県，指定都市，中核市及び児童相談所設置市の自治事務となった。

▶25
権利擁護人材育成事業
成年後見制度を利用する前段階における援助を通じ，成年後見制度の利用に至るまで途切れることのないよう対応できる人材を養成することを目的として，2015年度（平成27年度）に創設された。

▶26
成年後見制度利用促進法
正式名称は，「成年後見制度の利用の促進に関する法律」である。

▶27
団体委任事務と機関委任事務
1999年（平成11年）に制定された地方分権一括法によって廃止され，自治事務と法定受託事務が創設された。

▶28
地方分権一括法
正式名称は，地方分権の推進を図るための関係法律の整備等に関する法律である（1999年（平成11年）公布）。

□ □	**81** 34回42	厚生労働大臣は，民生委員法に基づき，都道府県知事の推薦によって民生委員を委嘱する。
□ □	**82** 34回42	厚生労働大臣は，子ども・子育て支援法に基づき，子ども・子育て支援事業計画の基本指針を定める。
□ □	**83** 35回42	社会保障審議会は，厚生労働省に設置されている。
□ □	**84** 35回42改変	中央防災会議は，内閣府に設置されている。
□ □	**85** 32回43	国は，救護施設の入所措置に要する費用の4分の3を負担する。

整理しておこう！

法定受託事務と自治事務

　1999年（平成11年）の「地方分権の推進を図るための関係法律の整備等に関する法律」（地方分権一括法）により，地方自治法をはじめとする関連法が見直され，それまでの国が上級で地方が下級という日本の中央集権的な行財政モデルを抜本的に転換し，国と地方は対等な関係であるとされた。

　それまでの「機関委任事務」「団体委任事務」「固有事務」の区分が廃止され，国の業務を地方公共団体が委託されて実施する法定受託事務とそれ以外の自治事務に区分された。

　法定受託事務には，国が本来実施すべき仕事を都道府県・市町村・特別区に処理させる第1号法定受託事務と，都道府県が本来実施すべき仕事を市町村・特別区に処理させる第2号法定受託事務がある。第1号及び第2号法定受託事務の内容は，地方自治法別表第1・第2に列挙されている。

　また，自治事務とは，地方公共団体が処理する事務のうち，法定受託事務以外のものをいう。

○ 「民生委員は，都道府県知事の推薦によって，厚生労働大臣がこれを委嘱する」（民生委員法第5条第1項）。

✕ 子ども・子育て支援事業計画の基本指針は内閣総理大臣が定める（子ども・子育て支援法第60条第1項）。▶29

○ 社会保障審議会は，厚生労働省に設置されている。厚生労働省設置法第6条第1項に「本省に，次の審議会等を置く」とあり，審議会等の一つとして社会保障審議会があげられている。▶30

○ 設問のとおり。災害対策基本法第11条第1項において，「内閣府に，中央防災会議を置く」と規定されている。

○ 設問のとおり（生活保護法第75条第1項第1号）。

▶29
基本指針
「教育・保育及び地域子ども・子育て支援事業の提供体制の整備並びに子ども・子育て支援給付並びに地域子ども・子育て支援事業及び仕事・子育て両立支援事業の円滑な実施を確保するための基本的な指針」のことである。

▶30
社会保障審議会
統計分科会，医療分科会，福祉文化分科会，介護給付費分科会，医療保険保険料率分科会，年金記録訂正分科会の六つの分科会が置かれている（社会保障審議会令第5条）。

地域福祉と包括的支援体制

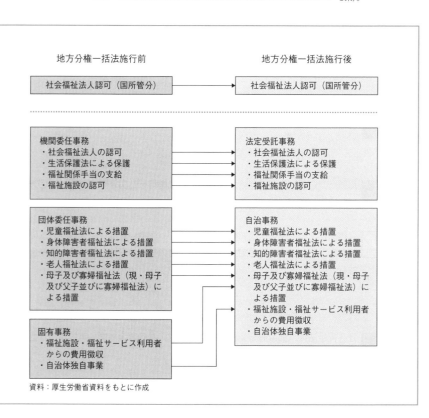

資料：厚生労働省資料をもとに作成

□ **86** □ 32回43	国は，養護老人ホームの入所措置に要する費用の4分の3を負担する。
□ **87** □ 32回43	国は，児童養護施設の入所措置に要する費用の4分の3を負担する。

都道府県の役割

□ **88** □ 29回43	後期高齢者医療は都道府県が保険者となる。
□ **89** □ 33回42	都道府県は，老人福祉法に基づき，養護老人ホームへの入所措置を行う。
□ **90** □ 31回42	都道府県は，児童福祉法の規定により，障害児入所施設に入所させる権限を持つ。
□ **91** □ 33回42	都道府県は，生活困窮者自立支援法に基づき，生活困窮者自立相談支援事業を行う。
□ **92** □ 34回43改変	都道府県知事は，訓練等給付費の不正請求を行った指定障害福祉サービス事業者について，指定の取消しを行う。
□ **93** □ 35回43	介護保険法に，都道府県知事の役割として，居宅介護サービス費の請求に関し不正があったときの指定居宅サービス事業者の指定の取消し又は効力の停止が規定されている。
□ **94** □ 35回43	社会福祉法に，都道府県知事の役割として，共同募金事業の実施が規定されている。

✕ 養護老人ホームの入所措置に要する費用は，市町村が10分の10を負担することになっており，国の負担はない。

✕ 児童養護施設の入所措置に要する費用については，都道府県がその全額を支弁する（児童福祉法第50条第7号）が，同法第53条において，国がその2分の1を負担することとされている。

✕ 後期高齢者医療制度の保険者は，後期高齢者医療広域連合である。後期高齢者医療広域連合は都道府県単位で設置され，都道府県内のすべての市町村が加入する（高齢者の医療の確保に関する法律（高齢者医療確保法）第48条）。

✕ 老人福祉法に基づき，養護老人ホームへの入所措置を行うのは，市町村である（第5条の4第1項）。（関連キーワード▶31参照）

⭕ 設問のとおり。都道府県は，必要があると認めたときに，児童を里親等に委託し，又は乳児院，児童養護施設，障害児入所施設等に入所させる措置を採らなければならない（児童福祉法第27条第1項第3号）。

⭕ 生活困窮者自立支援法に基づき，生活困窮者自立相談支援事業を行うのは，福祉事務所を設置する自治体であり，福祉事務所は都道府県と市（特別区を含む）に設置義務があるため，正しい。

⭕ 設問のとおり（障害者総合支援法第50条第1項第5号）。

⭕ 設問のとおり。介護保険法第77条第1項では，都道府県知事は，指定居宅サービス事業者について「居宅介護サービス費の請求に関し不正があったとき」（同項第6号）は「指定を取り消し，又は期間を定めてその指定の全部若しくは一部の効力を停止することができる」と規定している。

✕ 共同募金事業の実施は，共同募金会の役割である。社会福祉法第113条第3項に，「共同募金会以外の者は，共同募金事業を行ってはならない」と規定されている。

▶31 福祉八法改正法 老人福祉法等の一部を改正する法律（福祉八法改正法。1990年（平成2年）公布，1993年（平成5年）施行）により，特別養護老人ホーム，養護老人ホームへの入所決定権は都道府県から町村に移譲され，入所措置を行うのは「都道府県，市及び福祉事務所を設置する町村」から「市町村」となった。

市町村の役割

□□ **95** 29回43
介護保険では市町村で組織する広域連合が保険者となることができる。

□□ **96** 32回42
中核市の指定要件として，人口数は50万以上と定められている。

□□ **97** 35回43改変
老人福祉法に規定される養護老人ホームの入所の措置は，市町村の役割である。

□□ **98** 33回42改変
市町村は，「障害者総合支援法」に基づき，介護給付費の支給決定を行う。

□□ **99** 34回43
市町村は，小学校就学前の子どものための教育・保育給付の認定を行う。

□□ **100** 27回45
措置制度では，措置権者とサービス利用者の間の委託契約に基づいてサービスが提供される。

□□ **101** 27回45
利用契約方式をとる制度の下でも，やむを得ない事由がある場合には，措置制度が適用される。

福祉行政の組織及び専門職の役割

●福祉事務所

□□ **102** 35回45
町村は，福祉事務所を設置しなければならない。

○ 設問のとおり。介護保険法第3条第1項において，介護保険の保険者は市町村及び特別区と位置づけられているが，複数の市町村で組織する広域連合や一部事務組合などの特別地方公共団体も保険者となることができる。

× 中核市は，人口20万以上の市の申出に基づき政令で指定される（地方自治法第252条の22第1項及び第252条の24第1項）。(関連キーワード▶33参照)

○ 設問のとおり（老人福祉法第11条第1項第1号）。

○ 障害者総合支援法に基づき，介護給付費の支給決定を行うのは，市町村である（第19条第1項）。

○ 設問のとおり（子ども・子育て支援法第20条第1項及び第2項）。

× 措置とは，契約ではなく，行政庁が行う行政処分であり，施設の入所や在宅サービスの利用，金品の給付・貸与といったことを行政庁が決定する。

○ 契約によって必要な介護サービスの提供を受けることが著しく困難な65歳以上の高齢者については，市町村によるやむを得ない事由による措置が適用される場合がある（老人福祉法第10条の4，第11条）。

× 町村は，福祉事務所を設置することができる（社会福祉法第14条第3項）。都道府県及び市（特別区を含む）は，福祉事務所を設置しなければならない（同条第1項）。

▶32
広域連合
2021年（令和3年）4月1日現在で116の広域連合が存在するが，そのうちの多くが介護保険事業，後期高齢者の医療制度にかかる事務を処理している（総務省「広域連合の設置状況（令和3年4月1日現在）」）。

▶33
政令指定都市
政令指定都市は，人口50万以上の市で政令で指定される（地方自治法第252条の19第1項）。なお，一般市は人口5万以上が要件となっており（同法第8条第1項第1号），それ未満の場合は町村となる。

●児童相談所

☐ **103** 都道府県は，児童相談所を設置しなければならない。
☐ 36回46

☐ **104** 指定都市（政令指定都市）は，児童相談所を設置しなければならない。
☐ 35回45

●身体障害者更生相談所

☐ **105** 市町村は，身体障害者更生相談所を設置しなければならない。
☐ 36回46

☐ **106** 都道府県は，身体障害者更生相談所を設置しなければならない。
☐ 30回45

●知的障害者更生相談所

☐ **107** 市は，知的障害者更生相談所を設置しなければならない。
☐ 35回45

●地域包括支援センター

☐ **108** 都道府県は，地域包括支援センターを設置しなければならない。
☐ 35回45

●基幹相談支援センター

☐ **109** 都道府県は，基幹相談支援センターを設置しなければならない。
☐ 33回44

⭕ 児童相談所は，都道府県，指定都市に設置義務がある（児童福祉法第12条第1項，第59条の4第1項，地方自治法施行令第174条の26第1項）。

⭕ 設問のとおり。児童相談所は，都道府県，指定都市に設置義務がある（児童福祉法第12条，第59条の4及び地方自治法施行令第174条の26第1項）。また，児童相談所設置市（児童相談所を設置する市（特別区を含む。以下同じ）として政令で定める市）も，児童相談所を設置する。

❌ 身体障害者更生相談所は，都道府県に設置義務がある（身体障害者福祉法第11条第1項）。

⭕ 都道府県は，身体障害者更生相談所を設置しなければならない（身体障害者福祉法第11条第1項）。なお，指定都市は，任意で設置することができる（地方自治法施行令第174条の28第1・2項）。

❌ 知的障害者更生相談所は，都道府県に設置義務がある（知的障害者福祉法第12条第1項）。なお，指定都市は，知的障害者更生相談所を設けることができる（同法第30条，地方自治法施行令第174条の30の3第2項）。

❌ 地域包括支援センターは，市町村が任意で設置することができる（介護保険法第115条の46第2項）。都道府県に設置義務はない。

❌ 基幹相談支援センターは，市町村が任意で設置することができる（障害者総合支援法第77条の2第2項）。

▶34
児童相談所設置市
2023年（令和5年）4月現在，東京都港区，品川区（2024年（令和6年）10月より），世田谷区，中野区，豊島区，荒川区，板橋区，葛飾区及び江戸川区，横須賀市，金沢市，明石市並びに奈良市が児童相談所設置市に定められている。

▶35
知的障害者更生相談所
主な業務は，知的障害者に関する専門的な知識及び技術を必要とする相談及び指導，療育手帳交付に係る判定など医学的，心理学的及び職能的判定業務等である。

地域福祉と包括的支援体制

299

●精神保健福祉センター

110
33回44
都道府県は，精神保健福祉センターを設置しなければならない。

●発達障害者支援センター

111
36回46
都道府県は，発達障害者支援センターを設置しなければならない。

●保健所

112
36回46
市町村は，保健所を設置しなければならない。

●母子健康包括支援センター

113
33回44改変
市町村は，母子健康包括支援センターを設置するよう努めなければならない。

●介護保険審査会

114
28回43
介護保険の要介護認定に不服があるときは，介護保険審査会に審査請求することができる。

●地方社会福祉審議会

115
36回46
市町村は，地方社会福祉審議会を設置しなければならない。

●福祉事務所の現業員，査察指導員

116
34回46
福祉事務所の現業を行う所員（現業員）は，社会福祉主事でなければならない。

設問のとおり（精神保健及び精神障害者福祉に関する法律第6条）。都道府県のほか政令指定都市にも設置の義務がある。

都道府県は発達障害者支援センターを設置することができる（発達障害者支援法第14条）。

保健所は，都道府県，指定都市，中核市その他の政令で定める市又は特別区が設置する（地域保健法第5条第1項）。

設問のとおり（母子保健法第22条第1項）。

設問のとおり。介護保険法第183条第1項では，保険給付に関する処分（要介護認定等に関する処分を含む）又は保険料等に関する処分に不服がある者は，介護保険審査会に審査請求をすることができると規定されている。

地方社会福祉審議会は，都道府県，指定都市，中核市に設置義務がある（社会福祉法第7条第1項）。

社会福祉法第15条第6項に，福祉事務所の現業を行う所員（現業員）は，社会福祉主事でなければならないと規定されている。

●児童福祉司

☐ **117**
☐ 34回46 児童相談所においては，保育士資格を取得した時点でその者を児童福祉司として任用することができる。

●身体障害者福祉司

☐ **118**
☐ 33回45改変 身体障害者更生相談所には，身体障害者福祉司の配置が義務づけられている。

●知的障害者福祉司

☐ **119**
☐ 33回45 都道府県福祉事務所には，知的障害者福祉司の配置が義務づけられている。

●その他

☐ **120**
☐ 34回46改変 地域包括支援センターには，原則として社会福祉士その他これに準ずる者を配置しなければならない。

整理しておこう！

福祉の専門職・相談員

名称	根拠法	配置機関
社会福祉主事	社会福祉法	・都道府県，市及び福祉事務所を設置する町村に置く。 ・福祉事務所を設置しない町村に置くことができる。
身体障害者福祉司	身体障害者福祉法	・都道府県の身体障害者更生相談所に置かなければならない。 ・市町村の福祉事務所に置くことができる。
身体障害者相談員	身体障害者福祉法	・市町村の委託を受けて業務を行う。
知的障害者福祉司	知的障害者福祉法	・都道府県の知的障害者更生相談所に置かなければならない。 ・市町村の福祉事務所に置くことができる。
知的障害者相談員	知的障害者福祉法	・市町村の委託を受けて業務を行う。

保育士資格は児童福祉司の任用資格ではない。

 設問のとおり。都道府県は，身体障害者更生相談所に身体障害者福祉司を置かなければならない（身体障害者福祉法第11条の2第1項）。

知的障害者福祉司を置かなければならないのは，都道府県が設置する知的障害者更生相談所である（知的障害者福祉法第13条第1項）。

地域包括支援センターに配置しなければならない職員は，保健師その他これに準ずる者，社会福祉士その他これに準ずる者，主任介護支援専門員その他これに準ずる者と規定されている（介護保険法施行規則第140条の66第1号）。

▶36
児童福祉司の任用資格
医師，社会福祉士，精神保健福祉士，公認心理師，社会福祉主事として2年以上相談援助業務（児童その他の者の福祉に関する相談に応じ，助言，指導その他の援助を行う業務）に従事した者であって，厚生労働大臣が定める講習会の課程を修了したもの等である（児童福祉法第13条の3）。

名称	根拠法	配置機関
精神保健福祉相談員	精神保健及び精神障害者福祉に関する法律	・都道府県及び市町村は，精神保健福祉センター及び保健所その他これらに準ずる施設に置くことができる。
児童福祉司	児童福祉法	・都道府県は児童相談所に置かなければならない。
母子・父子自立支援員	母子及び父子並びに寡婦福祉法	・都道府県知事，市長及び福祉事務所を管理する町村長は，委嘱するものとする。
女性相談支援員	困難な問題を抱える女性への支援に関する法律	・都道府県及び女性相談支援センターを任意で設置する指定都市は，置くものとする。 ・市町村は，置くよう努めるものとする。
民生委員・児童委員	民生委員法 児童福祉法	・市町村の区域に置く（都道府県知事の推薦により厚生労働大臣が委嘱）。 ・民生委員は児童委員に充てられたものとする。

福祉における財源

●国，地方の財源

121
30回44
国は，市町村が支弁した生活保護費の4分の3を負担する。

122
30回44改変
国は，市町村が支弁した「障害者総合支援法」に規定する障害福祉サービス費等負担対象額の2分の1を負担する。

123
33回43
生活保護法に基づき，保護費には国庫補助金が含まれる。

124
33回43
介護保険法に基づき，介護給付費には国庫負担金が含まれる。

●保険料財源

125
28回42
介護保険第一号被保険者の保険料率は，所得に応じて3段階に分かれている。

126
28回42改変
介護保険第一号被保険者のうち，一定額以上の所得がある場合の利用者負担割合は2割又は3割である。

●その他の財源

127
29回43改変
国民健康保険と健康保険との間では，財政調整が行われている。

設問のとおり（生活保護法第75条第1項第1号）。

設問のとおり（第95条第1項第1号）。

生活保護法第75条第1項第1号において，国は，市町村及び都道府県が支弁した保護費，保護施設事務費及び委託事務費の4分の3を負担しなければならないとされている。

介護保険法第121条第1項第1号において，国は，介護給付及び予防給付に要する費用の100分の20（施設等給付については100分の15（同項第2号））を負担するとされている。

第一号被保険者の保険料率は，「市町村民税世帯全員が非課税」か「本人が非課税，世帯に課税者がいる」か「市町村民税本人が課税」かによって9段階の設定がなされている（介護保険法施行令第38条第1項）。

設問のとおり。介護保険の利用者負担は原則1割の応益負担であるが，一定額以上の所得がある場合の負担割合は2割又は3割である。

設問のとおり。高齢者医療制度では，75歳以上の高齢者（後期高齢者）について現役世代からの支援金と公費で約9割を賄うとともに，65〜74歳の高齢者（前期高齢者）については保険者間の財政調整を行う。

▶37
財政調整
具体的には，協会けんぽ，健保組合等の被用者保険から前期高齢者納付金を徴収し，これを前期高齢者の加入数の多い市町村国保等に前期高齢者交付金として交付することで，市町村国保等の財政を支援する（高齢者医療確保法第2章）。

●都道府県及び市町村の歳入

☐ **128** 「令和6年版地方財政白書」(総務省)における2022年度(令和4年度)の地方財政の
☐ 33回46改変 状況(普通会計)をみると,都道府県及び市町村の歳入純計決算額では,地方交付
税の割合が最も大きい。

●目的別歳出

☐ **129** 「令和6年版地方財政白書」(総務省)における2022年度(令和4年度)の地方公共団
☐ 32回44改変 体の目的別歳出純計決算額のうち,民生費は教育費に次いで多い。

☐ **130** 「令和6年版地方財政白書」(総務省)における2022年度(令和4年度)の地方財政の
☐ 33回46改変 状況(普通会計)をみると,市町村の目的別歳出では,民生費の割合が最も大きい。

☐ **131** 「令和6年版地方財政白書」(総務省)における2022年度(令和4年度)の民生費の歳
☐ 35回44改変 出純計決算額の累計額を比べると,都道府県は市町村より多い。

●性質別歳出

☐ **132** 「令和6年版地方財政白書」(総務省)における2022年度(令和4年度)の地方財政の
☐ 33回46改変 状況(普通会計)をみると,都道府県の性質別歳出では,公債費の割合が最も大き
い。

☐ **133** 「令和6年版地方財政白書」(総務省)における2022年度(令和4年度)の地方財政の
☐ 33回46改変 状況(普通会計)をみると,市町村の性質別歳出では,扶助費の割合が最も大きい。

✕ 「令和6年版地方財政白書」で2022年度（令和4年度）における都道府県及び市町村の歳入純計決算額をみると，地方税（44兆522億円，36.1％）の割合が最も大きい。次いで国庫支出金（26兆7115億円，21.9％），地方交付税[38]（18兆6310億円，15.3％）の順となっている。

✕ 市町村と都道府県を合わせた地方公共団体の目的別歳出純計決算額のうち，最も多いのが民生費[39]（30兆2720億円，25.8％）で，教育費がそれに次ぐ（17兆7681億円，15.1％）。

○ 市町村の目的別歳出では，民生費（24兆7012億円，37.2％）の割合が最も大きい。これは，市町村では，児童福祉や生活保護に関する事務（町村については福祉事務所を設置している町村に限る）等の社会福祉事務の比重が高いことなどによる。

✕ 2022年度（令和4年度）における民生費の，都道府県と市町村を合わせた純計額は30兆2720億円で，都道府県は9兆2840億円，市町村は24兆7012億円と，市町村の方が多い（なお，純計額は，都道府県の額と市町村の額の合計額に一致しないことがある）。

✕ 都道府県の性質別歳出では，補助費等[40]（20兆4110億円，33.1％）の割合が最も大きい。なお，補助費等に次いで大きいのが人件費（12兆4351億円，20.1％）であるが，これは，都道府県が政令指定都市を除く市町村立義務教育諸学校教職員の人件費を負担していることなどによるものである。

○ 市町村の性質別歳出では，扶助費[41]（16兆422億円，24.2％）の割合が最も大きい。これは市町村において，児童手当の支給や生活保護に関する事務（町村については福祉事務所を設置している町村に限る）等の社会福祉関係事務が行われていることなどによるものであり，都道府県の扶助費（1兆3264億円，2.1％）の割合を大きく上回っている。

▶38
地方交付税
地方交付税とは，地方公共団体間の財源の不均衡を調整し，どの地域に住む国民にも一定の行政サービスを提供できるよう財源を保障するためのもので，いわば「国が地方に代わって徴収する地方税」である。なお，2020年（令和2年）4月1日より，地方交付税に充てられる消費税の割合は19.5％となった。

▶39
民生費
地方公共団体の経費のうち，社会福祉関係法のなかで，いわゆる福祉六法を中心にした社会福祉の実施に要する費用を指す。

▶40
補助費等
補助費等は他の地方公共団体（市町村，一部事務組合など）や，法人等に対する支出のほか，報償費（講師謝礼など），役務費（保険料），負担金・補助金及び交付金（一般的な補助金）などが該当する。

▶41
扶助費
扶助費とは，生活保護，老人・児童・障害者へのさまざまな支援に要する経費のことであり，児童手当，生活保護に要する経費，自立支援給付費等がこれに含まれる。

307

●民生費の目的別歳出

□ **134**
34回45改変 「令和6年版地方財政白書」(総務省)における2022年度(令和4年度)の民生費の目的別歳出の割合は，都道府県では生活保護費よりも老人福祉費の方が高い。

□ **135**
36回45改変 2022年度(令和4年度)の民生費の目的別歳出の割合は，都道府県では社会福祉費よりも災害救助費の方が高い。

□ **136**
35回44改変 「令和6年版地方財政白書」(総務省)における2022年度(令和4年度)の民生費の目的別歳出の割合は，市町村では児童福祉費が最も高い。

□ **137**
36回45改変 2022年度(令和4年度)の民生費の目的別歳出の割合は，市町村では児童福祉費よりも老人福祉費の方が高い。

●民生費の性質別歳出

□ **138**
36回45改変 2022年度(令和4年度)の民生費の性質別歳出の割合は，都道府県では人件費よりも繰出金の方が高い。

□ **139**
34回45改変 「令和6年版地方財政白書」(総務省)における2022年度(令和4年度)の民生費の性質別歳出の割合は，市町村では人件費よりも扶助費の方が高い。

□ **140**
36回45改変 2022年度(令和4年度)の民生費の性質別歳出の割合は，市町村では補助費等よりも扶助費の方が高い。

福祉計画の意義と種類，策定と運用

福祉計画の種類

●老人福祉計画

□ **141**
35回48改変 都道府県老人福祉計画において，老人福祉施設の整備及び老人福祉施設相互間の連携のために講ずる措置に関する事項を定める。

⊙ 民生費の目的別歳出の割合は，都道府県では生活保護費（2333億円，2.5%）よりも老人福祉費（3兆8410億円，41.4%）の方が高い。

▶42

✕ 民生費の目的別歳出の割合は，都道府県では災害救助費（231億円，0.2%）よりも社会福祉費（2兆9659億円，31.9%）の方が高い。

⊙ 市町村の民生費の目的別歳出の割合で最も高いのは，児童福祉費である。市町村の民生費の目的別歳出は，割合の高い順に，児童福祉費（9兆4537億円，38.3%），社会福祉費（7兆2676億円，29.4%），老人福祉費（4兆2751億円，17.3%），生活保護費（3兆6806億円，14.9%）と続いている。 （関連キーワード▶43参照）

✕ 民生費の目的別歳出の割合は，市町村では老人福祉費（4兆2751億円，17.3%）よりも児童福祉費（9兆4537億円，38.3%）の方が高い。

⊙ 民生費の性質別歳出の割合は，都道府県では人件費（2404億円，2.6%）よりも繰出金（7220億円，7.8%）の方が高い。

⊙ 民生費の性質別歳出の割合は，市町村では人件費（1兆9409億円，7.9%）よりも扶助費（15兆1836億円，61.5%）の方が高い。各福祉法に基づく福祉サービスの主な実施主体である市町村の扶助費の額は，都道府県の扶助費の額8373億円と比較し18倍にのぼる。

⊙ 民生費の性質別歳出の割合は，市町村では補助費等（1兆3405億円，5.4%）よりも扶助費（15兆1836億円，61.5%）の方が高い。

⊙ 設問のとおり（老人福祉法第20条の9第3項第1号）。

▶42
老人福祉費
都道府県において老人福祉費の割合が高いのは，都道府県には，後期高齢者医療事業会計，介護保険事業会計，国民健康保険事業会計への負担金があるためである。

▶43
市町村において児童福祉費の割合が高い理由
児童福祉に関する事務や児童手当制度，幼児教育・保育の無償化に関する負担金等があるためである。

地域福祉と包括的支援体制

●介護保険事業計画

□ 142 都道府県介護保険事業支援計画は，都道府県が介護保険事業に係る保険給付の円
□ 36回42改変 滑な実施の支援について定める計画である。

□ 143 都道府県介護保険事業支援計画は，医療計画との整合性の確保が図られたもので
□ 29回47 なければならない。

□ 144 都道府県介護保険事業支援計画では，各年度の介護保険施設の種類ごとの必要入
□ 29回48 所定員総数を定める。

□ 145 都道府県介護保険事業支援計画において，地域支援事業の見込み量を定める。
□ 35回48

□ 146 市町村介護保険事業計画の計画期間は，3年を1期とする。
□ 36回47

□ 147 市町村介護保険事業計画の実績について評価を行うと法律に明記されている。
□ 32回46

●障害者計画

□ 148 都道府県障害者計画において，指定障害者支援施設の必要入所定員総数を定める。
□ 35回48

□ 149 市町村障害者計画の実績について評価を行うと法律に明記されている。
□ 32回46

□ 150 市町村障害者計画は，市町村が各年度における指定障害福祉サービスの種類ごと
□ 36回42 の必要な量の見込みについて定める計画である。

○ 設問のとおり（介護保険法第118条第1項）。

○ 設問のとおり。都道府県介護保険事業支援計画は，医療法に規定する医療計画との「整合性の確保が図られたものでなければならない」（介護保険法第118条第9項）とされている。

○ 設問のとおり。都道府県介護保険事業支援計画では，各年度の介護保険施設の種類ごとの必要入所定員総数その他の介護給付等対象サービスの量の見込みを定めることとされている（介護保険法第118条第2項第1号）。

✕ 都道府県介護保険事業支援計画ではなく，市町村介護保険事業計画において，「各年度における地域支援事業の量の見込み」を定める（介護保険法第117条第2項第2号）。

○ 市町村介護保険事業計画の計画期間は，3年を1期とする（介護保険法第117条第1項）。

○ 設問のとおり（介護保険法第117条第7項）。また，市町村は「評価の結果を公表するよう努めるとともに，これを都道府県知事に報告するものとする」とされている（同条第8項）。

✕ 都道府県障害者計画ではなく，都道府県障害福祉計画において，「各年度の指定障害者支援施設の必要入所定員総数」を定める（障害者総合支援法第89条第2項第3号）。

✕ 障害者基本法には，市町村障害者計画の実績に関する評価について明記されていない。ただし「市町村障害者計画策定指針」（1995年（平成7年））には「市町村は，計画の実施状況について，定期的に調査，把握する」と定められている。

✕ 市町村障害者計画ではなく，障害者総合支援法第88条に規定されている市町村障害福祉計画である。

地域福祉と包括的支援体制

311

| | 151 36回47 | 市町村障害者計画の計画期間は，3年を1期とする。 |

●障害福祉計画

| | 152 34回47改変 | 都道府県障害福祉計画では，指定障害者支援施設におけるサービスの質の向上のために講ずる措置を定めるよう努める。 |

| | 153 35回48 | 市町村障害福祉計画において，障害福祉サービス，相談支援及び地域生活支援事業の提供体制の確保に関する事項を定める。 |

●障害児福祉計画

| | 154 31回47 | 市町村障害児福祉計画では，指定障害児入所施設等における入所児支援の質の向上のための事項を定める。 |

| | 155 34回47 | 市町村障害児福祉計画では，サービス，相談支援に従事する者の確保又は資質の向上のために講ずる措置を定めるよう努める。 |

●子ども・子育て支援事業計画

| | 156 34回47 | 市町村子ども・子育て支援事業計画では，教育・保育情報の公表に関する事項を定めるよう努める。 |

| | 157 35回48 | 市町村子ども・子育て支援事業計画において，地域子ども・子育て支援事業に従事する者の確保及び資質の向上のために講ずる措置に関する事項を定める。 |

●その他

| | 158 36回42 | 都道府県子ども・若者計画は，都道府県が子どもの貧困対策について定める計画である。 |

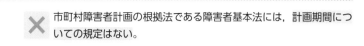

× 市町村障害者計画の根拠法である障害者基本法には，計画期間についての規定はない。

○ 設問のとおり（障害者総合支援法第89条第3項第3号）。

○ 設問のとおり（障害者総合支援法第88条第2項第1号）。なお，市町村障害福祉計画と同様，都道府県障害福祉計画においても「障害福祉サービス，相談支援及び地域生活支援事業の提供体制の確保に係る目標に関する事項」を定めるものとされている（同法第89条第2項第1号）。

× 指定障害児入所施設等の障害児入所支援の質の向上のために講ずる措置に関する事項は，都道府県障害児福祉計画において定めるよう努めるものとする（児童福祉法第33条の22第3項第3号）。

× サービス，相談支援に従事する者の確保又は資質の向上のために講ずる措置を定めるよう努めるのは，市町村障害児福祉計画ではなく，都道府県障害福祉計画である（障害者総合支援法第89条第3項第2号）。

× 教育・保育情報の公表に関する事項を定めるよう努めるのは，市町村子ども・子育て支援事業計画ではなく，都道府県子ども・子育て支援事業支援計画である（子ども・子育て支援法第62条第3項第2号）。

× 市町村子ども・子育て支援事業計画ではなく，都道府県子ども・子育て支援事業支援計画において，「地域子ども・子育て支援事業に従事する者の確保及び資質の向上のために講ずる措置に関する事項」を定める（子ども・子育て支援法第62条第2項第4号）。

× 都道府県が子どもの貧困対策について定める計画は，子どもの貧困対策の推進に関する法律に規定される都道府県計画である。（関連キーワード▶44参照）

▶44
都道府県子ども・若者計画
子ども・若者育成支援推進法に規定される，政府が定める子ども・若者育成支援推進大綱を勘案して都道府県が定める計画である。

地域福祉と包括的支援体制

| | 159 36回47 | 市町村こども計画の計画期間は，3年を1期とする。 |

市町村地域福祉計画・都道府県地域福祉支援計画

| | 160 34回35 | 市町村社会福祉協議会は，市町村地域福祉計画を策定するよう努めなければならないと規定されている。 |

| | 161 36回42 | 市町村地域福祉計画は，市町村が地域福祉の推進について市町村社会福祉協議会の地域福祉活動計画と一体的に定める計画である。 |

| | 162 35回37 | 市町村地域福祉計画では，市町村は策定した計画について，定期的に調査，分析及び評価を行うよう努めるとされている。 |

| | 163 35回37改変 | 市町村地域福祉計画は，計画期間が法文上定められていない。 |

| | 164 36回34 | 市町村地域福祉計画では，地域における高齢者の福祉，障害者の福祉，児童の福祉その他の福祉に関し，共通して取り組むべき事項について定める。 |

| | 165 35回33 | 社会福祉法に規定された市町村地域福祉計画を策定又は変更する場合には，地域住民等の意見を反映させるように努めなければならないとされている。 |

市町村こども計画の根拠法であるこども基本法には，計画期間についての規定はない。

 市町村社会福祉協議会が策定する計画は，地域福祉活動計画である。市町村地域福祉計画は，市町村が策定するよう努めなければならない。

 市町村地域福祉計画が，市町村社会福祉協議会の地域福祉活動計画と一体的に定める計画であるという規定は法律にはない。ただし，「地域共生社会の実現に向けた地域福祉の推進について」(通知)の中で，両計画の一体的な策定や，内容の一部共有など，相互に連携を図ることが求められている。

 社会福祉法第107条第3項において，市町村に対し，市町村地域福祉計画について，定期的に調査，分析及び評価を行うよう努めるとともに，必要があると認めるときは，当該市町村地域福祉計画を変更するものと規定されている。

 設問のとおり。ただし，2002年(平成14年)に社会保障審議会が公表した「市町村地域福祉計画及び都道府県地域福祉支援計画策定指針の在り方について(一人ひとりの地域住民への訴え)」では，「地域福祉計画の計画期間は，他の計画との調整が必要であることから概ね5年とし3年で見直すことが適当である」との見解が示されている。

 設問のとおり(社会福祉法第107条第1項第1号)。市町村地域福祉計画は，各分野別計画の，いわば「上位計画」として位置づけられている。

 設問のとおり。社会福祉法第107条第2項に「市町村は，市町村地域福祉計画を策定し，又は変更しようとするときは，あらかじめ，地域住民等の意見を反映させるよう努めるとともに，その内容を公表するよう努めるものとする」と規定されている。

▶45
地域福祉計画の計画期間
2022年(令和4年) 4月1日時点の「市町村地域福祉計画策定状況等の調査結果概要」によると，計画期間について「5年」とする市町村が最も多く，全体の7割を超えている。

地域福祉と包括的支援体制

□ **166** □ 36回34	市町村地域福祉計画を定め，または変更しようとするときは，あらかじめ，都道府県の意見を聞かなければならない。

□ **167** □ 36回34	市町村地域福祉計画の公表に当たって，市町村はその内容等について，都道府県の承認を受けなければならない。

□ **168** □ 33回48改変	「市町村地域福祉計画策定状況等調査結果（令和2年4月1日時点）」によれば，「地域における高齢者の福祉，障害者の福祉，児童の福祉その他の福祉に関し，共通して取り組むべき事項」として，最も多くの市町村地域福祉計画に位置づけられている事項は，「生活困窮者のような各分野横断的に関係する者に対応できる体制」である。

□ **169** □ 36回34	市町村地域福祉計画では，社会福祉を目的とする事業に従事する者の確保又は資質の向上に関する事項について定める。

□ **170** □ 36回34改変	都道府県地域福祉支援計画では，福祉サービスの適切な利用の推進及び社会福祉を目的とする事業の健全な発達のための基盤整備に関する事項について定める。

□ **171** □ 35回46	都道府県地域福祉支援計画に関して，社会福祉を目的とする事業に従事する者の確保又は資質の向上に関する事項が，社会福祉法に明記されている。

□ **172** □ 35回46	都道府県地域福祉支援計画に関して，重層的支援体制整備事業の提供体制に関する事項が，社会福祉法に明記されている。

□ **173** □ 35回46	都道府県地域福祉支援計画に関して，福祉サービスの適切な利用の推進及び社会福祉を目的とする事業の健全な発達のための基盤整備に関する事項が，社会福祉法に明記されている。

福祉計画の策定過程と方法

□ **174** □ 34回39	介護を行う未成年者のニーズを把握するため，構造化面接の方法を用いて当事者の自由な語りを引き出す調査を実施した。

□ **175** □ 34回39	認知症高齢者の家族介護者の不安を軽減する方法を明らかにするため，当事者と共にアクションリサーチを実施した。

✕ 社会福祉法には，「市町村は，市町村地域福祉計画を策定し，又は変更しようとするときは，あらかじめ，地域住民等の意見を反映させるよう努めるとともに，その内容を公表するよう努めるものとする」（第107条第2項）と規定されている。

✕ 市町村地域福祉計画の公表に当たって，市町村は，都道府県の承認を受けなければならないという規定はない。

◯ 「生活困窮者のような各分野横断的に関係する者に対応できる体制」を，「地域における高齢者の福祉，障害者の福祉，児童の福祉その他の福祉に関し，共通して取り組むべき事項」として計画に位置づけている市町村は1082市町村（77.0％）で，全16事項中，最も多い。

✕ 設問にある事項は，市町村地域福祉計画ではなく，都道府県地域福祉支援計画に定める事項である（社会福祉法第108条第1項第3号）。

◯ 設問のとおり（社会福祉法第108条第1項第4号）。

◯ 設問のとおり（社会福祉法第108条第1項第3号）。

✕ 重層的支援体制整備事業の実施主体は市町村であり，「重層的支援体制整備事業の提供体制に関する事項」は，都道府県地域福祉支援計画に定める事項として社会福祉法に明記されていない。 ▶46

◯ 設問のとおり（社会福祉法第108条第1項第4号）。

✕ 「当事者の自由な語りを引き出す調査」とあることから，構造化面接ではなく，半構造化面接又は非構造化面接が適している。 ▶47

◯ アクションリサーチは，調査者と被調査者がともに取り組む調査方法であり，当事者の行動変容やエンパワメントにつながる。

▶46
重層的支援体制整備事業
市町村において，地域住民の複雑化・複合化した支援ニーズに対応する包括的な支援体制を整備するため，①相談支援（属性を問わない相談支援，多機関協働による支援，アウトリーチ等を通じた継続的支援），②参加支援，③地域づくりに向けた支援を一体的に実施する事業（社会福祉法第106条の4）。市町村は，同事業を実施するときは，重層的支援体制整備事業実施計画を策定するよう努めるものとする（同法第106条の5）。

▶47
構造化面接
インタビューガイド等で，質問と回答（選択肢）があらかじめ用意されている面接方法である。

□ 176 33回41	ニーズ推計とは，ニーズを一定の基準で分類し，その類型ごとに出現率の推計等を行い，それに対応するサービスの種類や必要量を算出する手法である。
□ 177 36回48	福祉計画を策定する際に，行政機関が計画の素案を公表して広く意見や情報を募集する機会を設けることにより，人々の意見を計画に反映させる手法を，パブリックコメントという。
□ 178 36回48	福祉計画を策定する際に，特定のニーズに対応するサービスの種類と必要量を客観的に算出することにより，サービスの整備目標を算出する手法を，パブリックコメントという。
□ 179 36回48改変	福祉計画を策定する際に，専門家等に対して同じ内容のアンケート調査を繰り返し実施することにより，意見を集約していく手法を，ブレインストーミングという。
□ 180 36回48改変	福祉計画を策定する際に，集団のメンバーが互いの知恵や発想を自由に出し合うことにより，独創的なアイデアを生み出す手法を，デルファイ法という。
□ 181 36回48改変	福祉計画を策定する際に，意見やアイデアを記したカードをグループ化していくことにより，様々な情報を分類・整理していく手法を，KJ法という。
□ 182 32回40	社会福祉協議会が地域において行う福祉調査では，障害のある当事者のニーズを把握するため，フォーカスグループインタビューを行った。
□ 183 31回45	市町村地域福祉計画と市町村老人福祉計画は，一体のものとして作成されなければならない。
□ 184 31回45	市町村老人福祉計画と市町村介護保険事業計画は，一体のものとして作成されなければならない。
□ 185 32回45改変	都道府県介護保険事業支援計画を定めたとき，又は変更したときは厚生労働大臣に提出しなければならない。

○ ニーズ推計により，いつまでに，どのようなサービス（サービス内容）を，どのくらい（サービス量）整備する必要があるのか，具体的に示すことが可能となる。

○ 設問のとおり。パブリックコメントは「意見公募手続」として，行政手続法第39条第1項に規定されている。

✕ 設問の記述はニーズ推計の説明である。

✕ 設問の記述はデルファイ法の説明である。デルファイ（DELPHI）法は，「アンケート収斂法」ともいわれる。

✕ 設問の記述はブレインストーミングの説明である。ブレインストーミングでは，①批判禁止，②自由奔放，③多量提案，④結合改善の四つが基本的なルールとなる。

○ 設問のとおり。KJ法とは，現地調査（フィールドワーク）によって^{▶48}得られたさまざまな情報を分類・整理・統合する。

▶48
KJ法
文化人類学者の川喜田二郎によって開発されたKJ法は，地域社会の福祉ニーズの分類や解決すべき問題の整理などに役立つため，福祉計画の領域でも用いられるようになった。

○ 障害のある当事者等，特定のカテゴリに属する集団のニーズを把握する上で，フォーカスグループインタビューは有効である。

✕ 市町村老人福祉計画と一体のものとして作成されなければならないのは，市町村介護保険事業計画である（老人福祉法第20条の8第7項）。

○ 市町村老人福祉計画と市町村介護保険事業計画は，一体のものとして作成されなければならない（老人福祉法第20条の8第7項，介護保険法第117条第6項）。

○ 設問のとおり（介護保険法第118条第11項）。

主な福祉計画，他の福祉計画との関係と計画期間

法律で定められている主な福祉計画については，内容だけでなく，計画期間や他の福祉計画との関係についても押さえておきたい。

表　主な福祉計画，他の福祉計画との関係と計画期間

根拠法	計画名	他の福祉計画との関係	計画期間
社会福祉法	市町村地域福祉計画	規定なし	概ね5年とし3年で見直すことが適当 ※策定指針による考え方
	都道府県地域福祉支援計画		
老人福祉法	市町村老人福祉計画	・市町村介護保険事業計画と一体のものとして作成されなければならない ・社会福祉法の規定による市町村地域福祉計画その他の法律の規定による計画であって老人の福祉に関する事項を定めるものと調和が保たれたものでなければならない	規定なし ※介護保険事業（支援）計画と一体
	都道府県老人福祉計画	・都道府県介護保険事業支援計画と一体のものとして作成されなければならない ・社会福祉法の規定による都道府県地域福祉支援計画その他の法律の規定による計画であって老人の福祉に関する事項を定めるものと調和が保たれたものでなければならない	
介護保険法	市町村介護保険事業計画	・市町村老人福祉計画と一体のものとして作成されなければならない ・地域における医療及び介護の総合的な確保の促進に関する法律に規定する市町村計画との整合性の確保が図られたものでなければならない ・社会福祉法の規定による市町村地域福祉計画その他の法律の規定による計画であって要介護者等の保健，医療，福祉または居住に関する事項を定めるものと調和が保たれたものでなければならない	3年を1期
	都道府県介護保険事業支援計画	・都道府県老人福祉計画と一体のものとして作成されなければならない ・地域における医療及び介護の総合的な確保の促進に関する法律に規定する都道府県計画，医療法の規定による医療計画との整合性の確保が図られたものでなければならない ・社会福祉法の規定による都道府県地域福祉支援計画，高齢者の居住の安定確保に関する法律の規定による高齢者居住安定確保計画その他の法律の規定による計画であって要介護者	

根拠法	計画名	他の福祉計画との関係	計画期間
		等の保健，医療，福祉または居住に関する事項を定めるものと調和が保たれたものでなければならない	
障害者基本法	市町村障害者計画	規定なし	規定なし
	都道府県障害者計画		
障害者の日常生活及び社会生活を総合的に支援するための法律（障害者総合支援法）	市町村障害福祉計画	・市町村障害児福祉計画と一体のものとして作成することができる ・障害者基本法の規定による市町村障害者計画，社会福祉法の規定による市町村地域福祉計画その他の法律の規定による計画であって障害者等の福祉に関する事項を定めるものと調和が保たれたものでなければならない	2024（令和6）年度～2026（令和8）年度
	都道府県障害福祉計画	・都道府県障害児福祉計画と一体のものとして作成することができる ・障害者基本法の規定による都道府県障害者計画，社会福祉法の規定による都道府県地域福祉支援計画その他の法律の規定による計画であって障害者等の福祉に関する事項を定めるものと調和が保たれたものでなければならない ・医療法の規定による医療計画と相まって，精神科病院に入院している精神障害者の退院の促進に資するものでなければならない	
児童福祉法	市町村障害児福祉計画	・市町村障害福祉計画と一体のものとして作成することができる ・障害者基本法の規定による市町村障害者計画，社会福祉法の規定による市町村地域福祉計画その他の法律の規定による計画であって障害児の福祉に関する事項を定めるものと調和が保たれたものでなければならない	2024（令和6）年度～2026（令和8）年度
	都道府県障害児福祉計画	・都道府県障害福祉計画と一体のものとして作成することができる ・障害者基本法の規定による都道府県障害者計画，社会福祉法の規定による都道府県地域福祉支援計画その他の法律の規定による計画であって障害児の福祉に関する事項を定めるものと調和が保たれたものでなければならない	

福祉計画の実施と評価

186
30回41

福祉サービス第三者評価の評価調査者は，養成研修を受講し，修了していなければならない。

187
33回41改変

福祉サービスのプロセス評価とは，福祉サービスが適切な手順と内容で利用者に提供されているかに着目する評価である。

188
34回39

コミュニティカフェの利用者の満足度を数量的に把握するため，グラウンデッド・セオリー・アプローチを用いて調査データを分析した。

地域社会の変化と多様化・複雑化した地域生活課題

多様化・複雑化した地域生活課題の現状とニーズ

189
36回33

ひきこもり支援推進事業の対象となるひきこもり状態にある者のひきこもりとは，「ひきこもりの評価・支援に関するガイドライン」によれば，原則的には2年以上家庭にとどまり続けていることをいう。

190
33回37改変

ひきこもり地域支援センター設置運営事業は，ひきこもりの状態にある本人や家族からの相談や訪問支援を行うことにより，早期に適切な関係機関につなぐ。

191
36回33

ヤングケアラー支援体制強化事業におけるヤングケアラーとは，家族への世話などを日常的に行っている18歳から39歳までの者をいう。

192
36回33

日常生活自立支援事業の対象者とは，本事業の契約内容について理解できない者のうち，成年後見制度を利用していない者をいう。

○ 「福祉サービス第三者評価機関認証ガイドライン」において，評価機関の認証要件として「評価調査者は，都道府県推進組織が行う評価調査者養成研修を受講し修了していること」と規定されている。

○ 設問のとおり。なお，福祉サービスが提供された結果，どのような成果がもたらされたかに着目する評価を，福祉サービスのアウトカム評価という。

✕ グラウンデッド・セオリー・アプローチは，質的調査の1つであり，利用者の満足度を数量的に把握することには適していない。

✕ 「ひきこもりの評価・支援に関するガイドライン」では，「ひきこもり」を「原則的には6ヵ月以上にわたって概ね家庭にとどまり続けている状態（他者と交わらない形での外出をしていてもよい）を指す現象概念である」と定義している。

○ ひきこもり地域支援センターでは，社会福祉士，精神保健福祉士，臨床心理士等の資格をもつ「ひきこもり支援コーディネーター」が，ひきこもり状態の利用者やその家族に対して，電話や来所相談に加え訪問支援を活用し，早期に適切な関係機関につなぐなどの自立への支援（相談支援）を行う。

✕ ヤングケアラーは，家族への世話などを日常的に行っている18歳未満の者を指す。

✕ 日常生活自立支援事業の対象者は，「本事業の契約の内容について判断し得る能力を有していると認められる者であること」（「日常生活自立支援事業実施要領」）が条件である。

▶49
都道府県推進組織
都道府県推進組織は，「福祉サービス第三者評価機関認証ガイドライン」に基づいて，第三者評価機関認証要件を策定することとされており，第三者評価機関認証委員会はその要件に基づいて認証を行う。

▶50
利用者の満足度を数量的に把握する
リッカート尺度（どのくらい満足しているかを選択肢から選ばせる）や，SD法（満足・不満足といった相対する2つのキーワードの間において，回答者がどのあたりに位置づくかを問う）を用いたアンケート調査を活用すれば，数量的に満足度を測定することができる。

▶51
「ひきこもりの評価・支援に関するガイドライン」
厚生労働科学研究費補助金こころの健康科学研究事業（厚生労働省）においてまとめられたものである。

□ 193
33回40
地域自殺対策強化事業におけるゲートキーパー養成研修の対象には，民間企業等の管理職，かかりつけ医，民生委員・児童委員，地域住民等が含まれる。

地域共生社会の実現に向けた包括的支援体制

包括的支援体制

□ **194**
35回34
2017年(平成29年)の「地域力強化検討会」の最終とりまとめにおいて，縦割りの支援を当事者中心の「丸ごと」の支援とする等の包括的な支援体制の整備の必要性が示された。

地域包括ケアシステム

□ 195
35回34
2016年(平成28年)の「地域力強化検討会」の中間とりまとめにおいて，初めて地域包括ケアシステムが具体的に明示された。

□ 196
29回37
包括的支援事業の中には，地域包括支援センター以外の主体にも委託できるものがある。

□ 197
35回40
地域介護予防活動支援事業は，市町村が介護保険の第二号被保険者に対して，介護予防の活動を行うために，地域住民とネットワークを構築して取り組むものである。

□ 198
35回40
介護保険の生活支援・介護予防サービスの体制整備に向けて，都道府県は，協議体を定期的な情報共有のネットワークの場として設置している。

○ 「地域自殺対策強化事業実施要綱」[52]によると，自殺の危険性の高い人の早期発見，早期対応を図るため，民間企業等の管理職，かかりつけ医，民生委員・児童委員，地域住民等，さまざまな分野でのゲートキーパーの養成が目指されている。

▶52
「地域自殺対策強化事業実施要綱」
平成28年4月1日社援発0401第23号 厚生労働省社会・援護局長通知。

○ 「地域力強化検討会」の最終とりまとめでは，包括的な支援体制の整備の必要性が示された。

✕ 地域包括ケアシステムが具体的に示されたのは，「地域力強化検討会」[53]の中間とりまとめではない。地域包括ケアシステムは，2003年（平成15年）に高齢者介護研究会がまとめた「2015年の高齢者介護～高齢者の尊厳を支えるケアの確立に向けて～」の中で初めて具体的な概念が示された。

▶53
「地域力強化検討会」
「地域における住民主体の課題解決力強化・相談支援体制の在り方に関する検討会」のことである。

○ 地域支援事業実施要綱によると，包括的支援事業のうち，社会保障充実分である①在宅医療・介護連携推進事業，②生活支援体制整備事業，③認知症総合支援事業，④地域ケア会議推進事業については，地域包括支援センター以外に委託することも可能とされている。

✕ 地域介護予防活動支援事業は，介護保険の第一号被保険者及びその支援のための活動にかかわる者を対象に実施される。介護保険法第115条の45第1項第2号に規定する一般介護予防事業に含まれており，高齢者が要介護状態等となることの予防又は要介護状態等の軽減若しくは悪化の防止のために行われる。

✕ 協議体は，生活支援体制整備事業（介護保険法第115条の45第2項第5号）の一環として，市町村が設置する。関係職種や地域住民が，情報共有や福祉課題を解決すること等を目的に話し合う場として設けられており，市町村や日常生活圏域（中学校区等）等の単位で設置される。

地域福祉と包括的支援体制

□ **199**
□ 35回40
ひきこもり地域支援センター事業では，地域の多様な関係機関で構成される連絡協議会を設置する等，ネットワークづくりに努めるとされている。

生活困窮者自立支援の考え方

□ **200**
□ 36回33改変
生活困窮者自立支援法における生活困窮者とは，最低限度の生活を維持することができなくなるおそれのある者をいう。

□ **201**
□ 33回37
生活困窮者自立支援法は，生活困窮者における経済的困窮だけでなく，地域社会からの孤立についても支援の対象としている。

□ **202**
□ 34回34
生活困窮者住居確保給付金は，収入が減少した理由のいかんを問わず，住宅の家賃を支払うことが困難になった者に対し，家賃相当額を支給するものである。

□ **203**
□ 34回34
公営住宅の供給を行う地方公共団体は，公営住宅の入居者に特別の事情がある場合において必要があると認めるときは，家賃を減免することができる。

□ **204**
□ 36回33
生活福祉資金の貸付対象における低所得世帯とは，資金の貸付けにあわせて必要な支援を受けることにより独立自活できると認められる世帯であって，必要な資金の融通を他から受けることが困難である者をいう。

□ **205**
□ 34回34
生活福祉資金貸付制度の不動産担保型生活資金は，経済的に困窮した65歳未満の者に対し，居住する不動産を担保に生活資金の貸付けを行うものである。

○ ひきこもり地域支援センターには，社会福祉士，精神保健福祉士，臨床心理士等の専門職が配置されており，ひきこもり支援コーディネーターとして本人及び家族に対する相談支援を行っている。また，関係機関と連絡協議会を設置する等，ネットワークの構築や居場所づくり，情報提供等を行う。

○ 設問のとおり（生活困窮者自立支援法第3条第1項）。

○ 生活困窮者自立支援法第2条第1項において，「生活困窮者に対する自立の支援は，（中略）地域社会からの孤立の状況その他の状況に応じて，包括的かつ早期に行われなければならない」と明記されている。また，都道府県等の任意事業である「生活困窮者一時生活支援事業」（第3条第6項）の対象者として「現在の住居を失うおそれのある生活困窮者であって，地域社会から孤立しているもの」が挙げられている（同項第2号ロ）。

× 生活困窮者自立支援法第3条第3項において，生活困窮者住居確保給付金は，「生活困窮者のうち離職又はこれに準ずるものとして厚生労働省令で定める事由により経済的に困窮し，（中略）就職を容易にするため住居を確保する必要があると認められるものに対し支給する給付金をいう」とされている。

○ 公営住宅法第16条第5項において，事業主体（公営住宅の供給を行う地方公共団体）は，「病気にかかっていることその他特別の事情がある場合において必要があると認めるときは，家賃を減免することができる」とされている。

○ 設問のとおり。なお，生活福祉資金貸付の対象世帯は，低所得世帯に加え，障害者世帯，高齢者世帯がある。

× 不動産担保型生活資金の貸付要件は，世帯の構成員が原則として65歳以上の経済的に困窮した者である。

▶54
障害者世帯
ここでは，身体障害者手帳，療育手帳，精神障害者保健福祉手帳の交付を受けた者の属する世帯をさす。

地域共生社会の実現に向けた各種施策

206
36回35
重層的支援体制整備事業は，地域生活課題の解決に資する包括的な支援体制を整備するための事業である。

207
36回35改変
重層的支援体制整備事業は，市町村の任意事業である。

208
35回36
社会福祉法では，重層的支援体制整備事業は，参加支援，地域づくりに向けた支援の二つで構成されていると規定されている。

209
36回35
市町村は，重層的支援体制整備事業の実施にあたって，包括的相談支援事業，参加支援事業，地域づくり事業のいずれか一つを選択して，実施することができる。

210
34回35
市町村は，子ども・障害・高齢・生活困窮の一部の事業を一体のものとして実施することにより，地域生活課題を抱える地域住民に対する支援体制等を整備する重層的支援体制整備事業を実施することができると規定されている。

211
35回33
重層的支援体制整備事業における参加支援事業は，ひきこもり状態にある人の就職を容易にするため，住居の確保に必要な給付金を支給する事業である。

212
35回34
2015年（平成27年）の「福祉の提供ビジョン」において，重層的支援体制整備事業の整備の必要性が示された。

○ 設問のとおり。重層的支援体制整備事業は，その制度の設計において「市町村において，すべての地域住民を対象とする包括的支援の体制整備を行う事業」をコンセプトとしている。

○ 設問のとおり。「市町村は，地域生活課題の解決に資する包括的な支援体制を整備するため，（中略）重層的支援体制整備事業を行うことができる」（社会福祉法第106条の4第1項）。

✕ 重層的支援体制整備事業は，社会福祉法第106条の4第2項において，「（前略）地域生活課題を抱える地域住民及びその世帯に対する支援体制並びに地域住民等による地域福祉の推進のために必要な環境を一体的かつ重層的に整備する事業をいう」と規定されており，具体的には①断らない相談支援，②参加支援，③地域づくりに向けた支援の三つから成る。

✕ 重層的支援体制整備事業では，包括的相談支援事業，参加支援事業，地域づくり事業を一体的かつ重層的に整備することとしている。

○ 社会福祉法第106条の4第1項において，「市町村は，地域生活課題の解決に資する包括的な支援体制を整備するため，（中略）重層的支援体制整備事業を行うことができる」と規定している。

✕ 重層的支援体制整備事業における参加支援事業については，社会福祉法第106条の4第2項第2号に「地域生活課題を抱える地域住民であって，社会生活を円滑に営む上での困難を有するものに対し，支援関係機関と民間団体との連携による支援体制の下，活動の機会の提供，訪問による必要な情報の提供及び助言その他の社会参加のために必要な便宜の提供として厚生労働省令で定めるものを行う事業」と明記されている。

✕ 「福祉の提供ビジョン」では，重層的支援体制整備事業の整備の必要性は示されていない。複雑化する支援ニーズ，質の高いサービスを効率的に提供する必要性の高まり，地域の支援ニーズの変化への対応などの社会的背景の中で，全世代・全対象型の新しい地域包括支援体制を構築する必要性が示された。

▶55
重層的支援体制整備事業
介護保険法，障害者総合支援法，子ども・子育て支援法，生活困窮者自立支援法の一部の事業を一体的に実施することにより，地域生活課題を抱える地域住民及びその世帯に対する支援体制並びに地域住民等による地域福祉の推進のために必要な環境を一体的かつ重層的に整備する事業をいう（社会福祉法第106条の4第2項）。

▶56
地域生活課題
「福祉サービスを必要とする地域住民及びその世帯が抱える福祉，介護，介護予防，保健医療，住まい，就労及び教育に関する課題，福祉サービスを必要とする地域住民の地域社会からの孤立その他の福祉サービスを必要とする地域住民が日常生活を営み，あらゆる分野の活動に参加する機会が確保される上での各般の課題」とされている（社会福祉法第4条第3項）。

▶57
「福祉の提供ビジョン」
「誰もが支え合う地域の構築に向けた福祉サービスの実現―新たな時代に対応した福祉の提供ビジョン―」のことである。

| □□ | 213 36回35 | 市町村は，重層的支援体制整備事業実施計画を策定しなければならない。 |

地域共生社会の実現に向けた多機関協働

多機関協働を促進する仕組み

| □□ | 214 31回41 | 介護保険法の改正（2014年（平成26年））で，市町村に地域ケア会議が必置の機関として法定化された。 |

| □□ | 215 31回41 | 介護予防・日常生活支援総合事業では，ボランティア，NPO，民間企業，協同組合などの多様な主体がサービスを提供することが想定されている。 |

多職種連携

| □□ | 216 31回39 | 地域福祉の推進には，個人支援レベル，機関・団体の活動者や実務者レベル，それらの代表者レベルの各種の重層的な連携が想定される。 |

| □□ | 217 31回39 | 小地域ネットワーク活動は，要支援者を専門機関が発見し，地域住民が見守るという，双方の責任分担を明確にした見守りのための連携の仕組みである。 |

災害時における総合的かつ包括的な支援体制

非常時や災害時における法制度

| □□ | 218 32回35 | 災害対策基本法では，ボランティアによる防災活動が災害時において果たす役割が重要であることから，国及び地方公共団体は，その自主性を尊重しつつ，ボランティアとの連携に努めなければならないとされている。 |

✕ 重層的支援体制整備事業実施計画の策定は，重層的支援体制整備事業を実施しようとする市町村の努力義務である（社会福祉法第106条の5）。

✕ 介護保険法上，市町村による地域ケア会議の設置については努力義務規定となっている（第115条の48第1項）。

◯ 「介護予防・日常生活支援総合事業のガイドライン」では「生活支援等サービスの体制整備にあたっては，市町村が中心となって，元気な高齢者をはじめ，住民が担い手として参加する住民主体の活動や，NPO，社会福祉法人，社会福祉協議会，地縁組織，協同組合，民間企業，シルバー人材センターなどの多様な主体による多様なサービスの提供体制を構築」する必要があるとしている。

◯ 地域福祉を推進するためには，さまざまなレベルでの連携が求められている。そのためには，地域ケア会議や地域福祉計画の策定委員会など，地域福祉に関する人や組織が協働する場をいかにして設定するかが，地域福祉を推進する上で重要な課題になる。

✕ 小地域ネットワーク活動は，専門機関が要支援者の発見を一手に担い，地域住民は見守りだけを行うというように役割が固定化された仕組みではない。

◯ 災害対策基本法では，国及び地方公共団体とボランティアとの連携についての努力義務が示されている（第5条の3）。

☐☐ **219** 33回37　災害対策基本法は，福祉避難所に，介護支援専門員の配置を義務づけている。

☐☐ **220** 28回38　災害対策基本法では，避難行動要支援者名簿は，市町村の条例に特別の定めがあれば，本人の同意がなくても，平常時から民生委員や消防機関等に提供できる。

☐☐ **221** 35回39　災害対策基本法は，市町村長が避難行動要支援者ごとに，避難支援等を実施するための個別避難計画を作成するよう努めなければならないと規定している。

☐☐ **222** 35回39　災害対策基本法は，本人が同意している場合でも，市町村長が作成した避難行動要支援者の名簿情報を避難支援等関係者に提供してはならないと規定している。

非常時や災害時における総合的かつ包括的な支援

☐☐ **223** 35回36　社会福祉法では，市町村社会福祉協議会は，災害ボランティアセンターを整備しなければならないと規定されている。

☐☐ **224** 34回34改変　被災者生活再建支援金は，自然災害により生活基盤に被害を受けた者に対し，生活再建のための費用の支給を行うものである。

災害対策基本法に，福祉避難所に対する特定職種の人的配置を義務づける規定はない。

▶58

○ 設問のとおり（災害対策基本法第49条の11第2項）。

 災害対策基本法第49条の14第1項では，市町村長は，避難行動要支援者ごとに，避難支援等を実施するための計画（個別避難計画）を作成するよう努めなければならないとされている。

✕ 災害対策基本法第49条の11第2項において，市町村長は，災害の発生に備え，避難支援等の実施に必要な限度で，避難支援等関係者に対し，避難行動要支援者の名簿情報を提供するものとされている。ただし，当該市町村の条例に特別の定めがある場合を除き，名簿情報を提供することについて本人の同意が得られない場合は，名簿情報の提供はなされない。

✕ 社会福祉法では，設問のような規定はない。災害ボランティアセンターは，災害対策基本法第8条第2項第13号に掲げられる「ボランティアによる防災活動の環境の整備」の実施に努めなければならないという国及び地方公共団体（都道府県，市町村及び特別区等）に対する努力義務規定が，その設置根拠となる。

○ 被災者生活再建支援制度は，自然災害により生活基盤に著しい被害を受けた者に対し，都道府県が相互扶助の観点から拠出した基金を活用して被災者生活再建支援金を支給することで，生活の再建を支援し，住民の生活の安定と被災地の速やかな復興に資することを目的としている（被災者生活再建支援法第1条）。

▶58
福祉避難所
主として高齢者，障害者，乳幼児その他の特に配慮を要する者（要配慮者）を滞在させることを想定した避難所である（災害対策基本法施行令第20条の6第5号）。

地域福祉と包括的支援体制

障害者福祉

障害概念と特性

障害者の定義と特性

☐☐ **1** | 36回56
「障害者虐待防止法」における障害者とは，心身の機能の障害がある者であって，虐待を受けたものをいう。

☐☐ **2** | 36回56
「障害者総合支援法」における障害者の定義では，難病等により一定の障害がある者を含む。

☐☐ **3** | 36回56
知的障害者福祉法における知的障害者とは，知的障害がある者であって，都道府県知事から療育手帳の交付を受けたものをいう。

☐☐ **4** | 36回56
発達障害者支援法における発達障害者とは，発達障害がある者であって，教育支援を必要とするものをいう。

☐☐ **5** | 36回56
児童福祉法における障害児の定義では，障害がある者のうち，20歳未満の者をいう。

障害者の生活実態とこれを取り巻く社会環境

障害者の生活実態

☐☐ **6** | 32回56改変
「令和4年生活のしづらさなどに関する調査（全国在宅障害児・者等実態調査）」によれば，身体障害者手帳を所持している身体障害児（0～17歳）では，内部障害が最も多い。

☐☐ **7** | 33回56改変
「令和4年生活のしづらさなどに関する調査（全国在宅障害児・者等実態調査）」によれば，65歳以上の身体障害者手帳所持者の「身体障害の原因」は，「事故・けが」が最も多い。

障害者虐待防止法における障害者とは，「障害者基本法第2条第1号に規定する障害者をいう」と定義されており（同法第2条第1項），障害者基本法第2条第1号において，障害者とは，「身体障害，知的障害，精神障害（発達障害を含む。）その他の心身の機能の障害がある者であって，障害及び社会的障壁により継続的に日常生活又は社会生活に相当な制限を受ける状態にあるものをいう」と定義されている。

▶1
障害者虐待防止法
正式名称は，「障害者虐待の防止，障害者の養護者に対する支援等に関する法律」である。

○ 設問のとおり（障害者総合支援法第4条第1項）。

▶2
障害者総合支援法
正式名称は，「障害者の日常生活及び社会生活を総合的に支援するための法律」である。

✕ 知的障害者福祉法では，知的障害者を定義していない。また，療育手帳制度は，知的障害者福祉法ではなく，厚生省（当時）が1973年（昭和48年）に発出した通知「療育手帳制度について」に基づき行われる。

✕ 発達障害者支援法において，発達障害者とは，「発達障害がある者であって発達障害及び社会的障壁により日常生活又は社会生活に制限を受けるものをいう」と定義されている（同法第2条第2項）。

▶3
生活のしづらさなどに関する調査（全国在宅障害児・者等実態調査）
従来の身体障害児・者等実態調査と知的障害児（者）基礎調査を統合・拡大して，2011年（平成23年）に初めて実施された，在宅の障害児・者等の生活実態とニーズを把握することを目的とした調査。2回目は2016年（平成28年）12月1日，3回目は2022年（令和4年）12月1日を調査日として実施された。

✕ 障害のある者のうち，18歳未満の者をいう。児童福祉法では，児童とは，「満18歳に満たない者」をいうと定義されている（第4条第1項）。

✕ 身体障害者手帳を所持している身体障害児は，肢体不自由の5万3000人（55.2％）が最も多い。次いで内部障害の1万6000人（16.7％）となっている。（関連キーワード▶3参照）

▶4
「身体障害の原因」
19歳以上65歳未満の身体障害者手帳所持者でも，「病気」が54.1％で最も多く，他方，0～18歳では「生まれた時から（出生時の損傷を含む）」が64.3％で最も多くなっている。

✕ 65歳以上の身体障害者手帳所持者の「身体障害の原因」は，「病気」が67.4％で最も多く，次いで「事故・けが」が9.6％，「加齢」が6.4％となっている。

□	8	「令和4年生活のしづらさなどに関する調査（全国在宅障害児・者等実態調査）」に
□	33回56改変	よれば，65歳以上の障害者手帳所持者の3分の2以上が，介護保険法に基づく要介護の認定を受けている。

□	9	「令和4年生活のしづらさなどに関する調査（全国在宅障害児・者等実態調査）」（厚
□	34回56改変	生労働省）によれば，身体障害者手帳所持者のうち，65歳以上の者は半分に満たない。

□	10	「令和4年生活のしづらさなどに関する調査（全国在宅障害児・者等実態調査）」（厚
□	34回56改変	生労働省）によれば，身体障害者手帳所持者のうち，障害の種類で最も多いのは肢体不自由である。

□	11	「令和4年生活のしづらさなどに関する調査（全国在宅障害児・者等実態調査）」（厚
□	34回56改変	生労働省）によれば，障害者手帳所持者のうち，主な支援者として，家族・親戚と答えた者が最も多い。

□	12	「令和4年生活のしづらさなどに関する調査（全国在宅障害児・者等実態調査）」（厚
□	34回56改変	生労働省）によれば，19歳以上65歳未満の障害者手帳所持者のうち，一月当たりの平均収入として18万円〜21万円未満と答えた者が最も多い。

□	13	「令和4年生活のしづらさなどに関する調査（全国在宅障害児・者等実態調査）」（厚
□	34回56改変	生労働省）によれば，障害者手帳の種類別でみると，療育手帳所持者が最も多い。

障害者を取り巻く社会環境

●障害者虐待

□	14	「令和4年度障害者虐待対応状況調査」（厚生労働省）によると，養護者による虐待
□	27回62改変	の種別・類型別（複数回答）では「心理的虐待」が最も多い。

□	15	「令和4年度障害者虐待対応状況調査」（厚生労働省）によると，障害者福祉施設従
□	27回62改変	事者等による虐待では，被虐待障害者の年齢階級別でみると，「65歳以上」が最も多い。

✕ 65歳以上の障害者手帳所持者で介護保険法に基づく要介護の認定を受けている者は，31.1％である。また，要支援の認定を受けているのは14.1％で，半数近くの45.7％がどちらも受けていないと答えた。

✕ 身体障害者手帳所持者のうち，65歳以上の者は71.2％で半分を超えている。

◯ 身体障害者手帳所持者のうち，障害の種類で最も多いのは「肢体不自由」の38.0％で，次に多いのが「内部障害」の32.8％である。

◯ 障害者手帳所持者のうち，主な支援者として「家族・親戚」と答えた者は，74.4％と最も多い。

✕ 19歳以上65歳未満の障害者手帳所持者のうち，一月当たりの平均収入として「8万円以上15万円未満」と答えた者が22.8％と最も多い。次いで「15万円以上25万円未満」が18.1％，「0円」が11.2％である。

✕ 障害者手帳の種類別でみると，「身体障害者手帳所持者」が415万9000人と最も多い。次いで「精神障害者保健福祉手帳所持者」が120万3000人，「療育手帳所持者」が114万人である。

✕ 「令和4年度障害者虐待対応状況調査」によると，養護者による虐待の種別・類型別（複数回答）では，身体的虐待が最も多い。身体的虐待68.5％，心理的虐待32.1％，経済的虐待16.5％，放棄・放置11.1％，性的虐待3.2％の順である。

✕ 「65歳以上」は全体の6.3％（全体の1352人中85人）で，決して多いわけではない。障害者福祉施設従事者等による虐待を被虐待障害者の年齢階級別でみると，〜19歳14.3％，20〜29歳17.2％，30〜39歳17.8％，40〜49歳18.4％，50〜59歳17.0％，60〜64歳5.0％となっている。

▶5
一月当たりの平均収入
障害者手帳の種類別では，一月当たりの平均収入（働いて得た収入，社会保険給付金による収入，仕送りによる収入，その他の収入の総額）として最も多くの答えがあがったのは，身体障害者手帳所持者，療育手帳所持者，精神障害者保健福祉手帳所持者ともに「8万円以上15万円未満」が最も多かった。

▶6
「令和4年度障害者虐待対応状況調査」
正式名称は，「令和4年度『障害者虐待の防止，障害者の養護者に対する支援等に関する法律』に基づく対応状況等に関する調査結果報告書」である。

☐☐ **16**
33回62改変

「令和4年度障害者虐待対応状況調査」(厚生労働省)によれば,障害者福祉施設従事者等により虐待を受けた者の障害種別は,知的障害が最も多い。

☐☐ **17**
33回62改変

「令和4年度障害者虐待対応状況調査」(厚生労働省)によれば,障害者福祉施設従事者等による虐待行為の類型は,性的虐待が最も多い。

障害者福祉の歴史

障害者権利条約と障害者基本法

☐☐ **18**
30回57

障害者の権利に関する条約を批准するため,同条約の医学モデルの考え方を踏まえて,障害者基本法等の障害者の定義が見直された。

☐☐ **19**
36回57改変

1993年(平成5年)に心身障害者対策基本法が改正され,法律名が障害者基本法に改められた。

☐☐ **20**
32回61

障害者基本法の目的では,障害者本人の自立への努力について規定されている。

☐☐ **21**
32回61

障害者基本法で,国及び地方公共団体は,重度の障害者について,終生にわたり必要な保護等を行うよう努めなければならないと規定されている。

☐☐ **22**
34回61

障害者基本法では,意思疎通のための手段としての言語に手話が含まれることが明記されている。

☐☐ **23**
36回57

2004年(平成16年)に改正された障害者基本法では,障害者に対する差別の禁止が基本理念として明文化された。

○ 障害者福祉施設従事者等による障害者虐待における被虐待者の障害種別をみると，知的障害が72.6％と最も多い。

✕ 障害者福祉施設従事者等による障害者虐待における虐待行為の類型をみると，身体的虐待が52.0％と最も多く，次いで心理的虐待46.4％，性的虐待13.8％の順となっている。

✕ 障害者の権利に関する条約の社会モデルの考え方を踏まえて，障害者基本法における障害者の定義が見直され，社会的障壁の考え方が取り入れられたほか，社会的障壁の除去について合理的配慮がされなければならない旨が規定された。

○ 設問のとおり。

✕ 2004年（平成16年）の障害者基本法の改正により，障害者基本法の条文から，障害者本人の「自立への努力」の規定が削除された。

✕ 2004年（平成16年）の障害者基本法の改正により，重度障害者の保護等に関する規定が削除された。

○ 「全て障害者は，可能な限り，言語（手話を含む。）その他の意思疎通のための手段についての選択の機会が確保されるとともに，情報の取得又は利用のための手段についての選択の機会の拡大が図られること」（障害者基本法第3条第3号）と規定されている。

○ 設問のとおり。障害者基本法第4条第1項に，「何人も，障害者に対して，障害を理由として，差別することその他の権利利益を侵害する行為をしてはならない」と規定された。

24 32回61改変　障害者基本法で，都道府県は，都道府県障害者計画を策定しなければならないと規定されている。

25 34回61改変　障害者基本法では，政府は，毎年，障害者のために講じた施策の概況に関する報告書を国に提出しなければならないとされている。

障害者福祉制度の発展過程

26 35回56　1981年（昭和56年）の国際障害者年では，「Nothing about us without us（私たち抜きに私たちのことを決めるな）」というテーマが掲げられた。

27 31回57　障害者の権利に関する条約（2014年（平成26年）批准）では，「合理的配慮」という考え方が重要視された。

28 33回58　1949年（昭和24年）の身体障害者福祉法は，障害者福祉の対象を傷痍軍人に限定した。

29 36回57　1949年（昭和24年）に制定された身体障害者福祉法では，障害者福祉の対象が生活困窮者に限定された。

30 35回56　1960年（昭和35年）に成立した精神薄弱者福祉法は，ソーシャルインクルージョンを法の目的とし，脱施設化を推進した。

31 33回58　1980年代に日本で広がった自立生活運動は，デンマークにおける知的障害者の親の会を中心とした運動が起源である。

○ 設問のとおり。障害者基本法第11条第2項において，「当該都道府県における障害者の状況等を踏まえ，当該都道府県における障害者のための施策に関する基本的な計画(以下「都道府県障害者計画」という。)を策定しなければならない」と規定されている。

○ 設問のとおり(障害者基本法第13条)。なお，「障害者のために講じた施策の概況に関する報告書」は「障害者白書」として公表されている。

✕ 1981年(昭和56年)の国際障害者年では，「完全参加と平等」というテーマが掲げられた。「Nothing about us without us」は，1980年代から障害者の当事者団体の間で使われ始めた言葉で，2004年(平成16年)の国際障害者デーの標語に選ばれている。

○ 障害者の権利に関する条約では合理的配慮[▶7]が重要視されている。

▶7
合理的配慮
障害者の権利に関する条約第2条において，合理的配慮とは「障害者が他の者との平等を基礎として全ての人権及び基本的自由を享有し，又は行使することを確保するための必要かつ適当な変更及び調整であって，特定の場合において必要とされるものであり，かつ，均衡を失した又は過度の負担を課さないものをいう」と定義されている。

✕ 1949年(昭和24年)に制定された身体障害者福祉法は，対象を「別表に掲げる身体上の障害がある18歳以上の者であって，都道府県知事から身体障害者手帳の交付を受けたもの」(同法第4条)としている。

✕ 1949年(昭和24年)に制定された身体障害者福祉法の，制定時における身体障害者の定義は，「別表に掲げる身体上の障害のため職業能力が損傷されている18歳以上の者であって，都道府県知事から身体障害者手帳の交付を受けたものをいう」と規定されており(同法第4条)，生活困窮者には言及されていない。

✕ 精神薄弱者福祉法(現・知的障害者福祉法)では，その目的を，「精神薄弱者に対し，その更生を援助するとともに必要な保護を行ない，もって精神薄弱者の福祉を図ること」としており(同法第1条)，ソーシャルインクルージョンを目的として脱施設化を推進しているとはいえない。

✕ 1980年代に日本で広がった自立生活運動(IL運動)は，アメリカの重度障害がある大学生の抗議運動が起源である。

32 33回58 1950年(昭和25年)の精神衛生法は，精神障害者の私宅監置を廃止した。

33 36回57 1987年(昭和62年)に精神衛生法が精神保健法に改正され，保護者制度が廃止された。

34 35回56 2005年(平成17年)に成立した障害者自立支援法では，障害の種別にかかわらず，サービスを利用するための仕組みを一元化し，事業体系を再編した。

35 36回57 2005年(平成17年)に制定された障害者自立支援法では，利用者負担は所得に応じた応能負担が原則となった。

36 33回58改変 2010年(平成22年)に発足した障がい者制度改革推進会議における検討の結果，障害者自立支援法は改正され，「障害者総合支援法」となった。

37 32回57改変 2013年(平成25年)に成立した「障害者差別解消法」では，障害者を社会モデルに基づいて定義している。

38 31回57 「障害者虐待防止法」(2011年(平成23年))における障害者虐待には，障害者福祉施設従事者によるものは除外された。

39 35回56改変 2011年(平成23年)に成立した「障害者虐待防止法」では，市町村障害者虐待防止センターが規定された。

40 33回58 1960年(昭和35年)の身体障害者雇用促進法は，児童福祉施設に入所している18歳以上の肢体不自由者が増加する問題に対応するために制定された。

○ 1950年（昭和25年）に制定された精神衛生法により，精神障害者の私宅監置[8]は廃止された。

✕ 保護者制度は，2013年（平成25年）の精神保健福祉法[9]の改正に伴い廃止された。保護者制度の廃止により，医療保護入院の要件が，精神保健指定医1名の診断及び家族等のうちいずれかの者の同意に変更された（2014年（平成26年）4月1日施行）。

○ 設問のとおり。障害者自立支援法は，障害者の地域生活と就労を進め，自立を支援する観点から，障害者基本法の基本的理念に則り創設された。

✕ 当初は，サービスの利用に応じた応益負担が原則であった。その後，利用者の負担上限月額が大幅に引き下げられ，実質的には利用者の所得に応じた負担となっていたため，2010年（平成22年）の改正で，応能負担の原則が採用された。

○ 設問のとおり。2012年（平成24年）6月に制定された「地域社会における共生の実現に向けて新たな障害保健福祉施策を講ずるための関係法律の整備に関する法律」により，障害者自立支援法は障害者総合支援法に題名改正された（2013年（平成25年）4月1日施行）。

○ 設問のとおり。社会モデルとは，障害者が日常・社会生活で受ける制限は，心身の機能の障害のみならず，社会におけるさまざまな障壁と相対することによって生ずるという考え方である。なお，障害者基本法に規定している「障害者」も社会モデルに基づいて定義している。

✕ 障害者虐待防止法における障害者虐待は，障害者福祉施設従事者による虐待も含まれる（第2条第2項）。その他，障害者虐待には養護者や使用者によるものも規定されている。

○ 設問のとおり（障害者虐待防止法第32条）。

✕ 1960年（昭和35年）の身体障害者雇用促進法（現・障害者の雇用の促進等に関する法律）は，ILO（国際労働機関）が1955年（昭和30年）に第99号「障害者の職業更生に関する勧告」を出したことと，高度経済成長による労働者不足に対応するために制定された。(関連キーワード▶10参照)

▶8
精神障害者の私宅監置
1900年（明治33年）に制定された精神病者監護法に規定された。ただし，私宅監置する場合は，行政にその旨を申請しなければならなかった。

▶9
精神保健福祉法
正式名称は，「精神保健及び精神障害者福祉に関する法律」である。

▶10
精神薄弱者福祉法の制定
身体障害者雇用促進法が制定されたのと同じ年の1960年（昭和35年），児童福祉施設に入所している18歳以上の知的障害者が増加する問題に対応するため，精神薄弱者福祉法（現・知的障害者福祉法）が制定された。

障害者に対する法制度

障害者総合支援法

●「障害者」の定義

| □ 41 □
29回61改変 | 「障害者総合支援法」における「障害者」は，18歳以上の者とされている。 |

●障害支援区分及び支給決定

| □ 42 □
35回57 | 「障害者総合支援法」において，障害支援区分は，障害の多様な特性その他の心身の状態に応じて必要とされる標準的な支援の度合を総合的に示すものである。 |

| □ **43** □
34回58 | 障害支援区分の認定は，市町村が行う。 |

| □ 44 □
36回61 | 障害支援区分に係る一次判定の認定調査の項目は全国一律ではなく，市町村独自の項目を追加してもよい。 |

| □ **45** □
36回61 | 障害支援区分の認定は，都道府県が行うものとされている。 |

| □ 46 □
35回57 | 市町村は，「障害者総合支援法」に基づく介護給付費等の支給決定に際して実施する調査を，指定一般相談支援事業者等に委託することができる。 |

| □ 47 □
36回61 | 市町村は，障害支援区分の認定調査を医療機関に委託しなければならない。 |

| □ **48** □
36回61 | 障害支援区分として，区分1から区分6までがある。 |

| □ 49 □
35回57 | 「障害者総合支援法」に基づく障害児に係る介護給付費等の支給決定については，障害支援区分の認定を必要とする。 |

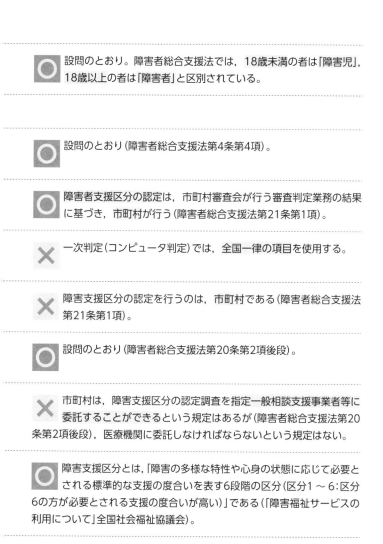

設問のとおり。障害者総合支援法では，18歳未満の者は「障害児」，18歳以上の者は「障害者」と区別されている。

設問のとおり（障害者総合支援法第4条第4項）。

障害者支援区分の認定は，市町村審査会が行う審査判定業務の結果に基づき，市町村が行う（障害者総合支援法第21条第1項）。

一次判定（コンピュータ判定）では，全国一律の項目を使用する。

障害支援区分の認定を行うのは，市町村である（障害者総合支援法第21条第1項）。

設問のとおり（障害者総合支援法第20条第2項後段）。

市町村は，障害支援区分の認定調査を指定一般相談支援事業者等に委託することができるという規定はあるが（障害者総合支援法第20条第2項後段），医療機関に委託しなければならないという規定はない。

障害支援区分とは，「障害の多様な特性や心身の状態に応じて必要とされる標準的な支援の度合いを表す6段階の区分（区分1～6：区分6の方が必要とされる支援の度合いが高い）」である（「障害福祉サービスの利用について」全国社会福祉協議会）。

障害児に係る介護給付費等の支給決定においては，障害支援区分の認定を必要としない。

障害者福祉

□ □	**50** 35回57	「障害者総合支援法」に基づく就労定着支援に係る介護給付費等の支給決定については，障害支援区分の認定を必要とする。
□ □	**51** 36回61改変	就労継続支援 A 型に係る支給決定においては，障害支援区分の認定は必要としない。
□ □	**52** 35回57	市町村は，「障害者総合支援法」に基づく介護給付費等の支給決定を受けようとする障害者又は障害児の保護者に対し，支給決定後に，サービス等利用計画案の提出を求める。

●障害福祉サービス及び相談支援

□ □	**53** 33回59	共生型サービスは，障害児が健常児と共に学校教育を受けるための支援を行うものである。
□ □	**54** 33回59	行動援護は，介護保険の給付を受けることができる者でも必要に応じて利用できる。
□ □	**55** 33回59改変	就労移行支援の利用には，障害支援区分の認定は必要ない。
□ □	**56** 33回59	生活介護を利用する場合は，暫定支給決定が行われる。
□ □	**57** 29回59	特定相談支援事業として，計画相談支援を行う。
□ □	**58** 34回57	「障害者総合支援法」におけるサービス利用支援では，利用者の自宅を訪問し，身体介護や家事援助等の介助を行う。

✕ 就労定着支援は訓練等給付費の支給対象サービスであり，訓練等給付（入浴，排せつ又は食事等の介護を伴う共同生活援助を除く）の支給決定においては，障害支援区分の認定を必要としない（障害者総合支援法施行令第10条第1項）。

◯ 訓練等給付対象である就労継続支援Ａ型に係る支給決定では，障害支援区分の認定は行わない。

✕ 市町村は，介護給付費等の支給決定を受けようとする障害者又は障害児の保護者に対し，支給決定前に，サービス等利用計画案の提出を求める（障害者総合支援法第22条第4項及び第5項）。

✕ 共生型サービス[11]は，2018年（平成30年）に創設されたサービス体系である。65歳以上は介護保険法が優先となるため，障害者が65歳以上になっても，使い慣れた事業所においてこれまでと同様のサービスを利用することができるように新設された。

◯ 「サービス内容や機能から，介護保険サービスには相当するものがない障害福祉サービス固有のものと認められるもの（同行援護，行動援護，自立訓練（生活訓練），就労移行支援，就労継続支援等）については，当該障害福祉サービスに係る介護給付費等を支給する」と通知[12]されている。

◯ 一般企業への就労を希望する者に，一定期間，就労に必要な知識や能力の向上のために必要な訓練を行う就労移行支援は，障害支援区分の認定は求められない。

✕ 生活介護は，介護給付費の支給対象サービスのため，障害支援区分の認定が必要となり，暫定支給は行われない。

◯ 設問のとおり。特定相談支援事業には基本相談支援と計画相談支援が含まれる（障害者総合支援法第5条第18項）。

✕ サービス利用支援では，障害福祉サービス等の利用申請時におけるサービス等利用計画案の作成，また，サービス支給決定後の連絡調整，さらにサービス等利用計画の作成を行う（障害者総合支援法第5条第22項）。

▶11
共生型サービス
介護保険法における，訪問介護，通所介護，短期入所生活介護等を，障害福祉サービスの居宅介護，重度訪問介護，生活介護短期入所等や，障害児通所支援のうちの児童発達支援及び放課後等デイサービスとして利用することができるものである。

▶12
通知
「障害者自立支援法に基づく自立支援給付と介護保険制度との適用関係等について」（平成19年3月28日障企発 第0328002号・障障発第0328002号厚生労働省社会・援護局障害保健福祉部企画課・障害福祉課長連名通知）

障害者総合支援法のサービス

　障害者の日常生活及び社会生活を総合的に支援するための法律（障害者総合支援法）に規定される
サービスにはさまざまなものがあり，利用者の障害程度や生活状況を踏まえ個別に支給決定が行われ
る自立支援給付と，市町村の創意工夫により柔軟に実施できる地域生活支援事業で構成されている。

1　障害福祉サービス

介護給付	居宅介護（ホームヘルプ）	自宅で，入浴，排せつ，食事の介護等を行う。
	重度訪問介護	重度の肢体不自由者，重度の知的障害者・精神障害者で常に介護を必要とする人に，自宅で，入浴，排せつ，食事の介護，外出時における移動支援などを総合的に行う。
	同行援護	視覚障害者の外出時に同行し，移動に必要な情報を提供するとともに，移動の援護，排せつ，食事の介護等を行う。
	行動援護	自己判断能力が制限されている人が行動するときに，危険を回避するために必要な援護，外出支援を行う。
	療養介護	医療と常時介護を必要とする人に，医療機関で機能訓練，療養上の管理，看護，介護及び日常生活の世話を行う。
	生活介護	常に介護を必要とする人に，昼間，入浴，排せつ，食事の介護等を行うとともに，創作的活動又は生産活動の機会を提供する。
	短期入所（ショートステイ）	自宅で介護する人が病気の場合などに，短期間，夜間も含め施設で，入浴，排せつ，食事の介護等を行う。
	重度障害者等包括支援	常に介護を必要とする人のなかでも，特に介護の必要度が高い人に，居宅介護等複数のサービスを包括的に行う。
	障害者支援施設での夜間ケア等（施設入所支援）	施設に入所する人に，夜間や休日，入浴，排せつ，食事の介護等を行う。
訓練等給付	自立訓練（機能訓練・生活訓練）	自立した日常生活又は社会生活ができるよう，一定期間，身体機能又は生活能力の向上のために必要な訓練を行う。
	就労移行支援	一般企業等への就労を希望する人に，一定期間，就労に必要な知識及び能力の向上のために必要な訓練を行う。
	就労継続支援（A型（雇用型），B型（非雇用型））	一般企業等での就労が困難な人に，働く場を提供するとともに，知識及び能力の向上のために必要な訓練を行う。
	就労定着支援	一般就労へ移行した人に，就業に伴う生活面の課題に対応できるよう，企業や関係機関等との連絡調整や課題解決に向けて必要となる支援を行う。
	自立生活援助	施設入所支援等を利用していた一人暮らしを希望する人に，定期的な巡回訪問や随時の対応により，円滑な地域生活に向けた相談・助言等を行う。
	共同生活援助（グループホーム）	夜間や休日，共同生活を行う住居で，相談，入浴，排せつ，食事の介護等を行う。

※2022年（令和4年）の障害者総合支援法の改正により，訓練等給付の対象サービスに「就労選択支援」
　が創設される（2022年（令和4年）12月16日から3年以内に施行）。
厚生労働省資料を一部改変

2　一般相談支援事業・特定相談支援事業

一般相談支援事業	基本相談支援及び地域相談支援のいずれも行う。
特定相談支援事業	基本相談支援及び計画相談支援のいずれも行う。

3　基本相談支援

地域の障害者等の福祉に関する問題について，障害者等，障害児の保護者又は障害者等の介護者からの相談に応じ，必要な情報の提供や助言を行い，併せて市町村及び指定障害福祉サービス事業者等との連絡その他の便宜を総合的に提供する。地域生活支援事業として実施される。

4　地域相談支援

・地域移行支援及び地域定着支援をいう。

地域移行支援	障害者支援施設，のぞみの園等に入所している障害者又は精神科病院（精神科病院以外の病院で精神病室が設けられているものを含む。）に入院している精神障害者に対して，住居の確保その他の地域における生活に移行するための活動に関する相談その他の便宜を供与する。
地域定着支援	居宅において単身等の状況において生活する障害者に対して，当該障害者との常時の連絡体制を確保し，障害の特性に起因して生じた緊急の事態等において相談その他の便宜を供与する。

5　計画相談支援

・サービス利用支援及び継続サービス利用支援をいう。

サービス利用支援	障害者等の心身の状況，その置かれている環境，サービス等の利用に関する意向等を勘案し，利用するサービス等の内容等を定めたサービス等利用計画案を作成し，支給決定等が行われた後に，当該支給決定等の内容を反映したサービス等利用計画の作成を行う。
継続サービス利用支援	サービス等利用計画が適切であるかどうかを一定期間ごとに検証し，その結果等を勘案してサービス等利用計画の見直しを行い，サービス等利用計画の変更等を行う。

6　障害児通所支援（児童福祉法）

児童発達支援	障害児につき，児童発達支援センター等の施設に通わせ，日常生活における基本的な動作及び知識技能の習得並びに集団生活への適応のための支援その他の便宜を供与し，又はこれに併せて児童発達支援センターにおいて治療を行う。
放課後等デイサービス	就学している障害児につき，授業の終了後または休業日に児童発達支援センター等の施設に通わせ，生活能力の向上のために必要な訓練その他の便宜を供与する。
居宅訪問型児童発達支援	重度の障害の状態にある障害児であって，児童発達支援等を受けるために外出することが著しく困難なものにつき，当該障害児の居宅を訪問し，日常生活における基本的な動作の指導その他の便宜を供与する。
保育所等訪問支援	保育所等に通う障害児につき，その施設を訪問し，その施設における障害児以外の児童との集団生活への適応のための専門的な支援その他の便宜を供与する。

7　障害児相談支援（児童福祉法）

障害児支援利用援助	障害児の心身の状況，その置かれている環境，障害児通所支援の利用に関する意向等を勘案し，利用する障害児通所支援の内容等を定めた障害児支援利用計画案を作成し，通所給付決定等が行われた後に，当該給付決定等の内容を反映した障害児支援利用計画の作成を行う。
継続障害児支援利用援助	障害児支援利用計画が適切であるかどうかを一定期間ごとに検証し，その結果等を勘案して障害児支援利用計画の見直しを行い，障害児支援利用計画の変更等を行う。

| □ □ | **59**
34回57 | 「障害者総合支援法」における地域相談支援では，地域生活から施設入所や精神科病院への入院に向けた移行支援を行う。 |

●自立支援医療

| □ □ | **60**
36回59 | 自立支援医療の種類には，更生医療が含まれる。 |

| □ □ | **61**
36回59 | 自立支援医療の種類にかかわらず，支給認定は都道府県が行う。 |

| □ □ | **62**
36回59 | 自立支援医療の利用者の自己負担割合は，原則として3割である。 |

| □ □ | **63**
36回59改変 | 精神通院医療では，精神障害者保健福祉手帳の所持者以外も支給対象となる。 |

| □ □ | **64**
36回59 | 利用者は，自立支援医療を利用する場合には，自由に医療機関を選択できる。 |

●地域生活支援事業

| □ □ | **65**
28回62 | 障害者基本法では，市町村の行う地域生活支援事業について規定されている。 |

●障害福祉計画

| □ □ | **66**
34回58 | 自立支援給付や地域生活支援事業の円滑な実施を確保するための基本指針は，都道府県が定める。 |

✕ 地域相談支援とは,地域移行支援及び地域定着支援のことをいい(障害者総合支援法第5条第18項),地域移行支援では,障害者支援施設等入所又は精神科病院に入院している障害者を対象に,住居の確保その他の地域生活へ移行するための支援を行う(同条第20項)。また,地域定着支援では,居宅において単身で生活している障害者を対象に,常時の連絡体制を確保し,緊急時には必要な支援を行う(同条第21項)。

◯ 自立支援医療の種類には,①更生医療(18歳以上の身体障害者手帳の交付を受けた者),②育成医療(18歳未満の身体に障害を有する児童),③精神通院医療(精神疾患を有する者で,通院による継続的な治療が必要な者)の三つがある。

✕ 更生医療と育成医療については,市町村が支給認定を行うこととなっており,精神通院医療については,都道府県・指定都市が支給認定を行う(障害者総合支援法施行令第3条)。

✕ 自立支援医療の利用者負担については,応能負担(所得に応じて1か月あたりの負担額を設定)の仕組みをとっている。なお,一定所得以上の世帯は自立支援医療の対象にならない。

◯ 設問のとおり。精神通院医療は,通院による精神医療を継続的に要する病状にある者がその対象となる。

✕ 自立支援医療に係る医療機関は,都道府県知事が指定する医療機関(指定自立支援医療機関)の中から,市町村(精神通院医療の場合は都道府県)が定めることとなっている。

✕ 市町村の行う地域生活支援事業(市町村地域生活支援事業)は,障害者基本法ではなく障害者総合支援法に規定されている。

✕ 自立支援給付及び地域生活支援事業の円滑な実施を確保するための基本指針は,厚生労働大臣が定める(障害者総合支援法第87条第1項)。

●審査請求

67 34回58改変 介護給付費に関する処分に不服がある者は，都道府県知事に対して審査請求ができる。

身体障害者福祉法

68 35回61 身体障害者福祉法の目的は，「身体障害者の更生を援助し，その更生のために必要な保護を行い，もつて身体障害者の福祉の増進を図ること」と規定されている。

69 35回61 身体障害者福祉法における身体障害者の定義は，身体障害者手帳の交付を受けたかどうかにかかわらず，別表に掲げる身体上の障害がある18歳以上の者をいうと規定されている。

70 35回61改変 身体障害者福祉法では，都道府県は，その設置する身体障害者更生相談所に，身体障害者福祉司を置かなければならないと規定されている。

71 29回60 身体障害者が「障害者総合支援法」のサービスを利用する場合には，身体障害者手帳の交付を受ける必要がある。

72 35回61 身体障害者福祉法において，身体障害者手帳に記載される身体障害の級別は，障害等級1級から3級までである。

知的障害者福祉法

73 34回60 1998年（平成10年）に，精神衛生法から知的障害者福祉法に名称が変更された。

設問のとおり。市町村の介護給付費等又は地域相談支援給付費等に係る処分に不服がある者は，都道府県知事に対して審査請求をすることができる（障害者総合支援法第97条第1項）。 (関連キーワード▶13参照)

▶13
障害者介護給付費等不服審査会
都道府県知事は，条例で定めるところにより，審査請求の事件を取り扱わせるため，障害者介護給付費等不服審査会をおくことができる（障害者総合支援法第98条第1項）。

 設問の記述は，1949年（昭和24年）の身体障害者福祉法制定時の旧目的規定である。

身体障害者福祉法第4条において身体障害者手帳の交付が要件となっている。

 設問のとおり（身体障害者福祉法第11条の2第1項）。

 障害者総合支援法のサービスを利用する場合，身体障害者では，身体障害者手帳の交付を受ける必要がある。障害者総合支援法第4条第1項の「障害者」の定義には，「身体障害者福祉法第4条に規定する身体障害者」とあり，身体障害者福祉法の「身体障害者」の定義には，「別表に掲げる身体上の障害がある18歳以上の者であって，都道府県知事から身体障害者手帳の交付を受けたもの」とある。 (関連キーワード▶14参照)

▶14
障害者の定義と障害者手帳
法律上の「身体障害者」の定義には身体障害者手帳をもっていることが要件の1つに含まれるが，他方，知的障害者福祉法における「知的障害者」及び精神保健及び精神障害者福祉に関する法律における「精神障害者」については，手帳の有無は条件とはなっていない。このため，知的障害者と精神障害者は，手帳の交付を受けていなくても障害者総合支援法のサービスを利用することができる。

身体障害者手帳に記載される身体障害の級別は，障害等級1級から6級までである。身体障害者福祉法施行規則別表第5号「身体障害者障害程度等級表」には，1級から7級までの級別があるが，7級に該当する障害が二つ以上重複する場合又は7級に該当する障害が6級以上の障害と重複する場合に，手帳が交付される。

1960年（昭和35年）に制定された精神薄弱者福祉法が，1998年（平成10年）に名称変更され，現在の知的障害者福祉法となった。

355

☐ ☐	**74** 29回61	知的障害者福祉法における「知的障害者」とは，児童相談所において知的障害であると判定された者をいう。

☐ ☐	**75** 34回60	知的障害者福祉法では，知的障害者に対して交付される「療育手帳」について規定されている。

☐ ☐	**76** 29回60	療育手帳の交付の申請は，知的障害者更生相談所長に対して行う。

☐ ☐	**77** 34回60	知的障害者福祉法では，知的障害者に対する入院形態として，医療保護入院が規定されている。

☐ ☐	**78** 30回62	知的障害者更生相談所では，知的障害者の医学的，心理学的及び職能的判定を行う。

精神保健福祉法

☐ ☐	**79** 33回61改変	「精神保健福祉法」における精神障害者の定義に，知的障害を有する者は含まれる。

☐ ☐	**80** 29回60	精神障害者保健福祉手帳の更新は，5年ごとに行わなければならない。

☐ ☐	**81** 33回61	「精神保健福祉法」によれば，医療保護入院者を入院させている精神科病院の管理者は，退院後生活環境相談員を選任しなければならない。

☐ ☐	**82** 33回61	「精神保健福祉法」によれば，精神障害者保健福祉手帳の障害等級は，6級までとされている。

✕ 知的障害者福祉法において「知的障害者」の定義はなされていない。なお，療育手帳の交付対象者は「児童相談所又は知的障害者更生相談所において知的障害であると判定された者」とされている（厚生事務次官通知「療育手帳制度について」（昭和48年9月27日厚生省発児第156号））。

✕ 知的障害者に交付される療育手帳について，知的障害者福祉法には規定されていない。

✕ 療育手帳の交付の申請は住所地の福祉事務所の長（福祉事務所を設置しない町村は町村長及び管轄の福祉事務所の長）を経由して都道府県知事及び指定都市の長に対して行い，児童相談所又は知的障害者更生相談所において知的障害があると判定された者に対して，都道府県知事及び指定都市の市長が手帳を交付する。

✕ 入院形態として，医療保護入院の規定があるのは，精神保健及び精神障害者福祉に関する法律（精神保健福祉法）である。

◯ 知的障害者更生相談所の業務として，「18歳以上の知的障害者の医学的，心理学的及び職能的判定を行う」ことが規定されている（知的障害者福祉法第11条第1項第2号ハ及び第12条第2項）。

◯ 精神保健福祉法第5条において「この法律で「精神障害者」とは，統合失調症，精神作用物質による急性中毒又はその依存症，知的障害その他の精神疾患を有する者をいう」と規定されている。

✕ 精神障害者保健福祉手帳の更新は，5年ごとではなく，2年ごとに行わなければならない（精神保健福祉法第45条第4項）。

◯ 医療保護入院者を入院させている精神科病院の管理者は，精神保健福祉士等の資格を有する者のうちから，退院後生活環境相談員を選任しなければならない（精神保健福祉法第33条の4）。

✕ 精神障害者保健福祉手帳の等級は1級から3級までである（精神保健福祉法施行令第6条第3項）。なお，手帳の等級が1級から6級まであるのは身体障害者手帳である。

▶15
「知的障害者」の定義
法律上での定義はなされていないが，例えば，2005年（平成17年）の「知的障害児（者）基礎調査」においては，「知的機能の障害が発達期（概ね18歳まで）にあらわれ，日常生活に支障が生じているため，何らかの特別の援助を必要とする状態にあるもの」とされている。

▶16
医学的，心理学的及び職能的判定
市町村の長から市町村が扱うケースについて判定を求められた場合にこれに応じること，療育手帳の交付に係る判定などがある（「知的障害者更生相談所の設置及び運営について（平成15年3月25日障発第0325002号）」第2　運営，3判定業務）。

障害者福祉

| 83 35回62 | 「精神保健福祉法」に規定される任意入院では，入院者から退院の申出があった場合，精神保健指定医の診察により，24時間以内に限り退院を制限することができる。 |

| 84 35回62 | 「精神保健福祉法」に規定される応急入院では，精神科病院の管理者は，精神保健指定医の診察がなくても，72時間以内に限り入院させることができる。 |

| 85 35回62 | 「精神保健福祉法」に規定される医療保護入院では，精神保健指定医の診察の結果，必要と認められれば，本人の同意がなくても，家族等のうちいずれかの者の同意に基づき入院させることができる。 |

| 86 35回62 | 「精神保健福祉法」に規定される医療保護入院では，精神保健指定医の診察の結果，必要と認められれば，本人の同意がなくても，本人に家族等がいない場合は検察官の同意により入院させることができる。 |

| 87 35回62改変 | 「精神保健福祉法」に規定される措置入院では，本人に自傷他害のおそれがあると認めた場合，都道府県知事の権限に基づき入院させることができる。 |

児童福祉法

| 88 29回58 | 都道府県は，障害児通所給付費の給付決定を行う。 |

| 89 27回61 | 放課後等デイサービスは，障害児の生活能力の向上のために必要な訓練，社会との交流の促進などを図るためのサービスを提供することをいう。 |

✕ 「24時間以内」ではなく「72時間以内」である。任意入院では，本人から退院の申出があった場合は退院させなければならないが（精神保健福祉法第21条第2項），精神保健指定医の診察により，医療及び保護のために入院を継続する必要があると認めたときは，72時間（特定医師による診察の場合は12時間）に限り，退院を制限することができる（同条第3項）。

✕ 精神保健指定医の診察が必要である。要件を満たすと本人の同意がなくても入院させることができるが，入院期間は，精神保健指定医による診察の場合であっても72時間（特定医師の場合は12時間）に制限されている（精神保健福祉法第33条の6第1項及び第2項）。

○ 設問のとおり（精神保健福祉法第33条第1項）。

✕ 本人に家族等がいない場合は，「検察官の同意」ではなく，本人の居住地を管轄する「市町村長の同意」により，入院させることができる（精神保健福祉法第33条第2項）。

○ 設問のとおり。措置入院は，2人以上の精神保健指定医が，精神障害のため自傷他害のおそれがあると認めた場合に，都道府県知事の権限により行われる入院形態である（精神保健福祉法第29条第1項及び第2項）。 (関連キーワード▶17参照)

▶17
緊急措置入院
急速を要し，措置入院の手続きを採ることができない場合は，「緊急措置入院」として，1人の精神保健指定医の判定により入院させることができるが（精神保健福祉法第29条の2第1項），この場合，入院期間は72時間に制限される（同条第3項）。

✕ 障害児通所給付費の給付決定を行うのは市町村である。市町村は，障害児通所給付費等の支給の要否の決定（通所支給要否決定）を行う（児童福祉法第21条の5の7第1項）。

○ 放課後等デイサービスとは，学校（幼稚園及び大学を除く）に就学している障害児につき，放課後又は休日に児童発達支援センターその他の施設に通わせ，生活能力の向上のために必要な訓練，社会との交流の促進その他を行うことをいう。

□ **90**
27回61
保育所等訪問支援の目的は，障害が疑われる児童の早期発見である。

発達障害者支援法

□ **91**
32回60
発達障害者支援法によると，発達障害者とは，発達障害がある者であって発達障害及び社会的障壁により日常生活又は社会生活に制限を受けるものをいう。

□ **92**
32回60
発達障害者支援法によると，市町村は，個々の発達障害者の特性に応じた適切な就労の機会の確保，就労定着のための支援に努めなければならない。

□ **93**
32回60改変
発達障害者支援法によると，都道府県は，支援体制の課題を共有するとともに，関係者の連携の緊密化を図るため，発達障害者支援地域協議会を設置することができる。

□ **94**
32回60
発達障害者支援法によると，都道府県知事は，該当する者に精神障害者保健福祉手帳を交付する。

障害者虐待防止法

□ **95**
33回62
「障害者虐待防止法」によれば，養護者による虐待を受けたと思われる障害者を発見した者は，速やかに，これを都道府県に通報する義務がある。

□ **96**
33回62改変
「障害者虐待防止法」では，障害者虐待とは，養護者による障害者虐待と障害者福祉施設従事者等による障害者虐待及び使用者による障害者虐待の3類型をいうと定義されている。

✕ 保育所等訪問支援とは，保育所等に通う障害児又は乳児院等に入所する障害児が，障害児以外の児童との集団生活に適応することができるように，指導経験のある児童指導員等が保育所等を訪問し，専門的な支援を行うことをいう。

○ 発達障害者支援法第2条第2項において，「「発達障害者」とは，発達障害がある者であって発達障害及び社会的障壁により日常生活又は社会生活に制限を受けるものをいい，「発達障害児」とは，発達障害者のうち18歳未満のものをいう」と定義されている。

▶18
発達障害
「自閉症，アスペルガー症候群その他の広汎性発達障害，学習障害，注意欠陥多動性障害その他これに類する脳機能の障害であってその症状が通常低年齢において発現するものとして政令で定めるものをいう」とされている（発達障害者支援法第2条第1項）。

✕ 就労の機会の確保，就労定着のための支援に努めなければならないのは，国及び都道府県である（発達障害者支援法第10条）。市町村は，児童の発達障害の早期発見，早期の発達支援，保育に関わる内容（同法第5条～第7条）を行うものとされている。

○ 設問のとおり（発達障害者支援法第19条の2）。「学識経験者その他の関係者並びに医療，保健，福祉，教育，労働等に関する業務を行う関係機関及び民間団体並びにこれに従事する者により構成される発達障害者支援地域協議会を置くことができる」と規定されている。

✕ 発達障害者支援法には，精神障害者保健福祉手帳の交付に関する規定はされていない。精神障害者保健福祉手帳に関しては，精神保健福祉法が根拠となる。精神障害者（知的障害者は除く）は，居住地の都道府県知事から「精神障害者保健福祉手帳」が交付される（精神保健福祉法第45条）。

✕ 養護者による障害者虐待を受けたと思われる障害者を発見した者は，速やかに，これを市町村に通報しなければならない（障害者虐待防止法第7条第1項）。

○ 設問のとおり（障害者虐待防止法第2条第2項）。

☐ **97**
33回62

「障害者虐待防止法」では，養護者による障害者虐待は，身体的虐待，性的虐待，心理的虐待，放置など養護を怠ること，の4種類であると定義されている。

障害者差別解消法

☐ **98**
33回57改変

「障害者差別解消法」は，障害者の権利に関する条約（2008（平成20）年5月に発効）の締結に向けて，国内法の整備の一環として制定された。

☐ **99**
33回57

「障害者差別解消法」では，「不当な差別的取扱いの禁止」について，国・地方公共団体等には義務が，民間事業者には努力義務が課されている。

☐ **100**
33回57

「障害者差別解消法」では，「合理的配慮の提供」について，国・地方公共団体等と民間事業者に，共に義務が課されている。

☐ **101**
33回57

「障害者差別解消法」における障害者の定義は，障害者基本法に規定されている障害者の定義より広い。

障害者雇用促進法

☐ **102**
34回62

国や地方公共団体は，法定雇用率を上回るよう障害者の雇用を義務づける障害者雇用率制度の対象外である。

☐ **103**
34回62

事業主は，在宅就業支援団体を通じて在宅就業障害者に仕事を発注することで障害者雇用義務を履行したとみなすことができる。

× 養護者による障害者虐待は，①身体的虐待，②性的虐待，③心理的虐待，④放棄・放置（ネグレクト），⑤経済的虐待の5種類であり，これは障害者福祉施設従事者等による障害者虐待，使用者による障害者虐待でも同様である（障害者虐待防止法第2条第6項）。

○ 設問のとおり。障害者の権利に関する条約の締結に向け，障害者差別解消法の制定（2013年（平成25年））のほかに，障害者基本法の改正，障害者総合支援法の成立，障害者雇用促進法の改正等も行われた。

▶19
障害者差別解消法
正式名称は「障害を理由とする差別の解消の推進に関する法律」である。

× 「不当な差別的取扱いの禁止」については，国・地方公共団体及び民間事業者ともに義務が課されている（障害者差別解消法第7条第1項，第8条第1項）。

× 「合理的配慮の提供」については，国・地方公共団体に義務（障害者差別解消法第7条第2項），民間事業者には努力義務（同法第8条第2項）が課されている。

▶20
合理的配慮の提供
2021年（令和3年）6月4日に公布された障害者差別解消法の一部を改正する法律により，民間事業者による社会的障壁の除去の実施にかかる合理的配慮の提供についても，義務化されることとなった（2024年（令和6年）4月1日施行）。

× 障害者の定義は，障害者差別解消法と障害者基本法は同様であり，「身体障害，知的障害，精神障害（発達障害を含む。）その他の心身の機能の障害（以下「障害」と総称する。）がある者であって，障害及び社会的障壁により継続的に日常生活又は社会生活に相当の制限を受ける状態にあるものをいう」と規定されている。

× 国や地方公共団体も障害者雇用促進法に基づく障害者雇用率制度の対象である。

▶21
障害者雇用促進法
正式名称は，「障害者の雇用の促進等に関する法律」である。

× 障害者雇用促進法に基づき，在宅就業障害者や在宅就業支援団体に仕事を発注する企業に対し，法定雇用率未達成企業より徴収した障害者雇用納付金を財源として，特例調整金・特例報奨金を支給する制度があるが，仕事を発注することをもって障害者雇用義務を履行したとはみなされない。

▶22
在宅就業障害者
自宅等において就業する障害者（雇用されている者を除く）のこと。

障害者福祉

104
34回62
事業主は，身体障害者及び知的障害者を雇用する法的義務を負うが，精神障害者については雇用するよう努めればよい。

105
33回145
障害者雇用促進法では，職業指導や職業訓練などの職業リハビリテーションの原則を規定している。

106
33回145
障害者雇用促進法によると，法定雇用率を課せられる民間企業は，障害者雇用納付金を納付することによって，障害者雇用義務が免除される。

107
35回145
障害者雇用促進法では，民間企業の法定雇用率は，国・地方公共団体の法定雇用率より高く設定されている。

整理しておこう！

障害者雇用率制度

　障害者雇用率制度とは，民間企業，国・地方公共団体が，「障害者の雇用の促進等に関する法律（障害者雇用促進法）」に定める割合（法定雇用率）に相当する以上の身体障害者又は知的障害者を雇用しなければならないことを定めた制度である。この法定雇用率は，各事業所をまとめた企業全体について計算される。

　企業は，雇用障害者数が法定雇用障害者数以上となるようにしなければならない。

✕ 障害者雇用率制度の対象障害者は，身体障害者，知的障害者又は精神障害者（精神障害者保健福祉手帳の交付を受けている者に限る）である（障害者雇用促進法第37条第2項）。

◯ 職業リハビリテーションは，障害者雇用促進法第2条第7号において，「障害者に対して職業指導，職業訓練，職業紹介その他この法律に定める措置を講じ，その職業生活における自立を図ること」と規定されている。

✕ 障害者雇用納付金は，法定雇用率未達成企業から徴収した納付金を財源として，障害者を雇用する事業主に対して障害者雇用調整金や報奨金の支給，各種助成等を行う共同拠出の制度である。納付することによって障害者を雇用する義務を免れることはない。

✕ 2024年（令和6年）4月1日から，民間企業の法定雇用率は2.5％，国及び地方公共団体等は2.8％，都道府県等教育委員会は2.7％となっており，民間企業の法定雇用率は，国・地方公共団体よりも低く設定されている。

障害者雇用率制度

障害者雇用率	民間企業	2.5％（2.7％）
	国・地方公共団体	2.8％（3.0％） 注：2026年（令和8年）7月1日から
	都道府県等の教育委員会	2.7％（2.9％） カッコ内の率に引き上げられる
対象者	身体障害者・知的障害者・精神障害者	
算定方法	短時間労働者を除く常用労働者 　重度の身体障害者・知的障害者＝1人を2人として算定 　重度以外の身体障害者・知的障害者・精神障害者＝1人を1人として算定 短時間労働者 　重度の身体障害者・知的障害者・一定の精神障害者＝1人を1人として算定 　重度以外の身体障害者・知的障害者・精神障害者＝1人を0.5人として算定	

＜算式＞

| 法定雇用障害者数 | ＝ | 常用労働者の数
（短時間労働者は0.5カウント） | × | 法定雇用率 |

＊計算で生じた1人未満は切り捨て。

□ 108
□ 33回145 障害者雇用促進法では，障害者である労働者は，自ら進んで，その能力の開発及び向上を図り，有為な職業人として自立しなければならないと規定している。

障害者優先調達推進法

□ 109
□ 34回62 「障害者優先調達推進法」により，国は，障害者就労施設，在宅就業障害者及び在宅就業支援団体から優先的に物品等を調達するよう努めなければならない。

□ 110
□ 34回62 事業主は，障害者就労施設から物品を調達することで障害者雇用義務を履行したとみなすことができる。

障害者と家族等の支援における関係機関と専門職の役割

障害者と家族等の支援における関係機関の役割

●国，都道府県，市町村

□ 111
□ 32回59 市町村は，障害支援区分の認定のための調査を，指定一般相談支援事業者等に委託することができる。

□ 112
□ 32回59 市町村は，障害支援区分の認定に関する審査判定業務を行わせるため，協議会を設置する。

□ 113
□ 28回60 都道府県は，自立支援医療の更生医療を実施する。

□ 114
□ 29回58 都道府県知事は，指定特定相談支援事業者の指定を行う。

□ 115
□ 27回58 都道府県は，補装具費の支給を行う。

障害のある労働者の職業的な自立については努力義務である。障害者雇用促進法第4条には，「障害者である労働者は，職業に従事する者としての自覚を持ち，自ら進んで，その能力の開発及び向上を図り，有為な職業人として自立するように努めなければならない」と規定されている。

 設問のとおり（障害者優先調達推進法第3条）。

▶23
▶23
障害者優先調達推進
法
正式名称は，「国等による障害者就労施設等からの物品等の調達の推進等に関する法律」である。

障害者福祉

 障害者優先調達推進法では，国及び独立行政法人に対して優先的に障害者就労施設等から物品等を調達するよう努めなければならないと規定されているが（法第3条），障害者雇用促進法も含め，設問にあるような規定はない。

 設問のとおり（障害者総合支援法第20条第2項）。

 障害支援区分の認定に関する審査判定業務を行わせるために設置されるのは，市町村審査会である（障害者総合支援法第15条，第21条）。

 自立支援医療のうち，更生医療及び育成医療を実施するのは市町村である。

指定特定相談支援事業者は，市町村長が指定する（障害者総合支援法第51条の17第1項第1号）。

補装具費の支給を行うのは，都道府県ではなく市町村である（障害者総合支援法第76条第1項）。

●基幹相談支援センター

□□ **116** 基幹相談支援センターは、「障害者総合支援法」に基づく協議会の運営の中心的な
31回60 役割を担うこととされている機関である。

●国民健康保険団体連合会

□□ **117** 国民健康保険団体連合会は、市町村から委託を受けて介護給付費等の支払業務を
27回58 行う。

関連する専門職等の役割

●サービス管理責任者

□□ **118** 「障害者総合支援法」に基づくサービス管理責任者は、指定障害福祉サービスの提
35回59改変 供に係る管理を行う者として配置されている。

□□ **119** サービス管理責任者は、障害福祉サービスを利用する障害者等に対して個別支援
36回58改変 計画を作成し、従業者に対して、技術指導、助言を行う。

●相談支援専門員

□□ **120** 「障害者総合支援法」に基づく相談支援専門員は、指定特定相談支援事業所におい
35回59 て指定計画相談支援を行う者として配置されている。

□□ **121** 指定特定相談支援事業所の相談支援専門員は、障害福祉サービスを利用する障害
36回58 者等に対して、サービス等利用計画案を作成する。

○ 「地域生活支援事業等の実施について」（平成18年8月1日障発第0801002号）において，「基幹相談支援センターは，地域の実情に応じて市町村が設置する協議会の運営の委託を受ける等により，地域の障害者等の支援体制の強化を図る」と規定されているため，協議会を運営する中心的な役割を担うことになる。

○ 設問のとおり。国民健康保険団体連合会は，市町村から委託を受けて，介護給付費，訓練等給付費，特定障害者特別給付費，地域相談支援給付費及び計画相談支援給付費の審査及び支払に関する業務を行う。

○ 設問のとおり。サービス管理責任者がおかれる指定障害福祉サービス事業者は，療養介護，生活介護，自立訓練（機能訓練），自立訓練（生活訓練；宿泊型訓練を含む），就労移行支援，就労継続支援Ａ型，就労継続支援Ｂ型，就労定着支援，自立生活援助，共同生活援助を実施するものである。

○ 設問のとおり。一部を除く障害福祉サービス事業所にはサービス管理責任者が必須配置である。なお，児童福祉法に基づく障害児通所支援事業所には，児童発達支援管理責任者が置かれる。

○ 指定特定相談支援事業所には，相談支援専門員が配置され，サービス等利用計画（案）を作成するなどの指定計画相談支援を行う。

○ 設問のとおり。

▶24
協議会
障害者総合支援法第89条の3において「地方公共団体は，単独で又は共同して，障害者等への支援の体制の整備を図るため，関係機関，関係団体並びに障害者等及びその家族並びに障害者等の福祉，医療，教育又は雇用に関連する職務に従事する者その他の関係者により構成される協議会を置くように努めなければならない」と規定されている。

▶25
国民健康保険団体連合会
都道府県・市町村（特別区含む）・国民健康保険組合が共同して設立し，都道府県知事の認可を受けて成立する。介護給付費等の審査及び支払業務のほか，国民健康保険の診療報酬及び介護保険の介護報酬にかかる審査及び支払業務等を行う。

▶26
サービス管理責任者
個々の利用者についてアセスメント，個別支援計画の作成，定期的なモニタリング等を行い，一連のサービス提供プロセス全般に関する責任を担う。

障害者福祉

369

☐ ☐ **122** 35回59	「障害者総合支援法」に基づく相談支援専門員は，モニタリングに当たっては，1年に1回，利用者宅を訪問し面接を行わなければならない。

☐ ☐ **123** 36回58	指定特定相談支援事業所の相談支援専門員は，障害福祉サービスを利用する障害者等に対して，居宅において入浴，排せつ又は食事の介護等を行う。

☐ ☐ **124** 36回58	指定特定相談支援事業所の相談支援専門員は，障害福祉サービスを利用する障害者等に対して，支給決定を行う。

●児童発達支援管理責任者

☐ ☐ **125** 35回59	児童福祉法に基づく児童発達支援管理責任者は，指定障害児相談支援事業所において障害児支援利用計画の作成を行う者として配置されている。

●居宅介護従業者

☐ ☐ **126** 35回59	「障害者総合支援法」に基づく居宅介護従業者は，病院又は障害福祉施設への紹介その他の便宜の提供を行う者として配置されている。

✕ 相談支援専門員が行うモニタリングには標準期間が定められており，新たにサービスを利用する場合は1か月ごと（利用開始から3か月のみ）とされているほか，利用者の心身の状況や置かれている環境，利用しているサービスの種類などによって，1か月に1回の場合，3か月に1回の場合，6か月に1回の場合がある。

✕ 居宅において入浴，排せつ又は食事の介護等を行うのは，指定特定相談支援事業ではなく，障害者総合支援法第5条第2項に規定されている居宅介護である。

✕ 支給決定は，障害者又は障害児の保護者の居住地の市町村が行う（障害者総合支援法第19条第2項）。

✕ 児童発達支援管理責任者は，児童発達支援センターや放課後等デイサービスなどに配置され，障害児や保護者へのアセスメントに基づき通所支援計画（児童発達支援計画や放課後等デイサービス計画など）を策定し，支援の質の管理や支援に伴う連携や相談を行う。指定障害児相談支援事業所において障害児支援利用計画の作成を行う者として配置されているのは，相談支援専門員である。

✕ 居宅介護従業者は，障害者等の居宅へ訪問し，入浴，排せつ又は食事などの介護を行う者で，居宅介護従業者養成研修の課程を修了した旨の証明書の交付を都道府県知事から受けた者である。

刑事司法と福祉

刑事司法における近年の動向とこれを取り巻く社会環境

☐☐ **1**
36回150
刑の一部の執行猶予制度の導入により，検察官による起訴猶予の処分は廃止された。

☐☐ **2**
36回150
刑の一部の執行猶予制度の導入により，執行する刑の全てを猶予する制度は廃止された。

☐☐ **3**
36回150
刑の一部の執行猶予制度の導入により，釈放後の生活環境の調整をする制度は廃止された。

☐☐ **4**
36回150
刑の一部の執行猶予制度の刑の一部の執行猶予期間は，刑期とともに判決時に言い渡される。

☐☐ **5**
36回150改変
刑の一部の執行猶予制度において，猶予の期間中保護観察に付することができる。

☐☐ **6**
27回150
刑の一部の執行猶予制度が新設され，薬物使用等の罪を犯した者に対して，裁量的に猶予期間中保護観察を付すことができることになった。

少年司法

少年法

☐☐ **7**
33回148改変
少年法は，家庭裁判所の審判に付すべき少年として，犯罪少年，触法少年，虞犯少年の3種類を規定している。

✕ 刑事訴訟法第248条により，犯人の性格，年齢及び境遇，犯罪の軽重及び情状並びに犯罪後の情況により訴追を必要としないときは，公訴を提起しないことができると規定されている。

✕ 刑法第25条（刑の全部の執行猶予）により，一定の条件を満たす場合，3年以下の懲役若しくは禁錮又は50万円以下の罰金の言い渡しを受けた者が，情状により，裁判が確定した日から1年以上5年以下の期間，その刑の全部の執行を猶予することができると規定されている。

✕ 更生保護法第82条（収容中の者に対する生活環境の調整）において，保護観察所の長は，収容中の者について，その社会復帰を円滑にするため必要があると認めるときは，釈放後の住居，就業先その他の生活環境の調整を行うことが規定されている。

◯ 刑の一部の執行猶予が認められた場合は，刑期とともにその刑の一部である執行を猶予する期間の判決が言い渡される。一部執行猶予が認められなかった期間については実刑となって刑務所に収監されることになる。

◯ 刑法第27条の3（刑の一部の執行猶予中の保護観察）において，猶予の期間中保護観察に付することができると規定されている。

✕ 対象者は保護観察を受けることが義務である（薬物法第4条第1項）。この制度の内容は，薬物使用等の罪を犯した者，比較的罪の軽い初犯者で，3年以下の懲役又は禁錮刑の中で，刑の一部の執行を1年から5年の範囲で猶予するものである。

▶1
薬物法
正式名称は，「薬物使用等の罪を犯した者に対する刑の一部の執行猶予に関する法律」である。

◯ 家庭裁判所の審判に付すべき少年は，犯罪少年，触法少年（14歳未満で刑罰法令に触れる行為をした少年），虞犯少年（将来，罪を犯し，又は刑罰法令に触れる行為をする虞のある少年）の3種類である（少年法第3条第1項）。（関連キーワード▶3参照）

▶2
犯罪少年
14歳以上20歳未満の罪を犯した少年をいう。

▶3
特定少年
少年法上，18歳以上の少年をいう。

少年事件の手続き，処遇

☐ **8** ☐ 28回150	家庭裁判所は，犯罪少年については，警察官から送致を受けた場合に限り審判に付することができる。
☐ **9** ☐ 29回150	犯罪少年に対して，警察は児童相談所に送致することができる。
☐ **10** ☐ 33回148	家庭裁判所は，18歳未満の少年については，都道府県知事又は児童相談所長から送致を受けたときに限り，これを審判に付することができる。
☐ **11** ☐ 33回148	家庭裁判所が決定する保護処分は，保護観察，児童自立支援施設又は児童養護施設送致，少年院送致，検察官送致の4種類である。
☐ **12** ☐ 29回150	触法少年に対して，家庭裁判所は少年院送致の保護処分をすることができる。
☐ **13** ☐ 30回149	警察は，触法少年を検察官に送致することができる。
☐ **14** ☐ 29回150	虞犯少年に対して，児童相談所長は検察官に送致することができる。
☐ **15** ☐ 33回148	少年院は，保護処分若しくは少年院において懲役又は禁錮の刑の執行を受ける者に対し，矯正教育その他の必要な処遇を行う施設である。
☐ **16** ☐ 29回150改変	少年院在院者に対して，地方更生保護委員会は仮退院の許可決定を行うことができる。

× 家庭裁判所が犯罪少年を審判に付することができる場合は，警察等からの送致及び検察庁からの2つの送致のルートがある。

× 犯罪少年に対して，警察は，捜査を遂げた結果，罰金以下の刑にあたる犯罪の嫌疑があるものと思料するときは，家庭裁判所に送致しなければならない（少年法第41条）。 （関連キーワード▶4参照）

▶4
全件送致主義
少年による事件は捜査において犯罪が疑われる場合は，原則的に家庭裁判所に送致されることをいう。

× 触法少年や虞犯少年で14歳に満たない者については，都道府県知事又は児童相談所長から送致を受けたときに限り，審判に付することができる（少年法第3条第2項）。

× 家庭裁判所による保護処分は保護観察，児童自立支援施設等送致，少年院送致の3種類である（少年法第24条第1項）。

▶5
少年院
家庭裁判所から保護処分として送致された少年に対し，社会不適応の原因を除去し，健全な育成を図ることを目的として矯正教育を行う法務省所管の施設。第一種から第五種の5つの種類がある。

○ 保護処分の決定時に14歳に満たない少年については，特に必要と認める場合に限り少年院送致の保護処分ができるとされている（少年法第24条第1項）。なお，少年院法で少年院送致の対象者の年齢は「おおむね12歳以上」とされている。

× 触法少年とは，14歳に満たないで刑罰法令に触れる行為をした少年であり，14歳未満の少年に対しては刑事責任を問うことはできない（刑法第41条）ため，触法少年を検察官に送致することはできない。

× 虞犯少年に対して，児童相談所長が検察官に送致をすることはない。虞犯少年とは，将来，罪を犯し，又は刑罰法令に触れる行為をする虞のある少年である（少年法第3条第1項）。

○ 設問のとおり。少年院収容の対象者は，保護処分の執行を受ける者，少年院において懲役又は禁錮の刑の執行を受ける者とされている（少年院法第3条）。

○ 少年院在院者に対して仮退院の許可決定を行うのは，地方更生保護委員会である（更生保護法第41条）。

□ 17	少年鑑別所は，警察官の求めに応じ，送致された少年を一定期間収容して鑑別を
□ 33回148	行う施設である。

更生保護制度

制度の概要

□ 18	更生保護制度の基本となる法律は監獄法である。
□ 34回147	

□ 19	更生保護の処遇は，矯正施設における施設内処遇を主とする。
□ 34回147	

□ 20	更生保護の対象者は，保護観察に付されている者に限らない。
□ 30回147改変	

□ 21	更生保護には，犯罪予防の活動の促進が含まれる。
□ 34回147	

□ 22	更生保護には，再犯・再非行の防止は含まれる。
□ 34回147改変	

□ 23	更生保護行政をつかさどる国の機関は，厚生労働省である。
□ 34回147	

□ 24	更生保護法の目的は，犯罪をした者及び非行のある少年に対して，社会内におい
□ 29回147	て適切な処遇を行うことにより再犯を防ぎ，又はその非行をなくし，自立と改善更生を助けることである。

❌ 少年鑑別所の長は，家庭裁判所，地方更生保護委員会，保護観察所の長，児童自立支援施設の長，児童養護施設の長，少年院の長又は刑事施設の長から，鑑別を求められたときは，これを行うものとすると規定されている(少年鑑別所法第17条)。

❌ 更生保護制度の基本となる法律は2007年(平成19年)に制定された更生保護法である。 (関連キーワード▶7参照)

❌ 更生保護の処遇は，保護観察を中心とする社会内処遇を主としている。更生保護法第1条において，「犯罪をした者及び非行のある少年に対し，社会内において適切な処遇を行うことにより，再び犯罪をすることを防ぎ，又はその非行をなくし，これらの者が善良な社会の一員として自立し，改善更生することを助ける」と規定されている。

⭕ 更生保護の主な内容は，仮釈放，保護観察，更生緊急保護，恩赦，犯罪予防活動であり，その対象は保護観察対象者に限られていない。また，被害者等に対する支援施策なども含まれている。

⭕ 設問のとおり。更生保護には犯罪予防活動の促進も含まれる。更生保護法第1条において，「犯罪予防の活動の促進等を行い」と規定されている。

⭕ 設問のとおり。更生保護には再犯・再非行の防止も含まれる。更生保護法第1条において，「再び犯罪をすることを防ぎ，又はその非行をなくし」と規定されている。

❌ 更生保護行政をつかさどる国の機関は，法務省である。

⭕ 更生保護法第1条に示されている法の目的である。同条では，さらに，恩赦の適正な運用を図るほか，犯罪予防の活動の促進等を行うことにより「社会を保護し，個人及び公共の福祉を増進することを目的とする」としている。

▶6
更生保護法
更生保護制度の基本法である更生保護法は，犯罪者予防更生法と執行猶予者保護観察法という2つの基本法が整理・統合される形で2007年(平成19年)に制定された。

▶7
監獄法
1908年(明治41年)に制定された監獄法は，2005年(平成17年)に全部改正が行われ，さらに2007年(平成19年)の刑事収容施設及び被収容者等の処遇に関する法律の施行に伴い廃止された。

▶8
被害者等に対する支援施策
仮釈放等審理における意見等聴取制度，保護観察対象者に対する心情等伝達制度，被害者等通知制度など。

▶9
再犯・再非行の防止
再犯・再非行の防止を行う上で重要な法律が，再犯の防止等の推進に関する法律である。

| □ □ | 25
29回147 | 更生保護法の目的は，犯罪をした者に対して，本人との契約に基づき，適切な処遇を行うことにより再犯を防ぎ，自立と改善更生を助けることである。 |

生活環境の調整

| □ □ | 26
34回148改変 | 少年院に収容中の者に対する生活環境の調整は，仮退院決定前から開始する。 |

| □ □ | 27
34回148 | 少年院に収容中の者に対する生活環境の調整には，調整すべき事項に借金返済のための金品の給与が含まれる。 |

| □ □ | **28**
34回148 | 少年院に収容中の者に対する生活環境の調整は，少年院の法務技官によって行われる。 |

| □ □ | 29
34回148 | 少年院に収容中の者に対する生活環境の調整には，調整すべき事項に釈放後の就業先や通学先の確保が含まれる。 |

仮釈放等

| □ □ | 30
35回147改変 | 仮釈放を許された者は，仮釈放の期間中，保護観察に付される。 |

| □ □ | 31
32回147改変 | 保護観察の良好措置として，仮釈放者には不定期刑の終了の措置がある。 |

| □ □ | 32
32回147 | 保護観察の不良措置として，少年院仮退院者には退院の措置がある。 |

× 更生保護の中核である保護観察は，「本人との契約」や意思には関係なく対象者に付される。

○ 少年院からの仮退院の許可は地方更生保護委員会によって出される。その上で，生活環境の調整における調査の結果は重要な資料となるため，生活環境の調整は仮退院決定前から行われる。

▶10
生活環境の調整
再犯防止，円滑な社会復帰のため，対象者の生活環境を調査・調整すること。

× 生活環境の調整の内容として「釈放後の住居，就業先その他の生活環境の調整」とされており，借金に関してはその返済の見込みや方法については検討されるだろうが，金品の給与は含まれない。

× 生活環境の調整は，保護観察所の長が行う。しかし，実務上では保護観察所の長の指示のもと，保護観察官又は保護司が行う。

○ 更生保護法において，「釈放後の住居，就業先その他の生活環境の調整を行うもの」と規定されている。また，犯罪をした者及び非行のある少年に対する社会内における処遇に関する規則において，通学先の確保も含まれることが明記されている。

○ 設問のとおり（更生保護法第40条）。 （関連キーワード▶11参照）

▶11
仮釈放
懲役又は禁錮に処せられた者に改悛（しゅん）の状があるときは，有期刑についてはその刑期の3分の1を，無期刑については10年を経過した後，行政官庁の処分によって仮に釈放することができる（刑法第28条）。

○ 仮釈放者に対する良好措置は，不定期刑の終了である。なお，保護観察処分少年に対する良好措置は，その解除及び一時解除，少年院仮退院者に対する良好措置は，少年院の退院，保護観察付執行猶予者に対する良好措置は，保護観察の仮解除である。

× 少年院仮退院者に対する不良措置は，少年院への戻し収容である。なお，保護観察処分少年に対する不良措置は，警告及び施設送致申請・家庭裁判所への通告，仮釈放者に対する不良措置は，保護観察の停止・仮釈放の取消し，保護観察付執行猶予者に対する不良措置は，仮解除の取消し・執行猶予の取消しの申出である。

保護観察

| 33 35回147改変 | 懲役刑の全部の執行を猶予された者は，裁判所の裁量によって保護観察に付されることがある。 |

| 34 32回147 | 保護観察は，保護観察対象者の居住地を管轄する保護観察所が行う。 |

| 35 32回147改変 | 保護観察処分少年の保護観察期間は，保護処分決定の日から，原則として20歳に達するまでの期間である。 |

| 36 35回147 | 保護観察所の長は，保護観察処分少年について，保護観察を継続する必要がなくなったと認めるときは，保護観察を解除する。 |

| 37 32回147 | 保護観察の対象者は，自らの改善更生に必要な特別遵守事項を自分で定める。 |

| 38 35回149改変 | 保護観察対象者に対する補導援護は，保護観察所及び保護司により行われる。 |

整理しておこう！

保護観察

　保護観察を実施する機関が保護観察所である。保護観察所には保護観察官が配属され，保護区と呼ばれる一定地域に配属されている保護司との「協働態勢」を基本として，保護観察を実施する。保護観察について，更生保護法に次の5種が規定されている。

⭕ 設問のとおり（刑法第25条の2）。

⭕ 保護観察は，保護観察対象者の居住地（住居がないか，又は明らかでないときは，現在地又は明らかである最後の居住地若しくは所在地）を管轄する保護観察所がつかさどる（更生保護法第60条）。

⭕ 設問のとおり（更生保護法第66条）。ただし，家庭裁判所は，虞犯(ぐはん)少年とみなされる事由があり家庭裁判所への通告等がなされた保護観察中の少年で，その年齢がすでに20歳以上である場合は，23歳を超えない期間内において，保護観察の期間を定める（同法第68条）。

⭕ 設問のとおり（更生保護法第69条）。なお，保護観察処分少年の保護観察の一時解除も，保護観察所の長が行うことになっている（同法第70条）。

❌ 特別遵守事項▶12の設定は，保護観察処分少年の場合，家庭裁判所の意見を聴き，保護観察所の長が定める（更生保護法第52条）。少年院仮退院者及び仮釈放者の場合，保護観察所の長の申し出に基づき，地方更生保護委員会が定める。

▶12
特別遵守事項
保護観察所の長又は地方更生保護委員会が定める，保護観察対象者が遵守しなければならない特別の事項のこと（更生保護法第51条・第52条）。

⭕ 設問のとおり。保護観察における補導援護とは，援助的・福祉的な性格を有する取組みのことをいう。

1号観察	少年法に基づき家庭裁判所において決定される保護処分としての保護観察
2号観察	少年院を仮退院した後，収容期間の満了日又は本退院までの期間受ける保護観察
3号観察	刑務所などの刑事施設を仮釈放中に受ける保護観察
4号観察	刑法又は薬物使用等の罪を犯した者に対する刑の一部の執行猶予に関する法律に基づき保護観察付きの刑執行猶予判決を受けた者が執行猶予期間中に受ける保護観察
5号観察	売春防止法に基づき婦人補導院を仮退院した者が受ける保護観察

保護観察所は，保護観察対象者の補導援護として，必要に応じて職業のあっせんを行っている。

更生緊急保護

40
32回148

更生緊急保護は，対象となる者からの申出がない場合は職権で行うことができる。

41
32回148

更生緊急保護は，対象となる者に仮釈放中の者を含む。

整理しておこう！

一般遵守事項

保護観察対象者は，更生保護法第50条に掲げる事項（一般遵守事項）を遵守しなければならない。
① 再び犯罪をすることがないよう，又は非行をなくすよう健全な生活態度を保持すること
② 次に掲げる事項を守り，保護観察官及び保護司による指導監督を誠実に受けること
　イ　保護観察官又は保護司の呼出し又は訪問を受けたときは，これに応じ，面接を受けること
　ロ　保護観察官又は保護司から，労働又は通学の状況，収入又は支出の状況，家庭環境，交友関係その他の生活の実態を示す事実であって指導監督を行うため把握すべきものを明らかにするよう求められたときは，これに応じ，その事実を申告し，又はこれに関する資料を提示すること
③ 保護観察に付されたときは，速やかに，住居を定め，その地を管轄する保護観察所の長にその届出をすること（仮釈放等にあたり居住すべき住居を特定された場合及び特別遵守事項として宿泊すべき特定の場所を定められた場合は除く）
④ ③の届出にかかる住居（仮釈放等にあたり居住すべき住居を特定された場合には当該住居，転居許可を受けた場合には当該許可にかかる住居）に居住すること（特別遵守事項として宿泊すべき特定の場所を定められた場合は除く）
⑤ 転居（特定保護観察処分少年等の例外を除く）又は7日以上の旅行をするときは，あらかじめ，保護観察所の長の許可を受けること

✕ 保護観察所は，補導援護の1つとして保護観察対象者の職業を補導し，就職を助けることを行う（更生保護法第58条第3号）が，職業のあっせんは専門機関である公共職業安定所（ハローワーク）が行っている。

✕ 更生緊急保護は，対象となる本人による保護の申出があった場合に，保護観察所の長がその必要があると認めたときに行われる（更生保護法第86条第1項）。

▶13

✕ 更生緊急保護の対象者は，更生保護法第85条第1項各号にあげられる刑務所満期出所者や起訴猶予者などである。仮釈放中の者は保護観察の対象となるため含まれない（同法第40条）。

▶13
更生緊急保護
刑事上の手続き又は保護処分による身体の拘束を解かれた後，親族や公共の衛生福祉機関などから必要な援助や保護を受けることができない場合などに，緊急に行われる保護のこと。

特別遵守事項

保護観察対象者は，一般遵守事項のほか，遵守すべき特別の事項（特別遵守事項）が定められたときは，これを遵守しなければならない。

特別遵守事項は，更生保護法第51条に掲げる事項について，保護観察対象者の改善更生のために特に必要と認められる範囲内において，具体的に定めるものとされている。

① 犯罪性のある者との交際，いかがわしい場所への出入り，遊興による浪費，過度の飲酒その他の犯罪又は非行に結びつくおそれのある特定の行動をしてはならないこと
② 労働に従事すること，通学することその他の再び犯罪をすることがなく又は非行のない健全な生活態度を保持するために必要と認められる特定の行動を実行し，又は継続すること
③ 7日未満の旅行，離職，身分関係の異動その他の指導監督を行うため事前に把握しておくことが特に重要と認められる生活上又は身分上の特定の事項について，緊急の場合を除き，あらかじめ，保護観察官又は保護司に申告すること
④ 医学，心理学，教育学，社会学その他の専門的知識に基づく特定の犯罪的傾向を改善するための体系化された手順による処遇として法務大臣が定めるものを受けること
⑤ 法務大臣が指定する施設，保護観察対象者を監護すべき者の居宅その他の改善更生のために適当と認められる特定の場所であって，宿泊の用に供されるものに一定の期間宿泊して指導監督を受けること
⑥ 善良な社会の一員としての意識の涵養及び規範意識の向上に資する地域社会の利益の増進に寄与する社会的活動を一定の時間行うこと
⑦ その他指導監督を行うため特に必要な事項

42 32回148改変
更生緊急保護は，対象となる者が刑事上の手続又は保護処分による身体の拘束を解かれた後6か月を超えない範囲内において行われる。

43 32回148
更生緊急保護は，更生保護事業を営む者に委託して行うことができる。

44 29回148
起訴猶予を受けた者は，更生緊急保護を受けることができない。

45 29回148
懲役・禁錮の刑につき執行猶予の言渡しを受けた者は，更生緊急保護を受けることができない。

46 29回148
懲役・禁錮の刑につき仮釈放中の者は，更生緊急保護を受けることができない。

47 29回148改変
懲役・禁錮の刑の執行を終わった者は，更生緊急保護を受けることができる。

団体・専門職等の役割と連携

●保護観察官

48 33回147
保護観察官は，都道府県庁及び保護観察所に配置される。

49 28回147
保護観察官が指導監督，保護司が補導援護を行う役割分担を行っている。

50 33回147改変
保護観察官は，犯罪の予防に関する事務に従事できる。

◎ 更生緊急保護は，刑事上の手続又は保護処分による身体の拘束を解かれてから，6か月を超えない範囲で行われる。ただし，特に必要があると認められるときは，さらに6か月を超えない範囲内において，更生緊急保護を行うことができる（更生保護法第85条第4項）。

◎ 設問のとおり（更生保護法第85条第3項）。例えば，更生保護施設及び自立準備ホームなどに，対象者に対する宿泊場所の付与の委託を行うことがある。

✕ 起訴猶予を受けた者は，更生保護法第85条第1項の規定に合致すると認められる場合には受けることができる。更生緊急保護の要否は，検察官，刑事施設の長又は少年院の長の意見を聴いた上で，保護観察所の長が判断する。

✕ 執行猶予者は，更生保護法第85条第1項の規定に合致すると認められる場合には，受けることができる。ただし，保護観察付執行猶予の言渡しを受けた者は保護観察に付されるため，受けることはできない。

◎ 仮釈放中の者は刑期が終了するまで保護観察に付されているため，受けることはできない。ただし，保護観察を終了後に更生保護法第85条第1項の規定に合致すると認められる場合には，受けることができる。

◎ 懲役・禁錮の刑の執行を終わった者は，更生保護法第85条第1項の規定に合致すると認められる場合には，受けることができる。

✕ 更生保護法第31条第1項において，地方更生保護委員会（地方委員会）の事務局及び保護観察所に，保護観察官を置くと規定されている。

✕ 設問のような役割分担は規定されておらず，保護観察官と保護司の情報共有と連携により実施されている。

◎ 更生保護法第31条第2項において，保護観察官は，「保護観察，調査，生活環境の調整その他犯罪をした者及び非行のある少年の更生保護並びに犯罪の予防に関する事務に従事する」と規定されている。

▶14
保護観察官
常勤の国家公務員であり，医学，心理学，教育学，社会学その他の更生保護に関する専門知識に基づき，保護観察，調査，生活環境の調整その他犯罪をした者及び非行のある少年の更生保護と犯罪の予防に関する事務に従事する。

●保護司

□ 51 □ 33回147	保護司の身分は，常勤の国家公務員である。
□ **52** □ 36回148	保護司は，法務大臣から委嘱される。
□ 53 □ 36回148	保護司は，担当する事件内容によっては給与が支給される。
□ 54 □ 32回149	保護司には給与は支給されないが，職務に要した費用は実費弁償の形で支給される。
□ 55 □ 29回149	保護司は，保護観察官で十分でないところを補うこととされている。
□ **56** □ 30回148改変	保護司の職務は，保護観察事件に限定されない。
□ **57** □ 36回148改変	保護司は，保護観察における指導監督の権限をもっている。

整 理 し て お こ う ！

指導監督・補導援護の方法

保護観察における指導監督は，次の方法によって行うものとされている。
- ●面接その他の適当な方法により保護観察対象者と接触を保ち，その行状を把握する。
- ●保護観察対象者が一般遵守事項及び特別遵守事項を遵守し，生活行動指針に即して生活・行動するよう必要な指示その他の措置をとる。
- ●特定の犯罪的傾向を改善するための専門的処遇を実施する。

保護司の身分は，非常勤の国家公務員である。

保護司は，①人格及び行動について，社会的信望を有すること，②職務の遂行に必要な熱意及び時間的余裕を有すること，③生活が安定していること，④健康で活動力を有することという条件すべてを具備する者のうちから，法務大臣が委嘱するとされている（保護司法第3条）。

保護司法第11条において，「保護司には，給与を支給しない」と規定されている。

保護司の身分は非常勤の国家公務員であり，交通費等の実費弁償はあるものの給与は支給されない。

保護司は，保護観察官で十分でないところを補い，その職務に従事するものとされている（更生保護法第32条）。

設問のとおり。保護司は，犯罪をした者及び非行のある少年の改善更生を助け又は犯罪の予防を図るための啓発及び宣伝の活動，民間団体の活動への協力，地方公共団体の施策への協力などにも従事している。

更生保護法第61条において，「保護観察における指導監督及び補導援護は，保護観察対象者の特性，とるべき措置の内容その他の事情を勘案し，保護観察官又は保護司をして行わせるものとする」と規定されている。

▶15
保護司
次のすべての条件を備えた人から法務大臣が委嘱する非常勤の国家公務員である。①人格及び行動について，社会的信望を有する，②職務の遂行に必要な熱意及び時間的余裕を有する，③生活が安定している，④健康で活動力を有する（保護司法第3条）。

刑事司法と福祉

　保護観察における補導援護は，保護観察対象者が自立した生活を営むことができるようにするため，その自助の責任を踏まえつつ，次の方法によって行うものとされている。
●適切な住居その他の宿泊場所を得たり，同所に帰住するよう助ける。
●医療・療養，職業補導・就職，教養訓練を得るように助ける。
●生活環境の改善・調整，生活指導を行う。

58 32回149	保護司の職務に，犯罪予防を図るための啓発及び宣伝の活動は含まれない。

59 36回148	保護司は，刑事施設収容中の者との面会は禁じられている。

60 32回149	保護司は，保護観察対象者の居住先を訪問することは禁じられている。

61 36回148	保護司は，検察官の指揮監督を受ける。

62 32回149	保護司は，保護観察所長の指揮監督を受けて職務に当たる。

63 33回147	保護司が相互に情報交換するには，保護観察官の許可が必要である。

64 28回148	保護司は，保護観察官とは異なり，職務上知り得た関係者の身上に関する秘密を尊重する義務はない。

65 32回149改変	保護司は，「令和5年版犯罪白書」（法務省）によると，40 ～ 49歳までの年齢層が最も多く，過半数を超えている。

66 31回148	保護司の活動拠点として，更生保護サポートセンターが設置されている。

✕ 保護司法第8条の2第1号において「犯罪をした者及び非行のある少年の改善更生を助け又は犯罪の予防を図るための啓発及び宣伝の活動」と規定されており，保護司の職務には，犯罪予防活動が含まれている。

✕ 保護司は更生保護法第61条に基づいて補導援護を行うが，その内容の一つに「生活環境を改善し，及び調整すること」（同法第58条第5号）がある。例えば，刑事施設収容中の者の改善更生を目的とした，退所後の生活環境調整の一環として収容中の面会が必要となる。保護司がその面会を禁じられているということはない。

✕ 保護観察における指導監督では，面接その他の適当な方法により保護観察対象者と接触を保ち，その行状を把握する（更生保護法第57条）。接触方法の一つとして，保護司が保護観察対象者の居住先を訪問することが行われている。

✕ 更生保護法第32条において，「保護司は，保護観察官で十分でないところを補い，地方更生保護委員会又は保護観察所の長の指揮監督を受けて，保護司法の定めるところに従い，それぞれ地方委員会又は保護観察所の所掌事務に従事するものとする」と規定されている。検察官からの指揮監督は受けない。

◎ 保護司は，地方更生保護委員会又は保護観察所長の指揮監督を受けて，その職務に従事するものとされている（更生保護法第32条）。

✕ 保護司同士の情報交換の際に，保護観察官の許可を得る必要はない。

✕ 保護司法第9条第2項に「保護司は，その職務を行うに当って知り得た関係者の身上に関する秘密を尊重し，その名誉保持に努めなければならない」とある。

✕ 「令和5年版犯罪白書」（法務省）によると，保護司は，60 〜 69歳までの年齢層が40.3％と最も多く，次いで70歳以上が38.5％，50 〜 59歳が14.8％，40 〜 49歳が5.5％，40歳未満が0.8％である。

◎ 更生保護サポートセンター▶16は，保護司の活動拠点として重要な役割を果たしている。2008年度（平成20年度）から整備が始まり，2018年度（平成30年度）末までに全国に800か所を超えるセンターが設置された。

▶16
更生保護サポートセンター
各保護司会が市町村や公的機関の施設の一部を借用しなどし開設している。保護司としての経験の長い「企画調整保護司」が常駐し，対象者への処遇に関する支援，関係機関との連携による地域ネットワークの構築などの活動を展開している。

| | 67 | 被害者を担当する保護司は，その任に当たる間，加害者の保護観察は行わない。 |

33回147

●更生保護施設

| | 68 | 更生保護施設は，更生緊急保護の対象者に限って収容保護を行う。 |

28回149

| | 69 | 更生保護施設の運営は，社会福祉法人に限定されない。 |

28回149改変

整理しておこう！

更生保護における犯罪被害者等施策

2004年（平成16年）12月に制定された犯罪被害者等基本法に基づき，犯罪被害者等の具体的な要望をもとに，2005年（平成17年）12月に犯罪被害者等基本計画が閣議決定された。

この犯罪被害者等基本計画に基づいて，2007年（平成19年）12月に開始された「更生保護における犯罪被害者等施策」は次の①～④の施策からなる。

①意見等聴取制度：地方更生保護委員会が行う加害者の仮釈放・仮退院の審理において，仮釈放等に関する意見や被害に関する心情を述べる制度。

②心情等伝達制度：被害に関する心情等を保護観察中の加害者に伝える制度。

③被害者等通知制度：加害者の仮釈放等の審理や保護観察の状況等に関する情報を，希望する犯罪被害者等に通知する制度。

④相談・支援：保護観察所の被害者専任の担当者が，不安や悩みごとの相談，犯罪被害者等の支援に関する情報の提供，関係機関等の紹介などを行う制度。

なお，上記①～④の施策は，引き続き実施されている。

○ 「更生保護の犯罪被害者等施策の在り方を考える検討会」報告書において，被害者等施策の実施体制として，保護観察所に被害者担当保護観察官及び被害者担当保護司が配置され，そして「保護観察など加害者に直接関わる業務に携わらずに，被害者等施策を担当」するとされている。

✕ 更生保護施設は利用者を更生緊急保護の対象となる者に限定していない。保護観察に付されている者，労役場からの出場者，少年院から仮退院を許された者など，幅広く受け入れをしている（更生保護事業法第2条）。

○ 以前は，更生保護法人のみが運営していたが，2009年（平成21年）から社会福祉法人，その後 NPO 法人や一般社団法人などが認可を得ている。

▶17
更生保護施設
主に保護観察所から委託を受けて，保護観察又は更生緊急保護の対象者を宿泊させ，食事の提供，就職援助や生活指導などを行い，その自立を支援する施設。

▶18
更生保護法人
更生保護事業法に基づき，法務大臣の許可を受けて，更生保護事業を営む民間団体。

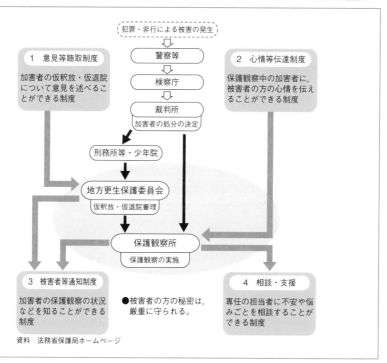

資料　法務省保護局ホームページ

| □
□ | **70**
30回148 | 更生保護施設への委託期間は，更生緊急保護対象者の場合，延長することが可能である。 |

●民間協力者

| □
□ | 71
35回149 | 保護観察所は，協力雇用主に対し，刑務所出所者のみを雇用することを命ずることができる。 |

●ハローワーク

| □
□ | 72
35回149 | 公共職業安定所(ハローワーク)は，個々の保護観察対象者に対し，求人開拓から就職まで総合的な就労支援を行っている。 |

| □
□ | 73
35回149改変 | 公共職業安定所(ハローワーク)は，協力雇用主に対し，保護観察対象者の就労支援への協力を求めることができる。 |

●刑事司法・少年司法関係機関

| □
□ | 74
35回147 | 保護観察所の長は，少年院仮退院者について，少年院に戻して収容する旨の決定をすることができる。 |

●福祉機関・団体

| □
□ | **75**
27回150 | 高齢又は障害により自立が困難な矯正施設退所者等に対し，退所後直ちに福祉サービスにつなげるなど，地域生活に定着をはかるため，地域生活定着支援センターが設置された。 |

| □
□ | 76
27回150 | 更生保護施設への入所に限界があることから，緊急的住居確保・自立支援対策の一つとして，「自立準備ホーム」が法務大臣の許可の下に設置できることになった。 |

○ 更生保護法第85条では，更生緊急保護は「6月を超えない範囲内」とされ，「ただし，その者の改善更生を保護するため特に必要があると認められるときは，更に6月を超えない範囲内において，これを行うことができる」と規定されている。

× 保護観察所が協力雇用主[19]に対し，刑務所出所者等の就労支援の協力を求めることはあるが，刑務所出所者等を雇用することを命ずることはできない。

○ 設問のとおり。（関連キーワード▶20参照）

○ 設問のとおり。協力雇用主とは，犯罪や非行歴のために仕事に就くことが難しい人の事情を理解し，雇用することで立ち直りを支援する事業主をいう。

× 地方更生保護委員会[21]から申請を受けた家庭裁判所は，その申請にかかる当該少年院仮退院者について，相当と認めるときはその者を少年院に戻して収容する旨の決定をすることができる（更生保護法第72条）。

○ 設問のとおり。事業内容は，①帰住地調整支援（コーディネート業務），②施設定着支援（フォローアップ業務），③地域定着支援（相談支援業務）の3点である。各都道府県に1か所（北海道のみ2か所）設置されている。

× 自立準備ホームは，矯正施設等の退所者やホームレス状態にある人等，住居がない人に対し，NPO法人等の管理下にある施設で空いているベッド等を活用することで住居を提供するものである。設置は法務大臣の許可の下ではなく，保護観察所に登録する方式になっている。

▶19
協力雇用主
犯罪や非行の前歴のために定職に就くことが容易でない刑務所出所者等を，その事情を理解した上で雇用し，改善更生に協力する民間の事業主。

▶20
刑務所出所者等総合的就労支援対策
公共職業安定所（ハローワーク）が保護観察対象者や更生緊急保護の対象者に対して行う支援。職業相談・職業紹介，求人情報や職業に関する情報提供を行うほか，①求人開拓から就職までの一貫支援，②セミナー・事業所見学会，③職場体験講習，④トライアル雇用，⑤身元保証制度等の支援を実施している。

▶21
地方更生保護委員会
保護観察所の長の申出を受け，少年院仮退院者が遵守事項を遵守しなかったと認めるときは，当該少年院仮退院者を少年院に送致した家庭裁判所に対して，その者を少年院に戻して収容する旨の決定の申請をすることができる（更生保護法第71条）。

生活困窮者自立支援制度は，更生保護対象者には適用される。

医療観察制度

制度の概要

医療観察制度による処遇に携わる者は，心神喪失等の状態で重大な他害行為を
行った者が円滑に社会復帰をすることができるように努めなければならない。

整理しておこう！

医療観察制度における処遇の流れ

〇 設問のとおり。更生保護対象者の中には，矯正施設出所後に経済的に困窮する者も少なくない。更生保護法に基づく支援を行っても，なお自立に向けた支援が必要な場合もある。

〇 医療観察法第1条第2項において，医療観察制度による処遇に携わる者は，法律の目的を踏まえ，心神喪失等の状態で重大な他害行為を行った者が円滑に社会復帰をすることができるように努めなければならないと規定されている。

▶22
医療観察法
正式名称は，「心神喪失等の状態で重大な他害行為を行った者の医療及び観察等に関する法律」である。

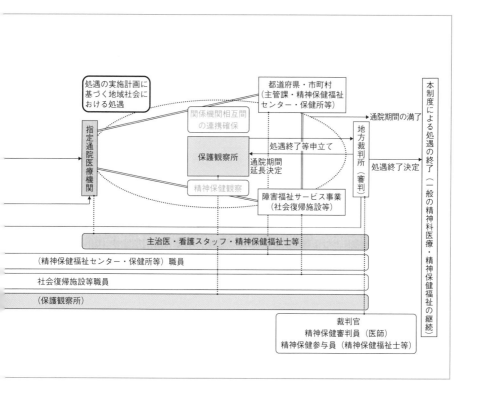

79 35回150	医療観察制度の対象となる行為は，殺人，放火，強盗，強制わいせつ，強制性交等及び傷害等に当たる行為である。

80 33回149	精神保健観察は，刑法上の全ての犯罪行為に対して適用される制度である。

審判・処遇の流れと内容

81 35回150改変	入院決定を受けた者に対して医療を実施する指定入院医療機関は，厚生労働大臣が指定した病院である。

82 33回149	精神保健観察に付された者には，保護司によって「守るべき事項」が定められる。

83 35回150	医療観察制度による通院決定がなされた場合，指定通院医療機関による医療を受けることができる期間の上限は10年である。

84 33回149	精神保健観察に付される期間は，通院決定又は退院許可決定があった日から最長10年まで延長できる。

85 35回150	地域社会における精神保健観察は，保護観察官と保護司が協働して実施すると規定されている。

○ 設問のとおり（医療観察法第1条及び第2条）。医療観察制度は，心神喪失又は心神耗弱の状態で重大な他害行為を行った人の社会復帰を促進することを目的としている。

× 医療観察制度における精神保健観察の対象となるのは，重大な他害行為を行い，心神喪失又は心神耗弱であることが認められ，不起訴処分又は無罪等の確定裁判を受けた者で，入院によらない医療を受ける者である。

○ 設問のとおり（医療観察法第2条第4項）。（関連キーワード▶25参照）

× 医療観察法第107条において「守るべき事項」が定められている。①一定の住居に居住すること，②住居を移転し，又は長期の旅行をするときは，あらかじめ保護観察所の長に届け出ること，③保護観察所の長から出頭又は面接を求められたときは，これに応ずることとされている。

× 法に定める通院期間は，地方裁判所の通院決定から原則3年であるが，必要と認められた場合には，地方裁判所の決定により2年を超えない範囲で通院期間を延長することができる（医療観察法第44条）。通院処遇は，通算して5年とされており，原則，それ以上の延長は認められない。

× 通院期間は，裁判所において通院決定又は退院許可決定を受けた日から3年間であるため，精神保健観察に付される期間も原則3年間であるが，なお医療観察制度による処遇が必要と認められる場合には，裁判所の決定により，最大2年の延長が可能となっている。

× 精神保健観察は社会復帰調整官によって行われ，地域において継続的な医療を確保することを目的として，本人の通院状況や生活状況を見守り，必要な指導その他の措置を講ずるものである（医療観察法第106条第2項）。

▶23
心神喪失又は心神耗弱
心神喪失:精神障害により，善悪の判断，判断に従った行動ができない状態。刑法上責任無能力として罰せられない。
心神耗弱:精神障害により，善悪の判断，判断に従った行動が著しく困難な状態。刑法上限定責任能力として減刑される。

▶24
重大な他害行為
放火，強制わいせつ及び強制性交等，殺人，強盗（これらの未遂を含む）並びに傷害（軽微の傷害は除く）の罪にあたる行為。

▶25
指定入院医療機関の指定
指定入院医療機関の指定は，国，都道府県又は都道府県若しくは都道府県及び都道府県以外の地方公共団体が設立した特定地方独立行政法人が開設する病院であって厚生労働省令で定める基準に適合するものの全部又は一部について，その開設者の同意を得て，厚生労働大臣が行うとしている（医療観察法第16条）。

刑事司法と福祉

関係機関・専門職等の役割と連携

●社会復帰調整官

□□ **86**
35回150改変

社会復帰調整官は，保護観察所に配属されている。

□□ **87**
31回150

社会復帰調整官は，精神保健観察のケア会議に支援対象者の参加を求めることができる。

◯ 設問のとおり。社会復帰調整官は，保護観察所に配属される国家公務員である。精神障害者の保健及び福祉等に関する専門的知識に基づき，心神喪失等の状態で重大な他害行為を行った人の社会復帰を促進するため，生活環境の調査や調整，精神保健観察等の業務を行う（医療観察法第19条及び第20条）。

◯ 社会復帰調整官は，精神保健観察の事務の一環として，処遇にかかわる関係機関が集まり，情報を共有し，実施計画の評価や見直し等を話し合うケア会議を開催する。ケア会議には，支援対象者自身の参加を求めることもできる。

▶26
社会復帰調整官
社会復帰調整官の身分は一般職の国家公務員であり，全国の保護観察所に配置される。

刑事司法と福祉

ソーシャルワークの
基盤と専門職

社会福祉士及び精神保健福祉士の法的な位置づけ

社会福祉士及び介護福祉士法

1 33回91 社会福祉士は相談業務を行う上で，クライエントの主治医の指示を受けなければならない。

2 31回91 社会福祉士及び介護福祉士法によると，社会福祉士は相談援助の業務を独占的に行う。

3 35回91 虐待に関わる相談は，社会福祉士が独占している業務である。

4 35回91 社会福祉士の名称は，国家試験の合格をもって使用することができる。

5 31回91 社会福祉士及び介護福祉士法によると，社会福祉士は相談援助に関する知識と技能の向上に努めなければならない。

6 33回91 社会福祉士は資格更新のため，7年ごとに所定の講習を受講しなければならない。

7 34回91 社会福祉士及び介護福祉士法と，精神保健福祉士法には，社会福祉士と精神保健福祉士に共通する「集団的責任」の保持が明記されている。

8 34回91 社会福祉士及び介護福祉士法と，精神保健福祉士法には，社会福祉士と精神保健福祉士に共通する「権利擁護の促進」が明記されている。

社会福祉士の相談業務において，主治医の指示に従わなければならないという規定はない。社会福祉士及び介護福祉士法第2条第1項の社会福祉士の定義にもあるように，医師やその他の福祉サービス関係者等との連絡調整などの連携を図っていくことが求められている。

社会福祉士及び介護福祉士法には，社会福祉士が行う相談援助の業務独占は規定されていない。社会福祉士は名称独占資格である。

児童や高齢者など，虐待に対する支援に社会福祉士が関わることは多々あるが，業務独占として法的に位置づけられているわけではない。

社会福祉士登録簿に登録され，登録証が交付されて初めて社会福祉士の名称を使用することができる。 (関連キーワード▶1参照)

社会福祉士及び介護福祉士法第47条の2において，「社会福祉士又は介護福祉士は，社会福祉及び介護を取り巻く環境の変化による業務の内容の変化に適応するため，相談援助又は介護等に関する知識及び技能の向上に努めなければならない」と規定されている。 (関連キーワード▶2参照)

社会福祉士の資格更新に関する規定は定められていない。社会福祉士及び介護福祉士法第47条の2において，資質向上の責務が定められており，資格更新ではなく，常に知識や技能の向上に努めなければならないことが規定されている。

集団的責任の保持は，両者ともに法的責務として位置づけられていない。この責務は，ソーシャルワーク専門職のグローバル定義，そして，ソーシャルワーカーの倫理綱領における原理の1つとして位置づけられているものである。

権利擁護の促進は，ソーシャルワーカーにとって重要な責務であるが，法的な責務としては明記されていない。ただ，個々の権利を守ること，その回復を図ることはソーシャルワーク専門職としての責務として考えなければならない。

▶1
社会福祉士の登録
社会福祉士の国家試験に合格すると，厚生労働大臣より合格証書が交付される。同時に，社会福祉士登録申請書も送付され，合格者は申請書に必要事項を記載，提出することになる。厚生労働大臣が申請書を審査し，社会福祉士となる資格を有すると認められれば，社会福祉士登録簿に登録，当該申請者に社会福祉士登録証が交付される。

▶2
社会福祉士及び介護福祉士法の2007年（平成19年）改正
介護・福祉ニーズの多様化・高度化に対応し，人材の確保・資質の向上を図るために改正された。

▶3
集団的責任の保持
同じ社会で暮らす者同士が，その環境に対して責任をもつことで個人の権利が日常生活で実現すること，そして，互いに支え合う社会の実現への責任を意味するものである。

ソーシャルワークの基盤と専門職

9 34回91 社会福祉士及び介護福祉士法と，精神保健福祉士法には，社会福祉士と精神保健福祉士に共通する「多様性の尊重」が明記されている。

10 34回91 社会福祉士及び介護福祉士法と，精神保健福祉士法には，社会福祉士と精神保健福祉士に共通する「資質向上」が明記されている。

11 34回91 社会福祉士及び介護福祉士法と，精神保健福祉士法には，社会福祉士と精神保健福祉士に共通する「倫理綱領の遵守」が明記されている。

12 36回91 社会福祉士及び介護福祉士法において，社会福祉士は後継者の育成に努めなければならないと定められている。

13 36回91 社会福祉士及び介護福祉士法において，社会福祉士は，秘密保持義務として，その業務に関して知り得た人の秘密は，いかなる理由があっても開示してはならないと定められている。

14 36回91 社会福祉士及び介護福祉士法において，社会福祉士は，社会福祉士の信用を傷つけるような行為を禁じられている。

15 36回91改変 社会福祉士でない者は，その名称を使用することができない。

16 36回91 社会福祉士及び介護福祉士法において，誠実義務の対象は，福祉サービスを提供する事業者とされている。

✕ 多様性の尊重は，ソーシャルワーカーにとって非常に重要な原則であるが，社会福祉士及び介護福祉士法と精神保健福祉士法には，法的な責務としては明記されていない。多様性の尊重は，ソーシャルワーク専門職のグローバル定義やソーシャルワーカーの倫理綱領において，ソーシャルワークの原理・原則として明確に位置づけられている。

▶4
多様性の尊重
ソーシャルワーク専門職のグローバル定義やソーシャルワーカーの倫理綱領において，個人レベルから社会レベルまで存在する多様性が尊重される社会の実現が掲げられており，多様性の尊重は，基本的人権に基づいたうえでのアプローチでもある。

◯ 資質向上の責務は，社会福祉士と精神保健福祉士に共通する責務として定められている。両者とも，その置かれている環境の変化によって取り組まなければならない事柄が変わっていくものであり，その状況に適応するためにも常に知識や技能の向上に努めなければならない。

✕ 倫理綱領の遵守は，ソーシャルワーカーの倫理綱領の前文に明記されており，法的な規定としてあるわけではない。ソーシャルワーカーは，倫理綱領を理解し，倫理的実践を行っていかなければならない。

✕ 社会福祉士及び介護福祉士法において，第47条の2に社会福祉士本人の資質向上の義務は規定されているが，後継者の育成の義務に関する規定はない。

✕ 社会福祉士及び介護福祉士法第46条には，「正当な理由がなく，その業務に関して知り得た人の秘密を漏らしてはならない」とあるが，例えば，生命の危険があるなど支援の展開上正当な理由がある場合はその限りではない。（関連キーワード▶5参照）

▶5
秘密保持義務
秘密保持義務は，社会福祉士ではなくなった後も適用される。

◯ 社会福祉士及び介護福祉士法第45条において，信用失墜行為は禁じられている。

◯ 社会福祉士及び介護福祉士法第48条において，「社会福祉士でない者は，社会福祉士という名称を使用してはならない」と規定されている。

✕ 社会福祉士及び介護福祉士法第44条の2において，社会福祉士は一人ひとりの尊厳を保持し，サービス利用者や当事者の自立した日常生活を支えていくために，自らの業務に誠実であることが規定されている。この規定は，福祉サービスを提供する事業者単位ではなく，個々の社会福祉士を対象としたものである。

ソーシャルワークの基盤と専門職

社会福祉士の専門性

●任用資格

☐☐ **17**
35回91

社会福祉士は，特定の職種の任用資格になっている。

●認定社会福祉士制度

☐☐ **18**
28回95

認定社会福祉士制度の必要性は，2000年(平成12年)の社会福祉事業法改正時の附帯決議に盛り込まれた。

☐☐ **19**
28回95改変

認定社会福祉士は，高齢分野，障害分野，児童・家庭分野，医療分野など，分野ごとに認定される。

ソーシャルワークの概念

ソーシャルワークの定義

●ソーシャルワーク専門職のグローバル定義

☐☐ **20**
33回92

「ソーシャルワーク専門職のグローバル定義」(2014年)では，「ソーシャルワークの定義」(2000年)と比べて，人間関係における問題解決を図ることが加えられた。

☐☐ **21**
33回92

「ソーシャルワーク専門職のグローバル定義」(2014年)では，「ソーシャルワークの定義」(2000年)と比べて，定義は，各国及び世界の各地域で展開することが容認された。

☐☐ **22**
33回92

「ソーシャルワーク専門職のグローバル定義」(2014年)では，「ソーシャルワークの定義」(2000年)と比べて，中核をなす原理として，社会の不変性の尊重が容認された。

設問のとおり。例えば，児童福祉法第12条の3第2項では，児童相談所の所長についての任用要件が規定されており，その1つに社会福祉士が位置づけられている（同項第3号）。

認定社会福祉士制度の必要性は，2007年（平成19年）の社会福祉士及び介護福祉士法の改正法成立時に，国会で附帯決議に盛り込まれた。

認定社会福祉士は分野ごと（高齢分野，障害分野，児童・家庭分野，医療分野，地域社会・多文化分野）に認定される。一方，認定上級社会福祉士は分野ごとの認定ではなく，自らの実践に加え，複数の分野にまたがる地域の課題について実践・連携・教育する者とされる。

人間関係における問題解決を図ることは，旧定義で示されていたことである。新定義では，抑圧的かつ不正義な社会構造へのはたらきかけと変革を強調する形となっており，マクロなレベルへのはたらきかけの必要性をソーシャルワークに求めている点に大きな特徴がある。

新定義では，各国及び世界の各地域で定義を展開することが認められている。すなわち，それぞれの国や地域の文化，社会状況に適した定義の展開の必要性を強調している。

新定義では，社会正義，人権，集団的責任，多様性の尊重をソーシャルワークの中核的な原理に位置づけており，社会の不変性という記述はない。

▶6
任用要件
ほかにも，身体障害者福祉法及び知的障害者福祉法において，それぞれ身体障害者福祉司と知的障害者福祉司の任用要件の1つとして社会福祉士が規定されている。

▶7
認定社会福祉士制度
高度な知識と卓越した技術を用いて，個別支援や他職種との連携，地域福祉の増進を行う能力を有する社会福祉士のキャリアアップを支援する仕組みとして創設された。制度を運用する機関として，関係団体が参画する認定社会福祉士認証・認定機構が2011年（平成23年）に設立され，認定社会福祉士と認定上級社会福祉士の資格が位置づけられた。

▶8
旧定義
2000年7月の国際ソーシャルワーカー連盟（IFSW）で採択された「ソーシャルワークの定義」を指す。

▶9
新定義
2014年7月の国際ソーシャルワーカー連盟（IFSW）と国際ソーシャルワーク学校連盟（IASSW）の総会・合同会議で採択された「ソーシャルワーク専門職のグローバル定義」を指す。

□□ **23**
32回92

「ソーシャルワークのグローバル定義」(2014年)によると，ソーシャルワークの本質として人間関係における問題解決を図ることが新たに加わり，政策目標であることが明示された。

□□ **24**
32回92

「ソーシャルワークのグローバル定義」(2014年)によると，ソーシャルワークの発展は，西欧諸国を基準に展開する。

□□ **25**
35回92

「ソーシャルワーク専門職のグローバル定義」(2014年)では，本定義は，各国および世界の各地域を問わず，同一であることが奨励されている。

□□ **26**
32回92改変

「ソーシャルワークのグローバル定義」(2014年)によると，ソーシャルワークの原則は，人間の内発的価値と尊厳の尊重，危害を加えないこと，多様性の尊重，人権と社会正義の支持であるとされている。

整理しておこう！

「ソーシャルワーク（専門職）のグローバル定義」と「ソーシャルワークの定義」

　ソーシャルワークの国際的な合意に基づく定義について，2000年に定められた「ソーシャルワークの定義」の改訂が進められ，2014年7月に国際ソーシャルワーカー連盟(IFSW)と国際ソーシャルワーク学校連盟(IASSW)の総会・合同会議において，「ソーシャルワーク(専門職)のグローバル定義」が採択された。(✓)

ソーシャルワーク(専門職)のグローバル定義(2014年)

> ソーシャルワークは，社会変革と社会開発，社会的結束，および人々のエンパワメントと解放を促進する，実践に基づいた専門職であり学問である。社会正義，人権，集団的責任，および多様性尊重の諸原理は，ソーシャルワークの中核をなす。ソーシャルワークの理論，社会科学，人文学，および地域・民族固有の知を基盤として，ソーシャルワークは，生活課題に取り組みウェルビーイングを高めるよう，人々やさまざまな構造に働きかける。
>
> この定義は，各国および世界の各地域で展開してもよい。

✕ 設問の記述は，2000年に国際ソーシャルワーカー連盟(IFSW)の総会で採択された，「ソーシャルワークの定義」の一部である。旧定義でも2014年の定義でもソーシャルワークを政策目標として明示していない。

✕ 定義は，各国および世界の各地域で展開してもよい。定義の注釈「知」において，ソーシャルワークは特定の実践環境や西洋の諸理論だけではなく，先住民を含めた地域・民族固有の知にも拠っていることを認識しているとされる。

✕ 「この定義は，各国および世界の各地域で展開してもよい」とあるように，グローバル定義に反しない範囲で，それぞれの国や地域は，その置かれた社会的・政治的・文化的状況に応じた独自の定義を展開することができるようになった。

◯ 設問のとおり。定義の「原則」の注釈において，「ソーシャルワークの大原則は，人間の内在的価値と尊厳の尊重，危害を加えないこと，多様性の尊重，人権と社会正義の支持である」とされている。

▶10
国際ソーシャルワーカー連盟(IFSW)
国際レベルでの活動を通して，専門的価値・基準・倫理などに関する専門的職業としてのソーシャルワークの発達促進を目的としたソーシャルワーカーの国際組織。

　この定義について，日本では，社団法人日本社会福祉教育学校連盟(現・日本ソーシャルワーク教育学校連盟)と社会福祉専門職団体協議会(現・日本ソーシャルワーカー連盟)との共同日本語訳が示されている。

　世界的なソーシャルワークに関する潮流やその価値等，背景について考察しながら，「ソーシャルワークの定義」と比較し，確認しておきたい。

ソーシャルワークの定義(2000年)

> ソーシャルワーク専門職は，人間の福利(ウェルビーイング)の増進を目指して，社会の変革を進め，人間関係における問題解決を図り，人びとのエンパワーメントと解放を促していく。ソーシャルワークは，人間の行動と社会システムに関する理論を利用して，人びとがその環境と相互に影響し合う接点に介入する。人権と社会正義の原理は，ソーシャルワークの拠り所とする基盤である。

27 32回92 「ソーシャルワークのグローバル定義」(2014年)によると，ソーシャルワークの基盤となる知は，単一の学問分野に依拠する。

28 35回92 「ソーシャルワーク専門職のグローバル定義」(2014年)では，ソーシャルワークの研究と理論の独自性は，サービス利用者との対話的過程とは異なるところで作り上げられてきた。

29 32回92 「ソーシャルワークのグローバル定義」(2014年)によると，ソーシャルワークは，できる限り，「人々のために」ではなく，「人々とともに」働くという考え方をとる。

30 35回92 「ソーシャルワーク専門職のグローバル定義」(2014年)では，ソーシャルワークの焦点は多様であるが，実践における優先順位は固定的である。

31 36回93 「ソーシャルワーク専門職のグローバル定義」(2014年)においては，人間尊重，人間の社会性，変化の可能性の3つの価値を前提とする。

32 36回93 「ソーシャルワーク専門職のグローバル定義」(2014年)においては，人，問題，場所，過程を構成要素とする。

33 36回93 「ソーシャルワーク専門職のグローバル定義」(2014年)においては，価値の体系，知識の体系，調整活動のレパートリーを本質的な要素とする。

34 36回93 「ソーシャルワーク専門職のグローバル定義」(2014年)において，ソーシャルワーク実践とは，価値，目的，サンクション，知識及び方法の集合体である。

✕ ソーシャルワークの基盤となる知は，単一の学問分野には依拠しない。定義の「知」の注釈において，「ソーシャルワークは，複数の学問分野をまたぎ，その境界を超えていくものであり，広範な科学的諸理論および研究を利用する」とされている。

✕ ソーシャルワークの研究と理論の独自性は，その応用性と解放志向性にあるとされている。そして，多くのソーシャルワークの研究と理論は，サービス利用者との双方向性のある対話的過程を通して共同で作り上げられてきたものであり，それゆえに特定の実践環境に特徴づけられると示されている。

◉ 設問のとおり。定義の注釈「実践」において，「ソーシャルワークは，できる限り，『人々のために』ではなく，『人々とともに』働くという考え方をとる」とされている。

✕ ソーシャルワークの焦点は多様であるが，ソーシャルワークの実践が何を優先するかに関しては，国や時代，さらには，歴史的・文化的・政治的・社会経済的条件によって多様である。

✕ 定義にはこのような記述はない。ソーシャルワークの3つの価値前提として「人間尊重」「人間の社会性」「変化の可能性」を示したのは，ブトゥリム（Butrym, Z.）である。

✕ 定義にはこのような記述はない。パールマン（Perlman, H.）は，著書『ソーシャル・ケースワーク』において，ケースワークに共通する構成要素として「人（Person）」「問題（Problem）」「場所（Place）」「過程（Process）」の4つをあげた。この構成要素は「4つのP」と呼ばれる。

✕ 定義にはこのような記述はない。バートレット（Bartlett, H.）は，著書『社会福祉実践の共通基盤』において，ソーシャルワーク実践の共通基盤として，「価値の体系」「知識の体系」「調整活動のレパートリー」が本質的な要素であると述べた。

✕ 定義にはこのような記述はない。全米ソーシャルワーカー協会は，1958年にソーシャルワーク実践の基礎的定義において，ソーシャルワークとは「価値」「目的」「サンクション」「知識」「方法」の諸要素から構成され，その全体がソーシャルワーク実践であると示した。

□
□ 35
36回93 「ソーシャルワーク専門職のグローバル定義」(2014年)においては，社会変革と社会開発，社会的結束，および人々のエンパワメントと解放を促進する。

ソーシャルワークの基盤となる考え方

ソーシャルワークの原理

●人権尊重

□
□ 36
27回94 「児童の権利に関する条約」では，締約国は結社の自由についての児童の権利を制限できると定められている。

□
□ 37
27回94 「障害者の権利に関する条約」では，自立，参加，ケア，自己実現，尊厳の五つの一般原則が定められている。

ソーシャルワークの理念

●当事者主権

□
□ 38
34回93 「障害福祉サービス等の提供に係る意思決定支援ガイドライン」(2017)によると，障害者の意思決定支援では，それに必要な情報の説明は本人が理解できるように工夫して行い，自己決定の尊重に基づくことが基本的原則である。

□
□ 39
34回93 「障害福祉サービス等の提供に係る意思決定支援ガイドライン」(2017)によると，障害者の意思決定支援では，職員等の価値観においては不合理でも，また他者の権利を侵害する場合でも，その選択を実現する支援を行うことが基本的原則である。

○ 定義に示されているように，ソーシャルワークは，社会変革と社会
開発，社会的結束，および人々のエンパワメントと解放を促進する，
実践に基づいた専門職であり学問である。

× 児童の権利に関する条約(児童の権利条約)の締約国は，結社の自由
及び平和的な集会の自由についての児童の権利を認めている(第15
条)。

▶11
児童の権利に関する
条約(児童の権利条
約)
1989年の第44回国
連総会において採択
した，1990年に発効
した。日本は1994年
(平成6年)に批准し
た。

× 障害者の権利に関する条約(障害者権利条約)の一般原則では，①固
有の尊厳，個人の自律及び個人の自立の尊重，②無差別，③社会へ
の完全かつ効果的な参加及び包容，④差異の尊重並びに人間の多様性の一
部及び人類の一員としての障害者の受入れ，⑤機会の均等，⑥施設及びサー
ビス等の利用の容易さ，⑦男女の平等，⑧障害のある児童の発達しつつあ
る能力の尊重及び障害のある児童がその同一性を保持する権利の尊重につ
いて定めている。

▶12
障害者の権利に関す
る条約(障害者権利条
約)
2006年の第61回国
連総会において採択
され，2008年に発効
した。日本は2014年
(平成26年)に批准し
た。

○ 設問のとおり。ガイドラインによると，幅広い選択肢から選ぶこと
が難しい場合は，選択肢を絞った中から選べるようにしたり，絵カー
ドや具体物を手がかりに選べるようにしたりするなど，本人の意思確認が
できるようなあらゆる工夫を行うことが必要である。

× ガイドラインでは，「職員等の価値観においては不合理と思われる決
定でも，他者への権利を侵害しないのであれば，その選択を尊重す
るよう努める姿勢が求められる。また，本人に不利益が及ぶことが考えら
れる場合は，意思決定した結果については最大限尊重しつつも，それに対
して生ずるリスクについて，どのようなことが予測できるか考え，対応に
ついて検討しておくことが必要である」とされている。

40
34回93 「障害福祉サービス等の提供に係る意思決定支援ガイドライン」(2017)による
と，障害者の意思決定支援では，本人の自己決定や意思確認の前に，本人をよく
知る関係者が集まり，本人の意思を推定する支援を行うことが基本的原則である。

●権利擁護

41
31回95 アドボカシーとは，サービス利用者の主体的な生活を実現するために，その意思
や権利を代弁することである。

42
32回94 ケースアドボカシーとは，クライエントと同じ状況に置かれている人たちの権利
を守るために，新たな制度を開発する活動である。

43
32回94改変 コーズアドボカシーとは，特定の集団におけるニーズに対して，当事者団体の組
織化等による行政や政治へのはたらきかけをする活動である。

44
32回94 セルフアドボカシーとは，クライエントが自らの権利を主張していく活動である。

45
32回94 シチズンアドボカシーとは，同じ課題を抱えるクライエントの代弁や制度の改善・
開発を目指す活動である。

46
32回94改変 リーガルアドボカシーとは，法的な手続きを行使する活動である。

障害者本人の意思を推定する支援を行う前に，本人の自己決定や意思確認をするべきである。 (関連キーワード▶13参照)

▶13
本人の自己決定や意思確認がどうしても困難な場合
ガイドラインでは，「本人をよく知る関係者が集まり，本人の日常生活の場面や事業者のサービス提供場面における表情や感情，行動に関する記録などの情報に加え，これまでの生活史，人間関係等さまざまな情報を把握し，根拠を明確にしながら本人の意思及び選好を推定する」とされている。

 アドボカシーは，サービス利用者の意思や権利を尊重し，代弁することなどを通じて，本人の主体的な生活を実現することを目的としたものである。

 ケースアドボカシーとは，個々のクライエントや家族の立場に立って，その人たちの利益や権利を守り，それぞれの主体的な生活が可能となるようはたらきかけることであり，パーソナルアドボカシーとも呼ばれる。

 個々のクライエントや家族というミクロレベルでのはたらきかけではなく，マクロレベルでの権利を守る，制度改革や開発のためのはたらきかけを意味するものである。

 権利擁護としての活動をクライエントが自ら行うことを意味している。高齢であっても障害等があっても，自らの力で権利を主張する力をもっているという認識が必要であり，もともと有しているその力をクライエント自らが取り戻していこうとするアドボカシーの形態である。

 シチズンアドボカシーとは，市民が主体となって，何らかの理由で不利益を被ってしまっている人たちの権利を守るため，地域社会等にはたらきかけていくことを意味している。クライエントもそこで暮らす市民の一人である。同じ市民を巻き込んだ市民運動としてのアドボカシーの形態である。

 リーガルアドボカシーとは，弁護士や法的な訓練を受けた人々が，クライエントと協働しつつ，奪われた権利の復権に向け，法律や規則の調査・監視，不服申立てなど，法的な手続きを行使することによって権利を守るはたらきかけを意味している。

ソーシャルワークの基盤と専門職

●自立支援

☐ **47**
☐ 27回95　利用者に判断能力の低下が疑われる場合は，専門職が主導して支援のあり方を決めなければならない。

☐ **48**
☐ 27回95　利用者が自己決定できるように，専門的知識や情報を提供するなど，決定の過程を支援しなければならない。

●自立生活運動（IL運動）

☐ 49
☐ 36回94　障害者の自立生活運動（IL運動）においては，当事者が人の手を借りずに，可能な限り自分のことは自分ですることを提起している。

☐ 50
☐ 36回94　障害者の自立生活運動（IL運動）においては，ピアカウンセリングを重視している。

☐ 51
☐ 36回94　障害者の自立生活運動（IL運動）においては，当事者の自己決定権の行使を提起している。

●ノーマライゼーション

☐ 52
☐ 30回95　バンク‐ミケルセン（Bank-Mikkelsen, N.）は，ノーマライゼーションの原理を八つに分けて整理した。

☐ **53**
☐ 30回95　ニィリエ（Nirje, B.）は，ノーマライゼーションの原理を八つに分けて整理した。

❌ 利用者に判断能力の低下が疑われる場合においても，援助者が主導して利用者への支援のあり方を決定してはならない。利用者には自己決定を行う潜在能力があり，かつ自己決定できる権利が利用者に存在することを最大限尊重すべきである。

⭕ 利用者の自己決定への援助においては，利用者を個別援助の過程に積極的に参加させ，援助者は専門的知見から支援することが大切である。社会福祉士の倫理綱領によれば，利用者に必要な情報を適切な方法・わかりやすい表現を用いて提供し，利用者の意思を確認するべきとある。

❌ IL運動[▶14]の主張は，「重度の障害があっても，自分の人生を自立して生きる」ことにあり，当事者が自立的な生活を送るために必要な社会体制や意識の変革を求める社会運動である。

⭕ ピアカウンセリングは，IL運動で始められた取り組みであり，同じ背景をもつ仲間（ピア）が相互に平等な立場で話を聞き合い，きめ細やかなサポートによって地域での自立生活を実現する支援をすることである。

⭕ 設問のとおり。IL運動で強調された考えは，「障害者の自己決定権と選択権が最大限に尊重されていれば，自立はあり得る」という障害者の新しい自立観である。

❌ バンク‐ミケルセン（デンマーク）は，ノーマライゼーションの理念[▶15]を理論化した人物としてノーマライゼーションの父と呼ばれている。知的障害者の親の会の想いに共感し，ノーマライゼーションの理念を初めて反映させた「1959年法（知的障害者及びその他の発達遅滞者の福祉に関する法律）」の成立を導いた人物でもある。

⭕ ニィリエ（スウェーデン）は，ノーマライゼーションの八つの原理[▶16]を示し，社会がその実現に向けて取り組む必要性を示した。ノーマライゼーションの育ての親とも呼ばれている。

▶14
IL運動
1962年，アメリカで大学に入学したロバーツ（Roberts,E.）が，重度障害のある自身の体験をもとに必要な障害学生支援をつくり出したことから始まった。公民権運動やノーマライゼーションとともに全米で広がり，自己決定を自立の中心的な価値として位置づけた。日本では1970年代から1980年代にかけて展開された。

▶15
ノーマライゼーション
障害のある人を治療してノーマライズする（普通にする）ことではなく，「誰もが当たり前に，ありのままに，生活したい場所で生活する」ということ。

▶16
ノーマライゼーションの八つの原理
①1日のノーマルなリズム，②1週間のノーマルなリズム，③1年間のノーマルなリズム，④ライフサイクルでのノーマルな経験，⑤ノーマルな要求の尊重，⑥異性との生活，⑦ノーマルな経済水準，⑧ノーマルな環境水準。

ソーシャルワークの形成過程

ソーシャルワークの形成過程

●セツルメント運動

54
35回93
エルバーフェルト制度では，全市を細分化し，名誉職である救済委員を配置し，家庭訪問や調査，相談を通して貧民を減少させることを目指した。

55
35回93
セツルメント運動は，要保護者の個別訪問活動を中心に展開され，貧困からの脱出に向けて，勤勉と節制を重視する道徳主義を理念とした。

56
33回94
バーネット(Barnett, S.)が創設したトインビーホールは，イギリスにおけるセツルメント活動の拠点となった。

57
33回94改変
コイト(Coit,S.)が創設したネイバーフッド・ギルドは，アメリカにおける最初のセツルメントであった。

58
33回94改変
アダムス(Addams, J.)が創設したハル・ハウスは，アメリカにおけるセツルメント活動に大きな影響を及ぼした。

●COS（慈善組織協会）

59
29回93
慈善組織協会(COS)は，労働者や子どもの教育文化活動，社会調査とそれに基づく社会改良を目的に設立された。

60
29回93
慈善組織協会(COS)は，把握した全ての貧困者を救済の価値のある貧困者として救済活動を行った。

○ エルバーフェルト制度とは，1852年からドイツのエルバーフェルト市で実施された救貧制度である。全市を546区に分け，各地区にボランティアの救済委員を配置し，貧困家庭の訪問，調査，相談などの援助を行った。

✕ セツルメント運動は，知識人や学生，宗教家たちが，スラム街などの貧しい地域へ移住し，社会的に弱い立場にある人たちやその家族と生活をともにしながら，生活実態を学び，その解決方策を探っていくものである。

○ トインビーホールは1884年にバーネットによってイギリスのロンドンに設立された世界最初のセツルメント・ハウスである。

○ 1886年にアメリカのニューヨークにコイト[17]が創設したネイバーフッド・ギルドが，アメリカのセツルメント活動の始まりとされる。

○ アダムスは，イギリスのトインビーホールにならい，1889年にアメリカのイリノイ州シカゴの移民スラム街に，ハル・ハウス[18]を創設した。

✕ 慈善組織協会(COS)[19]の設立目的は，貧困者の個別調査，各種慈善団体間の連絡調整である。慈善団体を組織化することで，救済の適正化と効率化を目指した。

✕ COS の救済は，自助努力の有無を基準に救済対象を「救済に値する貧困者」と「救済に値しない貧困者」に区別し(選別主義)，救済に値する貧困者のみを救済活動の対象とした。

▶17
コイト
コイトは，イーストサイドで最も荒廃した貧困地区に，高等教育を受けた社会改良家が居住し，住民の生活を指導する方式を取り入れ，セツルメント活動を推進した。

▶18
ハル・ハウス
ハル・ハウスでは，後に社会改良に関しても積極的に取り組まれるようになり，少年裁判所の設置や保護観察制度の発展に寄与した。

▶19
慈善組織協会(COS)
主な機能として，①救済申請者の綿密な調査，②救済の重複を避けるための登録制度の実施，③救済機関の連絡調整，④友愛訪問員の活用などがあげられる。

●ソーシャルワークの統合化

61
29回94
ミルフォード会議の報告書(1929年)において,「ソーシャルケースワーク」という概念が初めて示され,アメリカにおけるソーシャルワークの統合化への先駆けとなった。

62
35回93改変
ミルフォード会議では,ケースワークの基本的な事柄を広範囲に検討した結果として,初めて「ジェネリック」概念が提起された。

63
35回93改変
全米ソーシャルワーカー協会の発足時に,それまで分散して活動していたソーシャルワーク関係の諸団体が統合された。

64
29回94
ジェネラリスト・アプローチは,アメリカにおけるソーシャルワークの統合化の一形態である。

●ソーシャルワークの諸論

65
35回93
ケースワークの発展の初期段階において,当事者を主体としたストレングスアプローチが提唱された。

66
35回95
リッチモンド(Richmond, M.)は,ケースワークの専門職としてニューヨーク慈善組織協会に採用された。

67
35回95
リッチモンド(Richmond, M.)は,ケースワークの体系化に貢献したことから,後に「ケースワークの母」といわれた。

68
35回95
リッチモンド(Richmond, M.)は,社会改良を意味する「卸売的方法」は,個別救済を意味する「小売的方法」の始点であり終点であると位置づけた。

✕ ソーシャルケースワークという概念が初めて示されたのは，リッチモンドが著した『ソーシャル・ケース・ワークとは何か？』(1922年)においてである。

◯ 1929年のミルフォード会議[▶20]の報告書において，初めて「ジェネリック」という概念が登場し，ソーシャルワークの統合化への先駆けとなるものとして評価された。

◯ 全米ソーシャルワーカー協会は1955年に結成され，既存のソーシャルワーク関係7団体を吸収統合することにより，専門職の統一的組織となった。

◯ ジェネラリスト・アプローチ[▶21]とは，ケースワーク，グループワーク，コミュニティワークなど，伝統的な方法の区分が対象者の問題や対応を分断するという視点から，統合アプローチとして体系化されたものである。

✕ 当事者を主体としたストレングスアプローチは，1980年代頃から広まった新しいモデルである。

✕ リッチモンドは，1889年にアメリカのボルティモア慈善組織協会の会計補佐として採用され，2年後には財政管理に卓抜した能力を発揮し，総主事(事務局長)になった。 (関連キーワード▶22参照)

◯ リッチモンドは，慈善組織協会を舞台にして活躍し，ケースワーク理論の体系を築いた。1917年に『社会診断』，1922年に『ソーシャル・ケース・ワークとは何か』を出版し，その業績は語り継がれ，後に「ケースワークの母」と呼ばれるようになった。

✕ リッチモンドは，「卸売的方法」だけが社会改良ではなく，個人に対するはたらきかけである「小売的方法」も社会環境を改革する1つの形態であると位置づけた。

▶20
ミルフォード会議
1923年から1928年にかけて，アメリカのペンシルバニア州ミルフォード市でケースワークの6つの全国組織により開催されていた会議である。

▶21
ジェネラリスト・アプローチ
ソーシャルワークの分類の枠を超えた共通基盤を明らかにし，そこから従来の分類の枠を再構築することをもって統合化とみなす統合形態。

▶22
社会的諸関係
リッチモンドは，人を「社会的諸関係の総体」からなるものとしてとらえ，その「社会的諸関係」を調整することで，クライエントのパーソナリティの発達を図るところにケースワークの独自性を求めた。

□
□ 69
35回95 リッチモンド(Richmond, M.)は,『社会診断』において,ケースワークが社会的
証拠の探索と収集を重視することに対して,異議を唱えた。

□
□ 70
35回95 リッチモンド(Richmond, M.)は,『ソーシャル・ケース・ワークとは何か』におい
て,ケースワークを人間と社会環境との間を調整し,パーソナリティを発達させ
る諸過程と定義した。

整理しておこう！

ソーシャルワークの形成に関する人物・業績①

ソーシャルワークの発展に貢献した人物とその業績・主著に関しては,過去,繰り返し出題されて
いる。表を参考に,再度確認しておきたい。

ソーシャルワークの源流

チャルマーズ(Chalmers,T.)	隣友運動,友愛訪問(グラスゴー,1819)
ウィリアムズ(Williams,G.)	YMCA(キリスト教青年会)設立(ロンドン,1844)
ハイト(Heydt,D.)	エルバーフェルト制度(ドイツ,1852)
ウィリアム・ブース (Booth,W.)	キリスト教伝道会(ロンドン,1865),後に救世軍(1878)
ロック(Loch,C.S.)	慈善組織協会(COS)設立を指導(ロンドン,1869)
デニスン(Denison,E.)	セツルメント思想の創始者(1840〜1870)
トインビー(Toynbee,A.)	セツルメントの父とも呼ばれる(1852〜1883)
バーネット(Barnett,S.)	セツルメント,トインビーホール設立(ロンドン,1884)
コイト(Coit,S.)	セツルメント,ネイバーフッド・ギルド設立(ニューヨーク,1886)
チャールズ・ブース (Booth,C.)	貧困調査(ロンドン,1886〜1902),貧困線
ジェーン・アダムス (Addams,J.)	セツルメント,ハルハウス創設(シカゴ,1889)
アリス・ペティ・アダムス (Adams,A.P.)	セツルメント,岡山博愛会(1891)
スチュワート(Stewart,M.)	アルマナー(医療ソーシャルワーカー)(ロンドン,1895)
片山潜	セツルメント,キングスレー・ホール(神田三崎町,1897)
ラウントリー(Rowntree,B. S.)	貧困調査(ヨーク,1899〜1951),第一次貧困線・第二次貧困線
キャボット(Cabot,R.C.)	ペルトン(Pelton,G.I.)(1905),キャノン(Cannon,I.M.)をMSWに
小河滋次郎	方面委員制度(大阪,1918)
浅賀ふさ	医療ソーシャルワーカー(聖路加国際病院,1929)

✕ リッチモンドは，ケースワークにおいて社会的証拠の探索と収集を重視した。リッチモンドは，ケースワークを「社会的証拠」の収集から始め，「比較・推論」を経て「社会診断」を導き出す過程として規定している。

◯ リッチモンドは，『ソーシャル・ケース・ワークとは何か』において，ケースワークを「人間と社会環境との間を個別に，意識的に調整することを通してパーソナリティを発達させる諸過程から成り立っている」と定義した。

個別援助技術（ケースワーク）

リッチモンド（Richmond,M.E.）	訓練学校の必要性（1897），『社会診断』（1917），『ソーシャル・ケース・ワークとは何か』（1922）
フレックスナー（Flexner,A.）	「現段階ではソーシャルワーカーは専門職ではない」（1915）
ランク（Rank,O.）	フロイト（Freud,S）の弟子であるものの，パーソナリティ論を背景とする機能主義派（1920〜1930頃）
ロビンソン（Robinson,V.）	機能主義派，『ケースワーク心理学の変遷』（1930）
タフト（Taft,J.）	機能主義派，ランクの代弁者，ロビンソンの同僚
ハミルトン（Hamilton,G.）	診断主義派，『ケースワークの理論と実際』（1940）
アプテカー（Aptekar,H.）	機能主義派の立場に立ちつつ診断主義派と統合，『機能主義ケースワーク入門』（1941）
マイルズ（Miles,A.）	「リッチモンドに帰れ」（1954）
パールマン（Perlman,H.）	折衷主義，問題解決アプローチ，4つのP，『ケースワーク：問題解決プロセス』（1957），「ケースワークは死んだ」（1967）
バイステック（Biestek,F.P.）	ケースワークの7原則（1957）
グリーンウッド（Greenwood,E.）	「ソーシャルワークはすでに専門職である」（1957）
スモーリー（Smalley,R.E.）	機能主義モデル（1967頃）
リード（Reid,W.J.）	課題中心モデル（1960代後半〜）
エプスタイン（Epstein,L.）	

| | 71 34回92 | ロビンソン（Robinson, V.）は，内的な特徴と外的な特徴を統合させて人間を理解することを提唱した。 |

| | 72 34回92改変 | マイルズ（Miles, A.）は，社会科学とのつながりを意識して，「リッチモンドに帰れ」と原点回帰を提唱した。 |

整｜理｜し｜て｜お｜こ｜う｜！

ソーシャルワークの形成に関する人物・業績②

集団援助技術（グループワーク）

ニューステッター (Newstetter,W.)	グループワークの最初の定義（1935）
コイル（Coyle,G.L.）	グループワークを定義（1937），グループワークを社会福祉援助の一方法として確立，グループワークの母
レヴィン（Lewin,K.）	グループ・ダイナミクス（1940代），社会心理学の父
トレッカー（Trecker,H.B.）	『ソーシャル・グループ・ワーク：原理と実際』（1948）
コノプカ（Konopka,G.）	14の実践原理，『ソーシャル・グループ・ワーク：援助の過程』（1963）
ヴィンター（Vinter,R.）	行動療法的グループワーク，治療モデル（1960代）
シュワルツ（Schwartz,W.）	相互作用モデル，媒介モデル，波長合わせ，『グループワークの実際』（1971）

地域援助技術（コミュニティワーク）

レイン（Lane,R.）	全米社会事業会議の「レイン報告」（1939）
ニューステッター (Newstetter,W.)	インターグループワーク説（1947），上記グループワークのニューステッターと同人
ロス（Ross,M.G.）	『コミュニティ・オーガニゼーション：理論と原則』，住民組織化説（1955）
牧賢一	『コミュニティ・オーガニゼーション概論：社会福祉協議会の理論と実際』（1966）
ロスマン（Rothman,J.）	コミュニティ・オーガニゼーション実践の３モデル（1968）

統合へ

ホリス（Hollis,F.）	心理社会的アプローチ，状況の中の人間，『ケースワーク：心理社会療法』（1964）
バートレット（Bartlett,H.M.）	ジェネリックとスペシフィックの概念の発展過程に貢献，『ソーシャルワーク実践の共通基盤』（1970）
ジャーメイン（Germain,C.B.）	生活モデル，人と環境との交互作用，『ソーシャルワーク実践における生活モデル』（1980）
ギッターマン（Gitterman,A.）	同上

✕ ロビンソンは，クライエントは自ら変化していく主体性をもっており，ワーカーはその主体性を発揮できるよう，自らの所属する機関の機能を発揮していくという考えを示した。この考えは，診断主義学派に対して機能主義学派と呼ばれている。

⭕ 設問のとおり。マイルズは，社会環境の条件に重点をおくことの必要性から，社会科学とのつながりを求めて「リッチモンドに帰れ」と言った。

その他，関連する人物と技法など

ベーム（Boehm,W.）	「ソーシャル・ワークの性格」（『ケースワークの基礎』）（1950 ～ 1960代）
コーズ（Kohs,S.C.）	『ソーシャルワークの根源──実践と価値のルーツを求めて』（1966）
ブトゥリム（Butrym,Z.T.）	『ソーシャルワーカーとは何か──その本質と機能』（1976）
レヴィ（Levy,C.S.）	『ソーシャルワーク倫理の指針』（1993）
バンク-ミケルセン（Bank-Mikkelsen,N.E.）	ノーマライゼーションの思想（1950代）
ニィリエ（Nirje,B.）	知的障害者のノーマルな生活のための8原理（1960代）
ヴォルフェンスベルガー（Wolfensberger,W.）	『ノーマリゼーション：福祉サービスの本質』（1972）
ソロモン（Solomon,B.）	エンパワメント，『黒人のエンパワメント』（1976）
サリービー（Saleebey,D.）	ストレングス（1990代）
ドナベディアン（Donabedian,A.）	サービス品質の監視・評価（1960代）
川喜田二郎	資料の整理・分析のためのKJ法（1967）
ハートマン（Hartman,A.）	エコ・マップ（1975）
ティトマス（Titmuss,R.）	社会政策学，ニーズによる積極的差別，『福祉の社会的分業』（1956）
ウィレンスキー（Wilensky,H.L.）	福祉国家形成の要因は政治体制やイデオロギーでなく経済水準にある，『福祉国家と平等』（1975）
エスピン-アンデルセン（Esping-Andersen,G.）	『福祉資本主義の三つの世界』（1990）で自由主義・保守主義・社会民主主義の3類型の福祉レジーム提唱
ギデンス（Giddens,A.）	ポジティブ・ウェルフェア，社会民主主義・新自由主義とは別の『第三の道』（1998）
ハイエク（Hayek,F.）	20世紀を代表するリバタリアニズム思想家，経済に対する政府の干渉は有害と福祉国家を批判，『法と立法と自由』

□ **73** トール（Towle, C.）は、「ケースワークは死んだ」という論文を発表し、社会問題
□ 34回92 へ目を向けることを提唱した。

□ 74 パールマン（Perlman, H.）は、社会的要因が心理的要因に従属させられていると
□ 34回92 指摘し、両者の再統合を提唱した。

□ 75 シュワルツ（Schwartz, W.）は、個人と社会の関係は共生的な相互依存関係であ
□ 32回93 るとし、ソーシャルワーカーの媒介機能を重視する相互作用モデルを展開した。

□ **76** ホリス（Hollis, F.）は、「状況の中の人」という視点で、心理社会的アプローチを提
□ 34回92 唱した。

□ 77 バートレット（Bartlett, H.）は、システム理論を指向した一元的アプローチを展
□ 32回93 開し、後に認知的―人間性尊重アプローチを展開した。

□ 78 ジャーメイン（Germain, C.）は、人間と環境の交互作用を基本視点とした生態学
□ 32回93改変 的アプローチを展開した。

□ 79 ベーム（Boehm, W.）は、ソーシャルワークを本質的な観点から検討し、ソーシャ
□ 32回93改変 ルワークの活動を三つの機能に分類して定義化を試みた。

□ 80 レヴィ（Levy, C.）は、倫理とは、人間関係とその交互作用に対して価値が適用
□ 36回95 されたものであるとした。

✕ 「ケースワークは死んだ」という論文を発表したのはパールマン（Perlman,H.）である。トールは，クライアントが人としての共通のニーズをもっているという視点を基盤とし，ケースワークと公的扶助との関係を論じることで，ソーシャルワークの発展に貢献した人物である。

✕ パールマンは『ソーシャル・ケースワーク──問題解決の過程』を著し，心理社会的アプローチと機能的アプローチの折衷として問題解決アプローチを示した。

⭕ シュワルツが展開した相互作用モデルとは，個人と社会組織が互いの利益のために相互援助システムとして機能することを目的とするものである。

⭕ ホリスはアメリカのソーシャルワーク研究者で，「状況の中の人」あるいは「人と状況との全体性」を焦点化し，常に人を状況との相互作用という枠組みで理解しようとした。

✕ 設問は，ゴールドシュタインの記述である。バートレットは，人々と環境との間で保たれる均衡関係という視点を重視し，価値・知識とともにその関係への多様な介入方法をソーシャルワーク実践の共通基盤とした。

⭕ 設問のとおり。ジャーメインは，ソーシャルワーク実践に，人と環境との相互交流の領域に焦点を当て，その両者の適合を図っていくという伝統的な考え方を理解しつつ，システム理論と生態学的共生という考え方を導入した。

⭕ ベームは，ソーシャルワークを本質的な観点から検討し，ソーシャルワークの活動を，①損傷を負った能力の回復，②個人的資源と社会的資源の確保，③社会的機能の予防，の三つの機能に分類して定義化を試みた。

⭕ レヴィは，著書『ソーシャルワーク倫理の指針』において，人間関係と人間交互作用に価値が適用されたものが倫理であると規定し，倫理も選択されたものであるが，人間関係における行動に直接影響を及ぼす点に特色があると述べている。

▶23
パールマン
パールマンは問題解決の過程を4つのP（Person, Problem, Place, Process）から構成されていると考えた。のちに，具体的なケースワークの実施条件として2項目（Professional Person, Provisions）を追加し，6つのPとして再定義した。

ソーシャルワークの基盤と専門職

	81	トール(Towle, C.)は，ジェネラリストの観点からソーシャルワークの統合化を
	36回95	図り，ジェネラリスト・ソーシャルワークを提唱した。

	82	アプテカー（Aptekar, H.)は，相互連結理論アプローチを提唱し，それぞれの
	36回95	理論は相互に影響を及ぼし合い，結びついていると論じた。

	83	ジョンソン(Johnson, L.)は，社会的目標を達成するために不可欠な要素として，
	36回95	4つの基本的ニーズを提示した。

	84	ターナー（Turner, F.)は，機能主義の立場に立ちつつ，診断主義の理論を積極
	36回95	的に取り入れ，ケースワークとカウンセリングを区別した。

●日本におけるソーシャルワークの形成過程

	85	片山潜が創設した東京神田のキングスレー館は，日本におけるセツルメント活動
	33回94改変	の萌芽となった。

	86	石井十次が創設した岡山孤児院は，日本におけるセツルメント活動に大きな影響
	33回94改変	を及ぼした。

	87	竹内愛二は，著書『社會事業と方面委員制度』において，ドイツのエルバーフェル
	31回94	ト制度を基に方面委員制度を考案した。

✕ 設問は，ジョンソンに関する記述である。。ジョンソンは，ソーシャルワーク理論であるジェネラリスト・ソーシャルワークの内容を体系的に示し，ストレングスとエコシステムの視点を重視した理論と実践を提唱した。

✕ 設問は，ターナーに関する記述である。ターナーは，ソーシャルワーカーがクライエントに最善の援助をするためには，クライエントの複雑・多様な問題状況に対して介入レパートリーが多様に用意されていることが必要であると論じ，ソーシャルワーク実践に効用がある諸理論は相互に影響を及ぼし合い，結びついているという相互連結理論アプローチを提唱した。

✕ 設問は，トールに関する記述である。トールは，社会的目標を達成するために不可欠な4つの基本的ニーズとして，①身体的福祉－食物・居住・ヘルスケア，②情緒と知性の成長の機会，③他者との関係，④精神的な要求への対応に焦点を当てるとともに，ケースワークと公的扶助の関係について論じた。

✕ 設問は，アプテカーに関する記述である。アプテカーは，ケースワークに内在する力動性の概念によって，診断主義と機能主義の両者の統合を試みた。また，カウンセリングには具体的なサービスは伴わず，一方のケースワークの展開には具体的なサービスが伴うと整理し，ケースワークとカウンセリングを具体的なサービスの有無によって区別した。

⭕ キングスレー館は，1897年にキリスト教社会事業の拠点として，▶24
東京都神田三崎町に片山によって創設された。

⭕ 石井十次は，「無制限（収容）主義」を掲げ，孤児を救済する民間事業▶25
である岡山孤児院を設立し，日本におけるセツルメント活動に大きな影響を及ぼした。

✕ 竹内愛二は，アメリカのケースワーク理論を日本に導入した研究者▶26
で，日本で最初のケースワークの体系的な著書ともいわれる『ケース・ウォークの理論と實際』(1938年(昭和13年))を著した。

▶24
キングスレー館
キングスレー館の創設は，労働者教育運動の重要な一翼をなしていたイギリスのトインビーホールのセツルメント活動を，片山が視察したことがきっかけとなった。

▶25
石井十次
1865年(慶応元年)生。晩年は農業を中心とした自立支援思想等，現代でも通用する先進的な児童養護思想を形成した。日本で最初に孤児院を創設した人物であり，「児童福祉の父」といわれている。

▶26
竹内愛二
1895年(明治28年)生。同志社中学校卒業後，三菱神戸造船所に就職。1923年(大正12年)に渡米し，ボルモナ大学を経てオベリン大学及び大学院でケースワーク技術を学び卒業。帰国後は大学教授を歴任し，専門社会事業の研究と教育に実績を残した。

専門職の倫理綱領

●社会福祉士の行動規範

☐
☐ **88**
28回91

日本社会福祉士会の「社会福祉士の行動規範」によれば，社会福祉士は研修や自主勉強会等の機会を活かして，常に自己研鑽に努めなければならない。

整理しておこう！

日本社会福祉士会の倫理綱領

　2005年（平成17年）に，日本ソーシャルワーカー協会，日本医療社会事業協会，日本精神保健福祉士協会，日本社会福祉士会の4団体で構成する社会福祉専門職団体協議会（現・日本ソーシャルワーカー協議会）の倫理綱領委員会で，国際ソーシャルワーカー連盟（IFSW）の倫理原則に準拠した倫理綱領を策定した。並行して，日本社会福祉士会は独自に行動規範を策定し，同年，倫理綱領及び行動規範を採択した。その後，「ソーシャルワーク専門職のグローバル定義」の採択を受け，2020年（令和2年）に改定が行われた。

　倫理綱領とともに，行動規範（日本社会福祉士会のホームページ参照）も出題されるので，整理して覚え，理解しよう。

社会福祉士の倫理綱領

前文	
原理	Ⅰ（人間の尊厳） Ⅱ（人権） Ⅲ（社会正義） Ⅳ（集団的責任） Ⅴ（多様性の尊重） Ⅵ（全人的存在）
倫理基準	Ⅰ．クライエントに対する倫理責任 Ⅱ．組織・職場に対する倫理責任 Ⅲ．社会に対する倫理責任 Ⅳ．専門職としての倫理責任

○ 「Ⅳ．専門職としての倫理責任」の「1．専門性の向上」において「社会福祉士は，研修・情報交換・自主勉強会などの機会を活かして，常に自己研鑽に努めなければならない」と規定されている。

社会福祉士の行動規範

Ⅰ．クライエントに対する倫理責任	1．クライエントとの関係	（5項目）
	2．クライエントの利益の最優先	（3項目）
	3．受容	（2項目）
	4．説明責任	（4項目）
	5．クライエントの自己決定の尊重	（3項目）
	6．参加の促進	（3項目）
	7．クライエントの意思決定への対応	（3項目）
	8．プライバシーの尊重と秘密の保持	（7項目）
	9．記録の開示	（2項目）
	10．差別や虐待の禁止	（4項目）
	11．権利擁護	（4項目）
	12．情報処理技術の適切な使用	（6項目）
Ⅱ．組織・職場に対する倫理責任	1．最良の実践を行う責務	（2項目）
	2．同僚などへの敬意	（2項目）
	3．倫理綱領の理解の促進	（1項目）
	4．倫理的実践の推進	（2項目）
	5．組織内アドボカシーの促進	（2項目）
	6．組織改革	（3項目）
Ⅲ．社会に対する倫理責任	1．ソーシャル・インクルージョン	（2項目）
	2．社会への働きかけ	（3項目）
	3．グローバル社会への働きかけ	（3項目）
Ⅳ．専門職としての倫理責任	1．専門性の向上	（3項目）
	2．専門職の啓発	（3項目）
	3．信用失墜行為の禁止	（2項目）
	4．社会的信用の保持	（3項目）
	5．専門職の擁護	（2項目）
	6．教育・訓練・管理における責務	（5項目）
	7．調査・研究	（3項目）
	8．自己管理	（2項目）

ソーシャルワークの
理論と方法

システム理論

□ **1** 32回98改変
システムとは，複数の要素が有機的に関わり合っている集合体である。

□ **2** 36回98
システムには，他の要素から正負のフィードバックを受けることで，自己を変化・維持させようとする仕組みがある。

□ **3** 32回98
ホメオスタシスとは，システムが恒常性を保とうとする働きである。

□ **4** 32回98
サイバネティックスとは，システムが他の干渉を受けずに自己を変化させようとする仕組みである。

□ **5** 32回98
開放システムの変容の最終状態は，初期条件によって一義的に決定される。

□ **6** 32回98
外部と情報やエネルギーの交換を行っているのは，閉鎖システムである。

□ **7** 33回99
家族システム論においては，家族内で生じる問題は原因と結果が円環的に循環している。

○ システムは，諸要素のまとまりという意味をもち，それらは常に有機的につながっている。そして，それらの各要素が影響を及ぼし合い，システム全体として調和を保ちながら成り立っていると考えられている。

○ 設問のとおり。システムの特性として，他の要素からフィードバックを受け，維持（形態維持），又は変化（形態発生）するという機能がある。

○ システム理論におけるホメオスタシスでは,外部環境が変化しても,システム内の諸要素がバランスを保ちながらその恒常性を維持しようと働くと考えられている。システムは，インプットされたものがシステム自身を変容させるものであっても，それを内部で処理・調整し，均衡のとれた定常状態を維持する。

✕ サイバネティックスは，情報の通信と制御の観点から，人間，生物，機械，社会などの機構を統一的に解明しようとする考え方である。システムがどのように作動するのかは,フィードバックによるものとされ,その理論を定式化しようとしたのが,サイバネティックスの考え方である。

✕ システムは，常に変化の状態，すなわち以前とは異なる様相としての定常状態にあり，変容の最終状態になることがなく，それが初期条件により決定されるとは考えられていない。 (関連キーワード▶3参照)

✕ 閉鎖システムは，システムを構成している要素とその関係が一元的に限定されていることを示し，ほかのシステムや要素，あるいは外部との相互関係が排除されているものと考えられている。

○ 原因と結果のつながりを直線的にとらえる見方に対し，相互性をとらえるシステム論では原因と結果は円環的に循環しているとみる。

▶1
システム
システムは，そのシステムを構成するいくつかのサブシステムから構成されており，それらサブシステム間の相互作用がシステムの機能維持につながると考えられている。

▶2
ホメオスタシス
有機体である生物が常に生理学的にバランスのとれた状態を維持する傾向にあることを示す概念で,「均衡維持」「恒常性維持」とも訳される。

▶3
開放システム
システムを構成している要素とその関係が一元的に限定されるものではなく，ほかのさまざまなシステムとも関係をもち，環境変化に応じてシステム内部に常に変化が起きていると考えられている。

| | 8 33回99 | 家族システム論においては，各家族員の分化度が高いほど家族内において相互依存が生じる。 |

| | 9 33回99 | 家族システム論においては，ある家族の全体が有する力は各家族員が持つ力の総和に等しい。 |

| | 10 33回99改変 | 家族システム論においては，多世代家族において，一つの世代の家族の不安は，別の世代の家族に影響を与える。 |

| | 11 34回98 | システム理論に基づくソーシャルワークの対象の捉え方として，家族の様々な問題を家族成員同士の相互関連性から捉える。 |

| | 12 34回98 | システム理論に基づくソーシャルワークの対象の捉え方として，個人や家族，地域等を相互に影響し合う事象として連続的に捉える。 |

| | 13 34回98 | システム理論に基づくソーシャルワークの対象の捉え方として，問題解決能力を個人の生得的な力と捉える。 |

| | 14 36回98 | システム理論では，クライエントの生活上の問題に関し，問題を生じさせている原因と結果の因果関係に着目する。 |

| | 15 36回98 | システム理論では，家族の問題に対して，課題を個々の家族員の次元で捉え，個々人に焦点を当てたサービスを提供する。 |

| | 16 33回98改変 | ピンカス（Pincus, A.）とミナハン（Minahan, A.）は，クライエントの環境は，アクション・システムなど，複数のシステムから構成されると説いた。 |

✕ 分化度が低い場合は，知と情の融合が強いために他者との関係において，密着が強くなる場合と反対に葛藤を恐れて遊離する場合がある。一方で分化度が高い場合は，相手に合わせた適度な関係を築くことができる。

▶4
分化度
分化度とは，精神的な「知」と「情」の融合の程度を表す言葉である。

✕ 家族システム論では，家族の全体が有する力は，家族一人ひとりの持つ力の総和とイコールではなくプラスアルファの力が発揮されると考える。例えば，家族一人ひとりと面談を行い感じられる力と家族全員が集まっている場面で感じられる力では後者が大きいと感じる場合である。

◎ 家族システム論では，家族成員の横のつながりの影響だけでなく，多世代にわたる縦のつながりの影響があると考える。例えば，祖父母世代の物事に対する不安が強い傾向は，親世代に影響し，子ども世代に影響を及ぼすと考えられる。

◎ 問題を表出している個人又はその人以外の家族が直接的な原因と考えるのではなく，個人と家族の相互の影響によると考える捉え方である。

◎ 設問のとおり。システム理論では，個人と家族，地域等といった環境が相互に影響する。

✕ 問題解決能力は，個人の生得的な力だけではなく，環境からの影響を考慮する必要がある。

✕ 問題を生じさせている原因と結果のように直線的な因果関係に着目する考え方は，直線思考と呼ばれ，システム理論の考え方ではない。

✕ システム理論では，家族の問題に対して，家族間の相互作用によって結果的に問題が生じていると捉える。課題を個々の家族員の次元で捉えることにとどまる考え方は，システム理論の考え方ではない。

◎ ピンカスとミナハンは，ソーシャルワーカーが所属するチェンジエージェント・システム，支援を必要とするクライエント・システム，介入の対象となるターゲット・システム，ソーシャルワーカーの支援に協働するアクション・システムという四つのシステムから説明した。

ソーシャルワークの実践モデルとアプローチ

ソーシャルワークの様々な実践モデルとアプローチ

●医学モデル

18	治療モデルにおけるクライエントの捉え方は，パーソナリティの変容が必要な人
33回106改変	である。

19	治療モデルは，クライエントが抱える問題に注目する。
36回99改変	

20	治療モデルは，問題を抱えるクライエントのもつ強さ，資源に焦点を当てる。
36回99	

21	グループワークを体系化したのは，コノプカ (Konopka, G.) である。
30回100改変	

22	ランク (Rank, O.) の意志療法は，利用者の過去に着目し，利用者のパーソナリ
32回101	ティの構造や自我の働きを捉える診断主義学派の礎となった。

23	タフト (Taft, J.) ら機能主義学派は，ソーシャルワーカーが所属する機関の機能
32回101	に着目し，機関におけるソーシャルワーカーの役割を重視した。

○ バートレットは，クライエントが対処困難な状況にあるとき，ソーシャルワーカーは，その状況に巻き込まれているクライエントに第一義的な関心を向け，価値の総体と知識の総体を用いて，人や環境への介入を行い，クライエントの社会生活機能を高めるはたらきをすると説明した。

○ 設問のとおり。治療モデルは，クライエントのパーソナリティを治療的に改良することを実践の目標としている。

○ 設問のとおり。治療モデルでは，クライエントが抱える問題に焦点をあて，治療的な支援が行われる。

✕ 治療モデルでは，第一に治療を必要とする状況と捉え，問題の原因を明らかにして治療することに重点がおかれるため適切ではない。ただし，クライエントの強さや資源を大切にする視点はある。

○ グループワークの体系化に寄与した人物としては，コノプカやコイル(Coyle, G.)，トレッカー(Trecker, H.B.)などがあげられる。一方，リッチモンド(Richmond, M.)はフロイト(Freud, S.)の精神分析理論を基盤としたケースワーク理論を提唱した。

✕ ランクは，個人の依存と自立をめぐる葛藤を克服するのは，本人の意志の力によると考えた。また，過去の要因を分析することに否定的であり，現在に焦点を当て，クライエントの意志を引き出すことを治療の目的とした。機能主義学派の基礎理論となった。

○ タフトは，ランク(Rank,O.)の意志心理学に影響を受け，ロビンソン(Robinson, V.)とともに機能主義学派を誕生させた。機能主義学派は，クライエントとの信頼関係を基盤として，金銭給付などの制度や支援サービスなどを自らの意志で利用できるように支援を行うことが強調される。

▶5
ケースワーク理論
リッチモンドのケースワーク理論は，ハミルトン(Hamilton, G.)，トール(Towle, C.)らによって診断派として継承され，ホリス(Hollis, F.)によって心理社会的アプローチとして体系化された。

●生活モデル

□ □ **24** 30回100	生活モデルを提唱したのは，ピンカス（Pincus, A.）とミナハン（Minahan, A.）である。

□ □ **25** 33回106	生活モデルにおけるクラインエントの捉え方は，環境から一方的に影響を受ける人である。

□ □ **26** 33回106	生活モデルにおけるクライエントの捉え方は，成長のための力を有する人である。

□ □ **27** 36回99	生活モデルは，問題を抱えるクライエントの人格に焦点を絞り，問題の原因究明を重視する。

□ □ **28** 36回99	生活モデルは，人と環境の交互作用に焦点を当て，人の生活を全体的視点から捉える。

●ストレングスモデル

□ □ **29** 34回100改変	ストレングスアプローチでは，問題や欠点，能力不足に注目するのではなく，クライエントと環境のストレングスに注目し，自律的に発達・成長すること，クライエントとの協働などが強調される。

□ □ **30** 36回99	ストレングスモデルは，クライエントの病理を正確に捉えることを重視する。

●心理社会的アプローチ

□ □ **31** 33回98改変	ホリス（Hollis, F.）は，「人」，「状況」，「人と状況の相互作用」の三重の相互関連性を説いた。

✕ 生活モデルを提唱したのは，ジャーメイン (Germain, C.) である。ピンカスとミナハンは社会資源の供給主体として，①インフォーマルあるいは自然資源システム，②フォーマルな資源システム，③社会制度的資源システムの3つの資源システムを提唱した。

✕ 生活問題は人と環境との相互作用によって生じると考える。生活モデルは，個人と環境の相互作用に焦点をあて，生活システムにおける問題の原因について分析し，両者の適合を図るモデルである。

▶6
人と環境の相互作用
「人」と「環境」の2つの言葉はリッチモンド (Richmond, M.) の時代から使われてきた言葉である。

◯ クライエントの生活ストレスに対処（コーピング）することで，適応した目標を定めることができるとしている。クライエントの適応へのコンピテンス（能力）を高めていくことが重要とされる。

✕ 生活モデルでは，問題の原因究明を重視するのではなく，クライエントと環境の関係や交互作用の影響，またその全体に注目する。

◯ 設問のとおり。生活モデルでは，クライエントの問題へのコンピテンス（対処能力）を高めること，およびクライエントのニーズに対する環境の応答力を高めることが行われる。

◯ 設問のとおり。サリービー (Saleebey, D.) は，1992年に「ソーシャルワーク実践におけるストレングス視点」を著すなど，ストレングス視点の理論的体系化を行った。

▶7
ストレングス
利用者のもっている「強さ」（能力・意欲・自信・志向・資源など）をいう。

✕ アセスメントを行い病理を正しく捉えることは，ストレングスモデルでも想定されるが，「重視する」という部分が誤りである。ストレングスモデルは，クライエントやその環境がもつ強さ，資源に焦点をあてる。

◯ ホリスは，人と状況（環境）の全体関連性と，人と環境は密接不可分の関係にあると説いた。ホリスによる心理社会的アプローチでは，個人の問題の解決には個人への直接的支援と環境にはたらきかける間接的支援があることを説明している。

□ 32	ホリス(Hollis, F.)の心理社会的アプローチは，診断主義学派と機能主義学派，両アプローチの折衷アプローチであり，両学派の統合を試みた。
32回101	

□ 33	ホリス(Hollis, F.)が示した心理社会的アプローチの介入技法によると，「親に心配を掛けまいとして，泣きたいのをずっとこらえていたのですね」という言葉掛けは，直接的指示である。
31回102	

□ 34	心理社会的アプローチは，クライエントのパーソナリティの治療改良とその原因となる社会環境の改善を目的とする。
34回99改変	

●機能的アプローチ

□ 35	機能的アプローチは，自我心理学を導入したもので，人は意志を持っていると考えた。
27回100改変	

□ 36	機能的アプローチは，クライエントのニーズを援助機関の機能との関係で明確化し，その機能を個別化して提供することに焦点を当てる。
30回103改変	

□ 37	機能的アプローチは，クライエントが被っている差別や抑圧に対抗するため，既存の制度や政策を批判し，これらの変革を目指す。
33回101	

□ 38	機能的アプローチは，クライエントのニーズを機関の機能との関係で明確化し，援助過程の中でクライエントの社会的機能の向上を目指す。
33回101	

□ 39	機能的アプローチでは，4つのPを実践の構成要素として，クライエントのコンピテンス，動機づけとワーカビリティを高めることを目指す。
36回100	

✕ ホリスは,『ケースワーク──心理社会療法』を著した心理社会的アプローチの代表的論者である。フロイト(Freud,S.)の精神分析に影響を受けた診断主義学派から発展したアプローチであり,自我心理学の影響も強く受けている。

✕ 浄化法に関する記述である。ホリスによる心理社会的アプローチの介入時に活用する技法の中における直接的指示とは,ワーカーによる意見や態度の表明などのことをいう。

◯ 設問のとおり。パーソナリティの治療改良と社会環境の改善を目的とするアプローチとして,精神分析や自我心理学などを応用した心理社会的アプローチが考えられる。

◯ 設問のとおり。「人は意志を持っている」と考えたのは,ランク(Rank, O.)の意志心理学を取り入れた機能的アプローチである。

◯ 機能的アプローチでは,クライエントのニーズを相談援助する「機関の機能」との関係で明確化し,クライエントのニーズに適合した形で利用できるように機関の機能を個別化・具体化して提供・支援を展開する。

✕ 反抑圧ソーシャルワーク実践(anti-oppressive social work practice:AOP)に関する記述である。これは,新自由主義とともに拡大した貧困や格差ゆえに排除された人々のエンパワメントを目指すソーシャルワーク実践である。

◯ 設問のとおり。機能的アプローチは,クライエントの成長を促すために,機関の機能を十分に活用することに焦点をあてた手法である。

✕ 問題解決アプローチの説明である。提唱者のパールマン(Perlman, H. H.)は,援助が必要な個人(Person)が,社会的機能の問題(Problem)に,より効果的に対処できるように支援する福祉機関(Place)によって用いられる過程(Process)としてソーシャルケースワークを説明した。

▶8
心理社会的アプローチ
クライエントの心理的側面だけでなく,クライエントがおかれた社会的状況も含めた「状況の中の人間」という視点を中心にクライエントとワーカーの協同関係によりパーソナリティの変容を実現するとともに状況側の機能を高めることにより課題解決を図ろうとするアプローチ。

▶9
ホリスによる心理社会的アプローチの活用技法
①持続的支持,②直接的指示,③浄化法,④人と状況の全体的反省,⑤パターン力動的反省,⑥発達的な反省,の6つ。

▶10
機能的アプローチ
機能的アプローチはその後スモーリー(Smalley, R.)によって1960年代に再構築された。

40	機能的アプローチでは，ソーシャルワーカーが所属する機関の機能と専門職の役
36回100改変	割機能の活用を重視し，クライエントのもつ意志の力を十分に発揮できるよう促
	すことを目指す。

●問題解決アプローチ

| 41 | 問題解決アプローチでは，部分化の技法を用いる。 |
| 29回101 | |

| 42 | 問題解決アプローチでは，強化による行動変容によって適応行動を増やす技法を |
| 29回101 | 用いる。 |

●課題中心アプローチ

| 43 | リード(Reid, W.)とエプスタイン(Epstein, L.)の課題中心アプローチは，クラ |
| 34回100 | イエントが解決を望む問題を吟味し，計画的に取り組む短期支援である。 |

| 44 | 課題中心アプローチでは，ターゲット問題を明確化し，クライエントが優先順位 |
| 35回99改変 | をつけ，短期処遇を目指す。 |

●危機介入アプローチ

| 45 | 危機介入は，回復をもたらすために時間を掛けてなされる。 |
| 28回100 | |

| 46 | 危機介入は，クライエントのパーソナリティの再構成を目的とする。 |
| 28回100 | |

| 47 | 危機介入アプローチでは，人の自我機能に着目し，自己対処できないほどの問題 |
| 34回100改変 | に直面しバランスを崩した状態を危機と捉える。 |

446

◯ 設問のとおり。クライエントの問題解決に向け，受容と共感を基本とした側面的支援から福祉機関の機能（制度やサービスなど）をクライエントの意志によって主体的に活用できるように支援が行われる。

◯ 問題解決アプローチ[11]を提唱したパールマン（Perlman, H.）は，機能主義理論の過程における焦点化の1つとして，「しばしば問題を解決可能な部分に分ける」とし，部分化について言及している。

✕ 設問の技法は，トーマス（Thomas, E.）によって提唱された行動変容アプローチである。設問にある「強化」はスキナー（Skinner, B.F.）によるオペラント条件づけで用いられている。オペラント条件づけでは，「正の強化」「負の強化」[12]の2種類があげられている。

◯ 設問のとおり。課題中心アプローチ[13]は，すべてのプロセスでクライエントと協働で計画的に取り組むことを特徴として，介入期間は4か月以内の短期間となることを原則としている。

◯ 設問のとおり。課題中心アプローチは，リード（Reid, W.）とエプスタイン（Epstein, L.）によって提唱されたものであり，パールマンの問題解決アプローチの影響を受け，それを基礎として発展した。

✕ 危機介入アプローチは短期処遇の方法として体系化された。時間を掛けて実施されるアプローチではない。（関連キーワード▶14参照）

✕ 危機介入アプローチは，クライエントのパーソナリティ[15]の再構成を目的とはしていない。設問は危機介入アプローチではなく，心理社会的アプローチの内容である。

◯ キャプラン（Caplan, G.）は，移民の子どもが地域に適応していく過程や未熟児出産の母親に対する研究から危機理論を体系化した。また，危機状況に陥りやすい対象に対し，予防的な早期の介入として危機介入の必要性を説明した。

▶11
問題解決アプローチ
心理社会的アプローチと機能的アプローチの折衷的アプローチとされ，動機づけ，能力，機会という枠組みで構成される。

▶12
正の強化と負の強化
「正の強化」を受けるとその行動が増加し，「負の強化」を受けることでその行動が減少する。

▶13
課題中心アプローチ
リード（Reid, W.）とエプスタイン（Epstein, L.）によって1970年代に理論的に構築され提唱された。

▶14
短期処遇のアプローチ
短期処遇のアプローチとしては，危機介入アプローチのほか，リード（Reid, W.J.）とエプスタイン（Epstein, L.）によって1970年代に理論化された課題中心アプローチ，バーグ（Berg, I.K.）とシェイザー（Shazer, S.D.）によって1980年代に提唱された解決志向アプローチなどがあげられる。

▶15
パーソナリティ
生まれもった素質の上に，環境や体験の影響によって発達した統一的な心身の全体像。パーソナリティは個人の成長とともに，変化や発達を繰り返す。人格と訳される。

ソーシャルワークの理論と方法

●実存主義アプローチ

□ □ **48** 35回99 実存主義アプローチでは，その接触段階で，クライエントの動機づけ・能力・機会についてのソーシャルワーカーからの探求がなされる。

□ □ **49** 36回100 実存主義アプローチでは，クライエントが自我に囚われた状態から抜け出すために，他者とのつながりを形成することで，自らの生きる意味を把握し，疎外からの解放を目指す。

●フェミニストアプローチ

□ □ **50** 27回100 フェミニストアプローチは，女性にとっての差別や抑圧などの社会的な現実を顕在化させ，個人のエンパワメントと社会的抑圧の根絶を目指す。

□ □ **51** 36回100 フェミニストアプローチでは，システム理論に基づいて問題を定義し，ソーシャルワーカーのクライエントに対する教育的役割を重視し，段階的に目的を達成することを目指す。

●行動変容アプローチ

□ □ **52** 31回103 行動変容アプローチは，クライエントが，置かれている否定的な抑圧状況を認識し，自らの能力に気付き，その能力を高め，問題に対処することを目指す。

□ □ **53** 33回101改変 行動変容アプローチは，クライエントの望ましい行動を増加させ，好ましくない行動を減少させることを目指す。

✕ 問題解決アプローチに関する記述である。実存主義アプローチの支援においては，クライエントが経験する「苦悩」を避けるべきものとして排するのではなく，その状況においてもクライエントが自己の存在の意味を見出すことを大切にする。

▶16

▶16
実存主義アプローチ
実存主義アプローチの土台には，人はその人生において「生きる意味」があり，どのような状況にあっても選択できる自由をもつといった哲学的思想がある。

◯ 設問のとおり。実存主義アプローチは，実存主義哲学を基盤とした人間理解と援助観が特徴である。現実に目を向け，自己の存在や生きる意味を考えられるように支援が行われる。

◯ フェミニストアプローチは女性にとっての差別や抑圧など，社会的な現実を顕在化させ，個人のエンパワメントと社会的抑圧の根絶を目指すアプローチである。このアプローチは，エンパワメントアプローチなどのポストモダニズムを背景とした新興アプローチである。

▶17

▶17
フェミニストアプローチ
ドミネリ(Dominelli, L.)やマクリード(McLeod, E.)らにより提示された。

✕ ユニタリーアプローチの説明である。ユニタリーアプローチは，それまで，ケースワーク，グループワーク，コミュニティオーガニゼーションと方法が分かれていたソーシャルワークをシステム理論を基盤として統合し，共通の目的，概念，戦略，行動などから再構成したアプローチである。

✕ エンパワメントアプローチに関する記述である。行動変容アプローチは，利用者の問題行動の原因や動機に遡ることをせず，問題行動そのものを取り上げて，学習理論の考え方を導入することによって，特定の問題行動の変容を目標にはたらきかける方法である。

▶18

▶18
行動変容アプローチ
トーマス(Thomas, E.)やバンデューラ(Bandura, A.)らにより提示された。

◯ 設問のとおり。行動変容アプローチとは，オペラント条件づけや社会学習理論などを基礎として，ソーシャルワーカーがクライエントに，意図的に刺激や報酬をもたらすことで，問題となる行動を減らしたり，望ましい行動を増やしたりする手法である。

ソーシャルワークの理論と方法

●エンパワメントアプローチ

□ □ **54** 35回100 エンパワメントアプローチでは，クライエントが持つ資源より，それ以外の資源を優先して活用する。

□ □ **55** 35回100 エンパワメントアプローチでは，クライエントのパーソナリティに焦点を絞り，行動の変化を取り扱う。

□ □ **56** 35回100 エンパワメントアプローチでは，クライエントのパワーレス状態を生み出す抑圧構造への批判的意識を醸成する。

□ □ **57** 35回100 エンパワメントアプローチでは，個人，対人，組織，社会の四つの次元における力の獲得を目指す。

□ □ **58** 34回100改変 エンパワメントアプローチは，クライエントが社会から疎外され，抑圧され，力を奪われていく構造に目を向ける。

●ナラティヴアプローチ

□ □ **59** 35回99 ナラティヴ・アプローチでは，クライエントのドミナントストーリーを変容させることを目指し，オルタナティヴストーリーを作り上げ，人生を再構築するよう促す。

●解決志向アプローチ

□ □ **60** 33回101改変 解決志向アプローチは，クライエントの問題の解決へのイメージに焦点を当て，問題が解決した状態を実現することにより，クライエントの社会的機能の向上を目指す。

✕ エンパワメントアプローチでは，クライエントが持つ資源に注目することによって，クライエントの自己肯定感を高め，何かを変えられると期待を感じられるようになることを大切にする。[19]

✕ クライエントのパーソナリティは，個性として尊重すると同時にクライエントの強みや資源と理解することができる。エンパワメントアプローチにおいて，そのようなパーソナリティに注目することはあっても，限定的に焦点を絞ることはない。

◯ 設問のとおり。クライエントをエンパワメントすることにより，クライエント自身が抑圧構造に気づき，そのような構造を変革する意識を高めていく。[20]

◯ 設問のとおり。まず，個人では自尊心，自己肯定感を高める。対人では他者と対等にかかわり，必要な場面で協働する。組織では所属する学校や職場などで正当な権利の主張と獲得を目指す。そして，社会では抑圧的な制度や構造を変えるためのアクションを展開していく。

◯ 設問のとおり。エンパワメントアプローチでは，クライエントが社会にみられる不平等や不正義とどのように戦い，抑圧された個人やグループのパワーをどう強めていけるかに着目している。

◯ ナラティヴ・アプローチでは，クライエントの語りに耳を傾け，クライエントの内的な世界を受け止めて理解する姿勢が大切にされる。クライエントは，語りの体験から自らのストーリーを客観視でき，別の生き方や考え方であるオルタナティヴストーリーを選択することが可能になっていく。 (関連キーワード▶21参照)

◯ 設問のとおり。解決志向アプローチとは，「原因を探ることと問題解決は別である」という考えに基づき，「問題が解決された未来像」をイメージさせ，そこに近づくためにスモールステップを踏んでいく短期療法である。[22]

▶19
エンパワメントアプローチ
エンパワメントという言葉は，ソロモン（Solomon, B.）が1976年に『黒人へのエンパワメント──抑圧された地域社会におけるソーシャルワーク』を著したことにより注目されるようになった。

▶20
抑圧構造
抑圧構造は，性の多様性に対する社会的無理解があること，学校や組織で男女に分けられた制服の着用が求められることなどのように，既存の価値観，文化，制度といった社会構造の固定化によって引き起こされる。

▶21
ナラティヴ
narrative。語ること，叙述すること，物語と訳される。

▶22
解決志向アプローチ
ブリーフセラピー（短期療法）の流れをくむ。クライエントが抱く解決した状態のイメージで，「問題やその原因，改善すべき点」を追求するのではなく，解決に役立つ資源に焦点をあて，それを有効に活用していく方法である。

☐☐ **61** 解決志向アプローチは，問題の原因の追求よりも，クライエントのリソース（能力，
29回100 強さ，可能性等）を活用することを重視する。

●エコロジカルアプローチ

☐☐ **62** ジャーメイン（Germain, C.）によるエコロジカルアプローチの特徴として，空間
34回99 という場や時間の流れが，人々の価値観やライフスタイルに影響すると捉える。

☐☐ **63** ジャーメイン（Germain, C.）によるエコロジカルアプローチの特徴として，モデ
34回99 ルとなる他者の観察やロールプレイを用いる。

☐☐ **64** ジャーメイン（Germain, C.）によるエコロジカルアプローチの特徴として，問題
34回99 の原因を追求するよりもクライエントの解決イメージを重視する。

整理しておこう！

ソーシャルワーク実践のアプローチ

　国家試験ではソーシャルワーク実践のアプローチについて，毎年のように出題されている。主な
アプローチについて，それぞれの起源や提唱者，基盤理論，キーワード，支援焦点などについて正
しく覚えておこう。

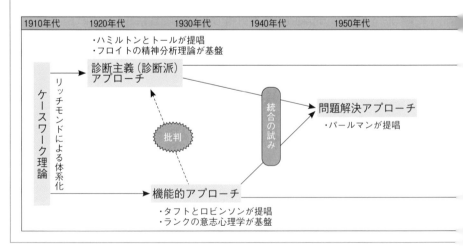

○ 解決志向アプローチは，問題の原因を「振り返る」のではなくクライエントの視点や考えを未来に向けるアプローチであり，クライエントのリソースを活用して援助が展開される。

○ 設問のとおり。ジャーメインは，空間，時間が人々の価値観やライフスタイルに影響することを説明している。

× 他者の観察やロールプレイを行うことによって，洞察や気づきから自己理解や望ましい生活行為を学ぶ活動は，認知行動療法を応用したSST（社会生活技能訓練）のアプローチの説明である。

× クライエントの解決イメージを重視するアプローチは，解決志向アプローチである。解決志向アプローチでは，クライエントはどのような状態になることを目指しているかに焦点をあて，問題の解決状態をイメージすることを重視する。

▶23
SST（社会生活技能訓練）
social skills training.
リバーマン（Liberman, R.P.）によって開発された。主として精神障害者を対象とした認知行動療法として実践されている。

	1960年代	1970年代
→	心理社会的アプローチ	・ホリスが提唱 ・フロイトの精神分析理論が基盤
	危機介入アプローチ	
	課題中心アプローチ	・リードとエプスタインが提唱 ・心理社会的アプローチ，問題解決アプローチ，行動変容アプローチに影響を受ける
	行動変容アプローチ	・学習理論が基盤
→ スモーリーにより継承	エンパワメントアプローチ	・ソロモンが提唱

ソーシャルワークの過程

ケースの発見

●アウトリーチ

| □ □ | **65**
36回107改変 | アウトリーチにおいて，クライエントになる可能性のある人の自宅やその地域を訪問し，ニーズを把握した。 |

●スクリーニング

| □ □ | **66**
33回111 | スクリーニングとは，一定期間の後に支援経過と結果を全体的に評価することである。 |

エンゲージメント（インテーク）

| □ □ | **67**
34回102 | インテーク面接では，クライエントが解決したいと望んでいる課題について確認する。 |

| □ □ | **68**
34回102 | インテーク面接では，クライエントの課題と分析を基に援助計画の作成を行う。 |

| □ □ | **69**
34回102 | インテーク面接では，クライエントの課題解決に有効な社会資源を活用する。 |

| □ □ | **70**
36回105改変 | エンゲージメント（インテーク）では，クライエントとの間に信頼関係を形成することが目的となる。 |

設問のとおり。アウトリーチとは，相談援助機関に持ち込まれる相談を待つのではなく，クライエントの生活する地域社会に出向き，ケアマネジメントの対象となるかを検討し，必要に応じて相談援助を展開することである。

スクリーニングとは，インテークの段階でケアマネジメントの対象となるか検討することである。もし，該当しない場合は，適切な関係機関にリファーラルすることとなる。

インテーク（エンゲージメント）は，相談援助の場にクライエントが入ってきて，ソーシャルワーカーと出会う段階である。ソーシャルワーカーが留意する点としては，個別化して傾聴し，ラポールの形成を図ることである。（関連キーワード▶24参照）

設問はプランニングの記述である。プランニングの面接においては，クライエントの意思や感情の尊重が重要である。意思決定の際には，ソーシャルワーカーは，クライエントが十分に検討した上で自己決定ができるよう努力し，その自己決定を尊重しなければならない。

設問は介入（インターベンション）の記述である。短期目標（直ちに実行するもの），中期目標（およそ3か月ほどを目途に達成することが期待されるもの），および長期目標（およそ3か月以上にわたって達成を目指すもの）を実行に移す具体的方法を支援の計画に明記することが求められる。

設問のとおり。エンゲージメントでは，クライエントが安心して自分の悩みを話すことができ，「話を聞いてもらえてよかった」と感じられることが重要である。

▶24
相談援助の過程
ケースの発見
↓
受理面接
（インテーク／エンゲージメント）
↓
事前評価
（アセスメント）
↓
支援の計画
（プランニング）
↓
支援の実施
（インターベンション）
↓
支援の経過観察
（モニタリング）
↓
評価
（エバリュエーション）
↓
支援の終結
（ターミネーション）
↓
効果測定
↓
アフターケア

▶25
介入（インターベンション）
介入は，アセスメントの内容を踏まえてプランニングされた支援計画を実行する段階である。

アセスメント

☐☐ **71** 34回105改変　アセスメントは，クライエントの生活上のニーズを明らかにする段階である。

☐☐ **72** 33回105改変　アセスメントは，支援計画見直しのため，クライエントの状態変化のありように関する情報を収集する段階である。

☐☐ **73** 33回111　アセスメントとは，クライエントや家族の意向に沿ってニーズを充足する方法を決定することである。

☐☐ **74** 29回104　アセスメントでは，プライバシー保護のため，クライエント以外の者から情報収集は行わない。

☐☐ **75** 36回107　再アセスメントにおいて，クライエントの生活状況の変化によるサービス内容の見直しのために，新たに情報収集し，課題の分析を行った。

☐☐ **76** 36回107　再アセスメントにおいて，クライエントの課題が解決したため，ケアマネジメントを終了することを確認した。

☐☐ **77** 36回107　再アセスメントにおいて，サービスの終結をした者から，新たにサービス利用の申し出があったため，情報の収集を行った。

プランニング

☐☐ **78** 30回116　プランニングは，サービス優先アプローチに基づいて策定しなければならない。

○ アセスメント段階の目的は，クライエントが抱えている生きづらさや生活困難，また，クライエントを取り巻く環境が抱える課題を把握することにある。

○ 設問のとおり。アセスメントは，さまざまな問題の中から援助の対象とする問題を選定するために，情報収集と問題分析を行って問題の原因を究明する。

✕ アセスメントとは，クライエントや家族を取り巻く状況の情報収集，分析のことであり，事前評価ともいう。情報収集するべき情報は，身体的，心理的，社会的など多岐にわたり，生活全般を把握する。

✕ 情報収集は，クライエント本人だけでなく，家族，関係者，関係機関等から総合的に行われる。アセスメントを行う際に，クライエントの主観的な情報だけでなく，家族や関係者からの客観的な情報も必要となる。

○ 設問のとおり。再アセスメント▶26とは，モニタリングの過程において，ニーズと実施しているサービス内容に不適合がある場合，ケアプランの見直しを図るために，新たに情報を収集して，課題の分析を行うことである。

✕ 終結の説明である。終結とは，提供したサービス内容が適切であり，クライエントの課題が解決された場合に，再アセスメントが行われず，ケースが終結に向かうことである。

✕ サービスを新たに開始するための情報収集は，アセスメントである。

✕ クライエントの生活課題(生活ニーズ)に基づいて作成されるものであり，ニーズ優先アプローチでなければならないとされている。ニーズ優先アプローチでは，生活ニーズに基づき必要なサービスを的確に提供することができる。

▶26
再アセスメント
支援開始後，利用者や家族の状況の変化，サービスの実施において支障や問題，課題等が確認された場合などは，再アセスメントし支援計画の修正を行う。

79 34回105改変　プランニングは，援助の具体的な方法を選択する段階である。

80 35回101　プランニングは，アセスメントと相談援助の実施をつなぐ作業である。

81 35回101　プランニングでは，短期目標は，将来的なビジョンを示すものとして設定する。

82 35回101　プランニングでは，家族の要望に積極的に応えるような計画を立てる。

83 35回101改変　プランニングでは，現実的で達成可能な課題であることを重視する。

84 36回103　プランニングにおいて，ソーシャルワーカーが，独自の判断で高い目標を設定すると，クライエントの意欲は高まる。

85 36回103　プランニングにおいて，クライエントが自分でもできそうだと思う目標を段階的に設定すると，クライエントの意欲は低下する。

86 36回103　プランニングにおいて，クライエントが具体的に何をすべきかがわかる目標を設定すると，クライエントの意欲が高まる。

87 36回103改変　プランニングにおいて，クライエントにとって興味がある目標を設定すると，クライエントの意欲は高まる。

88 36回103　プランニングにおいて，最終的に実現したい生活像とは切り離して目標を設定すると，クライエントの意欲が高まる。

89 33回111　ケアプランの作成とは，ケアマネジメントの対象となるかどうかを確認することである。

⊙ プランニングの段階では，アセスメントで得た情報を基に，クライエントの福利向上のために，誰が何に対してどのように対処するのかを決定していく。

⊙ 設問のとおり。アセスメントが終わり，具体的なターゲットが明確になると，援助目標に向かって援助計画が立てられる。

✕ 長期目標に関する記述である。短期目標は，長期目標に関連するもので，クライエントの状況改善につながるとクライエントが同意し，かつ実現可能なことを設定する。

✕ プランニングでは，クライエントの意思や感情が尊重され，クライエント自身も計画の策定に参加することが求められる。家族の要望に応えることが重視されているわけではない。

⊙ 援助計画における目標は，現実的で達成可能な課題であることを重視し，起こり得るリスクへの対応を踏まえて策定する。能力や資源を活用して，クライエント自身のウェルビーイングを増進させることが援助の目的である。

✕ ソーシャルワーカーは，アセスメントに基づき，クライエントと協働して目標を設定することが求められているため，適切でない。

✕ クライエントが自分でもできそうだと思う目標を段階的に設定すると，クライエントの意欲が高まるため，適切でない。

⊙ プランニングは，具体的にサービスを検討する段階である。クライエントが具体的に何をすべきかがわかる目標を設定することは，クライエントの意欲が高まることになるため，適切である。

⊙ 設問のとおり。

✕ 最終的に実現したい生活像とは切り離して目標を設定すると，クライエントの意欲は低下するため，適切でない。

✕ ケアプランの作成とは，アセスメントで明らかとなった生活ニーズを解決していくため，クライエントや家族と相談しながら，利用するサービスの種類，利用時間などの計画を立案することである。

▶27
ウェルビーイング
well-being。満足のいく状態，安寧，幸福，福祉などを意味する言葉である。2000年のIFSWのソーシャルワークの定義では，人間の福利と訳されていた。

支援の実施

| □
□ | 90
34回104 | 介入（インターベンション）では，ケース会議などを通じて社会資源の活用や開発を図る。 |

| □
□ | 91
34回104 | 介入（インターベンション）は，クライエントや関係者とのパートナーシップを重視して進められる。 |

| □
□ | 92
34回104 | クライエントのパーソナリティの変容を促す方法は，間接的な介入方法である。 |

| □
□ | **93**
32回103 | インターベンションとは，援助計画に沿って支援を実施していく段階である。 |

| □
□ | 94
32回103 | コーピングとは，実施されているサービスが適切に提供されているか事実確認を行う段階である。 |

| □
□ | 95
33回111 | ケアプランの実施とは，ケアマネジメントについて説明をし，利用意思を文書等により確認することである。 |

モニタリング

●モニタリングの意義，目的，方法，留意点

| □
□ | 96
35回102 | モニタリングは，文書や電話ではなく，クライエントとの対面で行うものである。 |

| □
□ | **97**
35回102改変 | モニタリングは，インターベンションの途中で実施される。 |

○ 介入時には，さまざまなサービス事業者や機関・施設と連絡を取りながら支援を進めていく。ソーシャルワーカーには，ケース会議などを通じて社会資源を活用したり，新たな資源を開発することが求められる。

○ 設問のとおり。ソーシャルワーカーには，相談援助の過程全般を通して，クライエントや関係者と良好な関係を築くことが求められる。

✕ クライエントのパーソナリティの変容を促す方法は，直接的な介入方法であり，間接的な介入方法ではない。

○ インターベンションは，介入と訳される。プランニングで立案した計画に沿って支援活動を実施する段階をいう。

✕ コーピングは，一般的に対処と訳される。クライエントが経験する課題やストレスに，クライエント自身が対処していくことをコーピングと呼ぶ。クライエントの対処能力を高める支援は行われるが，相談援助の過程ではない。

✕ ケアプランの実施とは，作成された計画に沿ってサービス提供することである。ケアマネジメントについて説明をし，利用意思を文書等により確認することは，ケアプランの実施の前に行う必要がある。

✕ モニタリングの方法としては，クライエントやその家族との面談や家庭訪問，必要があればサービス提供者等の支援者とケア会議を開催することがあげられるが，やむを得ない事情により対面でできない場合は文書や電話でもよいとされることがある。

○ 設問のとおり。インターベンションは，援助計画に沿って実際に援助を行う段階であり，モニタリングはその経過を観察・評価する。

98 35回102	モニタリングの対象には，クライエントやその家族とともに，サービス提供者等の支援者も含まれる。

99 35回102	モニタリングでは，クライエントの主観的変化よりも，生活状況等の客観的変化の把握を重視する。

100 33回105	モニタリングは，クライエントに対する一連の支援終結後に，支援計画の妥当性や効果を測る段階である。

101 34回102改変	モニタリングは，クライエントへの援助が計画どおりに行われているか確認する。

●効果測定

102 32回104	シングル・システム・デザイン法を用いると，測定対象のクライエントに対する支援効果を明らかにできる。

103 32回104改変	シングル・システム・デザイン法においては，適用対象として，家族など小集団よりも個人に対する支援が適切である。

104 32回104	シングル・システム・デザイン法において，ベースライン期とは，支援を実施している期間を指す。

105 32回104	シングル・システム・デザイン法では，クライエントを，実験群と統制群に分けて測定する。

〇 設問のとおり。クライエントやその家族，サービス提供者等の双方から十分な聞き取りを行い，それまでの経過や実施状況を確認する。

✕ 援助の実施状況を客観的に把握することは重要であるが，クライエントやその家族の気持ちの変化も起こり得るので，客観的な変化だけでなく，主観的な言動も重視する必要がある。

✕ 設問は，エバリュエーションの記述である。エバリュエーションは，具体的な問題解決の過程と，活用した社会資源について確認し，利用者と共に評価を行う。モニタリングは，インターベンションの中で行われるため，支援終結後に実施されることはない。

〇 設問のとおり。モニタリングでは，クライエントに支援の計画の進行状況について，状況の変化があったか，新たな問題やニーズが生じていないかなどを確認する。

〇 シングル・システム・デザイン法は，心理学やソーシャルワーク等の実践における効果測定の評価方法として利用される。集団比較実験計画法に比べてより実践的な評価法とされている一方，結果に影響を与える援助以外の要因の存在を否定できない欠点がある。

〇 シングル・システム・デザイン法は一つのシステムを調査の対象として実施できる調査・研究方法である。適用対象に，一つの家族や集団の事例も含まれるが，個人がより適切である。

✕ ベースライン期とは，支援を実施する前の期間を指す。設問の「支援を実施している期間」は，インターベンション期という。ベースライン期とインターベンション期を比較することで，客観的な変化をとらえることができる。

✕ 設問の記述は，集団比較実験計画法である。シングル・システム・デザイン法に比べ，介入と変化の因果関係をとらえることが可能である。つまり，一般化とデータ複製ができる可能性が高い。

▶28
効果測定
ソーシャルワークにおける援助効果の有効性を検証するために科学的に評価，測定することである。効果測定は，エビデンス・ベースドな実践やクライエントや社会への説明責任を担保するために必要なプロセスである。

ソーシャルワークの理論と方法

☐	106	シングル・システム・デザイン法で AB デザインを用いる場合，測定期間中に支援
☐	32回104	を一旦中止する必要がある。

支援の終結と事後評価

☐	107	支援の終結とは，問題解決のプロセスを評価し，残された課題を確認する段階で
☐	34回105改変	ある。

☐	108	支援の終結に向けて，ソーシャルワーカーが，アセスメントを行い判断する。
☐	35回103	

☐	109	終結の段階では，残された問題や今後起こり得る問題を整理し，解決方法を話し
☐	35回103	合う。

☐	110	終結の段階では，クライエントのアンビバレントな感情のうち，肯定的な感情に
☐	35回103	焦点を当てる。

☐	111	終結の段階では，問題解決の過程におけるソーシャルワーカーの努力を振り返る。
☐	35回103	

☐	112	エバリュエーションとは，ソーシャルワーカーとクライエントが出会い，信頼関
☐	32回103	係を構築する段階である。

☐	113	支援の終結後であっても，クライエントは支援を再開することができる。
☐	35回103改変	

▶29
ABデザイン
シングル・システム・デ
ザイン法 で は 通 常，
ベースライン期をA,
介入期をBで表す。

✕ AB デザインとは基礎シングル・システム・デザインと呼ばれ，最も基本的なデザインとされる。この方法は利用者の状況への専門職の介入による変化と援助の因果関係を，時間の流れに即して繰り返し観察する。支援を一旦中止する必要はない。

◯ 設問のとおり。終結の段階では，ソーシャルワーカーとクライエントとの双方が，「介入」とその結果を評価し，ソーシャルワーク実践がどのような生活課題を変化させ，あるいは変化させなかったかを振り返る。

✕ アセスメントとは，相談援助を始めるにあたっての事前評価のことであり，支援の終結に向けて行うものではない。

◯ 設問のとおり。終結では，クライエントとともに支援の成果について話し合い，今後の生活目標を設定する。

✕ クライエントは，肯定的な感情と否定的な感情の間を揺れ動き，そのときどきで矛盾する感情を抱えるものである。ソーシャルワーカーは，支援にあたり，クライエントのアンビバレントな感情について，肯定的な感情と否定的な感情の双方に焦点を当てる必要がある。

✕ 終結では，クライエントとともに支援の成果について話し合い，今後の生活目標を設定する。振り返りや評価の対象となるのは，あくまでも支援であり，ソーシャルワーカーの努力ではない。

✕ 設問は，インテーク（エンゲージメント）の説明である。エバリュエーションは，計画を実施するためのインターベンションを評価する段階である。エバリュエーションによって終結につながるが，必要があるときは再アセスメントにつなげていく。

◯ クライエントやその家族に対しては，支援の終結後でもフォローアップ（追跡調査）を行う。生活状況の変化があった場合には，クライエントはいつでも支援を再開（アフターケア・事後ケア）することができる。

ソーシャルワークの理論と方法

465

フォローアップ

□
□ **114**
34回105
フォローアップ（アフターケア）の段階では，相談援助が終結したクライエントの状況を調査・確認する。

□
□ **115**
28回108
フォローアップでは，クライエントの問題を，ソーシャルワーカーが対応するか否か判断する。

□
□ **116**
36回105
アフターケアは，ソーシャルワーカーや支援チームの状況変化に応じて行う。

□
□ **117**
36回105
アフターケアでは，アセスメントの精度を高めることが目的となる。

□
□ **118**
36回105
アフターケアにおいては，問題の新たな発生や再発が起きていないか確認をする。

□
□ **119**
36回105
アフターケアでは，支援計画が十分に実施されたかを評価する。

ソーシャルワークの記録

記録の意義と目的

□
□ **120**
30回106改変
クライエントやその家族からの情報も正式な記録となる。

○ 設問のとおり。フォローアップ（アフターケア）は，相談援助の終結後，クライエントへの援助効果やその後の状況を確認するために行われる。

✕ クライエントの問題を，ソーシャルワーカーが対応するか否か判断することをスクリーニングといい，これは受理面接（インテーク）の段階で行われる。

✕ モニタリングに関する記述である。モニタリングの対象には，クライエントだけではなく，支援を提供する側の専門職も含まれる。サービス提供が問題なく実施されているかなどを，カンファレンスなどを通じて確認し，必要に応じて支援計画を再考することが求められる。

✕ アフターケア（フォローアップ）は，援助終了後のクライエントの不安を和らげるために行うのであり，アセスメントの精度を高めるために行うのではない。

○ アフターケアは，相談援助が終結した後も援助の効果が継続しているか，また，終結後の状況がどのようになっているかを確認するために行われる。

✕ エバリュエーション（評価）に関する記述である。ソーシャルワーカーとクライエントの双方が介入とその結果を評価し，ソーシャルワーク実践がどのような生活課題を変化させ，あるいは変化させなかったのかを振り返る。

○ クライエントやその家族からの情報は非常に重要な情報であり，正式な記録となる。支援計画はクライエントらの主訴を確認することから始まる。

グループインタビューの記録係は，参加者の非言語的反応を含めて記録する。

業務の進捗の把握や効率化などを目的として作成するものが，月報や年報などの業務管理記録である。

記録の方法と実際

●記録の文体（叙述体，要約体，説明体等）

逐語体では，ソーシャルワーカーとクライエントの会話における発言をありのままに再現して記述する。

説明体では，出来事に対するソーシャルワーカーの解釈や見解を記述する。

ソーシャルワーカーとクライエントとの相互作用を詳細に記述する文体は，過程叙述体である。

圧縮叙述体では，経過記録などに用いられ，ソーシャルワーク過程の事実経過を簡潔に記述する。

時間的順序に沿って過程を細かく記述する文体は，要約体である。

●項目式（フェースシート等）

プランニングシートには，利用者がサービスを利用してどのような生活をしたのかについて記述する。

クライエントとのインテーク面接の動画を撮影して得た情報を記す様式は，モニタリングシート（経過観察用紙）である。

○ 記録係が記録を作成する際は，参加者の言語的反応や非言語的反応，参加者の属性，雰囲気，建物・部屋の様子，着座の位置などを可能な限り記録しておく。その後の分析に役立たせることができる。

○ 設問のとおり。毎日の業務を報告する日報，1か月の業務を報告する月報，1年の業務を報告する年報がある。

○ 設問のとおり。逐語体とは，面接の会話や行動を含むすべてのやりとりを，テープ起こしのように一語一語を忠実に記録するものである。

○ 設問のとおり。説明体とは，ソーシャルワーカーの考えや見解に基づいて事実の意味を解釈し，説明するための記述様式である。

○ 叙述体には，過程叙述体と圧縮叙述体がある。過程叙述体とは，ソーシャルワーカーとクライエントとの相互作用を詳細に記述するものである。

○ 圧縮叙述体とは，過程叙述体で記されたソーシャルワーク過程の事実経過の要点を整理し，情報を圧縮した文体のことである。

✕ 時間的順序に沿って過程を細かく記述する文体は，叙述体である。要約体とは，要点のみを記述する文体である。

✕ プランニングシートは，アセスメント結果に基づいて，利用者の目標を達成するための援助目標・援助計画などを記入するシートのことである。援助目標として長期目標・中期目標・短期目標など，援助計画に社会資源や関係者の役割分担などを記入する。（関連キーワード▶30参照）

✕ クライエントとのインテーク面接の動画を撮影して得た情報を記す様式は，インテーク・アセスメントシートである。モニタリングシート（経過観察用紙）とは，これまで行ってきた援助の見直しをする際に作成するものである。

▶30
記録で用いるシート
①フェイスシート（基本事項用紙），②アセスメントシート（事前評価用紙），③プランニングシート（支援計画用紙），④プロセスシート（支援過程用紙），⑤モニタリングシート（経過観察用紙），⑥エバリュエーションシート（事後評価用紙），⑦クロージングシート（終結時用紙）がある。

ソーシャルワークの理論と方法

☐ 130 ☐ 35回114改変	フェイスシートには，クライエントの基本情報を記載する。

☐ 131 ☐ 35回114	アセスメントシートには，目標を設定し具体的な解決策を記述する。

☐ 132 ☐ 35回114	プロセスシートには，目標に対する援助過程を時系列に記述する。

☐ 133 ☐ 35回114	クロージングシートには，クライエントの主訴，解決したいことを記述する。

☐ 134 ☐ 36回111	SOAP方式におけるSは，客観的情報であり，利用者の行動を観察した内容を記述する。

☐ 135 ☐ 36回111	SOAP方式におけるOは，主観的情報であり，利用者の語った内容を記述する。

☐ 136 ☐ 36回111改変	SOAP方式におけるAは，アセスメントであり，主観的情報(S)や客観的情報(O)から分析，判断した内容である。

☐ 137 ☐ 36回111	SOAP方式におけるPは，プロセスであり，利用者の言葉や他機関からの情報に関する判断を記述する。

☐ 138 ☐ 36回111	SOAP記録は，問題と援助者の思考が明確になる問題志向型記録の一つである。

〇 設問のとおり。フェイスシートは，クライエントへの聞き取りを通して記録し，支援にかかわる専門職同士がクライエントに関する情報を共有するために用いられる。

✕ アセスメントシートとは，支援のアセスメント段階で使用する記録様式のことである。具体的な支援計画を立てるために用いるものであり，クライエントの生活課題や身体状況など，客観的かつ詳細な情報を収集し，記録する。

〇 プロセスシートとは，支援目標に対して実際の援助過程を時系列で記録するものである。インテークによる基本情報の収集から，アセスメントを通してどのように支援計画を立て，実際の支援を展開しているのかをまとめることで，支援全体を俯瞰的にみることができる。

✕ クロージングシートとは，支援の終結段階で使用する記録様式のことである。支援の終結（ターミネーション）に至った過程をまとめ，残された課題，新たな課題の有無やその内容について記録する。

✕ Sは，主観的情報であり，利用者の語った内容である。例えば「今はつらいです」などである。

✕ Oは，客観的情報であり，利用者の行動や，支援者が観察した内容である。例えば「終始，小さい声で話していた」などである。

〇 設問のとおり。例えば「クライエントは，現状についてつらい状況であると考えており，気力がない様子。無理せず小さなことから解決を図ることが必要」などである。

✕ Pは，計画であり，対応方法や支援方法に関する内容である。例えば「短期目標として，ピアサポーターの会に参加する。そのために，まずはピアサポーターの方に会ってみる」などである。

〇 SOAP方式は，問題と援助者の思考が明確になる問題志向型記録の一つである。簡潔でわかりやすく，他職種にも理解しやすいというメリットがある。その一方で，スーパービジョンで使用する際には，逐語記録に比べて簡素すぎるといったデメリットもある。

☐ **139**
☐ 30回106
記録は，文章で表現し，記号や図は使用しない。

☐ **140**
☐ 33回112
ジェノグラムは，クライエントを取り巻く人間関係や社会環境における資源の
ネットワークを可視化したものである。

☐ **141**
☐ 35回104
エゴグラムとは，ソーシャルワーカーが，地域住民同士の関係について，その相
互作用を図式化して示すツールをいう。

☐ **142**
☐ 29回118改変
エコマップは，利用者や家族，社会資源の関係性を図式化するものである。

ケアマネジメント

ケアマネジメントの意義と方法

☐ **143**
☐ 34回109
ケアマネジメントにおいて，複数のサービス事業者が支援を行うため，ケアマネ
ジャーのモニタリング業務が省略できる。

☐ **144**
☐ 34回109
ケアマネジメントにおいては，幅広い生活課題に対応するため，身体面，精神面
だけでなく，住環境や家族関係など多面的にアセスメントを行う。

☐ **145**
☐ 34回109
ケアマネジメントにおいては，住み慣れた地域で長く生活が続けられるようにす
るため，身近な資源を活用・調整する。

✗ ジェノグラムやエコマップ等の記号や図も使用される場合がある。エコマップはクライエントとクライエントを取り巻く家族とのかかわりや社会とのかかわり等，多様な情報を図式化することによってクライエントの生活状況を捉えることができる。

▶31
ジェノグラム
世代関係図，家族関係図とも呼ばれる。

▶32
エコマップ
生態地図，社会関係図とも呼ばれる。

✗ ジェノグラムとは，家族構成を図式化したものである。クライエントを取り巻く人間関係や社会環境における資源のネットワークを可視化したものは，エコマップである。

✗ エゴグラムとは，自我状態を図式化し，人の心の仕組みやありようを分析するためのツールで，各人のパーソナリティの特徴を明らかにする交流分析の性格診断で活用される。

◯ エコマップは，社会資源やソーシャルサポートネットワーク，利用者やその周囲の人々等について，一定の線や記号を用いて表すことによって，利用者や家族のおかれている状況を図式化して表現する方法である。

✗ プランニングで設定した計画の進捗状況の把握，計画された援助についての妥当性の評価，ニーズの変化の把握や計画を修正する上で，モニタリング業務が必須である。

◯ 設問のとおりである。支援は，身体機能的側面，精神心理的側面，社会環境的側面など，生活にかかわるすべての側面について，統合した形で支援する。

◯ 設問のとおりである。クライエントと地域は切り離すことができない関係である。地域社会の中で豊かな生活を営むためにも，身近な資源を活用・調整することが必要である。

□ □ **146** ケアマネジメントにおいては,家族の望みどおりのケアプランが作成されるため,
34回109 利用者の満足度が高くなる。

□ □ **147** クライエントのケアプランを作成し,サービス提供者へ送致するまでの中核的な
32回111 機能に焦点化したものを最小限モデルという。

□ □ **148** クライエントの暮らす地域のケアシステムを変革するために,ネットワーク推進,
32回111 システム改変,計画化(施策提言)を含めるものを包括的モデルという。

■ □ **149** クライエントが利用する資源開発に向けての弁護機能,サービスの品質の監視,
32回111 市民教育を含めるものをコーディネーションモデルという。

□ □ **150** クライエント本人を尊重し,利用者の利益を向上させるというソーシャルワーク
32回111 の価値,倫理を基盤にするものをシステム指向モデルという。

□ □ **151** クライエントに対して,効果的で効率的なサービスの調整を目指すものを利用者
32回111 指向モデルという。

□ □ **152** リファーラルとは,支援が望まれると判断された人々を,地域の関係機関等が支
33回111 援提供機関などに連絡し,紹介することである。

集団を活用した支援

グループワークの意義と目的

□ □ **153** ヴィンター(Vinter, R.)は,ミシガン学派に所属し,個人を望ましい方向に向け
33回113改変 て治療する治療モデルを提唱した。

✕ ケアプランは，利用者の生活課題に基づいて作成されるニーズ優先アプローチでなければならない。クライエントのニーズに基づいたケアプランに沿ったサービスが提供されることで，クライエントの満足度が高くなる。

◯ ケアプランの作成を通して，人々と社会資源，福祉サービスを結びつけることに焦点化したものは，最小限モデルである。

✕ それぞれの地域の状況に応じた地域福祉が求められる中で，決まった予算内で効果的なサービスを提供することが求められる。そのため，計画化によってケアシステムを変革するという，システム指向モデルの説明である。

✕ 設問は，クライエントが利用する資源開発のための社会政策を発展させていくために，クライエント自身の変化，社会環境の変化，クライエントと社会環境の変化を目指す包括的モデルの説明である。

✕ 設問は，利用者本位の支援を尊重し，アセスメントに基づいてニーズに合わせたサービスの活用を目指す利用者指向モデルの説明である。

✕ 設問は，コーディネーション（調整）による生活の維持・向上への支援を通して全体の改善を図り，QOL の向上を図るコーディネーションモデルの説明である。

◯ クライエントから相談を受けた機関が，すべてのニーズに対応できるわけではない。一つの機関で対応できない際は，クライエントのニーズに応じて適切な関係機関に連絡し，紹介することが求められる。

◯ 設問のとおり。グループワークを「小さな対面グループの中で，またそのグループを通じて，クライエントである参加者に望ましい変化をもたらすために，各人にはたらきかける一つの方法である」と定義し，社会的機能に問題のある人々の処遇（治療）に焦点を当てた。

☐	**154** 33回113改変	シュワルツ（Schwartz, W.）は，ソーシャルワーカーの役割を，メンバーとグループの媒介者とし，相互作用モデルを提唱した。

☐	**155** 33回113	トレッカー（Trecker, H.）は，セツルメントやYWCAの実践を基盤とし，グループワークの母と呼ばれた。

☐	**156** 35回111	グループワークでは，「今，ここで」が大切なので，事前準備は控える。

☐	**157** 35回111	グループワークは，個々のメンバーの社会的に機能する力を高めるために行う。

☐	**158** 34回112改変	グループのメンバー同士の相互作用が促進されるにつれ，グループ規範は強化される。

☐	**159** 34回112改変	サブグループが構成されると，サブグループ内のメンバー同士の相互作用は促進する。

☐	**160** 34回112	グループのメンバー同士の関係性が固定的であるほど，グループの相互援助システムは形成されやすい。

☐	**161** 34回112改変	グループワークにおけるグループの相互作用は，同調圧力によって，メンバー同士の自由な相互作用が減少する。

☐	**162** 34回112	グループの凝集性が高まると，メンバーのグループへの所属意識は強くなる。

○ シュワルツの理論は個人と社会の相互作用に焦点を当て，その双方とも支援しようとするところに特徴がある。ソーシャルワーカーはグループ・メンバーによるグループワークを重視し，メンバーとグループの媒介者や情報提供者としての役割を果たすべきとした。

✕ 設問は，コイルに関する記述である。コイルの実践は YWCA で勤労婦人を，セツルメントで子どもたちのグループを，成人教育運動で討議グループを対象としていた。これらの経験に基づき，グループ過程についての系統的論述として『組織された集団における社会的過程』を出版した。

✕ グループワークの展開過程の最初の段階は「準備期」であり，事前準備はグループワークの重要なプロセスの1つである。準備期では，ニーズの確認やプログラム活動内容の決定，活動場所や人材の選定，グループメンバーに関する情報収集などを実施する。

○ グループワークは，グループメンバーや地域社会の成長を促し，グループの特徴を活かして問題解決を図り，個人の社会的に機能する力を高めるために実施する。

○ グループ規範とは，グループ目標を達成するための枠組みであり，メンバー個々の行動や価値観，態度に影響を及ぼす。グループ規範に従うことでメンバーの一人として認められることとなる。

○ グループとサブグループを比較すると，サブグループのほうが小規模であるためメンバー同士のかかわりは深くなる。そのため，サブグループ内のメンバー同士の相互作用は促進される。

✕ グループメンバーが固定であってもそうでなくても，グループワークを通じて個別性を最大限に発揮してもらうことが相互援助システムにおいては望ましく，目標達成に向けて個別性を活かせるようにする。

○ 設問のとおり。同調圧力によって，メンバー同士が似たような行動，態度，価値観になっていく。そのため自由な相互作用は減少する。

○ 設問のとおり。グループワークのさまざまな作業や経験を通してグループの凝集性が高まると，仲間意識が高くなり，グループへの所属意識が強くなる。

グループワークの原則

163
33回113

コノプカ(Konopka, G.)は，グループワークの14の原則を示し，治療教育的グループワークの発展に貢献した。

164
31回113

プログラム活動は，グループワークの援助方法の一つである。

165
32回114

グループワークにおいて，メンバー間に形成されるソーシャルワーク関係は，グループワーカーが活用する援助媒体である。

166
32回114

グループワークにおいて，メンバーとグループワーカーの間に形成される相互援助関係は，グループワーカーが活用する援助媒体である。

167
32回114改変

グループワークにおいて，現在のグループの発達段階に応じた目標設定をしたプログラムは，グループワーカーが活用する援助媒体である。

168
35回111

グループワークにおけるプログラム活動の実施は，手段ではなく目的である。

169
32回114

グループワークにおいて，グループワーカーが運営する別のグループの集団規範は，グループワーカーが活用する援助媒体である。

170
32回114

グループワークにおいて，援助目標達成に関わる人，物，社会制度等の社会資源は，グループワーカーが活用する援助媒体である。

○ コノプカは，個人の社会生活上の問題解決を，小集団がもつ治療的機能に着目している。「ソーシャル・グループワークとは，ソーシャルワークの一つの方法であり，意図的なグループ経験を通じて，個人の社会的に機能する力を高め，また個人，集団，地域社会の諸問題に，より効果的に対処しうるよう，人々を援助するもの」と定義した。

○ 設問のとおり。グループワークにおけるプログラム活動は，それを展開するために計画された全過程であり，具体的な活動や行事のことである。プログラム活動の展開によってメンバー間は，グループ内における相互作用を高め，同時に結束力や成長を強めていく。

× ソーシャルワーク関係が形成されるのは，グループワーカーとクライエントの間である。ワーカーにはグループに入り込み，メンバー間の相互作用の発展を促していくファシリテーターの役割が求められる。

× 相互援助関係が形成されるのは，メンバー同士の間である。グループワークを通してメンバー同士が刺激や影響を相互に受け合いながら，目標達成に向けて協働する。

○ プログラム活動を計画する際に注意するべき点として，グループの発達段階に応じた内容であることがあげられる。プログラム活動は目的ではなく，手段であるため，目標達成をすることを阻害してはならない。

× プログラム活動の実施は，目的ではなく手段である。プログラム活動は，グループ目標を達成するための手段としてメンバー同士の結束力を強化し，グループ内の相互作用を深める。

× それぞれのグループは固有の特性，参加理由，達成目標がある。また，グループワークの実践原則には個別化の原則がある。そのため，別のグループの集団規範をほかのグループにあてはめることは適切ではない。

○ グループワークにおいて，グループワーカーが活用する援助媒体は，ワーカーとクライエント間のソーシャルワーク関係，メンバー同士の相互作用関係，グループ活動，ワーカーが活用する社会資源がある。

グループワークの展開過程

☐☐ **171**
34回111改変
グループワークの準備期では，グループのニーズを特定し，グループの趣旨，目的，プログラム活動の内容を計画する。

☐☐ **172**
34回111改変
グループワークの開始期では，情報収集のため，メンバーを一つのグループとして集め，活動を開始する。

☐☐ **173**
35回111改変
グループの開始期において，ソーシャルワーカーはグループの中に入って，グループの組織化を図る。

☐☐ **174**
34回111
グループワークの作業期では，メンバーがソーシャルワーカーの指示に従って，目標達成に向けて課題に取り組んでいけるよう促す。

☐☐ **175**
36回109
グループワークにおいて，終結期には，メンバー間の感情の表出や分かち合いを避ける。

☐☐ **176**
36回109
グループワークにおいて，グループの発達過程は，メンバー間の関係の変化に影響を受ける。

☐☐ **177**
36回109
グループワークにおいて，波長合わせとは，メンバー間の親しい接触を通して，お互いに刺激し，影響し合うことである。

☐☐ **178**
36回109改変
グループワークでは，グループメンバー間の暗黙の葛藤に対して，それが表面化しないように働きかける必要はない。

○ 準備期は，グループワークを始めるための準備，グループメンバーと予備的接触を行う段階である。メンバーとの予備的接触では，グループワークの目的や内容を伝え，メンバーの期待や不安の受け止めが行われる。

▶33
グループワーク
グループワークの展開
過程は，一般的には①
準備期，②開始期，③
作業期，④終結・移行
期の4段階でとらえる
ことが多い。

○ 開始期は，メンバーと援助者側の間で目標達成に向けての活動について合意形成する必要がある。また，グループ活動が今後どのように展開するのか説明し，具体的な見通しをもってもらうことが重要である。

○ グループの開始期は，メンバー同士の関係性が希薄であるため，ソーシャルワーカーはグループの中でメンバー同士の関係性の構築やグループの組織化を図ることが望ましい。

✕ ソーシャルワーカーはメンバーに指示をするのではなく，メンバーが目標達成に向けて課題に取り組んでいけるように側面的に援助することが求められる。

✕ 終結期には，メンバーは，グループの解散や，ほかのメンバーとの離別から，寂しさや喪失感を覚える。ソーシャルワーカーは，メンバーの抱える複雑な気持ちを受容し，分かち合えるように援助することが重要である。

○ グループの発達過程とは，グループの誕生から終結に至る，力動的関係の過程を示すもので，メンバー間の関係の変化に影響を受けやすい。

✕ 波長合わせとは，ソーシャルワーカーが事前にメンバーの生活状況・感情・ニーズなどを調査し，理解しておくことをいう。波長合わせをすることで，メンバーの反応にソーシャルワーカーがどのように対応するか，グループワークをいかに展開していくかを準備することができる。

▶34
波長合わせ
予備的感情移入とも
呼ばれる。

○ 設問のとおり。グループワークの実践原則の一つである「葛藤解決の原則」では，メンバー自身やグループの中で生じた対立や緊張，不安などの葛藤は，メンバー同士で互いに解決・緩和していくこととされている。

ソーシャルワークの理論と方法

	179	グループワークにおけるプログラム活動では，全員が同じ動きを行うことを優先
	36回109	するように求める。

セルフヘルプグループ

	180	セルフヘルプグループのメンバーは，特定の体験を共有し，蓄積し吟味すること
	32回115	によって生み出される体験的知識を活用し，問題に対処する。

	181	セルフヘルプグループは，既に組織的に活動しているグループを基に形成される。
	32回115	

	182	セルフヘルプグループでは，メンバーが対等な立場にあることを活用する。
	32回115改変	

	183	セルフヘルプグループへの入退会は，グループ運営を円滑に行うために，ソーシャ
	32回115	ルワーカーがその可否を決定する。

コミュニティワーク

コミュニティワークの展開

	184	ロス（Ross, M.）のコミュニティ・オーガニゼーション説は，地域における団体間
	32回101	調整の方法としてのインターグループワークを提唱した。

	185	コミュニティ・オーガニゼーション実践のモデルの一つとしてロスマン
	36回108	（Rothman, J.）が1960年代に提唱した小地域開発モデルとは，不利な立場に置
		かれた人々が直面する状況を自らの力では変革できない時に，同じ問題意識を共
		有する人々と連帯し，権力構造に対して政治的に働きかける方法である。

✕ メンバーはそれぞれの目標をもつため，全員が同じ動きを行う必要はない。プログラム活動は，メンバーそれぞれの目標とグループ全体の目標の双方を達成できるかどうかを基準に選択する。

◯ セルフヘルプグループは，同じような課題や問題を抱えている当事者や家族で組織されている。参加メンバーのおかれている状況や悩みを共有することは，セルフヘルプグループの重要な役割の一つである。

✕ セルフヘルプグループは，当事者やその家族が組織する。既存の法制度で対応できない支援について検討する場合，組織的に行政へ訴えたいことがある場合，悩みや不安を共有したい場合，その他地域に目的とした組織がない場合などに，新たにセルフヘルプグループを組織する。

◯ セルフヘルプグループのメンバー間の関係性は，上下関係はなく全員対等な立場であることが原則である。

✕ セルフヘルプグループの管理，運営は当事者が行うものである。そのため，ソーシャルワーカーは，セルフヘルプグループの入退会について可否を決定する立場にはない。

✕ ロスは，住民同士の民主的な話し合いのプロセスによって合意形成を図ることを強調した。インターグループワークを提唱したのは，ニューステッター（Newstetter, W.）である。

✕ 設問は，ソーシャルアクションモデルの説明である。小地域開発モデルは，地域住民が参加して，地域社会を組織化することで地域の課題を解決するモデルである。

☐ **186** ☐ 36回108改変	コミュニティ・オーガニゼーション実践のモデルの一つとしてロスマン (Rothman, J.)が1960年代に提唱した小地域開発モデルとは，地方自治体による政策実践と，福祉施設等における運営管理実践を一体のものとして，地域を変革することを主たる目標とする方法である。

☐ **187** ☐ 36回108	コミュニティ・オーガニゼーション実践のモデルの一つとしてロスマン (Rothman, J.)が1960年代に提唱した社会計画モデルとは，住民や当事者が求めるサービスや資源の提供を達成するために地域のニーズを調査して，サービス提供機関間の調整を図る方法である。

☐ **188** ☐ 36回108	コミュニティ・オーガニゼーション実践のモデルの一つとしてロスマン (Rothman, J.)が1960年代に提唱したソーシャルアクションモデルとは，地域が求める目標を達成するために，サービス提供機関が地域の資源を利用して活動を推進する方法である。

スーパービジョンとコンサルテーション

スーパービジョンの意義，目的，方法

☐ **189** ☐ 35回113	スーパービジョンの目的は，クライエントへの支援やサービスの質を向上させるための専門職育成である。

☐ **190** ☐ 30回115改変	スーパーバイジーとは，スーパーバイズされる立場の人のことである。

☐ **191** ☐ 36回110改変	スーパーバイザーは，スーパーバイジーより知識も技量も高い。

☐ **192** ☐ 36回110	パラレルプロセスは，スーパーバイジーが過去の特定の人間関係をスーパーバイザーとの関係の中に投影することである。

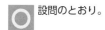 設問のとおり。

設問のとおり。主に行政機関や地域の保健福祉協議会，及び専門職が用いる手法である。プランナーとして中立的な立場に立ち，地域の問題について情報を収集・分析し，合理的な取り組み方を決めて実施するモデルである。

設問は，社会計画モデルの説明である。ソーシャルアクションモデルとは，地域社会の中で不利な立場に置かれた人々が直面する状況を自らの力では変革できない時に，同じ問題意識を共有する人々と連帯し，権力構造に対して政治的に働きかける方法である。

スーパービジョンの目的には，長期的なものとしてクライエントへの支援の質の向上がある。また，この長期的な目的を達成するための短期的な目的としてスーパーバイジーの育成がある。

設問のとおり。一方，スーパーバイズする立場の人をスーパーバイザーという。スーパーバイザーはクライエントに直接サービスを提供するわけではないが，サービスを提供するスーパーバイジーにはたらきかけることでサービスの質に間接的に影響を及ぼす。

設問のとおり。スーパーバイザーは，上司若しくは指導する立場であり，スーパーバイジーは，部下若しくは指導を受ける立場である。そのため，スーパーバイザーの方が知識も技量も高い。

パラレルプロセスとは，スーパーバイジーとクライエントの関係，スーパーバイジーとスーパーバイザーの関係が似た状況になることである。過去の特定の人間関係をスーパーバイザーとの関係の中に投影することではない。

| □□ 193 36回110 | スーパーバイザーは，クライエントに最良のサービスを直接提供する。 |

| □□ 194 36回110 | スーパービジョンの契約は，スーパービジョンの展開過程の終結段階で行われる。 |

| □□ 195 33回114改変 | スーパーバイジーの実践場面にスーパーバイザーが直接立ち会って実施されるスーパービジョンの形態は，ライブ・スーパービジョンである。 |

| □□ 196 33回114 | 複数のスーパーバイジーがスーパーバイザーの同席なしに行うスーパービジョンの形態は，ピア・スーパービジョンである。 |

| □□ 197 33回114改変 | 一人のスーパーバイザーが複数のスーパーバイジーに対してグループで行うスーパービジョンの形態は，グループ・スーパービジョンである。 |

| □□ 198 32回116 | グループスーパービジョンでは，スーパーバイザーがスーパーバイジーの個々人の資質や能力を比較し評価することを目的とする。 |

| □□ 199 32回116 | グループスーパービジョンでは，スーパーバイジー同士の議論や検討により，学習効果の高まりを期待することができる。 |

| □□ 200 32回116 | グループスーパービジョンでは，スーパーバイジー個人が抱える課題を，複数のスーパーバイザー間で共有することで，より適切な支援が行われる。 |

| □□ 201 32回116改変 | グループスーパービジョンでは，一般的な模擬事例ではなく，個々のスーパーバイジーが担当する事例を検討に用いることが一般的である。 |

| □□ 202 33回114改変 | スーパービジョンの基本的な形で，スーパーバイザーとスーパーバイジーが1対1で行う形態は，個人スーパービジョンである。 |

✕ スーパーバイザーは，スーパーバイジーにスーパービジョンをすることによって，クライエントに最良のサービスを間接的に提供する。

✕ スーパービジョンの契約は，スーパービジョンの展開過程の初期段階で行われる。

◯ 設問のとおり。ライブ・スーパービジョンは，実践場面で起きていることを中心に行われるため，教育的スーパービジョンとしての効果が高い。

◯ ピア・スーパービジョンとは，仲間や同僚だけで行うスーパービジョンのことである。本来，スーパービジョンはスーパーバイザーが行うものであるが，スーパーバイザーが不在のときに代替方法として行う変則的な形態である。

◯ 設問のとおり。グループ・スーパービジョンは，グループを活用してスーパーバイジー同士の相互作用による向上を目指す。

✕ スーパービジョンの目的は，スタッフの養成，専門性の向上や組織の機能の維持・向上である。グループスーパービジョンの形態であっても同じ目的を有している。

◯ スーパーバイジー同士で質問・意見を出し合ったり，傾聴することで，グループの力動がよい方向にはたらけば，スーパーバイジー同士が共感し合ったり，支え合ったり，学びを深めたりする学習効果の高まりを期待することができる。

✕ グループスーパービジョンは，一人のスーパーバイザーが複数のスーパーバイジーに対してグループでスーパービジョンを行うことである。

◯ グループスーパービジョンでは，個々のスーパーバイジーが担当する実際の事例や自分の課題を報告して，検討に用いることが一般的である。

◯ 設問のとおり。担当ケースやその他の職務について，個々のスーパーバイジーの課題や力量，状況に応じて丁寧に対応することができる。

| 203 | 過去の記録を活用して，自分自身を客観的に省察することにより行うスーパービジョンの形態は，セルフ・スーパービジョンである。 |
| 33回114改変 | |

| 204 | スーパービジョンの教育的機能は，ストレスに対応するようスーパーバイジーの精神面を支える機能である。 |
| 35回113 | |

| 205 | スーパービジョンの支持的機能は，スーパーバイジーが適切に業務を行うよう目配りすることである。 |
| 35回113 | |

| 206 | スーパービジョンにおける管理的機能では，スーパーバイジーの業務遂行の適切さを確認する。 |
| 36回110 | |

○ 設問のとおり。過去の自分を客観視して，自身に助言を行う。

✕ 支持的機能に関する記述である。スーパービジョンの教育的機能とは，スーパービジョンを通して，技術や専門的な判断能力，態度や倫理を身につけ，専門性を高められるように教育することである。

✕ 管理的機能に関する記述である。スーパービジョンの支持的機能とは，スーパーバイジーが業務のストレスに対応する手助けをするものであり，最善の業務遂行のための態度や感情を支えることである。

○ 設問のとおり。管理的機能には，スーパーバイジーの業務遂行の適切さの確認のほか，部署の統括，組織の変革などがある。

ソーシャルワークの理論と方法

社会福祉調査の基礎

社会福祉調査の意義と目的

社会福祉調査の意義と目的

●アクションリサーチ

1
28回89改変
アクションリサーチは，研究対象について，参与的に観察し，研究を行うものである。

2
36回90
アクションリサーチでは，量的調査でデータを収集することがある。

社会福祉調査と社会福祉の歴史的関係

3
35回84
社会問題の解決のために実施する調査は，社会踏査（social survey）と呼ばれる。

統計法

4
36回84
社会福祉施設等調査は，統計法における基幹統計調査である。

5
36回84
福祉行政報告例は，統計法における基幹統計調査である。

6
36回84
介護サービス施設・事業所調査は，統計法における基幹統計調査である。

○ アクションリサーチの特徴は，研究者自身がフィールドに出向き，問題解決や状況の変化を志向して当事者と協働することであり，研究者の立場は完全なる参加者に準じる立場であることから，状況の観察方法は参与観察となる。[1]

▶1
アクションリサーチ
研究者が実践者とともに何らかの問題解決へのアクション（行動）を起こしていく研究方法である。

○ アクションリサーチでは，量的調査でデータを収集することがある。データの収集の方法としては，観察法や面接法などの質的調査，質問紙調査などの量的調査など，多くの方法がある。

○ 設問のとおり。代表的な社会踏査としては，貧困調査で知られるブース（Booth, C.）によるロンドン調査や，ラウントリー（Rowntree, B.）によるヨーク調査などがある。[2]

▶2
社会踏査
ハワード（Howard, J.）による監獄調査，ル・プレー（Le Play, F.）による家計調査，貧困調査として知られるブース（Booth, C.）によるロンドン調査と，ラウントリー（Rowntree, B.S.）によるヨーク調査がある。

✕ 社会福祉施設等調査は，統計法に基づく一般統計調査に分類される。社会福祉行政推進のための基礎資料を得ることを目的とした調査である。[3]

✕ 福祉行政報告例は，統計法に基づく一般統計調査に分類される。国及び地方公共団体の社会福祉行政運営のための基礎資料を得ることを目的とした調査である。

▶3
統計法
1947年（昭和22年）に制定された統計法が，2007年（平成19年）5月に全部改正され，新たな統計法として2009年（平成21年）4月1日から全面施行された。

✕ 介護サービス施設・事業所調査は，統計法に基づく一般統計調査に分類される。介護サービスの提供面に着目した基盤整備に関する基礎資料を得ることを目的とした調査である。

労働安全衛生調査は，統計法における基幹統計調査である。

国民生活基礎調査は，統計法における基幹統計調査である。

行政機関の長は，一定の要件を満たす学術研究に対して調査票情報を提供することができる。

行政機関の長は，基幹統計調査のデータを加工して，匿名データを自由に作成することはできない。

個人情報の秘密漏えいに関する罰則は定められていない。

社会福祉調査における倫理と個人情報保護

社会調査における倫理

仮説と異なるデータが得られた場合でも，そのデータも含めて報告書をまとめなければならない。

社会福祉施設利用者に聞き取り調査をする際，聞き漏らしを防ぐための録音は，不安感を抱かせるため，調査対象者に告げてから行った。

介護施設で職員へのマネジメントに関する調査をする際，施設長に対する職員の評価を正確に把握するために，全員に記名式の質問紙の提出を義務づけた。

✗ 労働安全衛生調査は，統計法に基づく一般統計調査に分類される。今後の労働安全衛生行政を推進するための基礎資料を得ることを目的とした調査である。

⭕ 国民生活基礎調査は，統計法に基づく基幹統計調査[▶4]に分類される。厚生労働行政の企画及び運営に必要な基礎資料を得るとともに，各種調査の調査客体を抽出するための親標本を設定することを目的とした調査である。

⭕ 学術研究の発展に資するなどの相当の公益性を有する統計の作成等を行う場合に，情報を適正に管理するために必要な措置が講じられること等を条件として調査票情報を提供することが可能となっている。

⭕ 統計法第35条第2項において「行政機関の長は，前項の規定により基幹統計調査に係る匿名データを作成しようとするときは，あらかじめ，統計委員会[▶5]の意見を聴かなければならない」と規定されており，匿名データを自由に作成することはできない。

✗ 統計法第57条第1項では，守秘義務等の規定に違反して，その業務に関して知り得た個人又は法人その他の団体の秘密を漏らした者には，2年以下の懲役又は100万円以下の罰金に処することが定められている。

⭕ 調査者は調査に協力した調査対象者や社会に対して「結果」を報告する必要がある。「仮説と異なった」という結果を示すことは，新たな論点の発見や課題を整理することにつながる。

⭕ 社会調査協会の倫理規程第8条において，調査内容を録音する場合には録音機材の使用について調査対象者に知らせなければならないことが定められている。

✗ 記名式の調査は回答者が特定できるため，無記名式の調査に比べ本音が答えづらく，「施設長に対する職員の評価を正確に把握する」場合などには不向きである。

▶4
基幹統計調査
国勢統計，国民経済計算その他の国の行政機関が作成する統計のうち総務大臣が指定する特に重要な統計であり(2022年(令和4年)1月1日現在，53統計)，基幹統計の作成を目的とする統計調査のことを基幹統計調査という。

▶5
統計委員会
内閣総理大臣により任命された13名以内の学識経験者によって構成される。

☐☐	**15** 33回85	社会福祉学部の学生からの依頼で質問紙調査をする際，いつも出入りしている学生だったため，施設利用者に特に説明することなく質問紙を配布した。

☐☐	**16** 33回85	社会福祉施設利用者の家族の実情を聴く際，第三者が出入りしない個室で聞き取り調査を行った。

☐☐	**17** 33回85	施設にボランティア活動に来る小学生に質問紙調査をする際，本人たちの了承を得るだけでよい。

☐☐	**18** 34回84	施設職員を調査対象者にして，福祉サービスの一般的な苦情対応に関する調査を実施する際に，施設職員は調査に協力する義務があると依頼状に明記した。

☐☐	**19** 34回84	質問紙調査の回答の仕方で分からない箇所があるので教えて欲しいという調査対象者からの問合せに，調査対象者全体への公平性に欠けるため説明を控えた。

整理しておこう！

一般社団法人社会調査協会 倫理規程

第1条 社会調査は，常に科学的な手続きにのっとり，客観的に実施されなければならない。会員は，絶えず調査技術や作業の水準の向上に努めなければならない。

第2条 社会調査は，実施する国々の国内法規及び国際的諸法規を遵守して実施されなければならない。会員は，故意，不注意にかかわらず社会調査に対する社会の信頼を損なうようないかなる行為もしてはならない。

第3条 調査対象者の協力は，法令が定める場合を除き，自由意志によるものでなければならない。会員は，調査対象者に協力を求める際，この点について誤解を招くようなことがあってはならない。

第4条 会員は，調査対象者から求められた場合，調査データの提供先と使用目的を知らせなければならない。会員は，当初の調査目的の趣旨に合致した2次分析や社会調査のアーカイブ・データとして利用される場合および教育研究機関で教育的な目的で利用される場合を除いて，調査データが当該社会調査以外の目的には使用されないことを保証しなければならない。

第5条 会員は，調査対象者のプライバシーの保護を最大限尊重し，調査対象者との信頼関係の構築・維持に努めなければならない。社会調査に協力したことによって調査対象者が苦痛や不利益を被ることがないよう，適切な予防策を講じなければならない。

✗ 調査の実施にあたっては，調査対象者の立場を最大限尊重しなければならない。いつも出入りしている学生であったとしても，調査対象者である施設利用者に特に説明することなく質問紙を配布するということはあってはならない。

◯ 聞き取り調査を行う際は，第三者の出入りなどにより調査が中断されたり調査内容が第三者に聞かれたりすることのない個室など，調査に適した環境を準備しなければならない。

✗ 社会調査協会の倫理規程第7条には，調査対象者が満15歳以下である場合，保護者若しくは学校長などの責任ある成人の承諾を得なければならないことが定められている。

✗ 調査対象者の協力は，自由意志によるものでなければならない。調査への協力があたかも強制であるかのような誤解を調査対象者へ与える表記又は説明を行ってはならない。

✗ 調査対象者からの問合せや疑問等に対しては調査対象者の声に耳を傾け，納得が得られるよう誠実に対応しなければならない。

第6条　会員は，調査対象者をその性別・年齢・出自・人種・エスニシティ・障害の有無などによって差別的に取り扱ってはならない。調査票や報告書などに差別的な表現が含まれないよう注意しなければならない。会員は，調査の過程において，調査対象者および調査員を不快にするような発言や行動がなされないよう十分配慮しなければならない。

第7条　調査対象者が年少者である場合には，会員は特にその人権について配慮しなければならない。調査対象者が満15歳以下である場合には，まず保護者もしくは学校長などの責任ある成人の承諾を得なければならない。

第8条　会員は，記録機材を用いる場合には，原則として調査対象者に調査の前または後に，調査の目的および記録機材を使用することを知らせなければならない。調査対象者から要請があった場合には，当該部分の記録を破棄または削除しなければならない。

第9条　会員は，調査記録を安全に管理しなければならない。とくに調査票原票・標本リスト・記録媒体は厳重に管理しなければならない。

第10条　本規程の改廃は，一般社団法人社会調査協会社員総会の議を経ることを要する。

| 20 34回84 | 面接調査終了後，調査対象者1名から協力辞退の申出があったため，その調査対象者のデータについて年齢と所属を書き換えてから分析に利用した。 |

| 21 36回85 | 調査の協力は自由意志であるので，対象者への調査に関する説明は不要である。 |

| 22 36回85 | 社会調査では，対象者に調査協力の謝礼を渡すことが不可欠である。 |

| 23 36回85 | 調査前に対象者の協力同意書があっても，調査の途中又は調査後の対象者からのデータ削除要請に応じることが求められる。 |

| 24 36回85改変 | 仮説に反した調査結果が出た場合でも，調査結果は適切に公表する必要がある。 |

社会調査における個人情報保護

| 25 36回85 | 社会調査の対象者の抽出では，住民基本台帳から制約なく個人情報を閲覧できる。 |

| 26 30回85 | 社会調査は公益性が高いため，調査で得られた個々の調査対象者の氏名，性別，年齢などの属性は，公表すべきである。 |

| 27 30回85 | 社会調査の標本抽出が目的であれば，選挙人名簿あるいは住民基本台帳から自由に個人情報を得ることができる。 |

✕ 調査の途中又は終了後に辞退したい旨の申出があった場合には，調査対象者の意思を尊重し，申出者のデータについてはすべて削除する必要がある。「年齢と所属を書き換えてから分析に利用」するような行為はデータの改ざんとなるため，行ってはならない。

✕ 社会調査を行う場合には，すべての調査対象者に対し，調査の目的や収集データのまとめ方，結果の利用方法，結果の公表方法，得られた個人情報の管理方法などについてあらかじめ書面あるいは口頭で説明し，同意を得なければならない。

✕ 調査対象者に対する謝礼は必ずしも必要ではない。謝礼を提示することにより調査結果に偏り（バイアス）が生じる可能性なども考慮する。

◯ 設問のとおり。一般社団法人社会調査協会の「倫理規程」において，「調査対象者から要請があった場合には，当該部分の記録を破棄または削除しなければならない」と定められている（第8条）。

◯ 調査対象者には調査結果について知る権利がある。そのため，調査により得られたデータはどのような結果であろうとも公正に扱い，適切に公表しなければならない。

✕ 個人情報保護の観点から原則非公開となっているが，総務大臣が定める基準に照らして公益性が高いと認められるもの等であって，市町村長が認めた場合に限り，住民基本台帳の一部の写しを閲覧することができる（住民基本台帳法第11条，第11条の2）。

✕ 調査結果を公表する際には，個人が特定されないよう調査対象者の氏名や性別，年齢などの属性は伏せ，社会調査への協力により調査対象者が不利益を被ることがないよう配慮する必要がある。

✕ 個人情報保護の観点から，選挙人名簿や住民基本台帳の閲覧は公用性・公益性が高いと認められる場合に限定されている。住民基本台帳の場合は，住民基本台帳法に基づき事前審査を受け承認されなければ閲覧することはできない。

☐☐	**28** 34回84	面接調査の音声データから記録を作成する際，調査対象者の名前や面接の中で出てきた人名を，アルファベット順に記号化した。

社会福祉調査のデザイン

社会福祉調査の目的と対象

☐☐	29 32回84	社会調査は，社会福祉援助技術として有効な方法ではない。

☐☐	30 32回84	社会調査は，数量的データとして結果を提示できなければならない。

☐☐	31 35回84	社会調査の分析対象は，数量的データに限定されている。

☐☐	**32** 31回84	センサスとは，企業の社会貢献活動を把握することを目的とした社会調査である。

☐☐	**33** 32回84改変	報道機関が行っている世論調査は，社会調査に含まれる。

☐☐	**34** 35回84	社会調査は，市場調査や世論調査を含まず，行政調査と学術調査を指している。

☐☐	35 32回84	貧困の実態調査などの社会調査を基に，社会改良が行われることもある。

○ 面接の音声データには，多くの個人情報が含まれているため，逐語録などの記録を作成する際には個人を特定できる情報（名前・住所など）を削除又は記号化するといった匿名化を行い，プライバシーの保護に努めなければならない。

× 社会調査は，社会福祉援助技術の中では間接援助技術の1つに位置づけられ，近年では，利用者の支援の評価といった個別支援，地域のニーズ把握といった地域支援等，社会福祉実践のあらゆる場面において，その技術と知識が活用されている。

× 社会調査は，量的調査と質的調査に分類することができる。量的調査とは，定型化された調査票などを用いてデータを集め，結果を数量的に提示する方法である。質的調査とは，観察法や面接法などの手法を用いてデータを集め，結果を記述的に提示する方法である。

× 社会調査では，数量的データだけでなく質的データも分析対象としている。

× センサス（census）とは，行政上・政治上の目的をもって行われる統計調査であり，企業の社会貢献活動を把握することを目的とした社会調査はセンサスには該当しない。

○ 社会調査には，報道機関が行う世論調査も含まれる。報道機関のほか，国の行政機関，地方公共団体，大学，一般企業，各種団体等により広く実施されている。

× 社会調査には，行政調査や学術調査のほか，一般企業などが行う市場調査や報道機関などが行う世論調査も含まれる。

○ 社会調査を通じて貧困や失業，犯罪などの社会問題を明らかにし，その情報を基に社会改良を目指す実践的な調査のことを社会踏査と呼ぶ。

▶6
社会調査
社会調査の系譜には，社会問題の解決のために実施する社会踏査，政治上・行政上の目的をもって行われるセンサス（census），営利やサービス，広報などを目的に実施される世論調査や市場調査，科学的な理論構成を目的として行われる科学的／学術調査（scientific research）の4つがある。

▶7
量的調査と質的調査
定型化された調査票を用いて多数の調査対象者から数量的データを収集，分析し，対象となる社会事象の状態などを量的に捉えることを目的とした調査は，量的調査（統計調査・定量調査）と呼ばれている。一方，面接法や観察法などを用いて対象となる社会事象を質的に捉えることを目的とした調査は，質的調査（事例調査・定性調査）と呼ばれている。

▶8
センサス
日本におけるセンサスの代表的なものとしては，国勢調査や経済センサス，工業統計調査があげられる。

▶9
世論調査
世間一般の人々の意見や生活実態などについての社会意識を量的データとして統計的に扱う調査である。

☐ **36** ☐ 29回84	研究者が個人で行うフィールドワークは，社会調査には含まれない。	

☐ **37** ☐ 32回84	社会調査は，研究者が個人ではなくて共同で行わなければならない。	

☐ **38** ☐ 35回84改変	社会調査は，個人や組織，機関が実施するものである。	

☐ **39** ☐ 27回84	社会調査は，市場の構成要素である企業は調査対象とせず，社会の基本的な構成要素としての個人を対象とする。	

☐ **40** ☐ 33回84	国勢調査は，日本に常住する外国人を対象としない。	

☐ **41** ☐ 35回84	国勢調査の対象者は，日本に居住する日本国籍をもつ人に限定されている。	

☐ **42** ☐ 33回84	労働力調査は，調査時に求職中の人も対象とする。	

☐ **43** ☐ 33回84	社会保障生計調査は，被保護世帯を対象としない。	

☐ **44** ☐ 33回84	国民生活基礎調査は，20歳未満の国民を対象としない。	

✕ 研究者が個人で行うフィールドワーク[10]も社会調査の手法の1つである。研究者が現地に赴き，研究対象との対話や交流，観察といった研究者個人の視点から社会現象を探る方法である。

✕ 社会調査の調査主体は，国，地方公共団体，大学，報道機関，一般企業などの組織又は団体のほか，研究者やジャーナリストなどの個人である。組織や団体又は個人が単独で実施することもあれば，共同で実施することもある。

◯ 社会調査は，国，地方公共団体，大学，報道機関，一般企業などの組織や機関のほか，研究者やジャーナリストなどの個人が行う場合もある。

✕ 社会調査の対象は個人だけではなく，企業などの組織も含まれる。企業は組織を母集団とする調査の中で最も利用頻度が高いといわれている。

✕ 国勢調査[11]の対象は，国勢調査令第4条（調査の対象）において「調査時において本邦にある者で，本邦にある期間が引き続き3月以上にわたることとなるもの」と規定されており，3か月以上日本に住んでいる，又は住むことになる外国人を調査対象としている。

✕ 国勢調査の対象は，3か月以上日本に住んでいる，又は住むことになっている外国人[12]も含め，日本に常住している者はすべて対象としている。

◯ 労働力調査は，日本に居住している全人口を母集団とした標本調査であり，選定された約4万世帯とその世帯員を対象に行われる。就業状態については求職中であるかどうかを問わず，世帯員のうち15歳以上の者を対象に調査している。

✕ 社会保障生計調査は，全国の被保護世帯を母集団とした標本調査であり，選定された約1110世帯を対象に行われる。

✕ 国民生活基礎調査は，全国の世帯及び世帯員を母集団とした標本調査であり，調査対象者に関する年齢要件は設けられていない。

▶10
フィールドワーク
対象となる人々とともに生活をし，対話したりインタビューしたりする社会調査活動。

▶11
国勢調査
回答しやすく提出しやすいよう，インターネットによる回答方式を導入している。

▶12
国勢調査の対象となる外国人
ただし，外国政府の外交使節団・領事機関の構成員（随員を含む）及びその家族や，外国軍隊の軍人・軍属及びその家族は調査対象から除外されている。

| □ | **45** | 家計調査は，学生の単身世帯を対象としない。 |
| □ | 33回84改変 | |

社会福祉調査でのデータ収集・分析

| □ | **46** | フィールドノーツは，調査者の解釈を含めずに作成する必要がある。 |
| □ | 36回90 | |

量的調査の方法

量的調査の種類と方法

| □ | **47** | 全数調査の場合，母集団から一部を取り出し，取り出した全員を対象に調査する。 |
| □ | 30回86 | |

| □ | **48** | 無作為抽出法による標本調査には，道で偶然に出会った見知らぬ人々を調査対象者として選ぶ方法も含む。 |
| □ | 33回86 | |

| □ | **49** | 無作為抽出法による標本調査では，サンプルサイズの大小は，母集団を推計する信頼度に関係しない。 |
| □ | 33回86 | |

| □ | **50** | 標本抽出には，性別や年齢といった母集団の特性を基準にする抽出法がある。 |
| □ | 35回86 | |

| □ | **51** | 標本抽出方法の確率抽出と非確率抽出では，非確率抽出の方が母集団に対する代表性が高い方法である。 |
| □ | 32回86 | |

○ 家計調査は，全国の世帯を母集団とした標本調査であるが，学生の単身世帯については，収入と支出を正確に計ることが難しいなどの理由から調査を行っていない。

× フィールドノーツには，調査者の意識や主観的な解釈が含まれる。特にインタビュー時に調査者が感じた対象者の視線や態度，あるいは考えた事柄などを記載したメモは，後の分析に役立つ重要な資料となる。

▶13
フィールドノーツ
フィールドノーツは調査者が調査地で実施した観察のメモやインタビューなどを記録したものである。

× 全数調査の場合には，母集団の全員を対象に調査が行われる。母集団から一部を取り出して対象とする調査は標本調査である。日本における全数調査の代表例は国勢調査である。　(関連キーワード▶14参照)

▶14
全数調査と標本調査
母集団すべてを対象とする調査を全数調査(悉皆調査)といい，母集団から抽出した一部を対象とする調査を標本調査という。

× 設問のように，道での偶然の出会いを利用する場合には，調査者が出会いやすい人を調査対象とする便宜的抽出法に該当しており，頻繁に外出する人ほど標本として抽出される確率が高くなることから，無作為抽出法にはあてはまらない。

× 無作為抽出法ではランダムな抽出を行うため，サンプルサイズが大きいほど標本に含まれる母集団からの偶然の偏り(標本誤差)が相対的に小さくなり，標本から母集団の値を推計する場合の精度が高くなり，信頼度も高くなる。

○ 母集団を性別や年齢別などの比率で分けて標本を得る無作為抽出の方法は，層化抽出法と呼ばれ，各特性の構成比率を反映した標本抽出が可能になるという特徴がある。

▶15
確率抽出
無作為抽出とも呼ばれ，母集団から等しい確率で無作為に標本を抽出しようとする方法である。ただし，無作為抽出された標本と母集団そのものは完全には一致しないため，標本から母集団の性質を推計する際に誤差が生じてしまう。このような誤差は標本誤差と呼ばれる。

× 確率抽出とは，無作為に標本を抽出する手続きで，集められた標本データは母集団の性質が反映されやすく，母集団に対して高い代表性を有する。非確率抽出(有意抽出)とは，抽出に無作為性をもたせない手続きで，母集団に対して偏りのある標本データが得られる傾向にあるため，代表性は低くなる。

☐ **52** ☐ 35回86改変	確率抽出法では，標本誤差が生じる。
☐ 53 ☐ 32回86改変	調査対象者の多段抽出は，単純無作為抽出に比べて母集団の特性を推定する精度が低い。
☐ 54 ☐ 32回86	系統抽出法は，抽出台帳に一定の規則性がある場合には，抽出した標本に偏りを生じることはない。
☐ **55** ☐ 35回86	系統抽出法では，抽出台帳に規則性がない場合，標本に偏りが生じる。
☐ 56 ☐ 33回86	系統的抽出法は，母集団を性別や年齢別などの比率で分けて標本を得る無作為抽出の方法である。
☐ 57 ☐ 33回86改変	有意抽出法は，非確率抽出法の一方法である。
☐ 58 ☐ 29回86改変	機縁法は非確率標本抽出の一種である。
☐ 59 ☐ 32回86	スノーボール・サンプリングは，非確率抽出法の一つである。
☐ 60 ☐ 32回86	適切に抽出された標本調査であれば，標本誤差は生じない。
☐ 61 ☐ 35回86	標準誤差は，質問の意味の取り違え，回答忘れなど，回答者に起因する。

○ 確率抽出法であっても標本調査である以上，標本誤差の発生を避けることはできない。

○ 多段抽出では，特定の属性をもつ集団の中から標本が抽出されることになるため，標本データには属性に起因する偏りが含まれてしまう。よって，単純無作為抽出が用いられた場合に比べると，母集団の特性を推定する精度は低くなる。

✕ 系統抽出法では，例えば男女が交互に並んでいた場合には，起点となる対象者から偶数間隔で抽出していくと一方の性別のみが抽出される。このように，抽出台帳に一定の規則性がある場合には，抽出した標本に偏りが生じる可能性がある。

✕ 系統抽出法では，抽出台帳に規則性がない場合，標本の偏りを避けることができる。

✕ 設問のような，母集団を性別や年齢別などの比率で分けて標本を得る無作為抽出の方法は層化無作為抽出法と呼ばれる。

○ 有意抽出法は非確率抽出法の一方法であり，調査する側が特定の意図をもって無作為性を伴わずに標本を抽出する手続きが含まれており，便宜的抽出法，スノーボール法などが該当する。

○ 機縁法は非確率標本抽出の1つである。非確率標本抽出は，抽出リストがない場合や全体の数が分からない場合でも抽出が容易にできる利点があり，予備調査などに用いられる。

○ スノーボール・サンプリングとは，スノーボール（雪だるま）を大きくしていくように，調査対象者の知り合いなどを紹介してもらい連鎖的に標本を増やしていく方法である。この方法の標本抽出は調査対象者のネットワークに依存するため，母集団から等しい確率で無作為に標本抽出が行われているとはいえず，非確率抽出法に該当する。

✕ 標本は母集団から抽出された一部分に過ぎないため，母集団の統計量と標本の統計量は完全に一致することはなく，標本誤差と呼ばれる差が生じる。

✕ 設問の「質問の意味の取り違え，回答忘れなど，回答者に起因する」誤差は，標準誤差ではなく非標本誤差の一部である。

▶16
多段抽出
母集団の全体から，まず抽出の対象となる属性（例えば地域など）を無作為抽出により決定し，その属性をもつ人の中から標本抽出を行うような形で，調査対象者を段階的に絞り込むように抽出を進めていく方法。

▶17
系統抽出法
系統抽出法（等間隔抽出法）は無作為抽出法の1つであり，抽出台帳の中から起点となる対象者1人を無作為に決定し，そこから標本に必要な人数を等間隔に抽出する方法である。この規則性により抽出作業の煩雑さを解消できる一方で，抽出台帳のほうには規則性をもたせないことで標本抽出の無作為性を保つことも可能となり，標本の偏りを避けることができる。

▶18
機縁法
調査者の縁故関係から調査テーマに即した対象者を抽出する方法。

▶19
標準誤差
母集団から標本を取り出して標本平均を算出する過程を繰り返した場合の平均値のばらつきを意味する記述統計量であり，標本平均の標準偏差と同義である。なお，標準誤差と標本誤差は，標本を母集団から抽出するという手法に起因する誤差という点において類似した概念であるが，標準誤差は統計量の用語として用いられやすい一方で，標本誤差は非標本誤差の対となる用語として用いられやすい。

社会福祉調査の基礎

62 35回86	標本調査では，非標本誤差は生じない。

63 33回86	非標本誤差は，回答者の誤答や記入漏れ，調査者の入力や集計のミスなどで生じる。

64 30回86改変	全数調査の場合，測定誤差は生じる。

65 33回87	横断調査で得られたデータを，時系列データと呼ぶ。

66 33回87	横断調査では，時期を空けた2回目以降の調査で同じ調査対象者が脱落してしまうといった問題がある。

67 33回87改変	縦断調査とは，複数時点のデータを収集する調査のことをいう。

68 33回87	パネル調査とは，調査対象者に対して，過去の出来事を振り返って回答してもらう調査のことをいう。

69 33回87	パネル調査は，横断調査に比べて，因果関係を解明するのに適している。

70 34回85	同一の調査票を使って，昨年はN県，今年はP県で量的調査を実施することは，パネル調査に当たる。

✕ 標本調査でも非標本誤差は生じる。非標本誤差は，調査における標本誤差以外の誤差を意味する。

◯ 非標本誤差は，調査における標本誤差以外の誤差を意味しており，設問の要因のほかにも，母集団の性質を正しく反映していない標本の設定や，質問文の不備，回答者の疲労，虚偽の回答，質問紙の未回収，調査員によるバイアスなどがあげられる。

◯ 全数調査の場合，測定誤差は生じる。測定誤差は測定時に入り込んでくる誤差を意味しており，全数調査と標本調査のどちらの場合でも生じる。

✕ 横断調査は，一時点でのデータのみを収集しており，時系列を前提としたデータの収集ではない。▶20

✕ 横断調査は一時点のデータを収集する方法であり，2回目以降の調査は行われない。時期を空けて複数回のデータ収集を行うのは縦断調査であり，そのなかでも同一の対象者に対して調査を行う方法はパネル調査に該当する。

◯ 縦断調査は，複数時点のデータの収集が前提となる調査である。時間の経過に沿って現象等がどのように変化するかを確認することができ，因果関係の検証にも有効である。▶21

✕ パネル調査は，縦断調査の一種であり，同一の対象者に時間を空けて複数回の調査を実施する手続きである。過去の出来事を振り返って回答してもらう調査は，パネル調査の特徴についての説明とはいえない。

◯ パネル調査は，一時点のデータしか収集されない横断調査とは異なり，同一の調査対象者から時系列データを得られ，データの時間経過による変化に着目することで因果関係の解明につながる。

✕ パネル調査とは，同一の対象集団に対して複数回調査を行い，その変化を確認していく縦断調査の方法である。同一の調査票であっても，1回目の調査と2回目の調査で対象地域を変えて実施する調査は横断調査でありパネル調査には該当しない。

▶20
横断調査
ある一時点において調査したデータ結果を，年齢別，性別，学歴別等の基本属性別に分類し，特性を分析する調査。社会調査の多くは，この横断調査を採用している。

▶21
縦断調査
調査対象者に対して一定の期間をおいて繰り返して調査を行う手法。これにより，横断調査では明らかにできない因果関係や前後関係を明確にすることができる。一般的には，トレンド調査，コーホート調査，パネル調査の3つのタイプに分けられる。

	パネル調査では，調査を重ねるごとに調査対象者が増加する傾向がある。
71 34回85	

	トレンド調査とは，同一対象者を継時的に追跡することを通じて，調査対象者の変化を知ろうとする調査法である。
72 30回87	

	横断調査と縦断調査の違いは，調査地域の広さや調査対象者数などといった調査の規模が異なることによる。
73 34回85	

	出生時期を同じくする集団を調査対象にして，複数の時期に調査を行うことは，縦断調査に含まれる。
74 34回85	

	縦断調査のデータ分析は，横断調査に比べて，二つの変数間で原因と結果という因果関係を推論することに適している。
75 34回85改変	

質問紙の作成方法と留意点

●自計式調査と他計式調査

	郵送調査は，回答を他計式で記入する社会調査である。
76 36回87	

	留置調査は，回答を自計式で記入する社会調査である。
77 36回87改変	

	個別面接調査は，回答を他計式で記入する社会調査である。
78 36回87	

✗ パネル調査では，1回目に調査対象となった個人を追跡して調査を行うため，2回，3回と調査回数を重ねるごとに死亡や転居，行方不明，回答拒否などによって調査対象者が脱落していく。この調査対象者が脱落していく現象のことを「パネルの消耗（摩耗）」と呼ぶ。

✗ トレンド調査（動向調査）では，同一対象者に調査を行う必要はない。トレンド調査は，同一の属性をもつ対象に，同じ測定方法を用いて複数回行われる調査を意味する。

✗ 横断調査と縦断調査の違いは，1回のみの調査であるか時系列に複数回行われる調査であるかどうかである。2つの調査の違いにおいて調査地域の広さや調査対象者数などといった調査の規模は関係ない。

○ 出生時期を同じくする集団を対象にして複数の時期に行う調査をコーホート調査（コーホート分析）という。

○ 横断調査は1回限りの調査であり，その結果から因果関係を推論することは難しい。一方，縦断調査は，横断調査に比べて，時系列で測定された複数の変数の変化の関係性から因果関係に迫った推論を行うことが可能となる。

✗ 郵送調査では，調査用紙と依頼文を調査対象者に郵送で配布し，回答を記入し返送してもらうという手続きが採用される。調査対象者自身が回答を記入することを前提とするため，自計式の社会調査に該当する。

○ 設問のとおり。留置調査では，調査用紙を調査対象者に配布して回答を依頼し，後日回収されるまで調査用紙が調査対象者のところで留め置かれるという手続きが採用される。

○ 個別面接調査は，調査対象者の回答を，調査員が聞き取って調査用紙に記入することを前提としているため，他計式の社会調査に該当する。

▶22
パネルの消耗（摩耗）
パネル調査で，時期を空けて調査を行うたびに対象者の脱落が生じる現象。

▶23
自計式調査
自記式調査ともいう。留置法や郵送法のほか，集合法やFAX・インターネットによる調査がある。

▶24
個別面接調査
あらかじめ研修を受けた調査員が調査対象者の自宅や職場を訪問し，個別に面接しながら質問を行い，得られた回答を調査員が調査用紙に記入して持ち帰る方法である。

▶25
他計式調査
他記式調査ともいう。個別面接調査や電話調査がある。

| □ □ | **79**
36回87 | 集合調査は，回答を他計式で記入する社会調査である。 |

| □ □ | **80**
36回87 | オペレーターによる電話調査は，回答を他計式で記入する社会調査である。 |

●測定

| □ □ | **81**
35回87 | 信頼性とは，測定しようとする概念をどのくらい正確に把握できているかを意味する。 |

| □ □ | **82**
31回86 | 社会調査での測定における妥当性とは，同じ調査をもう一度行ったときに同じ結果になる安定性のことをいう。 |

| □ □ | **83**
36回88 | 名義尺度で測定した変数は，中央値を求めることができる。 |

| □ □ | **84**
36回88 | 比例尺度では，平均値を算出することができる。 |

| □ □ | **85**
36回88 | 順序尺度で測定した1と2の差と，3と4の差の等間隔性は担保されている。 |

| □ □ | **86**
35回87 | 妥当性とは，同じ調査を再度行ったときに，どのくらい類似した結果を得ているかを意味する。 |

整理しておこう！

尺度水準

　尺度水準は，①質的に異なり，相互に特性が重ならない分類カテゴリーで構成されている名義尺度，②質的に異なるカテゴリー間に高低，優劣，多寡などの順序性がある順序尺度，③数値の間隔が等間隔で，数量として意味をもつ間隔尺度，④数値の目盛が等間隔であることに加えて，絶対的なゼロ点をもつ比例尺度の4つに分類される。名義尺度と順序尺度は，尺度としての性質や特徴から質的データ，間隔尺度と比例尺度は量的データに位置づけられる。

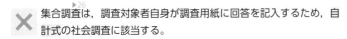

✕ 集合調査は，調査対象者自身が調査用紙に回答を記入するため，自計式の社会調査に該当する。

▶26

○ オペレーターによる電話調査は，調査員が調査対象者に電話を通じて調査の依頼と質問を行い，得られた回答を調査員が調査用紙に記入するため，他計式の社会調査に該当する。

▶26
集合調査
調査対象者を一定の場所に集める，あるいは，調査対象者が一定の場所に集まる機会を利用して，一斉に調査用紙を配布し，その場で回答を記入してもらい，回収する方法である。

✕ 信頼性とは，同じ対象について繰り返し測定しても同じ結果が一貫して得られるという，尺度の精度や安定性を意味する概念であり，信頼性が高いほど結果に含まれる誤差が少なくなる。

✕ 妥当性とは，測定しようとしている概念を正確に測定できていることを意味する概念である。

✕ 算出の過程で各回答者の測定値を順位に基づき並べる必要がある中央値は，名義尺度では求めることはできない。

○ 比例尺度は比率尺度又は比尺度とも呼ばれ，測定値の等間隔性が担保されている。データに加法・減法を適用することができ，代表値として平均値を算出することができる。

▶27

✕ 順序尺度は序数尺度とも呼ばれ，測定値の順序性は担保されるが，等間隔性は担保されない。

▶27
順序尺度
例として，アンケートでの「非常によい／ややよい／やや悪い／非常に悪い」のような選択肢があげられる。この選択肢にそれぞれ4，3，2，1の数値を割り当てることで，よさの程度の順番を数値で表すことができる。しかし，「非常によい」と「ややよい」の差や，「ややよい」と「やや悪い」の差が等しいことは保障されない。

✕ 妥当性とは，測定しようとしている概念を正確に測定できていることを意味する概念である。

社会福祉調査の基礎

変数の尺度

データ	変数の尺度	変数の例	標本平均の算出	中央値の算出	最頻値の算出
質的データ	名義尺度	性別，病気の種類，「Yes/No」で聞いた質問の答	できない	できない	可能
質的データ	順序尺度	「よい／ややよい／普通／やや悪い／悪い」で聞いた質問の答	できない	可能	可能
量的データ	間隔尺度	気温，年号	可能	可能	可能
量的データ	比例尺度	身長，所得	可能	可能	可能

☐ **87** ☐ 36回88改変	間隔尺度では，測定値の間隔が数値として意味をもつ。

☐ **88** ☐ 36回88	名義尺度，間隔尺度，順序尺度，比例尺度の順で，尺度としての水準が高い。

●ワーディングとその他の留意点

☐ **89** ☐ 28回86	質問文の中で専門用語を用いる場合，まず，その用語の認識について確認する濾過質問を行った上で，その用語を知っている者のみに尋ねることが望ましい。

☐ **90** ☐ 35回88	回答者の理解を促進するため，ワーディングはできるだけ多くの専門用語を用いることが望ましい。

☐ **91** ☐ 35回88	作成した質問紙の構成や内容が適切かを検討するため，プリテストを実施することが望ましい。

☐ **92** ☐ 33回88	一つの質問文で複数の事項を問うことは，複数の回答が同時に得られるので，質問紙の作成において望ましいと考えられている。

☐ **93** ☐ 33回88	質問文を作成するときには，調査対象者に関心を持ってもらうために，一般的に固定的なイメージを持つステレオタイプな用語を使う必要がある。

☐ **94** ☐ 33回88改変	社会的に望ましい結果を得るために，誘導的な質問をすることは質問紙の作成として適切ではない。

☐ **95** ☐ 35回88改変	回答者の回答を容易にするため，一つの質問に複数の論点を含む質問文を作成することは望ましくない。

○ 間隔尺度は距離尺度とも呼ばれ，測定値の間隔が数値としての意味をもつ。間隔尺度には，摂氏温度や偏差値などが該当する。

✕ 尺度としての水準は，比例尺度，間隔尺度，順序尺度，名義尺度の順に高い。尺度としての水準は，担保される性質の数が多いほど水準も高いとされる。

○ 設問のとおり。濾過質問を使って対象者を分け，該当者にのみサブ・クエスチョンで，さらなる情報を収集することにより，より多くの確かな情報を収集し，また非該当者の負担軽減を図ることができる。(関連キーワード▶28参照)

✕ 回答者は，調査者とは属する社会や文化背景が異なる場合も多く，専門用語に対して同じように理解しているとは限らないため，ワーディングにはできるだけ専門用語を含めないことが望ましい。

○ 調査者が回答者の誤解や混乱を招かないように配慮して質問紙を作成しても，実際に回答を求めてみて初めて判明する構成や内容の不備も多いため，本調査の前に構成や内容の不備を発見し修正を図ることは重要である。

✕ 一つの質問文では一つの事項を問うことが望ましく，一つの質問文で複数の事項を問うダブルバーレルは避けるべきとされる。

✕ ステレオタイプな用語を用いた場合，調査対象者がその固定的なイメージに誘導された回答をしてしまう可能性があるため，用いないことが望ましいとされる。

○ 設問のとおり。社会調査は，社会的に望ましい状態にあるかどうかについて実情を明らかにし，社会的ニードの把握とその充足過程において必要とされるさまざまな事柄を客観的に認識するために行われる。誘導的な質問によって回答を望ましい方向にゆがめることは，社会調査の目的に適わない。

○ 一つの質問文では一つの事項を問うことが望ましく，一つの質問文で複数の事項を問うこと(ダブルバーレル)は避けるべきとされる。

▶28
濾過質問とサブ・クエスチョン
対象者を該当者と非該当者に分ける質問を濾過質問(フィルター質問ともいう)といい，さらに該当者だけが回答する質問をサブ・クエスチョンという。

▶29
ワーディング
質問紙中の言葉の選択(言い回し)を意味する。

社会福祉調査の基礎

☐☐	96 32回88	質問紙の作成においては，全て○や数字で回答するようにし，文字の記述を求める自由回答の欄を設けてはいけない。
☐☐	97 35回88	配布した質問紙の回収後の集計作業を効率的に行うため，自由回答法を多く用いることが望ましい。
☐☐	**98** 33回88	前の質問文の内容が次の質問文の回答に影響を与えないように，注意を払う必要がある。
☐☐	99 33回88	パーソナルな質問とは社会一般的な意見について尋ねる質問であり，インパーソナルな質問とは調査対象者自身の意識や行動について尋ねる質問である。
☐☐	**100** 30回89	調査票のレイアウトや色を工夫することは，回答をゆがめることになるので行うべきではない。
☐☐	101 35回88	選択肢法を用いる場合は，想定される回答を網羅するため，選択肢の内容が相互に重複していることが望ましい。
☐☐	102 32回88	リッカート尺度は，「当てはまる」「どちらともいえない」「当てはまらない」などというように多段階で程度を測定する選択肢で回答を求めるものである。
☐☐	103 32回88	フェイスシートは，回答者の年齢，学歴，家族構成などの属性を回答する欄である。

質問紙の配布と回収

☐☐	104 31回87改変	調査票の回収後，入力ミス以外のはずれ値は，必ずしも除去する必要はない。
☐☐	105 34回87	1問も回答されていない状態の調査票であっても，有効回答に含める。

❌ 質問紙の作成では，回答者の自由な意見を収集することができるので，必要に応じて自由回答の欄を設けることが望ましい。

❌ 自由回答法は選択肢法に比べ，集計作業の負担が大きくなり効率的[▶30]とはいえない。

⭕ 設問のとおり。関連する質問が並んでいた場合，前の質問文が後の質問文に対して誘導的にはたらいたり，回答内容や答えやすさが変わったりする場合があり，キャリーオーバー効果[▶31]と呼ばれる。

❌ パーソナルな質問とインパーソナルな質問についての説明が，設問では逆になっている。パーソナルとは個人を意味する語である。

❌ 調査票のレイアウトや色調など，回答者にとってわかりやすく工夫する必要がある。こうすることで回答間違いの防止や，回答する意欲を高める効果が期待できる。

❌ 選択肢の内容が相互に重複している場合，選択肢の差異が不明瞭になり，回答時に混乱をもたらす原因となり得る。選択肢の内容は，想定される回答を網羅しつつも，相互に排他的であることが望ましい。

⭕ 設問のとおり。リッカート尺度[▶32]は，順序尺度の一種で，多段階で程度を測定する選択肢で回答を求める尺度を指す。

⭕ 設問のとおり。フェイスシートは，回答者の性別や年齢，学歴，職業，家族構成，収入などの属性を記入する欄もしくは用紙である。

⭕ 平均値や範囲（レンジ）などの指標は，たった1つのはずれ値[▶33]によって大きく変動してしまうため，はずれ値の除去について検討する必要がある。一方で，中央値や四分位範囲などのように，はずれ値の影響を受けにくい指標を用いる場合には，はずれ値を除去する必要性は低い。

❌ 1問も回答されていない状態の調査票は，データベースに含めるべき回答が得られていないことから，無効回答として扱われる。

▶30
自由回答法
質問紙調査において，あらかじめ回答選択肢を設けず，調査のテーマに関することなどに関して，対象者の言葉で単語や文章などを自由に記入してもらう方法。

▶31
キャリーオーバー効果
ある質問への回答が，後の質問への回答に影響を与えてしまうこと。

▶32
リッカート尺度
各選択肢に値を付して回答を得るようにし，複数の質問項目の回答を累積することによって1つの傾向を表す尺度項目とすると，値の大小によって程度を測定することができる間隔尺度として扱うことができる。

▶33
はずれ値
データの分布から大きくはずれた極端な値を意味する。

| 106 34回87 | 調査票の数が非常に多い場合，個別の調査票ごとの誤記入や回答漏れの確認は必ずしも必要ではない。 |

| 107 34回87改変 | 自由回答のデータ化では，事前に用意したコード表に該当するものがない場合，新たにコードを追加することができる。 |

| 108 34回87 | 調査票の中に，それまでの回答から判断して回答が矛盾していると明確に確認できる箇所があっても，調査者は修正を加えることはできない。 |

| 109 34回87 | データ分析をする前に，データに入力の誤り等が含まれていないかを確認するため，予備的に集計しチェックする必要がある。 |

| 110 34回86 | インターネット調査は，自計式であるため，調査コストを抑えることができる。 |

量的調査の集計と分析

| 111 31回88 | 中央値とは，データの中で出現率が一番高い値のことである。 |

| 112 32回89 | データの分布を代表する値として平均値を用いておけば，中央値や最頻値は見なくてもよい。 |

| 113 32回89 | 標準偏差は，調査データが全体としてどれぐらい平均値から離れて散らばっているのかを表す指標の一つである。 |

✕ 調査票に対しては，個別の調査票ごとの誤記入や回答漏れを点検により発見し，必要な修正を行うことでデータの質が確保される。

◯ コードの作成方法はプリコードとアフターコードに分類可能である。プリコードでは質問紙の作成段階で回答に付与するコードを決定するが，アフターコードでは実際に得られた自由回答に基づいてカテゴリーを区分し，付与するコードを決定する。

✕ 調査票の中に，明らかに矛盾していることが確認できる回答が含まれていた場合，調査者は修正を加えることが可能である。

◯ データ分析を行う前には，データ入力の誤りを修正しデータの質を確保することが重要であり，その一環として予備的な集計を利用した確認を行う必要がある。

◯ インターネット調査は，自計式のため調査者による聞き取りが不要であることに加え，得られた回答を調査者がコンピュータに入力する過程を省略できる。さらに，入力ミスをチェックするシステムを導入することでデータ点検の負担を減らせるなど，調査コストをかなり抑えることができる。

✕ 中央値とは，各回答者の値を小さい順に並べたときに，ちょうど中央に位置する値を意味する。データの中で出現率が一番高い値は，最頻値である。

✕ データに極端な値（外れ値）が含まれていた場合，平均値は外れ値によって大きく引っ張られてしまう傾向があるため，データを代表する統計量としては適さない。データの分布によっては，平均値よりも中央値や最頻値に着目したほうが実情に沿いやすいことがある。

◯ 設問のとおり。標準偏差は，間隔尺度又は比例尺度のデータに対して用いることができる散布度[34]であり，平均値からのバラつきが大きいほど標準偏差も大きくなる。

▶34
散布度
データのバラつきを示す記述統計量。範囲や四分位範囲，分散，標準偏差が該当する。

☐ 114 ☐ 32回89	推測統計とは，収集されたデータそのものの特徴を記述するための方法である。

☐ 115 ☐ 32回89改変	質問紙調査のデータを集計する際に，全体的な回答の分布を見たい場合に，度数分布表を用いることがある。

☐ 116 ☐ 31回88	クロス集計表により変数間の関係を観察するには，相対度数ではなく，観測度数を表示する。

☐ 117 ☐ 29回88	クロス集計表において，セルの度数の比が全ての行で等しい場合，そのクロス集計表の2変数間には関連がない。

☐ 118 ☐ 32回89	オッズ比は，分布の左右対称性に関する指標である。

☐ 119 ☐ 28回87改変	ピアソンの積率相関係数において，値は−1から1の範囲の間で変動する。

質的調査の方法

観察法

☐ 120 ☐ 33回90	観察法では，聞き取り，文書，写真などの資料は使用しない。

✕ 推測統計とは，収集されたデータ（標本データ）から母集団の性質を推測する統計的な方法である。設問の「収集されたデータそのものの特徴を記述するための方法」は，記述統計である。

◯ 設問のとおり。回答が名義尺度や順序尺度の場合には，カテゴリーごとに該当者数を表にまとめ，回答が間隔尺度や比例尺度の場合には，数値の範囲（階級）ごとに該当者数を表にまとめる。それぞれのカテゴリーや階級に該当する数は度数と呼ばれ，各度数の値によって回答の全体的な分布を把握することができる。

✕ クロス集計表[▶35]により変数間の関係を観察するには，観測度数[▶36]ではなく，相対度数を表示するほうが適している。

◯ クロス集計表は，2変数のうち一般的に行（表側項目）に独立変数，列（表頭項目）に従属変数を設定することが多い。設問の記述は，表側項目にかかわらず表頭項目に設定した変数の分布の仕方が同じであることを示しているため，そのクロス集計表の2変数間には関連がない。（関連キーワード▶37参照）

✕ 設問の「分布の左右対称性に関する指標」とは，歪度である。オッズ比は見込み比とも呼ばれ，2群の群内比率を用いて，2群間の比率を算出する統計量である。

◯ ピアソンの積率相関係数は，−1から1の範囲の間で変動し，−1未満及び1より大きい数値はとりえない。1に近いほど「正の相関関係」が強く，−1に近いほど「負の相関関係」が強い。相関係数が0であれば，2つの変数間に相関関係が完全にない。

✕ 観察法は，人間等の行動を自然的，実験的な状況で観察，記録し，その特徴や規則性を明らかにする方法で，対象を全体的にとらえるため，一般的な行動や言語の記録である，聞き取り，日誌などの文書，写真なども資料となる。

▶35
クロス集計表
2変量の関連を調べる際に使用する。すべての組み合わせの度数を集計した表である。

▶36
観測度数
各セルに該当者の実数を表示したものである。各セルの観測度数の値の意味は，回答者の総数によって異なってくる。なお，各セルの値を該当者の実数ではなく，百分率（パーセント）による割合で表示したものが，相対度数である。

▶37
カイ二乗検定
クロス集計表で2変数間の関連を統計的に検定する方法としてカイ二乗検定がある。

▶38
ピアソンの積率相関係数
2つの量的変数の関係の程度を示したものを「相関係数」といい，一般的に相関係数は，このピアソンの積率相関係数が使われる。

□ □	**121** 33回90	観察法におけるノートへの記録は, 観察時間内に行い, 観察終了後には行わない。

□ □	**122** 33回90	観察法では, 質的なデータは扱うが, 量的なデータは扱わない。

□ □	**123** 34回89改変	調査対象者の生活に関わる日記や写真を質的データとして扱うことができる。

□ □	**124** 34回89	客観的データを収集するためには, 調査者は調査対象者とオーバーラポールになる必要がある。

●参与観察と非参与観察

□ □	**125** 27回89	エスノグラフィーでは, 調査者の客観的立場を維持するために, 参与観察によってデータを収集してはいけない。

□ □	**126** 34回89	調査者が, 調査対象とする集団や地域社会に入り込み, 人々と活動や生活を共にしながら, データ収集をすることもある。

□ □	**127** 33回90	観察法における「完全な観察者」は, 観察に徹して, その場の活動には参加しない。

□ □	**128** 35回89	参与観察では, 調査中に対象者が意識しないように, 調査終了後に観察していたことを伝える。

□ □	**129** 33回90改変	観察法の一つとしての参与観察法では, 個人, 集団どちらも観察対象とする。

✕ 観察法におけるノートの記録は，観察時間内では観察に集中できるよう，簡単にメモをとる程度にしておき，観察終了後のなるべく早い時間に，対象者の行動の特徴や表情など，詳しくノートに記録を残しておくことがよい。

✕ 観察法では，行動の質・量さまざまなデータから事実を把握する。行動の内容や質だけでなく，例えば，その生起率や持続時間などは数字で表されるので，量的データも扱うことができる。

◯ 観察法は対象を全体的にとらえる手法であり，視覚的なデータを分析対象とするため，対象者に関する日記などの文書資料や写真なども一般的な行動や言語の記録となり，質的データとして扱うことができる。

✕ 調査者はある程度，対象者との間に信頼関係（ラポール）を形成する必要があるが，ラポール形成が深まりすぎて調査対象者と親密な関係になると，客観的な分析ができなくなるため，過度な関係は控える必要がある。 （関連キーワード▶39参照）

▶39
オーバーラポール
対象者に対する過剰な感情移入により同一化するという，過度な信頼関係の深まり。

✕ エスノグラフィー（民族誌）とは，データ収集の際，社会や人間の行動様式をフィールドワーク等により調査・記述する調査手法である。フィールドワークは，参与観察を伴う。 （関連キーワード▶40参照）

▶40
参与観察と非参与観察
参与観察は，観察者自身が観察対象の人々やグループの活動に参加して生活や経験をともにし，その参加を通して見たり聞いたりした出来事や状況，行動等を記録・理解しようとする方法である。一方の非参与観察は，観察対象には関与せず，外部から観察を行う方法である。

◯ 調査者が，調査対象である人々と活動や生活を共にして調査を行うことを参与観察という。

◯ 「完全な観察者」とは，観察に徹し，その場の活動には参加しない調査者を指す。研究者の参与の度合いによってほかに，観察に重きをおいた「参加者としての観察者」，参加に重きをおいた「観察者としての参加者」そして「完全な参加者」がある。

✕ 調査者が関与する程度に違いはあるが，少なくとも対象者にはあらかじめ，調査の趣旨を説明して調査者が参加することを伝える必要がある。

◯ 参与観察法は，研究者が調査対象となる人々やその活動の場面に関与して見聞きした事象を記録にしていくことであり，個人，集団どちらも観察対象となる。

| □ | 130 | マジックミラー（ワンウェイミラー）を使った観察を行ってはならない。 |
| □ | 34回89 | |

| □ | 131 | 参与観察の記録は，現地で見聞きしたことについて，網羅的に記すことが原則である。 |
| □ | 35回89 | |

| □ | 132 | 参与観察を通して現地で得た聞き取りの録音データの文字起こし作業に当たっては，録音データの中から調査者が気になった部分や必要だと思う部分を抽出し，要約する作業を最初に行う。 |
| □ | 35回89 | |

| □ | 133 | 参与観察では，現地で記録したメモは，できるだけ早く観察ノートに記録する。 |
| □ | 35回89 | |

| □ | 134 | 参与観察では，観察ノートを整理する際は，調査者の感想を記さないように留意する。 |
| □ | 35回89 | |

| □ | 135 | 実験室のような人工的な環境を作り，その中を観察して調査することはしない。 |
| □ | 34回89 | |

| □ | 136 | ドキュメント分析の対象となるデータには，手紙や日記などの私的文章も含まれる。 |
| □ | 36回90 | |

面接法

| □ | 137 | 構造化面接では，対象者に語りたいことを自由に話してもらうことが重要である。 |
| □ | 36回89 | |

| □ | 138 | 非構造化面接では，調査者は事前に10項目以上の質問項目と質問の順番を設定し，その順番どおりに質問していく必要がある。 |
| □ | 36回89 | |

✕ 調査者が，第三者として対象者をありのままに観察するときに，マジックミラー（ワンウェイミラー）や視聴覚機器などを通して観察を行う場合がある。

◯ 観察の際は，調査者が対象者の様子を細かく観察しながら，その表情，視線，状況などについてメモや簡単な記録を残しておくことが望ましい。

✕ 録音データの文字起こし作業に当たっては，語られたすべての言葉を記録することが求められる。この記録を逐語記録あるいは逐語録という。

◯ 調査者は，なるべく早い段階でメモの内容を詳しく観察ノートに書き写しておくと，忘れないうちに細かな出来事まで丁寧に描くことができる。

✕ 観察ノートを整理する際は，調査者が観察時に感じた内容も記録するようにする。観察によって得られたデータだけでなく，考察の段階でなぜそのように考えるに至ったのかをわかりやすくするためにも，対象者の声の調子や表情，態度などもくみ取り，調査者の感想や気づいたこととして記録しておくとよい。

✕ 実験室のような環境の中を観察することは，非参与観察法の1つである。

◯ ドキュメント分析[41]の対象となるデータには，私的文章も含まれる。ドキュメントとは，第三者によって記録され，保存された質的データを指す。

▶41
ドキュメント分析
ドキュメントから社会的な事実を読み取り，考察を深める手法である。

✕ 構造化面接では，対象者に自由に話してもらうことはしない。構造化面接では，調査者はあらかじめ質問項目や順序を決めておいて，どの対象者に対しても同じように尋ねる。

✕ 非構造化面接では，質問項目の数や順番を決めることはない。質問項目は詳細に決めることはせず，対象者にテーマについて自由に語ってもらうことで，自然と想定外のデータが得られることがある。

	139	半構造化面接では，インタビューのおおむね半分程度の時間を，質問内容や質問
	36回89	の順番などが詳細に決められた質問紙によって面接が進められる。

	140	面接調査では，表情や身振りといった非言語表現も重視する。
	36回89	

	141	グループ・インタビューの調査者は，対象者同士の会話を促すようにする。
	36回89改変	

	142	面接調査の質問項目が構造化されているほど，調査者に高度な面接能力が必要と
	34回90	される。

	143	録音データを分析する場合は，調査者が面接中に最も重要と判断した部分を要約
	34回90	して逐語記録を作成する。

	144	フォーカスグループインタビューとは，無作為に選ばれた調査対象者を集め，グ
	30回90	ループで聞き取りを行う方法である。

質的調査における記録の方法と留意点

	145	質的調査では，面接者は，インタビューの場において相手の発言内容の一言一句
	31回90改変	を正確にメモする必要はない。

	146	質的調査で対象者を選定するときには，無作為抽出法を行うことが不可欠である。
	36回90	

✗ 半構造化面接では，あらかじめ決められた質問紙によって面接が進められることはない。調査者はある程度の質問項目を一定数つくっておくが，対象者の自然で自由な語りが重視されるので，質問項目の追加なども臨機応変に行う必要がある。

○ 面接調査では，非言語表現も重視する必要がある。面接調査に臨む場合，対象者の方言，言い間違いだけでなく，沈黙や苦笑，笑顔，不安な様子，緊張感，ジェスチャーなどの非言語表現も，後の逐語録を分析する過程において非常に重要な要素となる。

○ グループ・インタビュー[▶42]の調査者は，対象者同士の会話を促す必要がある。個別インタビューでは思い浮かばなくて語れなかった対象者も，グループ・インタビューでは他のメンバーの発言を聞いて自分の意見を話せることがある。

▶42
グループインタビュー
グループインタビューとは，相手が1人だけの場合と違って，他人の発言を聞いて触発されるというグループのダイナミクスを利用して質問に答えてもらう方法である。

✗ 質問項目が構造化されているほど，調査者が質問しやすいという面はあるが，質問の構造化の程度によって求められる面接能力のレベルが変わるとはいえない。

✗ 逐語記録は，調査者が面接中に最も重要と判断した部分の要約ではなく，音声データを文字にしたものを指す。逐語記録はできる限り正確に音声データを反映したものでなければならない。

✗ フォーカスグループインタビュー[▶43]とは，無作為に選ばれた調査対象者ではなく，特に，特定の問題に密接に関係する調査対象者を集めたグループで聞き取りを行う方法である。

▶43
フォーカスグループインタビュー
あるテーマに関して少人数(6～10人程度)のグループを対象に行うインタビューである。

○ 面接者は，調査対象者の語りを音声データとして IC レコーダー等に録音し，調査対象者の声の調子，表情や視線，態度などをくみ取るようにして，観察したことをメモに書き取るほうがよい。

✗ 質的調査で対象者を選定するときには，無作為抽出法は行わない。無作為抽出法とは，標本から得た記述統計量が母集団の性質を偏りなく表すように考えられた抽出法で，量的調査で用いる。

147
36回90

質的調査のデータとしては，画像や映像の使用を避ける方が望ましい。

148
28回90

インターネット調査は，調査対象がインターネット利用者に限定されるため，目標母集団に照らして，調査漏れが生じやすい。

質的調査のデータの整理と分析

149
30回90

エスノメソドロジーの会話分析は，民族の文化を描きだす方法である。

150
32回90

グラウンデッド・セオリー・アプローチにおける軸足コーディングは，単一のカテゴリーと複数のサブカテゴリーを関連づける方法である。

151
32回90

会話分析の関心は，調査対象者がどのように日常的な相互行為を秩序立てて生み出すのかを解明するために，会話内容ではなく，会話の形式や構造に向けられる。

152
32回90

ミックス法は，質問紙などの量的調査とインタビューなどの質的調査を組み合わせる方法である。

153
32回90

プリコーディングとは，自由記述や事前に数値化が困難な回答に対して，調査者が後からコードの割当てをすることをいう。

154
32回90

インタビューデータの分析において，対象者が使っている言葉をそのままコードとして用いることをオープン・コーディングという。

✖ 質的調査のデータには,画像や映像なども含まれる。質的調査では,面接法以外に観察法もあり,人間や動物の行動を自然的・実験的に観察,記録する方法がある。

⭕ 設問のとおり。量的調査では母集団から標本を抽出することで,母集団の特性を推測する標本調査が一般的である。インターネット調査の場合,標本の代表性を疑問視する指摘もある。

✖ 民族の文化を描きだす方法としてはエスノグラフィー[44](民族誌)を用いる。エスノメソドロジーは,会話や勉強,喧嘩などの社会生活を送る上で日常生活者が経験するさまざまな事柄が,どのように成り立っているのかを調べることを目的とする。

⭕ 設問のとおり。グラウンデッド・セオリー・アプローチにおいて軸足コーディング[45]は分析中期に行われ,オープンコーディングで抽出されたカテゴリーを,相互に関連づけたり,特性・次元を整序化し,カテゴリーとサブカテゴリー間の関係を明らかにしていく分析である。

✖ 会話分析[46]では,日常的な会話から医療・福祉・メディアなどの制度的会話などまでさまざまな会話について,会話の形式や構造だけではなく,会話内容も分析の対象となる。

⭕ 設問のとおり。ミックス法は,混合研究法とも呼ばれる。研究の全段階で,量的研究と質的研究を混合して用いるものである。

✖ 設問はアフターコーディングのことである。質的分析ではコーディングとは,テキストデータに対して一種の小見出しをつけていく作業であるが,量的分析におけるコーディングでは,数値ではなく,言葉として収集されたデータを便宜的に数値に置き換える作業のことをプリコーディングと呼ぶ。

✖ 対象者の言葉をそのまま使用する場合はインビボ・コーディングと呼ぶ。オープン・コーディングは,質的データを意味のまとまりごとに切り離し(切片化),それが表す特性や属性に対応する名前をあげ,その内容を簡潔に表す語句や表現をつける分析初期の段階の作業を指す。

▶44
エスノグラフィー
参与観察に基づいた研究であり,対象となる部族や民族の「文化」における特徴や日常的な行動様式を詳細に記述する方法である。

▶45
グラウンデッド・セオリー・アプローチ
研究者がデータを解釈しながら独自の概念やカテゴリーを生成し,概念と概念,カテゴリーとカテゴリー間の関係を継続的に比較分析していく手法である。アメリカの社会学者,グレーザー(Glaser, B.)とストラウス(Strauss, A.)によって開発された質的分析法で,得られた質的データを抽象化,理論化するための1つの方法である。

▶46
会話分析
会話を録音・録画し,分析することを通して社会について考えるための研究法である。会話を観察しながら誰もがわかっていることや意識されていないことをあらためて確認し,記述するところに特色がある。

☐ 155 KJ法では，参加者は，一つのカードに様々な自分の意見をできるだけ多く書き
出す。

☐ 156 KJ法では，提出したカードを並べた後，全体を眺めながら内容が類似している
ものをグループとしてまとめる。

☐ 157 KJ法では，グループ化する際は，カードが1枚だけで残ることがないように，
いずれかのグループに割り当てる。

☐ 158 KJ法では，各々のグループに名前を付ける際には，福祉に関する専門用語を用
いなければならない。

☐ 159 KJ法では，グループに名前を付けた後，グループ間の相互関係を検討し，図解
する。

✕ KJ法では，参加者は一つのカードに一つの事柄を書く。調査やブレインストーミング（思いついた事柄を自由に発案していくこと）などで出された情報やアイデアを，一つずつカードや付箋に次々に書いていくことが最初の手順である。

◎ 2〜3つほどのラベルで1つの小グループをつくった後，カード（付箋）を用いてそのグループに名前を付けていく。その後，互いに関連性の高いグループ同士をまとめてさらに大きなグループをつくり，新たに名前を付ける。

✕ グループ化する際には，カードが1枚だけで残る場合がある。どのグループにも属さないカードは，その事例が希少である可能性もあるが，貴重な概念や用語として独立したアイデアとして残しておく。

✕ グループに名前を付ける際は，福祉に関する専門用語を用いる必要はない。

◎ KJ法では，グループに名前を付けた後，グループ同士の因果関係や類似，対立などの様々な関係性をわかりやすくするために，矢印・記号を用いて図解化していく。最後に，図解からみえてきたグループ間の関係性を文章化していくことで，情報の整理やアイデアの可視化が可能となる。

調査の方法と観察法

●全数調査と標本調査（模式図）

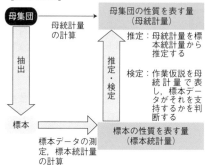

【全数調査】

母集団 → 母集団の性質を表す量（計算した統計量はそのまま母統計量となる）

データの測定
統計量の計算

【標本調査】

母集団

母統計量の計算 → 母集団の性質を表す量（母統計量）

推定：母統計量を標本統計量から推定する

検定：作業仮説を母統計量で表し，標本データがそれを支持するかを判断する

抽出

推定・検定

標本 → 標本の性質を表す量（標本統計量）

標本データの測定，標本統計量の計算

●調査票の配布・回収方法及び主な特徴

名称	配布方法	記入方法	回収方法	メリット	デメリット
留置調査（配票調査）	訪問して配布	自計式（自記式）	一定期間後に回収	・都合のよいときに記入できるため回収率がよい	・本人による記入であることの確認がない
集合（集団）調査	対象者を1か所に集め配布	自計式（自記式）	その場で記入・回収	・時間と経費が節約できる ・回収率が高い ・確実に本人の回答が得られる	・調査のために集まってもらうことは難しい ・集団効果が作用して影響を受ける危険性がある
郵送調査	郵送	自計式（自記式）	記入の上返送	・対象者が広範囲に散在している場合や遠隔地の対象者を調査する場合に適している ・費用が安いので規模を大きくしやすい ・調査員による偏りがない	・返送率が低いため，回収率を確保するための配慮が必要である ・本人による記入であることの確認がない ・質問内容の誤解や誤記入の危険性がある
訪問（個別）面接調査	訪問して口頭で直接質問	他計式（他記式）	調査員が記入し，そのまま回収	・質問内容の誤解や誤記入の危険性が低く，回答の記入が最も正確である ・回収率が高い	・時間，人手，費用の負担が大きい ・調査員による調査結果の捏造の可能性がある

●観察法

種類		観察方法	特徴
非統制的観察法	非参与観察法	調査者が，部外者あるいは第三者として対象を観察する	質問紙法や自由面接法を補うものとしての有用性が高い
	参与観察法	調査者が対象集団の一員となり，内部から観察する	エスノグラフィーとも呼ばれ，特定の価値規範や行動様式を共有する領域など，外部からの観察だけでは実態をうかがい知ることができない場合に有効
統制的観察法		観察の仕方を厳密に規定して観察を行う	データの数量化が可能

■**本書に関する訂正情報等について**

弊社ホームページ（下記URL）にて随時お知らせいたします。
https://www.chuohoki.co.jp/foruser/social/

■**本書へのご質問について**

下記のURLから「お問い合わせフォーム」にご入力ください。
https://www.chuohoki.co.jp/contact/

2025社会福祉士・精神保健福祉士国家試験
過去問 一問一答＋α^{プラスアルファ}〔共通科目〕

2024年7月30日　発行

監　　　修	一般社団法人日本ソーシャルワーク教育学校連盟
編　　　集	中央法規社会福祉士・精神保健福祉士受験対策研究会
発　行　者	荘村 明彦
発　行　所	中央法規出版株式会社

〒110-0016　東京都台東区台東3-29-1 中央法規ビル
Tel 03-6387-3196
https://www.chuohoki.co.jp/

本文デザイン	ケイ・アイ・エス
装幀デザイン	木村祐一，濱野実紀（株式会社ゼロメガ）
装幀キャラクター	坂木浩子
印刷・製本	株式会社アルキャスト

定価はカバーに表示してあります。
ISBN978-4-8243-0049-2